桂滇黔民族地区乡村旅游与农民增收研究

吴忠军　周　密◎著

企业管理出版社
ENTERPRISE MANAGEMENT PUBLISHING HOUSE

内容简介

本书选取桂滇黔民族地区10个典型的乡村旅游点，开展全面、深入的田野调查，运用了CGE模型计算并阐释农民在乡村旅游发展影响下的工资性收入、转移性收入、财产性收入、经营性收入数据的变化趋势，进而探索桂滇黔民族地区乡村旅游与农民增收的有效渠道。充分利用团队多学科综合优势，假设、实证、剖析、阐释桂滇黔民族地区乡村旅游与农民增收的互动关系，寻找影响农民可持续增收的因子、途径、机制等，并提出具体的增收保障建议。

本书共分为8章。第1章介绍了课题研究背景及意义；第2章概述了桂滇黔民族地区乡村旅游的发展历程和现状及发展措施；第3章讲述了乡村旅游与农民增收的田野调查及分析；第4章详细阐释了桂滇黔民族地区乡村旅游发展与农民增收的CGE模型；第5章讲述了桂滇黔民族地区乡村旅游与农民增收的渠道；第6章做出了对桂滇黔民族地区乡村旅游与农民增收机制的研究；第7章讲述了桂滇黔民族地区乡村旅游与农民增收的保障机制；第8章概述了课题的主要研究成果及对未来的展望。

本书具有较强的应用价值，可作为旅游业的从业人员、管理者及高等院校等相关师生的参考用书。

图书在版编目（CIP）数据

桂滇黔民族地区乡村旅游与农民增收研究 / 吴忠军，周密著．— 北京：企业管理出版社，2020.9

ISBN 978-7-5164-2227-4

Ⅰ．①桂… Ⅱ．①吴… ②周… Ⅲ．①民族地区－乡村旅游－旅游业发展－关系－农民收入－收入增长－研究－西南地区 Ⅳ．① F592.77 ② F323.8

中国版本图书馆CIP数据核字（2020）第184410号

书　　名：桂滇黔民族地区乡村旅游与农民增收研究
作　　者：吴忠军 周密
责任编辑：杨慧芳
书　　号：ISBN 978-7-5164-2227-4
出版发行：企业管理出版社
地　　址：北京市海淀区紫竹院南路17号　邮编：100048
网　　址：http://www.emph.cn
电　　话：发行部（010）68701816　编辑部（010）68420309
电子信箱：314819720@qq.com
印　　刷：北京虎彩文化传播有限公司
经　　销：新华书店
规　　格：710毫米×1000毫米　开本16　印张20.75　千字326
版　　次：2020年11月第1版　2020年11月第1次印刷
定　　价：98.00元

前 言

农民增收是党和国家长期以来致力于解决的重要民生问题，其对于中国长远发展非常关键。我国一些少数民族地区由于地理环境恶劣、经济基础薄弱、人力资本匮乏，很难依靠自身力量实现脱贫致富。为此，国家采取了多项举措，其中发展乡村旅游被实践证明是一种有效的方式。特别是民族地区依托独特鲜明、明显有别于其他旅游目的地的优质旅游资源，在乡村旅游发展中独树一帜。本书的研究立意于此，致力于通过丰富、扎实的基层应用性研究助力解决民族地区贫困问题。

本书选取桂滇黔民族地区10个典型的乡村旅游点（龙胜平安、龙胜黄洛、三江程阳、融水田头、阳朔历村、雷山西江、雷山朗德、平坝天龙、玉龙纳西、鹤庆新华），开展全面、深入的田野调查，运用CGE模型计算并阐释农民在乡村旅游发展影响下的工资性收入、转移性收入、财产性收入、经营性收入数据的变化趋势，进而探索桂滇黔民族地区乡村旅游与农民增收的有效渠道。充分利用团队多学科综合优势，假设、实证、剖析、阐释桂滇黔民族地区乡村旅游与农民增收的互动关系，寻找影响农民可持续增收的因子、途径、机制等，并提出具体的增收保障建议。

本书共分为8章。第1章介绍了课题研究背景及意义；第2章概述了桂滇黔民族地区乡村旅游的发展历程和现状及发展措施；第3章讲述了乡村旅游与农民增收的田野调查及分析；第4章详细阐释了桂滇黔民族地区乡村旅游发展与农民增收的CGE模型；第5章讲述了桂滇黔民族地区乡村旅游与农民增收的渠道；第6章做出了对桂滇黔民族地区乡村旅游与农民增收机制的研究；第7章讲述了桂滇黔民族地区乡村旅游与农民增收的保障机制；第8章概述了课题的主要研究成果及对未来的展望。

本书对部分存在争议的学术概念，做了如下界定，以保障全文的严谨性和完整性：（1）任何脱离农民参与而依靠外来力量独立运营的乡村旅游都无法体现“乡村性”这一特点，也就不应被冠以乡村旅游；（2）界定农民增收的研究范畴，按照计算方法分为总收入和纯收入；按收入来源分为家庭旅游经营性总收入、旅游工资总收入、旅游转移性总收入、旅游财产性总收入。

基于以上概念定义，本书探索性地构建了乡村旅游发展和农民收入增长情况为主体的乡村旅游可持续发展指标体系，并于2012年1月至2013年1月前往10个典型的乡村旅游点开展了综合调研，结果表明案例点农民收入来源多元，其中旅游经营性收入是民族村寨农民增收的最有效方式；收入模式各有特色，主要分为政府主导型、内生发展型、市场推动型等三种旅游增收类型；旅游收入类型丰富，乡村旅游在农民增收中扮演重要角色，属于优势性产业。

本书通过CGE模型验证分析，发现旅游发展对民族地区农民增收具有正向影响作用，在第4章对模型构建、验证、分析过程及结论做了细致交代。通过前述定性、定量分析，总结了桂滇黔民族地区乡村旅游对农民“促增收”的四大渠道：在乡村旅游发展过程中扩大农民的自主经营收入、稳定农民的工资收入、确保资源产权收入、加强旅游转移性收入；总结了桂滇黔民族地区乡村旅游发展的三个特性：桂滇黔民族地区乡村旅游发展在全国具有典型性；桂滇黔民族地区乡村旅游投资方式多元化，引进来和走出去相结合；桂滇黔民族地区乡村旅游发展成就离不开组织机构、乡村旅游政策、乡村旅游规划的有力支持；总结了桂滇黔民族地区农民增收的六大机制：乡村旅游农民参与机制、乡村旅游利益协调机制、乡村旅游组织管理机制、乡村旅游市场运作机制、乡村旅游产品创新机制、乡村旅游调控管理机制；总结了桂滇黔民族地区农民增收的八大保障：乡村旅游政策保障、乡村旅游教育培训保障、乡村旅游产权制度保障、乡村旅游信贷保障、乡村旅游投资保障、乡村旅游就业保障、乡村旅游规划保障、乡村旅游产业融合保障。

吴忠军

目　　录

第1章 绪论

1.1 研究背景

长期以来，“三农”问题的核心就是农民收入问题，改善农民民生的关键在于解决农民的就业问题，增加农民收入。因此，农民增收问题一直都是国家致力于解决的重要问题。如今，政府和相关部门颁布了许多有利于解决农民增收问题的方案，可见对农民收入问题的重视程度。

虽然说农民增收问题一直是国家高度关注的问题，但是要解决好这个问题不是一朝一夕的事。农民增收难，民族地区农民增收更难。民族地区的贫困问题一直是我国亟待解决的问题之一。我国部分民族地区由于地理环境恶劣、经济基础薄弱等各种原因，经济发展远远落后于东部沿海地区，人民整体生活水平较低，农民收入水平更低，这是政府长期以来面临的现实问题。为了更好地解决民族地区农民增收问题，国家采取了各种措施。其中，发展乡村旅游被证明是一个行之有效的方式。由于民族地区大都拥有丰富优质的旅游资源，而旅游业又具备高附加值、广泛吸纳劳动力等特质，因此，在民族地区，乡村旅游的发展很大程度上带动了当地农民的增收，从而促进了当地经济的繁荣。

1.2 研究目的和意义

1.2.1 研究目的

本书的研究是在全方位了解乡村旅游对桂滇黔民族地区农民增收的影响程

度、影响方式的基础上，通过缜密的思考和详尽的分析，寻找更好的途径发展乡村旅游，以带动当地民族经济发展，提高当地农民收入，以及提升增收效率与质量，从而更好地解决我国“三农”问题的核心——农民收入问题。简而言之，本书的研究目的就是为桂滇黔民族地区通过发展乡村旅游来帮助当地农民增收找到更好的方式。

1.2.2 研究意义

各民族共同繁荣，特别是发展民族经济是民族平等与民族团结的物质保证。而实现让民族地区人民满意的经济繁荣是长期而富有挑战性的重大任务。本书研究的是民族地区乡村旅游与农民增收问题，属于民族地区经济发展问题的新领域，与国家对民族地区经济发展的重视高度契合。虽然本书以桂滇黔民族地区为研究对象，但是其成果也会为国家解决全国民族经济发展问题提供一些可行性的建议。

桂滇黔民族地区是国家重点关注的区域之一。首先，桂滇黔民族地区是我国少数民族最多的区域，是典型的民族地区；其次，地处边疆，与东南亚相邻，许多少数民族居住在边境地区，边民往来交流频繁；再次，桂滇黔民族地区是“西部大开发战略地区”和“西南经济协作区”的重要组成部分，在中国经济地理版图中占有重要的一席之地。因此，桂滇黔民族地区有着民族、边疆、政区、经济等多重深层含义，其经济发展状况不仅仅关系着民族地区的发展与繁荣，还将对我国西南边疆地区的稳定和国家安全，以及与东南亚国家睦邻友好关系和贸易交往产生巨大的影响。开展“桂滇黔民族地区乡村旅游与农民增收问题”研究，将对桂滇黔民族地区经济的发展提供更多具有建设性的意见，也可为我国其他民族地区提供借鉴。

实践证明，乡村旅游作为一、三产业有机融合发展的新型业态，是解决“三农”问题的重要途径。本书研究桂滇黔民族地区乡村旅游发展，将为解决“三农”问题、促进民族地区乡村经济发展、带动关联产业与新农村建设的良性互动提供新建议。本书深入剖析不同乡村旅游模式下促进农民增收的经验及障碍，总结其中的规律性与特殊性，并为农民增收提供新的建议，促进民族地区剩余劳动力向旅游业转移，构建“乡土不离”的新的农民增收模式，对于解决民族地区农民增收难问题具有现实的指导意义，有助于推动民族地区长期平稳发展与和谐稳定。

国外旅游学者已将可计算一般均衡模型（简称 CGE 模型）广泛应用于旅游经济影响研究领域，并取得可观的研究成果。本书尝试构建乡村旅游农民增收的 CGE 模型，阐述运用 CGE 模型分析得到的结果将会对桂滇黔民族地区农民增收问题产生哪些实际效用，使乡村旅游农民增收的研究有一个科学基础，也使得该研究上升到一个新的高度。分析乡村旅游对农民增收的影响，也对有效解决民族地区农民增收难问题提供了新的理论支撑和方法。

1.3 研究综述

通过查阅相关文献发现，国外尚未有针对桂滇黔民族地区乡村旅游与农民增收的研究，他们所关注的旅游对农民增收影响的研究属于旅游经济影响的范畴。因此，国外研究综述重点阐述旅游经济影响的研究进展。

1.3.1 国外研究综述

国外从旅游经济效应的角度来关注乡村旅游与农民增收，尚未形成完整的理论，零星见于乡村旅游领域的研究成果，多以第三世界国家为研究对象。这些研究主要分为两种观点：一种观点认为乡村旅游发展对当地农民增收的作用有限，甚至起到相反的作用，反而拉大了当地农民之间的收入差距；另一种观点则肯定了乡村旅游发展在促进当地经济发展和农民增收方面的积极作用。

Maude（1985）对位于英国英格兰西北部的坎布里亚郡的调查研究表明，在乡村地区发展旅游，对当地的经济发展贡献不大，当地居民从中获益甚少，即便要想获得这些微少的旅游收入，还得建立在失去生活独立性以及个人隐私的基础上。Nilison（2002）提出农场旅游并不一定会使每个利益相关者受益，很多国家的数据均表明，在该经营活动领域内货币流通量很少，有的收入甚至可以忽略不计。Campbell（1999）以哥斯达黎加一个名为 Ostional 的社区的居民为调查分析对象，解析了这些居民在缺乏政府引导的状况下，仅仅凭借自身能力从旅游发展中获取的收入微薄的具体原因。Fleischer（2000）考察了以色列富有特色的B&B住宿和早餐旅游形式，认为乡村旅游由于规模小、旅游旺季短，给当地居民带来的收益较低。Oppermann（1996）以地处德国南部的乡村为调查对象，最后也得到了类似的结论：由于乡村旅游的季节性，乡村旅游企业的规模较小、就业层次低、收入水平差，旅游经营者很难通过乡村旅游收入来解决经济问题。乡村旅游发展出现了获益不均衡现象，参与群体的收入差距不断扩大。帮德（1978）以冈比亚为调查研究对象，研究的成果表明：现实情况是，能够享受旅游发展带来的红利的人仅占很少一部分，即一些占据了各种发展旅游的优势条件的“旅游精英”们；而占更大比例的其他人要想从中拿到红利基本不可能。更为糟糕的是，大多数人不仅难以从旅游发展中获取高收入，而且还要面临因旅游发展带来的土地被征用、物价上涨以及外汇漏损等巨大压力。Brougham（1981）通过研究得出的结论是旅游业的发展无法让参与到其中的所有居民从中获益。Farve（1984）以冈比亚的旅游业为例进行分析，认为旅游收益分配不均，普通居民获利很少；而那些拥有经济、政治优势的强势群体获得了大部分收益，从而加剧了强弱失衡的社会状况。Xiang（2008）研究发现中国凤凰县旅游发展没有给当地老百姓带来重要的就业机会，反而拉大了农业和非农业人口之间的收入差距。

Luloff（1994）通过对美国农场旅游的研究，肯定了在农场发展旅游的作用，认为农场旅游是在整个乡村旅游经济发展不景气的态势下出现的，不仅有利于当地农民，而且在调整乡村旅游经济结构方面起到了不可小视的作用。Deller（2010）整理了美国乡村地区1990—2000年的贫困率变化数据，用数据说明了乡村旅游的发展能降低农村贫困率、促进乡村经济发展。Hjerpe和Kim（2006）对大峡谷北部亚利桑那州的一个农村的调查显示，该地区经济的发展高度依赖娱乐业和旅游业。LEE和Chang（2007）采用异质面板协整技术对OECD国家和非OECD国家的经济增长与旅游发展之间的相互作用和因果关系进行了分析。Blake等（2008）采用CGE模型对巴西旅游的研究证明，旅游可以减少贫困，而且旅游和贫困之间存在着相互作用的关系。Briedenhann（2004）高度肯定了发展乡村旅游的作用，指出乡村旅游的发展不仅能够极大地促进当地相关经济的发展，还能大幅度提高当地居民的生活水平。Sharpley（2002）把视角转向了社区，解析了发展乡村旅游与社区经济之间的相互作用。

1.3.2 国内研究状况

通过对相关资料的检索，可以发现国内对乡村旅游的研究最早可以追溯到20世纪末，但是针对乡村旅游和农民增收关系的专题研究就要到21世纪了。

1. 乡村旅游的研究

国内对乡村旅游的研究伴随着国内乡村旅游的发展而不断充实和完善，从最初集中于乡村旅游的概念解读与辨析到后来逐渐向更广阔的研究领域扩展，其中很大一部分是关于我国乡村旅游发展战略、发展模式的研究。

（1）乡村旅游概念

杨旭（1992）认为“乡村旅游是一种在农业和生物资源、农村经济资源和乡村社会资源基础上的旅游活动”，并认为乡村旅游在我国有着广阔的前景以及非常大的市场。姚素英（1997）认为“乡村旅游产品是合理利用农村现有资源，通过科学的规划、设计和加工，把吃、住、行、游、购、娱等融为一体，使游客领略到与都市风光风格迥异的大自然的意趣和现代新型农村风情的一种特殊的旅游产品”。吴必虎（2001）认为，“所谓乡村旅游就是发生在乡村和自然环境中的旅游活动的总和”。刘德谦（2006）对乡村旅游的概念做了如下界定：“乡村旅游就是以乡村地域及农事相关的风土、风物、风俗、风景组合而成的乡村风情为吸引物，吸引旅游者前往休息、观光、体验及学习等的旅游活动”。何景明（2002）认为狭义的乡村旅游是指“在乡村旅游地区，以具有乡村性的自然和人文客体为旅游吸引物的旅游活动”，“乡村性”高度概括了乡村旅游吸引物的基本特征，以区别于发生在乡村空间范围内的其他旅游形式。

（2）乡村旅游发展战略

郝军等（1997）认为我国有广阔的农村地区，具有丰富的资源发展乡村旅游，提出以“农”促“游”，以“游”兴“农”。马波（1994）提出了开发关中地区乡村旅游业的基本原则与战略步骤。金学良、张桂林（1994）提出发展我国乡村旅游业的思路途径，提到了布局点的选择应该是城郊接合部。傅桦、安维亮（1998）以怀柔县孙栅子村为例，指出旅游资源开发的方向和配套措施。林伯明（1999）

在分析了乡村旅游的特点、桂林发展乡村旅游的重大意义（其中提到扶贫的作用）以及桂林发展乡村旅游的优势和制约因素的基础上，提出了桂林发展乡村旅游的对策。田敏和苗维亚（2005）认为在中国旅游大发展的背景下，乡村旅游目的地的发展潜力巨大，但是在开发过程中仍存在很多问题，在详尽分析这些问题的基础上，提出了一条规范化、制度化、特色化以及多元化的乡村旅游目的地发展思路。王咏等（2007）对安徽黔县进行了调查研究，认为其乡村旅游目的地管理体制上存在诸多问题，提出设立管理机构、推行市场化经营以及成立旅游相关协会等建议。戴九洲等 (2011) 分析了我国乡村旅游发展现状，提出价值链概念，试图把价值链引入乡村旅游的发展，力图为实现乡村旅游开发的最大价值提出可行性建议。刘丽梅和吕君（2012）主要以国内外乡村旅游发展社区参与为研究对象，总结出几种社区参与旅游的模式，最后提出未来乡村旅游的发展趋势是多元化以及多层次化。

（3）乡村旅游发展模式

邹再进（2006）从乡村旅游地理分布、发展阶段、开发主体、投资主体、提供的产品、空间结构及规模、与农村经济互动持续发展的关系等方面回顾与总结了中国乡村旅游的发展模式，基本上囊括了影响乡村旅游发展模式的主要因素，并指出了乡村旅游发展模式的一般性。许多学者基于案例点的差异性研究乡村旅游发展模式的特殊性，研究集中于乡村旅游发展较好的区域，如北京民俗村、成都农家乐、贵州民族旅游村寨、云南旅游小镇、浙江乡村旅游等；部分学者借用参与式理论、博弈论、利益相关者理论、产业融合理论、循环经济理论等来研究乡村旅游发展模式；还有学者在新农村建设、城乡统筹等国家政策背景下研究乡村旅游发展模式。乡村旅游发展模式的研究意义在于：一是对乡村旅游的发展经验进行剖析，总结出乡村旅游发展模式的规律性和特殊性，可供实践借鉴；二是乡村旅游发展模式是动态演进过程，对模式进行不断的优化与改进，可有效指导实践。

2. 乡村旅游与农民增收

随着乡村旅游的发展，乡村旅游的重要性逐渐被重视，我国的乡村旅游研究者开始把关注点发散到更多的方面。乡村旅游与农民增收关系问题成了重要的研究议题。

农民增收难的问题已成为我国当前农业和农村工作的突出问题。李忠斌和万享明（2013）指出旅游业对促进农民收入的提高存在间接效应，能够对城乡居民收入差距的缩小起到显著作用。李慧欣（2003）、谢春江和阎友兵（2005）、薛淑珍（2007）认为乡村旅游及农业旅游发展是农民增收的有效途径。乡村旅游与农民增收研究主要集中在对农民增收的影响、制约农民增收的因素、扩大农民增收效应的措施与建议、妇女增收、增收效用评价等方面。

（1）对农民增收的影响

成淇平（2000）指出发展乡村旅游是促进农民增收的良好途径。杨顺礼（2001）认为“农家乐”对农村经济社会发展起到了积极的推动作用，为农民增加收入开辟了新途径。李辉和杨朝继（2004）提出在西部，乡村旅游作为一种新型旅游项目，有助于功能型城镇的构建并能够实现农村富裕劳动力的转移，实现农民增收与农民生活富裕。杨华（2004）认为乡村旅游景观的开发与乡村休闲业的发展对于全面增加农民收入具有重要现实意义。张剑鸣（2006）以郎德上寨为研究对象，论述了贵州通过发展乡村旅游促进当地农民增收的事实。赵航和王庆（2007）分析了乡村旅游与农民增收的关系，论述了乡村旅游在农民增收中的作用。彭瑛和何志华（2007）提出民族村寨旅游可以提高农民收入、促进新农村建设。谭兵等（2007）认为乡村旅游是农民致富的助推器，陈俊（2007）通过调查研究论证了平坝乡村旅游已成为农民增收的新支柱。陈颖（2008）充分肯定了农家乐在农村经济中的作用，如对农民增收起到了不可小视的作用，并分析了农家乐休闲旅游业与现代农业之间的关系，提出进一步促进农家乐发展的建议。吴孔凡和赵则永（2008）通过实地调查，发现发展乡村旅游是农民增收的一条重要渠道。彭蜜（2009）认为乡村旅游对农民增收的影响主要体现在两个方面：一是对农业本身的影响；二是乡村旅游的旅游休闲功能对农民增收的影响。邝伟楠（2009）明确指出乡村旅游已经成为广西农民增收的重要来源。万幸（2010）深入阐述了发展乡村旅游对农民增收的影响：一是促进农村产业结构优化，拓宽农民增收途径；二是创造就业机会，增加农民收入；三是旅游带动农产品市场的扩大，促进农民增收。蒲姝和韩雪（2010）以成都红砂村为例，研究了乡村旅游发展在解决当地农民就业、农民增收难问题方面起到的重要作用。张遵东和章立峰（2011）以雷山县西江苗寨为例，研究了贵州民族地区乡村旅游扶贫对农民收入的影响。杨启智和向银（2012）利用对应分析法进行实证研究，探讨了乡村旅游对农民收入的贡献程度，研究表明乡村旅游的发展对当地农民增收的贡献不大，所起到的作用极其有限，反而指出外出打工这一项在农民收入中占到很大的比例。

（2）制约农民增收的因素

吴妍等（2009）以成都红砂村“花乡农居”为研究对象，最后得出的结论是“受教育程度”以及“宅基地距景区距离”成为影响当地农民增收的两大最重要的因素，并且指出这两个因素与农民收入之间存在着线性相关关系。王俊（2010）以江西井冈山为调查研究对象，详尽分析了井冈山当地农民收入与旅游业发展之间的内在联系，为更好地促进农村地区农民收入的增加提供了建议。陈维勇（2011）以上海青浦区乡村旅游发展为例，揭示了在当前的开发模式下农民增收的直接途径与间接途径，将制约农民增收的问题归纳为公平性问题、边缘性问题、积极性问题、风险性问题等。

（3）扩大农民增收效应的措施与建议

聂守全（2005）提出了发展乡村旅游增加农民收入的几点思考。王龙和武邦涛（2006）、赵航和王庆（2007）对乡村旅游促进就业和增收的效应机制进行了研究。高谋洲（2008）阐述了乡村旅游是促进农民增收的重要方式，但是仍旧面临着许多限制条件，为了让乡村旅游更加充分地发挥刺激农民增收的作用，提出了加大政府扶持力度以及加强旅游规划工作的建议。彭蜜（2009）认为通过乡村旅游促进农民增收应从有效转移农村剩余劳动力、提高村民现金收入、获得新收入源、增加转移性收入四个方面考虑。林红（2011）分析了遵义市乡村旅游发展促进农民增收的概况以及存在的问题，并提出了遵义市乡村旅游发展与促进农民增收的政策建议。

（4）妇女增收

陈延超（1999）认为旅游业的发展对妇女发展有着不可估量的作用，不仅为她们提供了就业机会、增加了收入，并且提高了她们的社会地位。吴晓萍、何彪（2001）研究了少数民族妇女如何利用自身资源创造财富。吴庭菊（2004）论述了侗族妇女凭借自身所具有的独特优势成为侗族风情旅游业中增收的亮点。

（5）增收效用评价

黄进（2001）特别分析了乡村旅游对环境、社会和经济所产生的各种效应。

唐燚和杨扬（2010）从收入增长、结构优化、科技进步、环境改善、资源利用等方面评价了苏州树山社区参与生态农业旅游的增收效用。

除了直接研究乡村旅游和农民增收问题之外，还有一些是关于乡村旅游和“三农”问题或“新农村”之间关系的研究。杨朝继和李辉（2005）首先分析了乡村旅游的特点，然后论述了西部地区在发展乡村旅游上所占的优势，在此基础上，探讨了发展乡村旅游与解决西部地区“三农”问题之间的关系。孙国茜（2006）以四川阿坝藏族羌族自治州为例，阐明在旅游资源丰富的西部地区，依托旅游产业发展相关产业，是新经济发展和新农村建设的一条有效途径。周俊（2007）以贵州省江口县云舍村为研究个案，研究了其通过发展乡村旅游，走上以旅促农、助农增收的富民之路的经验与启示，指出这对建设社会主义新农村具有现实的指导意义。王飞（2007）研究指出我国西部地区的乡村旅游对于推进西部地区新农村建设、改变西部地区经济落后的状况有着积极意义。周正明（2007）以云南迪庆州的乡村旅游为研究对象，得出发展乡村旅游是新农村建设有效途径的结论。周彬和贺传阅（2007）探索了西部地区乡村旅游发展和新农村建设的互动关系。张嘤和王艳艳（2007）以云南省可邑文化生态旅游村为例，说明社区生态旅游是民族地区构建新农村的有效途径。

此外，国内学者将增收的范围扩展到旅游扶贫（吴忠军，1996；胡海胜，2002；张伟等，2005；张伟，2010）、旅游发展过程中的居民满意度（吴忠军，2009）、旅游对区域经济增长的贡献（张聪和但文红，2010）、旅游对就业或农村劳动力转移的作用（唐代剑和黎彦，2009；赵航和王庆，2007）等方面。

国内外关于乡村旅游与农民增收研究的不足如下。①研究对象：微观研究多，中观、宏观研究少；相对于中东部地区的研究，西部民族地区的研究较少，仅有少量文章。②研究的价值取向：现有研究多停留在开发模式和经验上，较少从开发商、政府、当地居民等利益相关方的角度进行分析，其研究结论的可操作性不强。③研究方法：国内研究多停留在定性研究层面，或者是简单的数量统计分析，缺乏定量研究，所用学科理论单一。

1.4 研究的相关理论和概念

1.4.1 相关理论

1. 旅游影响理论

国内对旅游影响的研究与西方国家相比历史较短，一直到20世纪90年代后期才真正开始。旅游影响包括正负效应，涵盖旅游经济效应、环境效应及社会文化效应三个方面。谢彦君（2004）在《基础旅游学》中认为“旅游效应”和“旅游影响”有着相同的内涵，即由旅游活动造成的正、负面影响，这种影响是多方面的，主要包括对旅游者、旅游目的地以及旅游开发商等的影响。其中旅游对经济的影响被称为旅游经济效应，如增加就业机会以及促进当地经济发展等；旅游的环境效应是指旅游活动对环境产生的种种影响，二者是相当复杂、相生相克的关系；旅游对社会文化的影响是深刻而广泛的，包括旅游对游客输出地及旅游者的社会文化影响、对旅游目的地的社会文化影响、旅游者与目的地居民的相互关系、对目的地居民的影响（思想素质、家庭结构、阶层、性别角色）及对旅游利益相关者的影响等问题。国内关于旅游对社会文化的影响多采用居民感知研究（宣国富和陆林等，2002；章锦河，2003；周梅等，2011）。旅游对目的地居民个体素质的影响不容小觑，旅游者的示范效应促进了居民思想观念的更新（张群，2003），使居民的人文素质不断提升，不少村民掌握了语言交流、经营服务等专业技能，特别是乡村旅游中妇女的职业身份发生了剧变。

本书所研究的范畴属于旅游经济效应研究。1989年，博迪奥（Bodio）发表了《外国人在意大利的移动及花费》，从统计学的角度评述了旅游对国家经济的影响和作用，开创了旅游经济影响研究的先河。[1] 二十世纪六七十年代，英语国家开始对旅游经济影响进行系统研究，并取得了一定的研究成果，如旅游经济乘数效应。[2] 国内关于旅游经济影响的研究集中于旅游与经济增长的关系、区域间

[1] 张辉，厉新建.旅游经济学原理[M].北京：旅游教育出版社，2004:2-6.

[2] 王子新，王玉成，邢慧斌.旅游影响研究进展[J].旅游学刊，2005(2):90-95.

旅游经济的差异、旅游相关增加值、旅游产业关联及产业波及效应、旅游对就业的影响和旅游对扶贫的贡献，并采用乘数理论、灰色理论、投入产出理论、旅游卫星账户等研究方法。[1]毫无疑问，乡村旅游业能够给旅游目的地带来经济增长，但是，在发展乡村旅游的过程中，也同样面临诸如旅游漏损、旅游飞地化、就业不足、物价上涨、利益分配不均等问题。本书将在实地调研的基础上，搜集相关数据及材料，运用模型及统计计算方法，以求全面展示乡村旅游发展对桂滇黔民族地区农村经济所产生的影响，特别是定量化判别分析当地农民增收所产生的影响，增强旅游经济影响实证研究的可信度和精确度。

2. 利益相关者理论

1963年，斯坦福研究所（Stanford Research Institute，SRI）的一些学者最早提出“利益相关者”（stakeholder）一词，他们从企业治理的角度界定利益相关者的概念，即“对企业来说存在这样一些利益群体，如果没有他们的支持，企业便无法生存”[2]。1984年，Freeman在*Strategic Management：A Stakeholder Approach*一书中将“利益相关者”定义为：“利益相关者是指那些能够影响企业目标的实现，或者被企业目标的实现影响的个人或群体”，这体现了企业与个人或群体间的双向影响，大大扩展了利益相关者的内涵，包括股东、雇员、债权人、消费者、供应商、政府部门、社会组织、社区居民等。利益相关者理论要求企业的经营管理活动应平衡各利益相关者的利益要求，背离了传统企业的股东至上主义；实现了对企业剩余所有权和剩余控制权的重新分配，强调管理的社会责任和伦理，追求利益相关者的整体利益。为了增强理论应用实践的可行性，国外学者从不同角度研究了利益相关者的界定和分类方法，针对不同的利益相关者分而治之，如契约型与公众型利益相关者、自愿和非自愿利益相关者、主要与次要利益相关者、主动与被动利益相关者、直接与间接利益相关者等。

20世纪80年代中后期，随着西方旅游业发展过程中一些阻碍旅游业进一步发展的因素出现，诸如民主决策和平等参与等，再加上旅游目的地急需通过资源

[1] 陈静，王丽华.旅游经济影响的回顾与展望[J].旅游论坛，2009(2):264-269.

[2] 杨修发，许刚.利益相关者理论及其治理机制[J].湖南商学院学报，2004(5):38-40.

整合全面提升竞争力，利益相关者理论顺理成章被引入旅游研究这一领域。[1] 相比于国外，国内研究旅游业利益相关者延后了将近 20 ～ 30 年，最早见于 2000 年《桂林市旅游发展总体规划（2001—2010）》。

关于乡村旅游利益相关者的界定，主要从三个方面考虑：一是“问题”将影响谁的利益或谁的行为将强烈影响“问题”；二是谁拥有“问题”发展战略设计及实施的信息资源和专门技能；三是谁控制项目实施的相关设施。[2] 因此，桂滇黔民族地区乡村旅游的利益相关者群体包括政府部门、旅游开发商与投资商、旅行社、当地居民、外来经营者、游客、周边社区、旅游协会、旅游规划和咨询企业与组织等。本书研究乡村旅游与农民增收，关注当地社区参与和旅游利益保留在社区内部，故重点研究乡村旅游东道主相关者的利益关系。如图 1-1 所示，东道主相关者包括各级政府、旅游主管部门、开发商、旅游经营者、社区村民、周边社区，存在三种利益关系，分别为利益分配关系、市场竞争关系、管理协调关系。

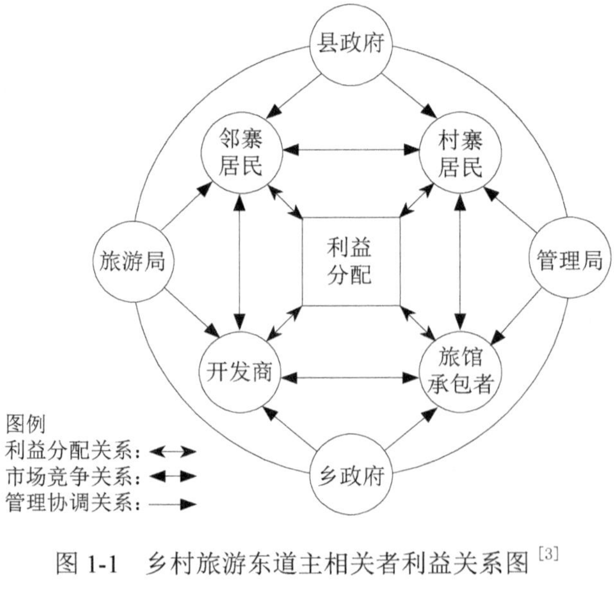

图 1-1　乡村旅游东道主相关者利益关系图 [3]

---

[1] 周玲.旅游规划与管理中利益相关者研究进展[J].旅游学刊，2004(6):53-59.

[2] 唐晓云，赵黎明.农村社区生态旅游发展分析[J].西北农林科技大学学报（社会科学版），2006(2):93-97.

[3] 吴忠军，张瑾.民族旅游开发中东道主之间关系的人类学研究[J].贵州民族研究，2008(6):62-69.

3. 收入分配理论

收入分配是否合理与人民群众的切身利益以及国家的发展息息相关，收入分配合理可以提升人民群众的工作生活积极性，促进经济的发展，巩固社会的稳定，反之则将造成不可估量的负面影响。因此，不管西方经济学，还是马克思主义经济学，收入分配理论都占据着重要的一席。古典经济学杰出代表大卫•李嘉图认为：“确立支配这种分配的法则，乃是政治经济学的主要问题。”[1] 分配理论是李嘉图经济理论的核心。本研究的对象为“乡村旅游对桂滇黔民族地区农民增收的影响”，在发展乡村旅游的村寨中，同样存在收入分配问题，且收入分配问题与农民增收问题有着直接的联系。接下来，本研究将对各种收入分配理论进行一个梳理，以期在了解收入分配理论的基础上，对桂滇黔地区发展乡村旅游的收入分配问题做出更加科学的判断和分析。由于经济学的收入分配理论是价值理论的逻辑延伸，因此，价值理论将与收入分配理论一同被论述。

（1）西方收入分配理论

在西方收入分配理论中，依次有古典主义收入分配理论、新古典主义收入分配理论、现代西方收入分配理论。

亚当•斯密和大卫•李嘉图是古典政治经济学的杰出代表人物和集大成者，他们的劳动价值论和以其为基础的收入分配理论是后来研究者们的重要参考理论。亚当•斯密是古典主义经济学的创始人，他把国民分为三个阶级，即工人阶级、资本家阶级和地主阶级，其中工人阶级以劳动换取工资，资本家阶级以资本取得利润，地主阶级以土地收取地租。这三大阶级的收入就是社会的三种基本收入，其他收入都是由这三种收入派生出来的，这就形成了斯密的收入分配理论。需要指出的是，斯密的理论是二重的，是模糊不清的。一方面，他的理论肯定了劳动是创造一切价值的源泉；另一方面，他又把劳动和资本、土地一同作为生产要素并列起来，共同参与分配。作为古典经济学的伟大继承者，大卫•李嘉图的收入分配理论和斯密的一样，同样以劳动价值论为基础，认为工资、利润和地租是基本收入，但是他摒弃了斯密理论的模糊不清，完全肯定了劳动在价值中的地位，

---

[1] 大卫•李嘉图. 政治经济学赋税原理[M]. 北京: 商务印书馆，1976.

认为全部产品价值都是劳动创造的，劳动是社会上一切阶级收入的源泉。有别于斯密和李嘉图，萨伊的收入分配理论不是在劳动价值论而是在效用价值论或生产要素价值论的基础上形成的，萨伊以“斯密教条”[1]为出发点，创立了效用价值论，提出了三要素或者“三位一体”公式，他认为劳动、资本和土地是生产三要素，它们各自的所有者应该获得相应的报酬，于是形成了劳动—工资、资本—利润、土地—地租的分配理论。他将劳动、资本和土地并列为物，否定了劳动是一切价值唯一的本源，忽视了生产中劳动者是主动的因素，物是被动的因素，人有权参加收入分配，物本身不参加收入分配的事实。于是，导致了他在认识企业家和工人收入分配关系中的片面性，他将工资等同于物质生产成本，工人等同于物，将人之间的分配关系说成物之间的分配关系，或者人与物之间的分配关系。尽管萨伊分配理论的科学性后来不断被质疑，但其“三位一体”分配理论几乎为后来所有资产阶级经济学家所接受，而且是现代资产阶级经济学的工资论、利润论、利息论的源头。

在古典主义的基础上，新古典主义对收入分配理论进行了进一步发展。新古典学派的奠基人、英国“剑桥学派”的创始人阿弗里德·马歇尔（1842—1924年）在萨伊三要素中加入了第四个要素，即组织或企业家才能。马歇尔的分配理论是在均衡价格理论的基础上建立的，他认为劳动、资本、土地和组织的均衡价格就是各自的收入，即工资、利息、地租和利润，而决定生产要素均衡价格的是它们的供求关系，生产要素的需求价格和供给价格均衡时的价格，就是它们的均衡价格或报酬。除了马歇尔，美国著名经济学家约翰·贝茨·克拉克也继承和发展了萨伊的效用价值论和收入分配理论，他经过研究得出结论：在静态条件下，劳动、资本和土地三个生产要素在生产过程中的贡献等于它们各自的边际产量，它们在分配中的收入等于它们各自的边际产量。

古典主义、新古典主义从微观角度对收入分配理论进行了分析，现代西方经济学则主要从宏观视角剖析收入分配理论。福利经济学构成了现代西方经济学收入分配理论的重要部分。福利经济学主要探讨福利和收入分配之间的关系是否合理。旧福利经济学的杰出代表庇古将福利经济学分配理论建立

[1] 即“工资、利润和地租，是一切收入和一切可交换价值的三个根本源泉。”——亚当•斯密：《国民财富的性质和原因的研究（上）》。

在基数效用论的基础上，他认为，社会经济福利的增减同收入分配合理与否紧密相连，判断分配与再分配的结果是否合理的标准之一，即是否增进了社会经济福利，如果增进了福利则为合理，反之则不合理。新福利经济学的代表人物卡尔多、希克斯和萨缪尔森等反对基数效用论，主张序数效用论，在他们看来，最大的福利就是资源配置效率达到最大，而他们的公平理论的基础是“帕累托最优”。[1]

诺贝尔经济学奖获得者西蒙•库兹涅茨在研究人均财富差异与人均财富关系时，提出了公平与发展遵循倒“U”形曲线。库兹涅茨在其经典论文《经济增长与收入不平等》（1955）中表述：“在农业文明向工业文明极为快速转变的经济增长早期，不平等扩大，一个时期变得稳定，后期不平等缩小”，这便是库兹涅茨倒“U”形曲线。这似乎也可以解释作为发展中国家的中国在改革开放到现在这一段时间贫富差距逐渐拉大的现象。

除了在宏观层面对收入分配理论进行分析，有一些现代西方经济学者也在微观层面做了一定的研究，其中就有美国经济学家西奥多•舒尔茨的人力资本论以及密希尔•詹森和威廉姆•麦克林的委托代理理论等，这些理论都完善了收入分配理论。

（2）社会主义收入分配理论

社会主义收入分配理论最初是马克思收入分配理论，后来中国在马克思收入分配理论的基础上发展完善了中国特色社会主义分配理论。

马克思吸取了西方经济学的精华，在斯密关于价值的第一个论断，即“生产中耗费的劳动决定价值”的基础上创建了科学的劳动价值理论及剩余价值理论，并在其劳动价值论的基础上提出了按劳分配的理论。[2]按劳分配原则可以简述为“等量劳动领取等量产品”。马克思的劳动价值论和按劳分配理论充分肯定了劳动是创造一切价值的源泉这一事实。

马克思的劳动价值论及其收入分配理论为建立适合中国国情的收入分配理论奠定了最重要的理论基础。中国经历了几代领导人前赴后继的努力，已经形成了

---

[1] “帕累托最优”理论由洛桑学派创建人威尔费雷多•帕累托建立，他认为生产和交换的最优条件，就是使社会福利达到最大限度的条件。根据这个原理，当社会资源的重新配置使每个人的处境变好或至少使一个人的处境变好而没有使任何一个人的处境变坏，就意味着社会福利的改进，即实现了“帕累托最优”。

[2] 马克思恩格斯列宁斯大林著作编译局.马克思恩格斯选集：第3卷 [M].北京：人民出版社，1972.

比较健全的收入分配体系。中国现在实行的是按劳分配为主，多种分配方式并存的分配制度，既保障了最广大人民的根本利益，也调动了一部分人的积极性。针对现在中国贫富差距过大的现状，中国政府出台了一些有利于缩小贫富差距的政策措施。党的十七大也聚焦收入分配制度改革，指出“要继续深化改革，以提高城乡居民的收入水平。在坚持社会主义分配制度的基础上，把低收入人群作为重点的关注扶持对象，以提高低收入者的收入，缩小贫富差距。为了提高贫困人口的生活水平，要逐步提高扶贫标准。尽量创造更好的条件让群众获得更多的收入，逐步扭转收入差距扩大的趋势”[1]。

（3）桂滇黔民族地区乡村旅游收入分配

本书研究调查的对象是桂滇黔民族地区中发展乡村旅游的村寨。毫无疑问，在发展乡村旅游的过程中，避免不了收入分配的问题。由于不同的村寨有着各自不同的乡村旅游发展模式，因此收入分配所牵涉的主体也不尽相同。

①传统的村民自治组织模式

这种模式下，整个旅游的发展，不管是宣传方面，还是旅游收入分配方面，都是由村民自己决定。日常事务，包括旅游事务，一般是由村委会统一管理，由村民商议决定。在这种模式下，分配主体比较单一，主要是当地村民，收入分配相对公平，矛盾也较少。

②政府+公司+农户模式

此种模式下，由政府牵头，为村寨旅游制定发展大方向；公司在这个大方向下根据村寨的具体情况确定相应的发展道路，开展招商引资以及宣传营销等事务；农户在政府和公司的指导下，积极参与旅游项目，共同开展村寨的旅游工作。这种模式下，旅游收入的分配问题相对复杂，分配主体有政府、公司和当地农户，在收入分配上一旦有失偏颇，便会造成很大的影响。

③地方旅游协会+农户经营模式

这种模式下，整个村寨的旅游事务是由当地农民自己组建的旅游协会和农户共同决定的。一般而言，这个旅游协会主要是由当地村民自己组建的，里面的成员大多是村委会的成员和当地一些比较有名望的寨老们。此种模式和村民自治组织模式相近，主体其实都是当地的居民，涉及的收入分配主体

[1] 胡锦涛.高举中国特色社会主义伟大旗帜为夺取全面建设小康社会新胜利而奋斗[N].人民日报，2007-10-16.

也是当地村民。

④政府+公司+旅行社+农民旅游协会模式

此种模式下，政府、公司、旅行社以及农民旅游协会共同决定当地的旅游事务，其中农民旅游协会代表当地农民自己的声音。这种模式下，参与乡村旅游的主体是这几种模式中最多的，因此在对旅游收入进行分配时，牵涉的主体也是最多的，利益分配时可能产生的问题也是最多的。

总而言之，不管在哪种乡村旅游发展模式下，其收入分配都是一个无法忽视的问题。

4. 一般均衡理论

一般均衡理论的奠基者是法国经济学家莱翁•瓦尔拉斯（1834—1910年）。瓦尔拉斯在他的代表作《纯理论经济学要义》中以边际效用论为基础，建立了一般均衡理论。瓦尔拉斯在其一般均衡理论中把边际效用分析从两个商品提供的比例关系扩展到全部商品中去，不单单解释一对商品的价值，而是要解释全部商品的价值。他认为“全部商品都是互相影响而不是独立存在的，因此，任何一个商品价格的改变都会对其他所有商品的价格造成影响。而只有当各商品的有效需求与有效供给相等的时候，才会实现市场一般均衡”。[1]在整个一般均衡理论的分析中，瓦尔拉斯主要研究的问题是实现一般均衡的条件及其可能性和方式。整个经济要实现一般均衡，需要的条件包括各个市场供求普遍相等、各交易当事人的个人效用最大化等，但这些是不可能真的实现的。瓦尔拉斯本人也承认在现实中由于不存在完全竞争的市场，因此经济只能趋近一般均衡状态，但不能达到。

瓦尔拉斯首次提出一般均衡理论的同时，也提出了相应的总体经济模型，但是其之后并没有发展为实用模型。直到1960年，约翰逊才提出了一个挪威经济的“开拓”模型，这是最早的CGE模型，是一般均衡理论实用阶段开始的标志。简要地说，一个典型的CGE模型，是用一组方程来描述经济系统中的供给、需求以及市场关系。这组方程中的商品价格、工资都为变量，在一系列优化条件的

[1] 鱼建光.论瓦尔拉斯的“一般均衡”与当代“非均衡”理论[J].经济纵横，1988(3):56.

约束下，求解这一组方程，从而得出在各个市场都达到均衡时的一组数量和价格。由于可计算一般均衡模型（CGE 模型）框架具有灵活性相当大的特点，其适用于各种经济形式的研究，其中也包括中国特色社会主义经济的研究，因此，在过去几十年中得到了广泛应用。

本书研究对象为“乡村旅游对桂滇黔民族地区农民增收的影响”，如何测度乡村旅游对农民增收的影响是一个难点。通过对各种测度方法，如旅游乘数计算、投入产出法等进行一一比对，综合所有因素考量，最后选择了 CGE 模型。除了一些不变的特征外，由于不同领域的研究主题和背景不同，因而导致 CGE 模型所选择的行为主体、变量和方程的形式亦不尽相同。目前，旅游 CGE 模型在国外的研究中已经得到一些实际运用，该模型的成功建立，首先必须以一个完整的国民核算体系作为主要数据来源；其次需要具备相应的求解软件，如世界银行的一般代数模型系统——GAMS(布鲁克，1988）、澳大利亚的 ORANI 和 MONASH 模型等，中国社会科学研究院也研发了基于中国经济的 PRCGEM 模型。[1]

1.4.2 相关概念

1. 乡村旅游

乡村旅游是随着社会经济的发展而产生的，早在 19 世纪就在欧洲一些国家逐渐兴起，目前欧美国家的乡村旅游已颇具规模，已走上规范发展的轨道。相比较而言，中国乡村旅游起步较晚，直到 20 世纪 80 年代才萌芽，90 年代真正兴起，但是发展迅速。乡村旅游发展的意义重大，不仅为城市居民提供了休闲旅游产品，而且在促进农业产业结构调整、增加农民收入、充分利用农村剩余劳动力资源以及维护农村经济社会可持续发展方面产生了不可小视的影响。[2] 因此，政府日益重视乡村旅游的发展，给予很多政策支持，如“2006 年乡村旅游年”等，都极大地促进了中国乡村旅游的发展。本书主要研究的正

---

[1] 宋涛，牛亚菲.国外基于CGE模型的旅游经济影响评价研究[J].旅游学刊，2008(10):24.

[2] 何景明.国内乡村旅游研究：蓬勃发展而有待深入[J].旅游学刊，2004(1):92.

是乡村旅游对农民增收的影响。为了更好地进行研究，应首先对乡村旅游有一个比较全面、科学的认识。接下来，本书将对乡村旅游的定义、类型进行一个简要说明。

（1）乡村旅游的定义

对于乡村旅游的定义，目前尚未形成一致的观点。西方学者对乡村旅游概念的研究颇多。《乡村旅游：理论案例》一书中描述，乡村旅游是发生在与土地密切相关的经济活动的、存在永久居民的非城市地域的旅游活动。欧洲联盟（EU）和世界经济合作与发展组织（OECD，1994）将乡村旅游定义为发生在乡村的旅游活动，并认为乡村性是乡村旅游整体推销的核心和独特卖点。Lane（1994）将乡村旅游定义为：发生在乡村地区、小规模、具有文化传统活性、常与当地居民家庭相联系并受当地控制的旅游活动。而 Edward Inskeep（1991）则将农业旅游、农庄旅游与乡村旅游不加区分，互相替换。Nilsson（2002）也有相似的观点，认为农庄旅游是一种典型的乡村旅游。Oppermann（1996）认为乡村旅游包括农庄旅游以及在乡村进行的其他形式的旅游活动。而世界旅游组织（1997）编制的《旅游业可持续发展地方——旅游规划指南》中对乡村旅游的定义为："旅游者在乡村（通常是偏远地区的传统乡村）及其附近逗留、学习、体验乡村生活模式的活动，该村庄也可作为旅游者探索附近地区的基地。"

（2）乡村旅游的类型

国内学者对乡村旅游的定义和分类也不尽相同。熊凯（1999）认为"乡村旅游是以乡村社区为活动场所，以乡村独特的生产形态、生活风情和田园风光为对象系统的一种旅游类型"。何景明（2002）认为"乡村旅游是指在乡村地区，以具有乡村性的自由人和人文客体为旅游吸引物的旅游活动"，支持了欧盟和世界经合组织（1994）在乡村旅游的定义中关于"乡村性"是乡村旅游本质特征的观点。刘德谦（2006）则认为"乡村旅游，就是以乡村地域及农事相关的风土、风物、风俗、风景组合而成的乡村风情为吸引物，吸引旅游者前往休息、观光、体验及学习等的旅游活动"，他对乡村旅游的定义是《旅游业可持续发展——地方旅游规划指南》中对乡村旅游描述的发展，由于乡村旅游的发生地不仅在传统乡村，还在现代的乡村，于是提出应当对"通常是偏远地区的传统乡村"进行修正。郭焕成和韩非（2010）把乡村旅游定义为"以乡村地区为活动场所，利用乡村独特的自然环境、田园景观、生产经营形态、民俗文化风情、农耕文化、农舍村落等资源，为城市游客提供观光、休闲、体验、健身、娱乐、购物、度假的一种新的旅游经营活动”。

从以上描述可知，国内外学者尽管在乡村旅游的定义上没有一个确定的解释，但是普遍认同乡村旅游的发生地在乡村地区，且乡村旅游的本质就是其“乡村性”[1]，这也是乡村旅游区别于城市旅游的重要标志。

我国学者对乡村旅游的概念理解不一致，再加上研究的角度不同，导致对乡村旅游在分类上也产生了一定分歧。卢云亭等（1995）将观光农业从结构上分为观光种植业、观光林业、观光牧业、观光渔业和观光生态农业 5 类；从功能上分为观赏型、品尝型、购物型、务农型、娱乐型、疗养型和度假型 7 类。王仁强等（1999）认为旅游观光农业分为农业公园、森林公园、观光农园、市民农园、休闲农场、森林公园、民俗旅游等 8 类。谢花林等（2002）则将乡村旅游划分为观光型、民俗型和休闲型。何景明（2002）把乡村旅游归纳为 3 种类型：乡村自然风光旅游、农庄旅游或农场旅游，以及乡村民俗旅游和民族风情旅游。黄郁成等（2003）仅将乡村旅游分为两大类，它们分别是古村落旅游和现代农业旅游。刘德谦（2006) 从旅游者需求的角度把乡村旅游划分为休息娱乐型、收获品尝型、运动养生型、观光审美型、认识学习型等 7 种类型。郭焕成（2010）从所依托旅游资源类别的角度，将乡村旅游分为观光农业旅游、民俗文化旅游、休闲度假旅游和自然生态旅游等。桂滇黔民族地区乡村旅游资源丰富，因此乡村旅游类型多样，但是各有侧重，其中贵州省民族村寨众多，其民俗文化旅游是全国发展的典型。

2. 桂滇黔民族地区

桂滇黔民族地区地处我国西南边疆，是我国少数民族比较多的地区，拥有十分重要的战略地位。桂滇黔民族地区的社会经济发展不仅关系着生活在这个区域里各民族人民的切身利益，还关系着我国边疆地区的团结、安全，甚至事关国家的稳定。而桂滇黔民族地区乡村地域广泛，乡村旅游资源丰富，农村人口比例

[1] 乡村性：较低的人口密度、居住地分散和开阔的空间；以农业、林业和自然占地为主的土地利用方式，建筑物占地面积较小；社会结构和文化趋向于传统等。——出自：何景明，李立华.关于“乡村旅游：概念的探讨”[J].西南师范大学学报，2002(5):126.

大，农村社会经济发展落后。本研究以桂滇黔民族地区为研究对象，探讨乡村旅游对该区域农民增收的影响，具有十分重大的意义。

桂滇黔民族地区地处我国云贵高原和青藏高原之间，横跨我国地势一、二、三级阶梯，地形地貌复杂多样。它主要为山地、丘陵和高原，其中还分布着大片的喀斯特地貌和丹霞地貌景观，如云南的石林和桂林山水，以及荔波和资源八角寨丹霞景观等。气候类型主要为亚热带季风气候，温暖、无霜期长、热量充分。这样的地形与气候造就了丰富的生物资源，蕴藏着种类繁多、组成复杂的野生动植物。因此，桂滇黔地区享有“世界动植物基因库”的美誉。这些自然条件成为桂滇黔民族地区发展乡村旅游的重要基础。

桂滇黔地区少数民族众多，生活着全国 2/3 以上的少数民族，是我国少数民族分布较集中的地区。该地区主要居住着三大语族的少数民族，即藏汉语系的藏缅、壮侗和苗瑶语系。民族文化资源丰富，每个民族都有自己的节日，有一些民族拥有自己的文字，还有多种多样的体育娱乐项目，丰富多彩的民族文化资源也构成了西南民族地区发展乡村旅游的优势条件。

3. 收入结构

各项收入来源（收入构成要素）在总收入中的构成比例以及相互关系可简称为居民收入结构。从国民经济统计的角度，国家统计局相关文献描述，现在统计中常用的“人均可支配收入”主要由工资性收入、经营性收入、财产性收入以及转移性收入四个方面构成。工资性收入是指居民作为雇员，从自己工作的单位或者雇主那里得到的报酬，这一部分收入主要是靠出卖自己的劳动力获得；经营性收入则是居民以家庭为单位开展经济活动所得到的收入；财产性收入是指拥有包括银行存款和有价证券等在内的金融资产以及房屋、土地等有形资产的居民，把这些资产交予其他单位机构进行科学支配，最后作为回报而从中得到的收入；转移性收入则主要指国家补贴给居民的各项福利。[1]

在本书所研究的桂滇黔民族地区旅游村寨中，当地村民的收入包括了上述四大收入方式。具体表现如下：工资性收入指民族旅游村寨中，居民受雇于单

[1]　纪晓丹.我国居民收入及收入结构变动研究[D].上海：上海师范大学，2009:9.

位或个人，依靠出卖自己的劳动而获得的收入，从来源上划分主要有在政府、旅游公司、开发公司上班的当地居民的工资，为从事旅游经营的雇主从事专职、兼职和零星劳动所得的工资；经营性收入指民族旅游村寨的居民以家庭为单位进行生产和经营而获得的收入，如村民自己开乡村旅馆、民族工艺品店以及参与民族歌舞表演等所获得的收入；财产性收入指金融资产或有形非生产性资产的所有者向其他机构提供资金或将有形非生产性资产供其支配，作为回报而从中获得的收入，主要来源于民族旅游村寨中居民将自有住房、自有资产出租、出售所得的收入以及景区的门票分成；转移性收入指民族旅游村寨中，当地居民不需付出而获得的物质、服务、所有权等方面的政府拨付的收入，主要来源于政府投资、旅游公司对居民住房的维护维修、居民所享受的福利等，例如，政府为发展桂滇黔民族地区乡村旅游投入各种各样的政策性资金，包括旅游国债、旅游交通和旅游发展专项资金、新农村改造资金等，这些都是转移性收入，是一种隐性收入。对这些少数民族村寨的收入结构做比较深入的调查，弄清当地村民具体的收入结构，对于了解当地旅游的发展状况，以便更好地促进当地农民增收有着重大意义。

4. 农民增收

（1）农民的概念

由于发展中国家和发达国家在生产力发展水平、制度、经济生活等方面存在较大差异，目前学术界对于农民的概念尚不能统一。发达国家的农民主要指的是农场主或农民企业家，其拥有先进的生产技术，以营利为目的进行大规模的企业化农业生产；发展中国家的农民主要指的是生产力水平低、生产规模小，以农业生产自给自足的劳动者，具有小农传统特色，不以市场交换为目的。中国作为发展中国家，《辞海》界定我国农民的概念为：“直接从事农业生产的劳动者。在资本主义社会和殖民地、半殖民地社会，主要指贫农和中农。在社会主义社会，主要指集体农民。”[1] 从制度上来看，我国的农民是具有农业户口的农村人。狭义上，农民指从事农业生产的人——职业劳动者；而广义上的农民还包括离土不

[1] 夏征农.辞海[M].上海:上海辞书出版社，1992.

离乡、从事非农业生产的人和离乡离土进城打工的农村人。综合考查各层面，并结合我国统计惯例，本研究推崇广义上的农民概念。

（2）农民增收的内涵

农民收入大致指农民一年内从事生产经营或提供服务所得的收入总和。农民增收简言之即农民收入的增加，就是在原有收入基础之上收入的上涨。本书认为，农民增收即长期居住在农村或外出打工但经济收入流入本户的农村户籍的自然人进行经济活动所获得的纯收入的增加。改革开放以来，我国农民收入增长的演化历程大体分为超常规增长阶段（1978—1984 年）、在波动中缓慢增长阶段（1985—1990 年）、反弹回升阶段（1991—1996 年）、增速回落阶段（1997—2000 年）、大幅增长阶段（2001 年至今）；[1] 农民收入增长来源经历了以农业为主的家庭经营性收入到非农收入的转变，非农收入已逐渐成为农民增收的主要来源。

在乡村旅游情景中，农民增收可以理解为大部分从事第一、第二产业的农民在参与乡村旅游业后收入增加。乡村旅游为农民增收开辟了新途径，创造了“离土不离乡，乡土都不离”的农民生产生活的新路径，扩大了农民非农收入的范畴，使农民收入日益多元化、复杂化；乡村旅游带动基础设施建设及村民不动产升值，使农民收入结构不断演变，转移性收入和财产性收入显著提高，农民收入增长的源泉发生了“质”的变化。

1.5　研究技术和方法

1.5.1　技术路线

本书研究技术路线如图 1-2 所示。

[1]　姜立梅.我国农民增收问题研究[D].大连:东北财经大学，2005(2):18-22，79.

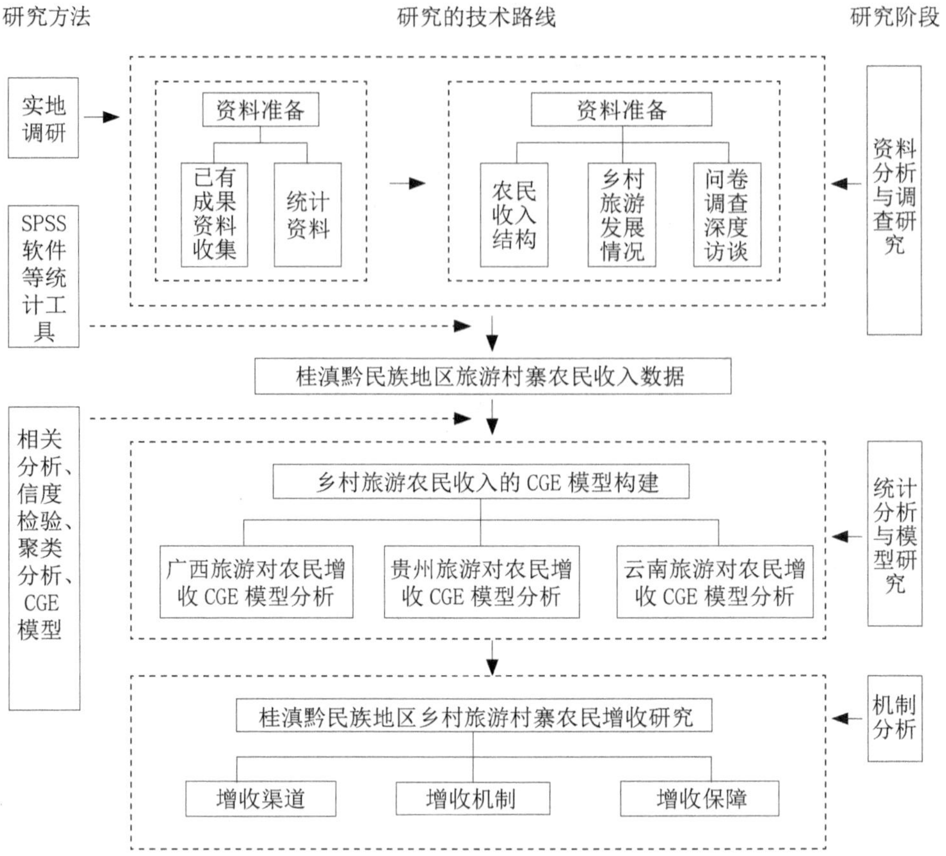

图1-2　研究的技术路线

1.5.2　研究方法

本书以民族学、经济学、管理学、旅游学等多学科理论为支撑，借鉴国内外研究成果，通过数据收集、问卷调查、专家咨询等方式，并结合一般均衡（CGE）等数理方法，进行定性和定量相结合、宏观和微观相结合的研究。

（1）宏观、定性研究

本书采用宏观研究视角，以桂滇黔民族地区为研究对象，基于乡村旅游经济影响、利益相关者、收入分配与一般均衡等相关理论，研究桂滇黔民族地区旅游村寨中农民收入的来源、结构，提出农民增收的有效途径和机制。

（2）实证、定量研究

科学选取桂滇黔民族地区十个典型旅游村寨，进行实证研究，采用德尔菲法、层次分析法，通过三轮的专家循环征求意见，构建乡村旅游发展中的农民增收综合指标体系，深入案例点进行田野调查、深度访谈与发放问卷，采集相关数据进行定量化分析研究。

（3）比较、综合研究

比较乡村旅游不同发展模式下村民旅游收入来源、收入结构、增收方向的差异；将农民旅游收入与农民其他收入进行对比，分析旅游收入在农民收入中占据的比例大小；对案例点农民收入与桂滇黔民族地区的平均水平进行比较。针对桂滇黔民族地区乡村旅游农民增收的问题，综合提出增收的渠道、机制与保障。

（4）系统、量化研究

运用 CGE 模型的基本原理，构建桂滇黔民族地区乡村旅游农民增收的 CGE 模型，并进行分析与模拟。

第2章　桂滇黔民族地区乡村旅游的发展

2.1　我国乡村旅游发展历程和现状

2.1.1　我国乡村旅游发展历程

1. 萌芽阶段（20 世纪 80 年代—1994 年）

大多数学者认为，国内的乡村旅游起源于 20 世纪 80 年代。在 20 世纪 80 年代中后期，成都西北近郊的郫县农科村开展了我国最早的农家乐接待活动，农家乐的诞生拉开了我国乡村旅游的序幕。[1] 这一时期，在西部地区，形成了知名旅游景区附近的乡村游和展现少数民族风情的乡村民俗游，如贵州黄果树附近的石头寨民族风情旅游，雷山县朗德寨的苗族歌舞表演项目；在东部地区，经济发达的城市周边兴办了大量的农家乐及农民度假村，如 1984 年珠海开办的白藤湖农民度假村，利用民俗、田园等主题开展节庆活动招商引资；如 1988 年深圳先后举办了荔枝节与采摘园，取得了良好的经济效益。1989 年 4 月，“中国农民旅游协会”更名为“中国乡村旅游协会”，“乡村旅游”概念开始被大众所接受并加以关注。

这一时期，伴随着我国经济发展，居民生活水平提高，“1+2”休假制度的执行，乡村旅游发展速度较快，表现出强大的生命力和发展潜力，出现了一大批有代表性的乡村旅游点，主要集中在经济较发达的城市及旅游资源丰富的

---

[1]　郫县旅游局.“郫县模式”促成中国农家乐旅游发源地的华丽蝶变[N].中国旅游报，2014-01-29(13).

地区。萌芽阶段的乡村旅游发展层次较低、规模较小，呈现了在市场需求驱动下自发形成的特点。

2. 初步发展阶段（1995—2003 年）

我国乡村旅游的真正兴起是在 20 世纪 90 年代中后期，与萌芽阶段的自发性不同，乡村旅游的发展开始得到国家层面的关注和支持。1995 年，国家旅游局推出“中国民俗风情游”，其内容覆盖了全国各个地区，其中在“西南民族风情”板块中，推出的就是这个地区少数民族村寨的生活场景，旅游最高主管部门的大力宣传与推荐，使得更多游客进入少数民族地区旅游；1998 年，国家旅游局推出“华夏城乡游”，提出“吃农家饭、住农家院、做农家活、看农家景、享农家乐”的口号；1999 年，国家旅游局推出“生态旅游年”，宣传口号是“返璞归真，怡然自得”，推出了一系列包括观鸟、徒步、垂钓、沙漠探险、登山等乡村旅游活动；2002 年，旅游主题是“中国民间艺术游”，这个主题极大地激发了海外旅游者来华探寻民间艺术的兴趣。一系列旅游主题年的开展，极大地宣传了乡村旅游资源，开拓了乡村旅游客源市场，很大程度上推动了中国乡村旅游的进一步发展。

我国假期制度的不断完善也给了乡村旅游更大的发展空间。第一，从 1995 年 5 月开始，我国首次实行 5 天工作制，也就是双休日制度。这个制度的实行使得市民在周末可以到周边的乡村进行放松休闲。加上这个时期我国居民收入有所提高，人们有更多的资金进行休闲活动，于是很大程度上促进了城市周边乡村旅游的发展。[1] 第二，我国的黄金周也是在这个时期出现的。根据国家旅游局的解释，我国的首次七天长假制度是在 1999 年 5 月开始实行的，这个阶段主要指“十一”和“五一”两个黄金周。在 2000 年 6 月以后，变成了三个黄金周，即增加了春节黄金周。由于黄金周的出现，我国居民有了更多、更长的时间进行旅游活动，旅游者的脚步不仅仅停留于周边的乡村，还可以进行远途旅行，这个制度对乡村旅游的影响同样不可小觑。

2002 年，我国颁布了《全国工农业旅游示范点（试行）》，启动了创建全

---

[1]　盘晓愚.中国乡村旅游的发展阶段和新趋势[J].河北农业科学，2009(9):87.

国农业旅游示范点的工作，标志着我国乡村旅游开始走上标准化、规范化的道路。

3. 快速发展阶段（2004—2010年）

“三农”问题与新农村建设的政策支持与鼓励，使我国乡村旅游发展进入了一个全新的阶段，乡村旅游产业发展速度与规模不断扩大，“促进农民增收，改善乡村风貌”的发展特点日益凸显。

新华社报道，从2004年开始，中央一号文件的内容都是“三农”问题，而“三农”问题的核心则是农民问题，农民增收难问题一直都是困扰国家的大问题，乡村旅游正是解决农民收入难问题的重要手段之一。因此，其重要程度也日益受到各地的重视。

2005年，党的十六届五中全会上提出了建设“社会主义新农村”。在建设社会主义新农村的过程中，很重要的一个任务是增加农民收入。而传统的农业耕作在增加农民收入方面的作用有限，广大的中国农村地区都有着丰富的旅游资源，再加上乡村旅游有着较高的附加值，在农村发展乡村旅游成为建设社会主义新农村的不二选择。乡村旅游在社会主义新农村建设中有着重要的地位，因此，国家对乡村旅游的支持力度也不断提升。

2006年是中国乡村旅游发展的重要节点。国家旅游局确定的旅游主题为“2006中国乡村游”，宣传口号为“新农村、新旅游、新体验、新风尚”。乡村旅游第一次在中国的旅游主题中占据主导位置，国家对其重视程度可见一斑。在乡村旅游年期间，国家制定了《关于促进农村旅游发展的指导意见》，多部门联合召开了各种关于乡村旅游的会议，在贵阳召开了首届乡村旅游发展国际论坛，并签订了《贵阳宣言》。

2007年全国旅游工作会议明确指出当年的旅游业工作重点就是推进乡村旅游的发展，不仅如此，当年，国家旅游局还推出“中国和谐城乡游”的旅游主题，宣传口号为“走进乡村，走进城市，促进城乡交流”。这一年，国家旅游局和农业部共同下发了《关于大力推进全国乡村旅游发展的通知》，明确了“十一五”期间发展乡村旅游的任务，还推动“百千万工程”的实施，即在全国范围内建成有乡村旅游示范意义100个特色县、1000个特色乡和10000个特色村。这一系列政策措施都对中国乡村旅游的发展起到了重大作用。

2008年，党的十七届三中全会指出，农业、农村、农民问题关系党和国家事业发展全局。全会审议通过了对农村发展有着重大意义的文件——《中共中央关于推进农村改革发展问题若干重大问题的决定》。该文件对农村地区土地流转制度做了进一步的解释，允许农民在法律范围内，秉持自愿有偿的原则，以出租、转包及转让等各种方式对自己土地的承包经营权进行流转。鼓励具备客观条件的农村创立家庭农场以及专业合作社等，以带动当地经济的发展。但土地承包经营权的转让必须满足两大条件，即土地用途不得改变、农民权益必须得到保障。土地流转制度的制定为乡村旅游的发展提供了更好的环境。

2009 年颁布的《国务院关于加快发展旅游业的意见》（国发〔2009〕41 号）文件，把旅游业的发展上升到了国家的层面。该文件的内容囊括了我国整个旅游业，同时也关注了乡村旅游，其中提到了实施乡村旅游富民工程，鼓励开展各具特色的农业观光和体验型旅游活动等。同年 7 月，国家旅游局还专门就“全国乡村旅游发展纲要”公开征求意见，在由旅游局规划财务司组织相关人员编制的《全国乡村旅游发展纲要（2009—2015 年）》中，对我国乡村旅游现状做了描述，提出今后几年乡村旅游的发展方向和发展目标。2010 年，农业部对国务院提出的“一村一品”强村富民工程提出的意见中，指出要推动乡村旅游和休闲农业的全面发展。

4. 转型升级阶段（2011 年—至今）

2011 年是“十二五”规划的开局之年，也标志着乡村旅游发展进入转型升级阶段。在经历了前一阶段的快速发展后，我国的乡村旅游为谋求更好的发展，逐渐开始转型。 国家对乡村旅游的关注已经不仅仅停留在量上，而是更注重质的转变。乡村旅游的发展正式开启了规范化和标准化时代。2010—2011 年，国家旅游局和农业部根据相关文件开展了全国休闲农业与乡村旅游示范县、示范点的创建活动，并对其名单进行了公示。2012 年，农业部为了提升我国休闲农业的文化软实力和持续吸引力，开展了全国休闲农业创意精品推介活动。

2013 年国务院颁布《国民旅游休闲纲要》，提出要保障国民旅游休闲时间以及改善国民旅游休闲环境等，其中还鼓励开展城市周边乡村度假，为我国乡村旅游的发展营造了良好的环境。党的十八大倡导的生态文明和美丽中国，更使我国乡村旅游有了更好的发展契机。

2.1.2 我国乡村旅游发展现状

近几年，我国旅游业整体发展态势良好。2012 年，全国国内旅游人数 29.57 亿人次，收入 22706.22 亿元人民币，分别较前一年增长 12.0% 和 17.6%；接待入境旅游 1.32 亿人次，实现国际旅游（外汇）收入 500.28 亿美元，分别较前一年减少 2.2% 和增长 3.2%。我国乡村旅游经过多年的发展，已经成为旅游业的重要组成部分。如今，在国家政策的支持下，我国乡村旅游的发展态势大好。本书将从发展速度、发展规模等方面对我国乡村旅游发展现状做一个概括。

1. 发展形势好，发展速度快

衡量一个国家或地区乡村旅游发展态势的一个重要指标就是发展速度，而衡量发展速度最重要的指标就是乡村旅游人数和收入。一个国家或地区乡村旅游接待人数越多，通过乡村旅游获得的经济效益越大，那么这个地区的乡村旅游发展速度也就越快。本书将对我国近几年乡村旅游人数和收入数据进行分析，从而对我国的乡村旅游发展速度进行一个科学合理的评判。

从图 2-1 可知，我国乡村旅游人数近几年（2007—2012 年）持续呈上升趋势，2007 年为 3.35 亿人次，2008 年为 3.85 亿人次，2010 年为 4 亿人次，2011 年为 6 亿人次，2012 年为 8 亿人次。相比 2010 年，2011 年乡村旅游人数增长率就高达 50%。从以上乡村旅游人数数据可以看出我国乡村旅游发展速度之快。

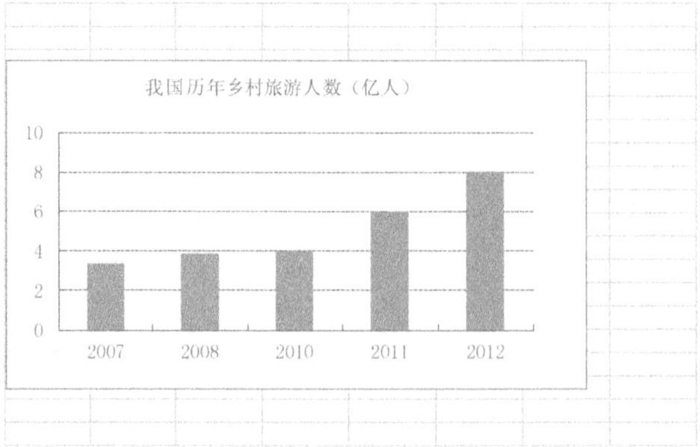

图 2-1　2007—2012 年我国历年乡村旅游接待人数

从图 2-2 可见，我国乡村旅游人数在全国出游人数中的比重整体上呈现不断攀升的态势，可见乡村旅游在我国旅游业中所占比例越来越大，地位越来越高。到了2012年，我国乡村旅游的比例已经高达27%，分别比2007年多了6个百分点，比2008年多了4.5个百分点，比2010年多了将近8个百分点，比2011年多了4个百分点。表明乡村旅游已成为我国居民出游的主要选择。可见，我国乡村旅游的普及率越来越大，发展速度越来越快。

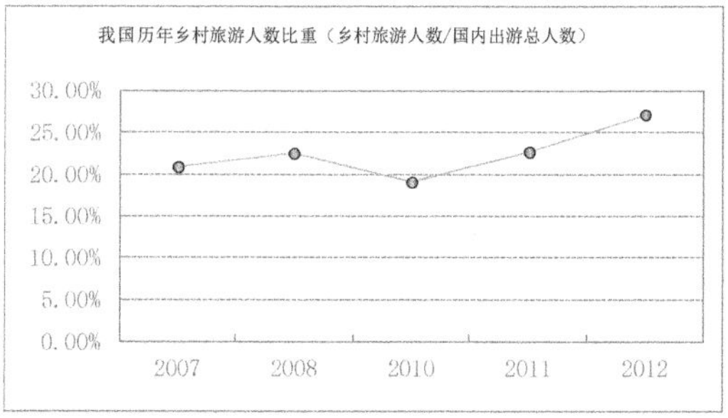

图2-2　我国历年乡村旅游人数占全国总出游人数比重

从图2-1、图2-2可知，我国乡村旅游发展迅速，选择乡村旅游的人数逐年上涨，乡村旅游在我国整个旅游业的比重也不断提升，更多的居民倾向于把乡村旅游作为出游的首选。2012年，乡村旅游人数占到我国整个出游人数的27%，这是一个不小的数字，也就是说，在出游的人中，有27%选择了去体验乡村风光和民俗等，这对我国乡村旅游而言意义重大。总而言之，我国乡村旅游近几年在国家政策的强力支持和全国人民的积极参与下，发展速度不断加快。

从图2-3可见，2007—2012年间，我国乡村旅游收入均保持较大的上升幅度，从2010年开始，全国乡村旅游收入首次突破1000亿元，2012年更是达到了2400多亿元。我国乡村旅游收入持续上涨反映了我国乡村旅游发展速度之快。

图2-3　我国历年乡村旅游收入

从图 2-4 可知，2007—2012 年我国乡村旅游收入在国内旅游总收入中的占比在整体上不断增长。2012 年与前几年相比均呈上升态势，比重达到了 10.6%，分别比 2007 年高出 4.2 个百分点，比 2008 年高出 4.1 个百分点，比 2010 年高出 1.1 个百分点，比 2011 年高出 2.8 个百分点。从图 2-4 可以清楚看到，2012 年，单单我国乡村旅游收入在全国旅游总收入中就占了相当大的比例，可见乡村旅游日益成为我国旅游产业新的热点和重要增长点。

图 2-4　我国历年乡村旅游收入占国内旅游总收入的比例

从图 2-3、图 2-4 可知，我国乡村旅游收入近年来持续增加，乡村旅游收入占国内旅游总收入的比重不断提升。2012 年乡村旅游收入达到 2400 亿元，占到当年全国旅游总收入 22706 亿元的近九分之一，可见乡村旅游对我国旅游产业的贡献之大。

综合来看，我国乡村旅游人数和收入在 2007—2012 年都呈现出持续上涨趋势，它们占全国出游人数和全国旅游收入的比例都整体扩大。2012 年，全国接待乡村旅游人数约 8 亿人，乡村旅游收入约 2400 亿元，与前几年相比，都呈现大幅上升态势。从这两个可以在较大程度上反映我国乡村旅游发展速度的指标——“乡村旅游人数”和“乡村旅游收入”来看，首先，这两个数据近年来都在不间断上升，可以显示出我国乡村旅游发展稳定；其次，这两个数据在全国旅游的数据中比例均不断扩大，且在 2012 年达到一个比较大的值，可以看出乡村旅游在我国发展速度快，在旅游业中的比重不断上升。因此，我国乡村旅游的发展速度快，发展潜力大，发展前景好。

由于乡村旅游的特殊性——与“三农”问题联系紧密，是提高农民收入的重要途径，其呈现出的良好发展态势对我国有着重大意义。从上面的分析我们看到，乡村旅游收入在2012年达到2400亿元，其经济收益势必惠及中国的广大农村地区和众多农民。

2. 发展规模大，分布范围广

在国家政策（如“千百万工程”，即在“十一五”期间，在全国范围内建设一批具有乡村示范意义的100个县，1000个乡镇和10000个村）的大力支持下，2007—2012年乡村旅游在我国乡村地区发展得如火如荼，发展规模不断扩大，分布范围越来越广，为我国农民创造了更多的利益。

（1）发展规模

2007—2012年，我国乡村旅游的发展规模呈现不断扩大的良好趋势。休闲农业与乡村旅游经营主体数量、乡村旅游从业人员数量等将作为衡量我国乡村旅游发展规模的重要指标。

从2010年开始，全国农家乐数量就上升到150万家。规模以上休闲农业园区则从2010年的约1.8万家增加到2011年的约2万家，短短一年内增加了近2千家，增长幅度高达11.11%。2011年乡村旅游的发展带动了将近1500万农民就业，为农民增收做出了巨大贡献。2012年，加入到乡村旅游发展潮流中来的村庄已高达8.5万个，我国共有170万家休闲农业与乡村旅游经营主体，其中从业人员有2800万，在全国农村劳动力中所占的比例高达6.9%。从以上近三年乡村旅游的相关数据，可知我国乡村旅游的规模不断扩大，带动就业效应好，对我国农村地区的发展起着不可小视的作用。

（2）分布范围

我国幅员辽阔，乡村旅游点众多，分布较广，再加上很多旅游点规范度差、规模较小等原因，要完成所有点的统计难度较大；而乡村旅游示范点数量相对较少，数据较准确，在很大程度上可以代表一个地区乡村旅游发展的情况。因此，本书将通过对2010—2011年国家旅游局和农业部公布的休闲农业和乡村旅游示范县、示范点名单的整理来考察我国乡村旅游的分布范围。由表2-1可知，我国乡村旅游示范县、点分布在各个地区、各个省份，可见乡村旅游在各个地区均有发展。

表 2-1 2010—2011 年休闲农业与乡村旅游示范县、示范点名单

地区	省份	示范县	示范点
东北地区	辽宁	3（清原满族自治县、大连市金州新区、宽甸满族自治县）	9
	吉林	2（吉安市、珲春市）	5
	黑龙江	3（宁安市、铁力市、宾县）	5
合计		8	19
华北地区	河北	3（迁安市、涉县、围场县）	5
	内蒙古	2（额尔古纳市、扎兰屯市）	5
	北京	1（怀柔区）	8
	天津	1（蓟县）	7
合计		7	25
华东地区	江苏	3（句容市、南京市江宁区、如皋市）	8
	浙江	5（安吉县、嘉善县、宁波市奉化市、桐庐县、遂昌县）	11
	安徽	3（黟县、绩溪县、宁国市）	6
	福建	3（南靖县、闽侯县、漳平市）	13
	山东	4（荣成市、沂源县、烟台市牟平区、青岛市平度市）	11
	上海	1（崇明县）	8
合计		19	57
华中地区	江西	3（婺源县、新余市渝水区、井冈山市）	5
	河南	4（郑州市惠济区、栾川县、鄢陵县、新县）	6
	湖北	2（恩施市、洪湖市）	6
	湖南	3（隆回县、张家界市永定区、岳阳市君山区）	8
合计		12	25
华南地区	海南	1（保亭县）	4
	广东	1（从化市）	6
合计		2	10
西北地区	山西	2（清徐县、长治市郊区）	5
	陕西	2（西安市长安区、凤县）	4
	甘肃	2（天水市麦积区、敦煌市）	4
	青海	1（贵德县）	5
	宁夏	2（银川市西夏区、银川市贺兰县）	5
	新疆	2（昌吉市、乌鲁木齐县）	8
合计		11	31
西南地区	广西	2（阳朔县、恭城县）	8
	贵州	1（桐梓县）	5
	重庆	2（九龙坡区、大足县）	7
	四川	4（郫县、蒲江县、成都市温江区、汶川县）	8
	云南	2（腾冲县、曲靖市罗平县）	6
合计		11	34
总计		70	201

我国乡村旅游示范县、示范点虽然在各个地区均有分布，但是地区之间的分布比例有较大差异，如表 2-2 所示。其中，华东地区乡村旅游示范县、点均占全国比例最大；示范县占全国比例为 27.15%，示范点占 28.36%，示范县、点共占 28.04%。可见华东地区的乡村旅游发展态势之好。西北地区乡村旅游示范县、点占全国比例也较高，示范县、示范点以及示范县和点分别占 15.71%、15.42% 和 15.50%。我国的七个地区中，乡村旅游示范县、示范点占全国比例最小的为华南地区，示范县、示范点以及示范县和示范点占比分别为 2.86%、4.98% 和 4.43%。虽然华南地区乡村旅游示范县、示范点占全国比例均为最小，但由于华南地区所涵盖的省份最少，比例偏低并不代表华南地区的乡村旅游发展落后。东北地区、华北地区、华中地区、西北地区和西南地区的乡村旅游示范县、点占全国比例中，西北和西南地区较大，其次是华中地区，东北地区和华北地区相对而言比例较小，从这个角度来说，西北地区、西南地区和华中地区的乡村旅游发展较好。

表 2-2　各地区乡村旅游示范县、示范点占全国比例

	示范县占全国比例	示范点占全国比例	示范县、点占全国比例
东北地区	11.43%	9.45%	9.96%
华北地区	10.00%	12.43%	11.81%
华东地区	27.15%	28.36%	28.04%
华中地区	17.14%	12.44%	13.65%
华南地区	2.86%	4.98%	4.43%
西北地区	15.71%	15.42%	15.50%
西南地区	15.71%	16.92%	16.61%

总之，我国乡村旅游示范县、示范点分布在各个地区，相对均衡，其中华东地区乡村旅游示范县、示范点占全国比例最大，其次是西北地区和西南地区。从我国乡村旅游示范县、示范点的分布情况观察乡村旅游在全国均有发展，其中华东地区的乡村旅游发展最为强势，西北地区和西南地区以及华中地区的乡村旅游发展势头也很好。

3. 发展模式多样，各个地区有差异

在总结国内乡村旅游研究成果的基础上，得出乡村旅游主要由观光型、休闲

娱乐型、民俗风情游以及康乐型四大类组成。这四个类型的乡村旅游各具特色，吸引的游客类型也不尽相同，其中观光型主要以田园风光为主，休闲娱乐性以农场旅游为主，民族风情游以民族风俗为主，康乐型则以康体健身为主。

由于各地区的自然环境和资源禀赋不同，每个地区主要选择的乡村旅游发展模式也各不相同。譬如北京、上海等大城市，发展乡村旅游的模式主要就是观光型和体验型，而贵州等比较偏远的地区，近年有很多民俗文化村寨投入到乡村旅游发展中则以民俗文化型为主。

4. 发展问题多，发展阶段仍停留在初级阶段

我国乡村旅游正式走上较快发展阶段大概是在2006年，即国家举办“乡村旅游年”。我国乡村旅游起步较晚，相关制度不完善，发展经验不足，发展质量不高，发展不够成熟，与国外乡村旅游的发展还有一定距离，尚停留在乡村旅游发展的初级阶段。因此，我国的乡村旅游在近几年虽然发展形势好，发展速度快，发展模式多样，但存在的问题也不少。

第一，旅游经营不规范，服务水平较低。目前，在我国乡村旅游市场中，有一部分乡村旅游经营者是较大规模的公司，而大部分的乡村旅游经营者则是当地农户本身。由于农民自身素质的限制，缺乏科学的管理知识，于是在乡村旅游活动的管理上出现了很多问题。[1] 旅游市场不规范成为我国乡村旅游市场的常态。如上所述，我国大部分乡村旅游从业者都是当地农民，由于很少接受服务方面的培训，导致服务水平较低，不能满足旅游者的需求，也不利于我国乡村旅游的持续健康发展。

第二，基础设施落后，旅游服务设施落后。对于乡村旅游资金投入方面，我国政府早在乡村旅游发展初期就已经有所作为，但是投资效果不佳，导致这种结果的原因是多方面的。其中，很重要的一个原因就是，中国很大一部分乡村（尤其是西部）地处偏远地区，完善基础设施需要投入的资金众多，由于资金限制，无法对乡村旅游景区及旅游地周边进行比较完善的建设，导致乡村旅游基础设施落后。除此之外，很多已经建成的旅游基础设施缺乏实用性，导致这些设施并没

[1] 于歌，李国柱.我国乡村旅游发展的问题与对策研究[J].旅游纵览（下半月），2013(2):40.

有真正的投入使用，造成资源的严重浪费。[1] 由于交通可通达性差等问题，很多游客选择放弃某些乡村旅游点。可见，基础设施完善与否给我国乡村旅游所带来的影响不可小视。

第三，缺乏科学规划，旅游产品趋于雷同。在我国很多地区，发展乡村旅游前，大都没有进行实地旅游资源的调查分析，没有让专业的机构制定一个整体规划，大部分地方看到一个成功模式就竞相模仿，大多都没有考虑与自身的情况符合与否。这就导致了全国很多乡村旅游点大同小异，对旅游者的吸引力大大下降。不仅如此，由于缺乏专业知识和创新精神，各地的旅游产品都很单一，趋于雷同，这对整个乡村旅游市场的持续发展，也是十分不利的。

第四，缺乏高素质乡村旅游人才。无论哪一个行业，人才都是最重要的，没有高素质人才参与，行业就不可能有好的发展。对我国乡村旅游业，目前最大的窘境就是缺乏高素质的专业人才。相反，大部分乡村旅游从业者都是农民，他们对乡村旅游的专业知识知之甚少；其次，职业教育中也没有关于乡村旅游的相关课程设置，导致人才极度匮乏。[2]

第五，各个利益相关者利益分配不均。在经济发展过程中，如果利益分配不均将对整个经济发展产生消极影响。而在乡村旅游的发展中，有多个不同的利益主体，主要包括政府部门、当地群众、投资和开发公司等，在中国乡村旅游业尚未形成健全的利益分配机制，导致利益分配不均问题严重。

第六，对当地生态环境造成负面影响。虽然发展乡村旅游与发展工业等相比较，对当地的生态环境造成的负面影响没有那么严重，但还是会给当地生态环境带来一些负担。对乡村旅游发展地的环境影响主要由三个参与其中的主体造成，这三个主体就是与乡村旅游发展密切相关的当地旅游相关部门、当地居民以及游客。这三个主体的行为对乡村旅游环境造成了决定性的影响，诸如旅游相关部门或者当地居民由于没有平衡好经济效益和环境效益之间的关系而造成的资源过度开发等问题；而游客对乡村旅游地环境的影响也是不容忽视的，如近年来一些素质不高的游客的不文明行为就对当地的生态环境造成了严重破坏。[3]

---

[1]　姜春志.我国乡村旅游可持续发展问题研究[J].青年与社会，2013(6):238.

[2]　同上.

[3]　丁国华.我国乡村旅游可持续发展问题与对策[J].中外企业家，2013(28):57.

2.2 桂滇黔民族地区乡村旅游发展的历程和现状

桂滇黔民族地区乡村旅游的发展是在我国乡村旅游发展的大背景下展开的，基本上与我国乡村旅游整体的发展阶段和现状相似，但由于各自的条件禀赋不同，乡村旅游发展情况又各具特色。本书的调查范围主要是乡村旅游发展得有声有色的广西、贵州和云南三地的情况。

2.2.1 桂滇黔民族地区乡村旅游发展历程

桂滇黔民族地区发展过程与中国乡村旅游发展历程基本相吻合。

1. 萌芽阶段（20 世纪 80 年代—1994 年）

桂滇黔民族地区乡村旅游在全国各地区中起步较早，开始于 20 世纪 80 年代。其中，广西桂林阳朔是中国乡村旅游的发源地之一。早在 20 世纪 80 年代初，外国的旅游者就被阳朔迷人的山水田园风光所吸引。20 世纪 80 年代，云南乡村旅游依托知名旅游景区迅速发展起来，具有代表性的有昆明石林旅游风景区附近的五棵树彝族村、大理蝴蝶泉边的周城白族村、西双版纳的曼景兰傣族村、德宏瑞丽的大等喊傣族村等。贵州乡村旅游从 20 世纪 80 年代初已经初露头角，在改革开放初期，贵州选择了安顺的布依石头寨、黔东南的上朗德、南花、青曼、西江苗寨等 8 个民族村寨，将其开辟为全省最早的旅游扶贫试点。

到了 20 世纪 90 年代，桂滇黔地区的乡村旅游正式开启。20 世纪 90 年代中期，到广西桂林阳朔乡村的旅游者越来越多，开始形成较为稳定的旅游规模，一些具有较强经济实力和经营头脑的村民开始投资建设乡村旅馆、饭店，为游客担任导游，积极主动参与到旅游接待和服务中。[1] 此外，巴马、龙胜、融水、恭城、靖西、宁明等地的乡村旅游也初现端倪，整个广西地区乡村旅游的雏形逐步显现。在云南旅游业发展的大背景下，乡村旅游业的发展于 20 世纪 90 年代开始提速，步入快速发展轨道。在 1992 年举办的云南旅游发展会上，对乡村旅游以及民族文化旅游鼓励多加开发；两年之后，即在 1994 年的云南省现场办公会议上，对

[1] 李丰生，李肇荣，张文祥.乡村旅游研究与实践:桂北乡村旅游开发示范[M].北京：中国旅游出版社，2005.

乡村旅游再次予以重视，鼓励以当地村寨特色、民族文化以及自然景观为依托，大力发展乡村观光型旅游业，这为云南乡村旅游发展提供了政策引领。贵州省在20世纪90年代继续探索旅游扶贫之路，1991年贵州率先在全国提出“旅游扶贫”的理念，1992年贵州省将“以旅游促进对外开发和脱贫致富”作为旅游业发展的指导思想，逐步推进乡村旅游。

总体而言，这个时期，桂滇黔民族地区的乡村旅游开始起步。普遍是在高品质旅游资源附近的乡村点率先开展乡村旅游，或利用资源开发旅游，以求脱贫致富，乡村旅游规模较小，旅游经营方式单一、粗放，产品档次不高，还停留在自发阶段。

2. 初步发展阶段（1995—2003年）

1995—2003年，国家相继推出“中国民俗风情游”（1995年）、“华夏城乡游”（1998年）、“生态旅游年”（1999年）、“中国民间艺术年”（2002年），把乡村旅游推到国家关注、政策支持的层次。借国家掀起的鼓励乡村旅游发展的政策之风，桂滇黔民族地区的乡村旅游开始正式步入发展阶段。再加上这个时期我国开始不断完善休假制度，相继实行了双休制度和黄金周假期制度，让城市的上班族有了更多的自由时间到城郊享受休闲的时光，桂滇黔民族地区和全国其他地区一样，乡村旅游发展从中获益不少。

其中，在1995年国家旅游局推出的“中国民俗风情游”中，就有专门对桂滇黔民族地区进行介绍的板块。在“西南民族风情”板块中，主要推出的是桂滇黔地区少数民族村寨的生活场景。这些推荐使更多大中城市的居民对桂滇黔地区有了初步了解，吸引了很多游客到桂滇黔地区进行乡村旅游活动，促进了当地乡村旅游的发展。

1996年，在贵州省旅游扶贫理论研讨会上，对旅游扶贫形式、作用和规律进行了探讨和分析，以求探索出一条适合贵州的旅游扶贫之路。

值得一提的是，云南省在1997年召开的全省五大旅游区规划会议中，将乡村旅游作为重要旅游产品，提出要积极开发和发展。由于省政府的高度重视，云南省的乡村旅游在这个时期发展态势良好。

1998年，对于我国整个乡村旅游而言，有着特殊意义。这一年，国家旅游局推出了“华夏城乡游”，提出“吃农家饭、住农家院、做农家活、看农家景、享农家乐”的口号，直接把我国的乡村旅游推到旅游业的前沿。同样，这对桂滇黔地区的乡村旅游发展也产生了巨大的推动作用。1998 年，美国总统克林顿访华期间，参观游玩了广西桂林阳朔兴坪渔村，提升了广西特别是桂林的旅游知名度和在国际上的影响力。到 20 世纪 90 年代末，云南省涌现出一大批具有一定规模的乡村旅游点。这一时期具有代表性的是昆明西山区团结乡的“农家乐”、香格里拉县的“藏民家访”、红塔区大营街的“云南第一村”、丽江玉龙县的纳西族“黄山乡”等。2000 年，云南省召开全省乡村旅游发展会议，认真总结前一阶段乡村旅游发展经验，提出发挥少数民族地区的旅游资源优势，大力发展乡村旅游，带动少数民族贫困地区脱贫致富，推动农业产业结构调整，促进农村经济社会发展的目标。2003 年，广西立足农业生态特色，大力建设生态富民“十百千万”工程，累计打造生态富民示范村 1288 个，涌现出 100 多个高水平的生态富民小康示范村屯或旅游景点。这个时期，在国家乡村旅游相关政策的影响下，加上各地政府对乡村旅游的关注，桂滇黔民族地区乡村旅游开始走上正式发展阶段。

这一阶段，乡村旅游发展受到了国家层面的支持和关注，加之休假制度的实施及收入的提高，桂滇黔民族地区乡村旅游的知名度不断提高，各地政府出台了一系列发展乡村旅游的政策，推进乡村旅游项目工程建设，形成了一批知名度较高的乡村旅游点。然而，也暴露了很多问题，主要体现在：基础设施和配套设施较差，如交通不便、卫生条件较差等；管理不到位，缺乏整体规划，乡村旅游点分散、规模小、经营无序；服务质量不高，从业人员素质有待提升；对乡村旅游资源的认识不正确，开发力度不够，存在破坏性开发。

3. 快速发展阶段（2004—2010 年）

从2004年开始，我国乡村旅游的发展得到了国家各方面政策、资金等的支持，桂滇黔民族地区和全国各地携手共同步入乡村旅游快速发展的新阶段。

2004 年起，历年的中央一号文件都聚焦“三农”问题，而农民问题是“三农”问题的核心，作为一个高附加值和高带动就业的产业，乡村旅游无疑是增加农民收入的有效途径。乡村旅游由于和“三农”问题有着千丝万缕的联系，因此其发展也得到了国家的高度重视和大力支持。桂滇黔民族地区作为我国少数民族聚居区，很多地方由于地理位置偏僻、地势险要、交通不便等原因，经济发展相对其他地区较落后，当地农民收入低，农民收入增加困难的形势十分严峻。但是，桂滇黔民族地区的乡村旅游资源丰富，不仅有着得天独厚的美丽自然风光，还有着古老神秘的民族文化资源等。因此，把乡村旅游和“三农”问题联系起来对桂滇黔民族地区而言，是解决“三农”问题最好的选择。2004 年，云南省在全国率先提出建设 60 个旅游小镇的乡村旅游发展重大举措。

2005 年，在党的十六届五中全会上提出了建设“社会主义新农村”的目标。而乡村旅游正是建设社会主义新农村的重要手段。桂滇黔民族地区利用了这一良好政策，加大了乡村旅游的开发力度。其中，云南省旅游局在这一年举办了“2005•乡村生态旅游发展论坛”，主要讨论乡村生态旅游的理念、发展现状、类型模式、发展策略、今后趋势等议题。从这一年起，云南省旅游开始了“二次创业”，从过去的观光型转向观光型与休闲度假型、康体健身型并重，实施特色生态、民族文化、商务会议、乡村旅游、康体休闲度假、边境旅游、旅游企业改革七大旅游工程。乡村旅游已经明显上升为云南省旅游业的一项重要产业。

有了 2004 年、2005 年的积淀，中国的乡村旅游在 2006 年有了一个实质性的进展。这个进展就是国家旅游局在这一年推出了“2006 年中国乡村游”的旅游主题，这是中国乡村旅游发展过程中里程碑式的事件。在乡村旅游年期间，国家制定了《关于促进农村旅游发展的指导意见》，还推出了很多促进乡村旅游发展的活动。桂滇黔民族地区搭上了这趟开往乡村旅游春天的列车。贵州省在贵阳市成功举办了“2006 年乡村旅游国际论坛”，在这个论坛上通过了关于乡村旅游的《贵阳宣言》。这次论坛意义重大，是首届乡村旅游发展国际论坛，也是国家旅游局“2006 年中国乡村游”五项工作重点之一，国家把那么重要的会议安排在处于西南地区的贵州省，可见国家对西南地区乡村旅游发展的肯定和重视。这一年，贵州省还推出了“2006 年 • 贵州乡村旅游系列活动方案”，把各色乡村旅游产品推荐给国内外的游客。这一时期，贵州省已经有上千个民族村寨开展了旅游活动，并且推出了形式多样的乡村旅游产品。不管在实践上还是理论上，贵州乡村旅游的发展都走在了全国的前列。除了贵州外，这一年广西和云南同样在乡村旅游发展中向前迈进了一大步。2006 年，广西壮族自治区旅游局和农业厅联合下发了《关于加快发展广西乡村旅游的意见》（桂旅〔2006〕35 号）。

2007 年国家旅游局持续关注乡村旅游，推出“中国和谐城乡游”的旅游主题。

国家旅游局和农业部下发了大力发展乡村旅游的通知，还推动了“千百万工程”的实施。桂滇黔民族地区各地纷纷响应国家号召，制定和实施了各项有利于乡村旅游发展的政策措施。例如，广西从2007年5月起重点打造了15条休闲农业旅游精品路线。这些精品路线是对精心挑选的近100个休闲农业景点进行充分整合后串联而成的，这些路线由于布局合理、特色鲜明、内容丰富而受到游客欢迎。云南省在2007年年度工作报告上提出了建设200个特色旅游村的目标。贵州省委、省政府于2007年出台了《关于大力发展乡村旅游的意见》，强化乡村旅游标准体系的建设。

2008年，党的十七届三中全会研究推进农村改革的问题，其中土地流转的适度宽松政策为我国乡村旅游的发展提供了一个更好的环境。2008年云南省下达了《云南省加快乡村旅游发展指导意见》（规范），进一步明确了发展乡村旅游的指导思想和基本原则，各地也出台和制定了鼓励乡村旅游发展的政策和规定，引导和规范各地乡村旅游的发展。

2009年，国务院颁布《院关于加快发展旅游业的意见》（国发〔2009〕41号），内容涵盖了旅游业的各个方面，把旅游业的地位上升到国家重要产业的高度。其中，涉及了乡村旅游，特别提到了乡村旅游富民工程。桂滇黔民族地区加大了乡村旅游富民工程的建设，取得了不少成就。云南省通过不断加大乡村旅游名镇、名村建设，为提高当地农民生活水平拓宽了渠道，不仅巩固和提升了丽江大研古镇、腾冲和顺古镇等10个旅游名镇，还将继续开发建设60个旅游小镇。贵州省在这一年以改善乡村旅游环境卫生和住宿条件为重点，利用世界银行贷款6000万美元，依托大中城市、交通干线、重点旅游景区和民族村镇，推动以民族民间文化体验、农业观光、避暑休闲等为特色的乡村旅游发展。

在我国“十一五”的最后一年——2010年，桂滇黔民族地区的乡村旅游在国务院“一村一品”强村富民工程的影响下，有了较大幅度的发展。云南省2010年乡村旅游工作会议提出要开发建设旅游特色村，全面提升乡村旅游发展水平和质量，形成消费大众化、产品特色化、发展产业化、服务规范化、效益多元化的发展格局。贵州省则在2010年开展了乡村旅游扶贫试点，这些试点涉及铜仁地区江口县、松桃县、沿河县和印江县，黔东南的黎平县、雷山县等6县7个旅游景点和旅游带。

在这一时期，国家颁布实施了很多有利于乡村旅游发展的政策措施。“2006

年中国乡村旅游”就是国家对乡村旅游在旅游业中的地位高度肯定的最好证明。由于乡村旅游与“三农”问题的紧密联系，以及作为新农村建设的最合适措施，乡村旅游的地位不断提升。桂滇黔民族地区更是抓住了这个良好机遇，为经济落后但乡村旅游资源丰富的桂滇黔农村地区的乡村旅游发展投入了巨大的精力，各地都颁布实施了许多乡村旅游政策，极大地促进了该地区乡村旅游的快速发展。这一时期，我国桂滇黔民族地区的乡村旅游进入快速发展的阶段。

4. 转型升级阶段（2011 年至今）

2011 年是我国乡村旅游发展进入全新阶段的初始之年，开启了我国桂滇黔民族地区乡村旅游发展的转型升级之旅。

这一年，贵州省的旅游业完成了比较大的升级转变。2011 年 1 月 1 日，《贵州省旅游条例》正式施行，标志着贵州省依法兴旅、依法治旅迈上一个新台阶。在整个旅游业规范发展的良好氛围下，乡村旅游发展也逐步开始转型，省政府出台了《大力实施乡村旅游扶贫倍增计划的意见》，加大了对乡村旅游的资金支持力度。在提升乡村旅游发展方面，贵州省重点支持发展民族文化旅游商品开发，提升乡村旅馆、“农家乐”接待水平，改善项目区旅游步道等基础设施。

这一时期，桂滇黔民族地区乡村旅游不再把目光局限在发展速度上，而是更多地关注发展质量，从而逐渐步入转型升级阶段。

2.2.2　桂滇黔民族地区乡村旅游发展现状

作为我国乡村旅游发展的一部分，桂滇黔民族地区乡村旅游的现状和我国整体情况基本一致，即乡村旅游发展形势好，发展速度快，发展规模和分布范围都不断扩大，但同样面临很多问题，还停留在乡村旅游发展的初级阶段。另外，由于桂滇黔民族地区有着特殊的资源禀赋、丰富的民族文化和较发达地区相对落后的经济社会环境等，其乡村旅游的发展又有着浓重的自身特色。

为了对桂滇黔民族地区乡村旅游的发展现状进行更为细致的了解，本书首先对各地的乡村旅游发展现状进行描述，其中将对广西、云南和贵州三省、区做详尽的描述分析；其次，将在对各省、区乡村旅游发展现状分别介绍的基础上，对整个桂滇黔民族地区乡村旅游发展现状进行一个整体的描述和剖析。

1. 广西乡村旅游发展现状

广西壮族自治区拥有十分丰富的民族文化资源。除了民族文化资源之外，广西同样拥有美丽的自然风光、让人向往的田园风光，其中最有名的便是“甲天下”的桂林山水，桂林阳朔漓江流域的村庄景色优美、独一无二，吸引了大批国内外乡村旅游爱好者。广西桂林阳朔是我国乡村旅游的发源地之一，广西乡村旅游发展在我国历史较长、经验较丰富。为了全方位了解广西乡村旅游发展现状，本书将从微观到宏观、从局部到整体对其进行描述和分析。

（1）代表县乡村旅游发展概况

在对各方面因素加以考量的基础上，本书选取了广西几个极具代表性的乡村旅游点进行实地调研和深入解析。这几个点分别是龙胜各族自治县、三江侗族自治县、融水苗族自治县和阳朔县。这四个县中，有三个都是少数民族自治县，可见广西乡村旅游民族风味浓厚；另外一个是名扬中外的阳朔县，其乡村旅游颇具国际风范。下面，本书将对这几个点的乡村旅游发展概况做一个介绍。

①龙胜各族自治县乡村旅游发展概况

龙胜乡村旅游的开发始于 1985 年，可以算是我国较早一批乡村旅游发展点之一。2012 年，全县旅游总资产达 5 亿元，拥有四星级宾馆 1 家，三星级宾馆 1 家，二星级宾馆 3 家，主要宾馆、饭店 42 家，共有床位 8000 张左右，年接待能力达 100 万人次，AAAA 级景区 2 个，全国农业旅游示范点 2 个，广西农业旅游示范点 4 个，拥有 3 家国内旅行社。2012 年，全县共接待游客 224.37 万人次，较前一年增长 32%，旅游总收入 19.04 亿元，增长 47%。

龙胜各族自治县的乡村旅游资源丰富，有很多乡村旅游点，如表 2-3 所示。这些乡村旅游点集中分布于县城区、龙脊梯田景区和温泉旅游度假区，其中龙脊和温泉景区知名度高，发展规模最大。龙胜龙脊梯田景区主要是以农业梯田景观为主体，融入壮、瑶等少数民族传统民族风情，集自然景观与人文资源于一体的 AAAA 级综合旅游景区。温泉景区则主要是以温泉为中心，在 50 千米半径范围内的众多高品位旅游点集束成群而形成的综合旅游度假区。

表 2-3 龙胜各族自治县主要乡村旅游点

县旅游区	主要乡村旅游点
县城区	银水侗寨、金车寨、坳背
龙脊梯田景区	金竹壮寨、黄洛红瑶寨、平安壮寨龙脊古壮寨、金坑红瑶寨群
温泉旅游度假区	三门红瑶寨、细门红瑶寨、白面红瑶寨、岩门苗寨

除了龙脊梯田景区和温泉旅游度假区外，其他各乡村旅游区的发展质量也较好，发展规模较大。在县城区的坳背就曾在 2001 年获自治区文明村（屯）；全国生态农业旅游示范点，该村由村民入股集资建接待点，形成一条“养殖—沼气—种植—生态环境自然美—农家乐生态旅游”的良性循环道路。彭祖坪旅游区面积广大。区内地形地貌复杂，山峦起伏，沟壑纵横，植被丰茂，资源特色突出。花坪自然保护区于 1978 年列入国家重点自然保护区，2000 年被正式批准为国家级自然保护区，以珍稀孑遗树种银杉及典型常绿阔叶林生态系统为重点保护对象。

从整体上来看，全县范围已经形成以县城区为中心，以龙脊梯田景区和温泉景区为重点，以丰富多彩的民俗旅游资源开发为保证，包括五大景区、三十多处景点的旅游发展格局，旅游资源开发内容涉及生态旅游、梯田观光、休闲度假、旅游探险、民俗风情等诸多方面。

②三江侗族自治县乡村旅游发展概况

三江县乡村旅游业发展比与之毗邻的龙胜县晚两年，始于 1987 年。2012 年，县城宾馆总数 91 家，客房总数 1945 间，床位 3333 张，景区内的农家旅馆超过 100 家，全县床位达 6000 张。全县餐饮设施中共有餐位 2000 个，包厢 500 个。县内旅行社 4 家，柳州在三江的旅行社营业部 1 家，其中有三家旅行社被评为三星级旅行社，有一家被评为二星级旅行社，旅游商品店将近 40 家。2012 年，三江共有风雨桥 120 多座，鼓楼 200 多座，侗族古村落 500 多个。其中，侗族木构建筑营造技艺 2006 年被列入《国家首批非物质文化遗产名录》。2008 年，三江荣获“广西优秀旅游县”称号。截至 2011 年底，三江县有国家 AAAA 景区 2 个（程阳景区、丹洲景区），AAA 级景区 1 个（石门冲景区），全国农业旅游示范点景区 1 个（丹洲景区），全国重点文物保护单位 3 个（程阳桥、马胖鼓楼、岜团风雨桥），广西重点文物保护单位 2 个（丹洲古城、和里三王宫），中国首批景观村落 1 个（程阳八寨），自治区级风景名胜区 1 个（程阳八寨），列入《国家非物质文化遗产名录》2 个（侗族大歌、侗族木构建筑营造技艺），国家重点博物馆 1 个。2011 年，全县旅游总人数 131.5 万人，旅游总收入 5.26 亿元。

经过多年的发展，三江县基本形成集生态环境、民族风情、文物古迹、山水风光、节庆和奇石文化于一体的“东、西、南、北、中”旅游格局。东部有龙潭瀑布、大明滩漂流；西部有良口乡千年古榕、梅林乡民俗文化风情、三江口风光、和里三王宫；南部有丹洲岛古迹、石门冲景区；北部有程阳永济桥、马胖鼓楼、岜团桥、高友侗寨、高定侗寨、侗族生态博物馆和高山天湖大塘坳；中部县城有三江鼓楼、奇石工艺街、侗族博物馆。这些景区景点遍布三江县域，形成全方位的旅游格局。

③融水苗族自治县乡村旅游发展概况

融水苗族自治县的乡村旅游始于 1986 年。融水县乡村旅游的发展也经历了从自发到政府主导为主的过程，县城周边农村农户开设的农家餐馆就是融水县乡村旅游的开始。经过了将 30 多年的发展，现在已经形成了一系列乡村旅游示范点以及乡村自然风光景点，其中发展得较好的有雨卜苗寨和万宝山国家森林公园等。融水苗族自治县逐步成为大桂林旅游圈重点推介的旅游目的地。从游客接待量来看，2010 年，融水县游客接待量首次突破 100 万人次，达到 102.3 万人次，之后一直保持强劲的增长势头。从旅游服务设施来看，2008 年，融水县共有旅馆 77 家，客房 1556 间，其中仅有融水大酒店 1 家三星级饭店，拥有客房 150 间。而县城作为旅游服务基地、游客集散中心，其配套实施不够完善，功能不全。融水县有华侨旅行社、苗都旅行社、民族旅行社、森林旅行社共 4 家旅行社。下面本书将对融水主要乡村旅游点进行描述。

融水县乡村旅游遍地开花，旅游点基本遍布整个县域，发展态势喜人。在政府的引导、支持下，一批具备一定规模、档次较高的乡村旅游点涌现，这些乡村旅游示范点全面带动了周边乡村旅游的发展，以点带面效应显现。发展较好的特色乡村旅游休闲区有雨卜东兴旅游村、沟滩民族旅游村以及田头苗寨旅游村等。截至 2011 年底，融水县共有 AAAA 级旅游景点 1 个，AAA 级旅游景点 4 个，柳州“十大美丽乡村”10 个（表 2-4）。旅游景点的类型主要有自然观光景点、民族村寨景点以及农业观光景点。目前融水已开发的旅游景区、景点主要有县城老子山景区、老君洞景区、贝江景区、元宝山国家森林公园、龙女沟景区、龙贡峡贝江漂流景区、田头苗寨景区，以及元宝、小桑、培秀、归秀、雨卜、东田、沟滩、落久、长赖等民族旅游村寨。2012 年，全县共接待游客 142 万人次，旅游总收入 5.1 亿元，其中 70% 以上是到乡村的自驾游游客。在融水县各乡镇中，环元宝山乡村旅游产业初具规模，乡村旅游接待点发展到 42 家，农家旅馆总床位达 1560 张，乡村旅游及相关产业从业人员达 6300 多人，乡村旅游业已成为融水旅游业的主力军，有力地助推了农民增收和农村经济社会的发展。[1]

表 2-4　融水县旅游景区景点一览表

荣誉称号	景区景点
AAAA景区	贝江景区
AAA景区	雨卜苗寨景区、老子山景区、田头苗寨景区、龙女沟景区
十大魅力乡村	东太乡培秀村、四荣乡东田村田头寨、香粉乡雨卜村、四荣乡荣塘村归秀屯、安太乡小桑村、融水镇新安村长赖屯、滚贝侗族乡平浪村、汪洞乡廖合村廖洞屯、四荣乡东田村小东江、香粉乡雨卜村卜令沟屯

④阳朔县乡村旅游发展概况

早在 1978 年，阳朔就被国务院批准为对外开放县。2011 年，全县接待游客总数 935.6 万人次，实现旅游总收入 38.6 亿元，分别同比增长 15.3% 和 22.5%；其中，接待入境游客 155.3 万人次，同比增长 22.6%。旅游基础设施不断完善，共有宾馆、饭店 600 多家。其中，在建的 5 星级标准的酒店 4 家，以 5 星级标准建设投入营业的 4 家，4 星级 4 家，床位 3 万多张；旅行社及服务网点 30 个；酒吧、咖啡店共 160 多家；拥有大小旅游船只 126 艘；旅游观光车 500 多辆，出租自行车 2 万多辆；地方导游 600 余人，旅游直接从业人员达 7 万人；AAA 级及以上景区 12 个，其中，AAAAA 级景区 1 个，AAAA 级景区 3 个（表 2-5）。阳朔旅游发展受到国内外好评，先后获得“世界最佳休闲度假旅游目的地”“全国农业旅游示范点”“中国文化旅游大县”“中国旅游强县”“广西经济发展十佳县”“自治区文明县城”“自治区卫生县城”等荣誉称号。

[1]　融水苗族自治县：以优势资源打造美丽产业[EB/OL]. 2014-03-25.

表 2-5　阳朔县主要乡村旅游点

荣誉称号	景区景点
AAAAA级景区	漓江景区
AAAA级景区	印象•刘三姐、世外桃源、图腾古道—聚龙潭景区
AAA级景区	碧莲峰山水园、蝴蝶泉、遇龙河漂流、刘三姐水上公园、鉴山寺、大榕树月亮山、龙颈河漂流、九马画山漂流
全国农业旅游示范点	历村、世外桃源

注：资料来源均为阳朔县乡村旅游报告。

阳朔是中国乡村旅游的发源地之一，其优美的田园风光备受国内外游客青睐。阳朔依托旅游资源优势，坚持“农业促进旅游，旅游带动农业”发展思路，建设与打造了阳朔县特色农业旅游基地及一系列乡村旅游示范区。2010 年，全县乡村旅游收入 19.5 亿元，占全县旅游收入的 55%；年接待游客 570 万人次，占全县年接待总人数的 70%；[1]2011 年，阳朔实现旅游总收入 38.6 亿元，其中休闲农业与乡村旅游占旅游总收入的 57%，阳朔已经成为乡村旅游的典范。[2]

全区、国内、世界知名的乡村休闲旅游点遍布阳朔全县所有乡镇，已形成良好的休闲农业与乡村旅游格局和完善的产业服务链。2010年，阳朔县荣获首批“全国休闲农业与乡村旅游示范县”荣誉称号，拥有民居旅游示范村 12 个，全国农业旅游示范点 2 个，自治区级农业旅游示范点 4 个，自治区特色旅游景观名镇 1 个。此外，还有阳朔西街、印象•刘三姐、渔村、中国画扇之乡等文化旅游观光点 7 个；遇龙河、大榕树、月亮山、漓江徒步等山水旅游观光点 20 个；十里画廊、百里新村、千亩茶园、万亩金橘等农业旅游观光景区 18 个；有金橘、草莓、杨梅等采摘体验园 60 多个。目前，全县仅农家餐馆就有 700 多家，农家旅馆达 500 多家、床位 8000 多张，从事导游服务的农民近 2000 人，以农民为主的乡村旅游从业人员 5 万多人，获得资格证书和经过职业教育培训的农民从业人员达 4 万人，占从业人员的 80% 以上，从业农民平均收入为 6000 多元。[3]

[1]　邝伟楠.广西阳朔乡村旅游发展模式[EB/OL].2011-07-04.

[2]　桂林市政法委、桂林市委政策研究室联合调研组.十年磨一剑，铮铮自有声——阳朔县探索“三位一体”农村社会管理模式的调研报告[N].广西日报，2012-12-11(07).

[3]　欧乾德，何书.广西阳朔县休闲农业与乡村旅游指南[EB/OL].2013-03-19.

行业标准欠缺、服务质量不高、从业人员管理松散是阳朔乡村旅游发展的主要问题。阳朔县制定了一系列地方标准和服务规范，如《阳朔乡村旅游导览员服务规范》《阳朔徒步、骑行（自行车）旅游服务规范》《阳朔民居旅馆服务质量要求与等级划分》《漓江排筏技术条件》《遇龙河竹筏技术条件》等，涉及“食、住、行、游、购、娱”各个环节，为乡村旅游的可持续发展提供了可靠保证。2012 年 9 月，阳朔县被正式授予全国首批旅游标准化示范县的称号。

（2）广西乡村旅游发展概况

通过对广西龙胜、三江、融水和阳朔四个县的乡村旅游情况的了解，可以发现广西乡村旅游资源丰富、质量高，在国内来说起步较早，发展较快。下面将对广西乡村旅游发展现状做一个较全面的介绍和分析。

①广西乡村旅游的发展速度和规模

2004—2005 年广西拥有国家级农业旅游示范点 11 个，仅次于贵州省和四川省，排在桂滇黔民族地区各省的第三位，全国休闲农业与乡村旅游示范县 5 个，全国休闲农业与乡村旅游示范点 14 个，星级农家乐 463 家，其中五星级 4 家，四星级 44 家，全区共有乡村旅游点 1000 多个，农家乐 3000 多家，分布在全区 14 个市，90 多个县（市、区），旅游产品类型多样，涵盖了农业的各种业态，初步形成了广西乡村旅游的产业规模。

广西乡村旅游呈现出蓬勃的发展态势。据不完全统计，2009 年，全广西 140 多个农业旅游示范点全年接待游客约 2000 万人，旅游总收入约 50 亿元；[1]2010 年，全广西共有乡村旅游点 1000 多个，农家乐 3000 多家，乡村旅游接待人数约有 3500 多万人，乡村旅游收入约 70 亿元，约占全区旅游总收入 8%；[2]2012 年广西乡村旅游收入 150 亿元以上，比 2010 年增长了 70 亿元，涨幅 88%。2012 年全国的乡村旅游收入约为 2400 亿元，广西乡村旅游收入占了全国的 6.25%，可见，广西乡村旅游在全国占有重要一席。从 2006 年到 2012 年底，广西乡村旅游业发展取得了巨大成就，极大地促进了农民收入的增加。截至 2011 年，全区已有全国特色景观旅游名镇名村 8 个（表 2-6），广西

[1] 广西乡村游每年“赚”50亿元 已成为广西旅游业品牌[EB/OL].2009-12-13.

[2] 广西计划培育上万家“农家乐” 全力开展乡村旅游[EB/OL].2011-01-14.

特色旅游名镇名村26个，农业旅游示范点203个，部分特色名镇名村及示范点名单见表2-7～表2-9；其中国家级农业旅游示范点34个，排全国第九位，西部第二位。2012年，广西休闲农业与乡村旅游就业人数近100万人，人均年收入达到1.5万元以上，人均年增收1000元以上。可见，乡村旅游已成为广西农民增收的重要来源。

表2-6 2010—2011年全国特色景观旅游名镇名村（广西）

序号	示范点名称	所在地区(4市)	小计(8家)
1	昭平县黄姚古镇	贺州	2010年 第一批 （3个）
2	兴安县兴安镇	桂林市	
3	龙胜龙脊村	桂林市	
4	阳朔县兴坪镇	桂林市	2011年 第二批 （5个）
5	三江侗族程阳八寨	柳州市	
6	恭城县红岩村	桂林市	
7	鹿寨县中渡镇	柳州市	
8	藤县棋镇道家村	梧州市	

注：资料来源于广西乡村旅游报告。

表2-7 首批“广西特色名镇名村”名单

特色名镇名村类型	示范点名称
特色生态（农业）型名村	横县石井村、柳南区河尾屯、平乐县大塘口村、银海区新安村、北流市罗政村
特色生态旅游名镇名村	阳朔县兴坪镇、秀峰区鲁家村、龙胜各族自治县龙脊村、东兴市竹山村
特色文化名镇名村	昭平县黄姚镇、富川县秀水村、金秀瑶族自治县田村
特色工贸名村	都安县大定村

注：资料来源于人民网。

表 2-8　2004—2007 年国家级农业旅游示范点统计表（广西）

序号	示范点名称	所在地区(9市)	小计(34家)
1	广西现代农业科技示范园	南宁市西乡塘区	2004年4家
2	桂林阳朔世外桃源	桂林市阳朔县	
3	柳州农工商农业观光旅游区	柳州市柳南区	
4	百色凌云茶场	百色市凌云县	
5	广西现代农业技术展示中心	南宁市西乡塘区	2005年7家
6	百色田阳布洛陀芒果风情团	百色市田阳县	
7	钦州灵山大芦村民族风情旅游区	钦州市灵山县	
8	玉林北流罗政村	玉林市北流县（现今北流市）	
9	柳州融安县大洲村	柳州市融安县	
10	柳州三江丹州村生态农业旅游点	柳州市三江县	
11	桂林恭城红岩生态旅游新村	桂林市恭城县	
12	南宁乡村大世界	南宁市兴宁区	2006年12家
13	南宁扬美古镇	南宁市西乡塘区	
14	南宁金满园	南宁市西乡塘区	
15	柳城县沙埔镇景泉农庄	柳州市柳城县	
16	柳江县百朋镇下伦屯千亩藕园休闲区	柳州市柳江县	
17	融水县香粉乡雨卜旅游景区	柳州市融水县	
18	临桂刘三姐茶园	桂林市临桂	
19	龙脊梯田风景名胜区	桂林市龙胜县	
20	临桂蝴蝶谷瑶寨景区	桂林市临桂	
21	阳朔县历村生态旅游点	桂林市阳朔县	
22	北海市田野科技种业股份有限公司	北海市海城区	
23	钦州三娘湾景区	钦州市三娘湾风景管理区	
24	柳州市添发花果山生态园	柳州市柳北区	2007年11家
25	鹿寨县中渡左镇旅游区	柳州市鹿寨县	
26	融安县浮石镇鹭鸶洲农业观光区	柳州市融安县	
27	梦里水乡	桂林市兴安县	
28	兴安兴怡度假山庄	桂林市兴安县	
29	荔江湾景区	桂林市荔浦县	
30	龙胜大唐湾民俗山寨	桂林市龙胜县	
31	大圩毛洲岛绿色农庄旅游有限责任公司	桂林市灵川县	
32	江山半岛渔家风情园	防城港市防城区	
33	广西百色国家农业科技园区	百色市田阳县	
34	黄姚古镇	贺州市昭平县	

注：资料来源于广西区旅游局农业示范点统计表。

表 2-9　2010—2013 年全国休闲农业与乡村旅游示范点（广西）

序号	示范点名称	所在地区（11市）	小计（14家）
1	北海田野生态农业旅游区	北海市	2010年4家
2	上思县十万大山金花茶观赏园	防城港	
3	柳州工商有限责任公司观光农业旅游区	柳州市	
4	广西乐山草王山茶业有限公司	百色市	
5	广西北流绿满地提子观光园	玉林市	2011年4家
6	三江侗族自治县丹洲村休闲农业旅游区	柳州市	
7	南宁乡村大世界	南宁市	
8	梧州市藤县石表山休闲旅游景区	梧州市	
9	广西现代农业技术展示中心	南宁市	2012年3年
10	广西桂林茶叶科学研究所茶叶科技园	桂林市	
11	宜州市刘三姐乡流河社区马山塘屯	河池市	
12	武宣县东乡镇河马村下莲屯	来宾市	2013年3年
13	南丹县湖瑶族乡王尚屯	河池市	
14	东兴市东兴镇竹山村	东兴市	

注：资料来源于广西乡村旅游报告以及中华人民共和国农业部网站。

②广西乡村旅游的投资现状

资金瓶颈一直是制约乡村旅游业快速发展的重要环节。广西壮族自治区政府不断加强对乡村旅游的资金投入，设立专项资金、扶贫资金，提供金融贷款支持，为乡村旅游持续发展提供了重要保障。

《关于加快发展广西乡村旅游的意见》(桂旅〔2006〕35 号)要求从 2006 年开始自治区旅游局及农业局在旅游投入及农业投入方面要对乡村旅游予以倾斜，推进广西乡村旅游项目的开发建设。《关于打造农业千百亿元产业推进农业产业化的意见》（桂发〔2011〕2 号）将新农村建设、城乡风貌改造和城乡清洁工程与休闲农业及乡村旅游发展紧密结合，推出一系列发展措施，成立多个专项基金，加大农村扶贫及乡村旅游相关项目资金投入。2012 年乡村旅游项目落实自治区财政扶持资金 2700 万元以及各部门和地方配套资金 1 亿多元，其中，5000 多万元用于扶持并指导阳朔县兴坪镇、北海市涠洲镇、大新县硕龙镇 3 个自治区特色旅游名镇和三江县丹州村、龙胜县龙脊村、东兴市竹山村、桂平市前进村、靖西县旧州村、乐业县火卖村、藤县道家村 7 个自治区旅游名村建设。自治区旅游局与区水库移民局合作举办了“库区风光、移民风貌”摄影大奖赛，落实了水库移民旅游新村项目 4 个及配套资金 200 多万元。[1]

截至“十一五”期末，广西壮族自治区共投入扶贫资金 365.53 亿元[2]，加强了农村基础设施建设，提升了村民人居环境。2011 年，中央和自治区财政专项扶贫资金投入产业开发 1.7 亿多元，[3]2012 年，以“十百千”产业化扶贫示范工程为抓手，安排用于产业化扶贫的财政扶贫资金比 2011 年增长 54%。广西旅游扶贫已列入产业扶贫规划，成为产业扶贫中最有效的方式之一[4]。

乡村旅游业的持续发展需要金融行业的资金支持。广西农村合作金融机构将旅游业作为重点支持的行业之一，近三年来累计投放旅游业贷款 80.62 亿元，其中乡村旅游业贷款 66.88 亿元。截至 2012 年 6 月，全区农合机构的旅游业贷款余额为 52.05 亿元，其中乡村旅游业贷款余额为 45.08 亿元。乡村旅游信贷支持景区景点、特色乡村旅游项目、度假型休闲娱乐项目、乡村旅游配套服务设施建设。截至 2012 年 6 月末，全区农合机构金融支持乡村旅游业景区景点建设的贷款户数为 50 户，贷款余额为 10.26 亿元；支持广西地方特色旅游项目 10 多个，贷款余额 5.36 亿元；支持“农家乐”、休闲山庄等旅游项目 800 多户，贷款余额为 9000 万元；支持旅游业餐饮及住宿贷款 235 户，贷款余额为 19.63 亿元，对各地旅游区内从事餐饮、住宿的个体工商户发放贷款 3000 多万元。[5]

虽然政府对乡村旅游的投入力度不断加大，但只有部分村寨受多重政策扶持，统一资金、形成合力，发展顺利，资金匮乏仍将是制约乡村旅游发展的重要因素。乡村旅游投资主体弱、小、分散，投资缺乏科学性、持续性，依然存在重复建设、破坏环境的现象。

③广西乡村旅游的营销现状

广西将乡村旅游融入全区和各地旅游营销体系，加大市场宣传力度，创新营销方式，积极开展“美在广西，乡村网游”和“美丽广西乡村游”主题活动，扶

---

[1] 广西乡村旅游“春光明媚”[EB/OL].2013-05-24.

[2] 到“十一五”期末广西共投入扶贫资金365.53亿元[EB/OL].2012-10-10.

[3] 广西加大产业扶贫资金支持力度 更注重辐射带动[EB/OL].2012-10-16.

[4] 广西继续加大产业化扶贫资金投入力度[EB/OL].2013-10-07.

[5] 广西农村合作金融机构助力乡村旅游业发展[EB/OL].2012-11-01.

持指导策划和包装乡村旅游产品，举办系列乡村旅游主题文化活动，提升乡村旅游影响力和知名度。[1] 目前，广西已经构筑了完善的旅游市场营销网络，形成了多形式、多层次、全方位的立体展示宣传广西旅游整体形象和特色旅游产品，使广西旅游业取得了又好又快的发展。

“天下风景，美在广西”作为广西旅游的宣传主题及口号，高度概括了广西旅游资源的特质，突出了广西旅游的整体形象品牌，成为广西旅游最响亮的名片。广西旅游部门通过一个标识、一部视听组合、一套形象广告、一本画册、一卷书籍、一份套票、一条服务热线、一批推广网站、一座品牌展示中心、一个微博进行广西旅游整体形象宣传，采取“走出去”和“引进来”相结合方式，积极开展多种形式的旅游整体形象推广活动。

将具有地理优势及经济发达的地区作为国内主要客源市场进行开拓，涵盖珠三角、长三角、环渤海及周边地区，利用各种展会、节庆活动进行旅游推介，加强跨区域旅游合作。开展境外旅游客源地营销，进一步巩固如东盟、日韩及欧洲等传统旅游市场，积极开拓新兴市场，努力优化境外客源市场结构，增强境外客源市场稳定及抗风险能力。

广西各部门大力扶持南宁东南亚国际旅游美食节、巴马长寿国际旅游美食节、宾阳炮龙节和桂林国际旅游博览会等 100 个重点旅游节庆和会展品牌。经过精心培育，这些旅游节庆及会展品牌在国内外拥有较大的知名度，扩大了广西旅游在全国的影响力。

在旅游业竞争激烈及区域合作不断深化的背景下，合作营销开拓市场已成为主流，旅游营销联盟已成为广西旅游市场营销的重要手段。大桂林旅游联盟、北部湾旅游联盟、德天旅游联盟、中国运通旅游联盟广西总店、西江旅游联盟、广西西部旅游联盟、靖西旅游联盟等都是广西旅游企业创新营销方式的代表，已经成为广西旅游宣传促销的重要推手。这些合作组织类型各异，主要分为城市合作主体、旅游企业合作主体、国内外多个合作主体等类型。这些不同类型的联盟虽然对外宣传促销的侧重点不同，但都是组织抱团营销，共同向市场发力，提高联盟成员旅游产品的知名度和吸引力，共享客源市场。[2]

---

[1] 广西大力发展乡村旅游[EB/OL].2013-03-04.

[2] 旅游营销联盟成为广西旅游市场营销重要手段[EB/OL].2011-03-15.

2. 云南乡村旅游发展现状

云南省地处桂滇黔民族地区边陲，是全国少数民族最多的一个省份。我国一共有 56 个民族，云南拥有世居少数民族 25 个。毫无疑问，云南有着全国其他地方无法比拟的民族文化、民俗旅游资源。除了丰富的民族文化资源之外，云南省拥有很多自然旅游资源，譬如闻名全国的香格里拉和玉龙雪山等。丰富的旅游资源吸引了很多国内外的游客前来游览，云南省的旅游业发展迅速。

近几年，云南的乡村旅游在政府的大力扶持和当地居民的努力下，也搭上了旅游业发展的快车道。本书对云南乡村旅游发展较好的玉龙纳西族自治县与鹤庆县进行了实地深入调查。通过对这两个县乡村旅游发展现状的描述可以瞥见整个云南省乡村旅游发展的一角。

（1）代表县乡村旅游发展

①玉龙纳西族自治县乡村旅游发展概况

玉龙纳西族自治县的乡村旅游始于 20 世纪 90 年代。从 2005 年起，玉龙县旅游业进入了快速发展阶段，旅游人数从 2005 年的 210 万人次增长到 2011 年的 598.32 万人次，连续 7 年增长，年均增长率 19%，2011 年全县旅游总收入 59.89 亿元。目前，玉龙县基本形成包括食、住、行、游、购、娱在内的具有一定规模的旅游产业体系，进入一个发展相对稳定的阶段。从旅游住宿接待能力看，整个玉龙县境内有旅游饭店 7 家，其中产权式度假别墅 159 栋，在建的五星级饭店 2 家，普通旅游住宿设施 113 家，农家乐 120 家。从旅游交通接待能力看，有旅游大巴 180 辆，旅游出租汽车 560 辆，以及特色的旅游服务马队 30 个，马匹 3878 匹。

截至 2012 年末，全县共有重点旅游景区（点）38 个，国家 A 级旅游景区 12 个（包括 AAAAA 级旅游景区 1 个、AAAA 级旅游景区 1 个、AAA 级旅游景区 3 个、AA 级旅游景区 6 个、A 级景区 1 个，见表 2-10），国家级红色旅游经典景区及爱国主义教育基地 1 个，全国休闲农业与乡村旅游示范点 2 个，省级旅游小镇 2 个，省级旅游特色村 4 个，全省休闲农业与乡村旅游示范企业 2 户。

表 2-10　玉龙纳西族自治县主要乡村旅游点

景区等级	景区景点
AAAAA（1个）	玉龙雪山旅游区
AAAA（1个）	玉水寨景区
AAA（3个）	东巴谷、白沙壁画、文笔山
AA（6个）	玉柱擎天、东巴万神园、东巴王国、玉峰寺、拉市海湿地公园、虎跳峡

②鹤庆县乡村旅游发展概况

鹤庆县乡村旅游的发展始于20世纪90年代。鹤庆县旅游（包括乡村旅游）的发展是随着丽江机场通航、大丽高等级公路的建成通车以及丽江旅游业的崛起而发展起来的。鹤庆县新华村民族工艺品购物旅游业的发展，带动了全县旅游产业的开发建设。截至2011年末，全县共有三星级饭店1家，二星级饭店4家，一星级饭店2家，旅游购物商店2家，旅游直接从业人员达3600多人，间接从业人员达2.5万多人。目前，鹤庆县拥有旅游餐馆267家，餐位数2.9万多个。然而，鹤庆旅游餐饮设施建设还处于粗放状态，中高端旅游餐饮设施较少且餐饮条件和卫生状况等不能满足消费者需求。2011年，全县旅游人数为269.80万人，全县旅游收入为18.60亿元。

目前，鹤庆乡村旅游产业已经形成一定规模。鹤庆建设发展“六大旅游片区”，即：银都水乡休闲度假旅游区、大龙潭空港休闲旅游区、黄龙潭城市休闲旅游区、海尾河新天地休闲旅游区、西龙潭文化休闲度假旅游区、茶马古道文化休闲旅游区。形成内容各有特色、结构互为补充的旅游区域结构，构成整个鹤庆旅游地建设发展的合理空间格局。“十一五”期间通过加大旅游景区建设力度，已经建成国家AAAA级景区1个、国家AA级景区1个以及其他乡村旅游景点，如表2-11。

表 2-11　鹤庆县乡村旅游点

荣誉称号	景区景点
AAAA级景区	银都水乡新华村
AA级景区	边陲古寨风情园
其他景区	云鹤古镇白族一条街、草海湿地生态旅游区和红军纪念碑休闲广场等

在对玉龙纳西族自治县和鹤庆县乡村旅游的发展现状有了大体了解后，我们

可以发现，这两个县的乡村旅游相较于广西乡村旅游而言，起步稍晚。广西的龙胜、三江、融水和阳朔的乡村旅游发展都始于20世纪80年代，而云南的玉龙和鹤庆乡村旅游均始于20世纪90年代。从这个角度来看，云南乡村旅游的发展经验相较广西而言，还略显不足。但是，其发展速度快，有后来居上的态势。

（2）云南省乡村旅游发展概况

云南乡村旅游发展速度较快，尤其是2008年《云南省加快乡村旅游发展指导意见》出台后，全省各级旅游部门建立、健全组织领导机构，努力探索发展新思路，积极争取财政资金扶持，多方整合各项配套资金，全面掀起了乡村旅游开发新热潮，乡村旅游产业规模日益壮大，产业体系日趋充实。2011年，云南组织开展了对第二批、第三批100个特色旅游村的检查验收工作，并在各州市旅游局积极推荐上报的基础上，精心筛选了第四批50个特色旅游村，至此，全省200个特色旅游村建设布点工作初步实现。200个特色旅游村分别位于滇中湖泊盆地、滇东南喀斯特山水、滇西北高原山地、滇西南低山河谷、滇东北红土高原和滇西高原平坝，成为全省6大乡村旅游区以及城郊“农家乐”乡村游、民族乡村体验游、热带乡村游、喀斯特地貌乡村游、边地乡村游、流域乡村游6条乡村旅游路线重要支撑点。截止到2011年底，云南省已初步实现了全省200个特色旅游村的建设布点工作，建设部、国家旅游局先后公布了全国特色景观旅游示范名镇8个、全国特色景观旅游示范名村4个。2013年，农业部、国家旅游局先后认定云南省5个全国休闲农业与乡村旅游示范县、13个全国休闲农业与乡村旅游示范点；省旅游局、农业厅联合认定了63家云南省休闲农业与乡村旅游示范企业；省民委、省旅游局联合推出了36个云南省少数民族特色村寨保护与发展试点，着力推动了全省社会主义新农村建设和城乡统筹发展，为云南旅游“二次创业”和旅游产业改革发展做出了积极贡献。云南省2009年乡村旅游接待突破3498.13万人次，占全省旅游接待人数的27.8%；乡村旅游收入约为52.39亿元，占全省旅游总收入的6.5%；乡村旅游从业人员9.28万人，乡村旅游发展呈现强劲上升势头。[1] 云南省2011年乡村旅游收入为75亿元，同年全国乡村旅游收入为1500亿元，占全国比重的5%。表2-12～表2-15为云南省各级荣誉乡村旅游点统计及云南境内乡村旅游名镇名村、农业旅游示范点名单。

[1] 余繁.云南旅游产业发展年度报告(2010-2011)[M].昆明：云南大学出版社，2011.

表 2-12　2013 年云南省乡村旅游县、点等统计状况

级别	荣誉称号	数量
国家级	休闲农业与乡村旅游示范县	5
	休闲农业与乡村旅游示范点	13
	特色旅游景观名镇（村）	12
	中国历史文化民村	5
	旅游强县（玉龙县）	1
云南省	旅游小镇	60
	特色旅游村	200
	旅游强县	8
	休闲农业与乡村旅游示范企业	63
	少数民族特色村寨保护与发展试点	36

表 2-13　2010—2011 年全国特色景观旅游名镇名村

序号	示范点名称	所在地区(8市/州)	小计(12家)
1	建水县临安镇	红河州	2010年第一批（6个）
2	大理市喜洲镇	大理市	
3	丽江市古城区束河古镇	丽江市	
4	昆明官渡区官渡古镇	昆明市	
5	景洪市噶洒镇曼景法村	景洪市	
6	丘北县双龙营镇普者黑村	文山苗族自治州	
7	腾冲县和顺镇	保山市	2011年第二批（6个）
8	宁蒗县永宁乡落水村	丽江市	
9	建水县西庄镇团山村	红河州	
10	盐津县豆沙镇	昭通市	
11	景洪市勐罕镇	景洪市	
12	石林县长湖镇	昆明市	

注：资料来源于中华人民共和国中央人民政府网站。

表 2-14　2004 年国家级农业旅游示范点统计

序号	示范点名称	所在地区(4市/州)	小计(6家)
1	昆明市西山区团结乡	昆明市	2004年6家
2	罗平县油菜花海	曲靖市	
3	红河哈尼梯田菁口哈尼族民俗村	红河哈尼族彝族自治州	
4	云南高原葡萄酒有限公司	红河哈尼族彝族自治州	
5	蒙自县万亩石榴园	红河哈尼族彝族自治州	
6	瑞丽市大等喊傣族自然村	瑞丽市	

注：资料来源于中华人民共和国国家旅游局网站。

表 2-15　2010—2013 年全国休闲农业与乡村旅游示范点

序号	示范点名称	所在地区（7市）	小计（13家）
1	云南省昆明市福保村	昆明市	2010年
2	宣威市万松居民族园	宣威市	
3	丽江玉水寨风景区	丽江市	
4	丽江拉市海美乐旅游度假有限公司	丽江市	2011年
5	西双版纳傣族园有限公司	西双版纳州	
6	宣威市虹桥生态旅游开发有限公司	宣威市	
7	云南太阳魂酒业有限公司休闲庄园	昆明市	2012年
8	昆明锦庄农业科技有限公司	昆明市	
9	宾川高原有机农业开发有限公司观光园	大理市	
10	腾冲县高黎贡山生态茶叶有限责任公司观光园	保山市	
11	峨山县高香万亩生态茶园	玉溪市	2013年
12	腾冲县固东镇江东村	保山市	
13	宾川县爽磐石榴农业生态旅游休闲园	大理市	

注：资料来源于中华人民共和国农业部网站。

①云南省乡村旅游投资现状

云南省乡村旅游投资建设注重与新农村建设、休闲农业等密切结合，整合优势，融合发展，按照“以旅助农、以旅促农、以旅富农”的发展思路，在全国率先提出建设旅游强县、旅游小镇和旅游特色村的重大措施，推进乡村旅游产品结构的优化升级。通过实行政府统一领导、部门分工负责、各种组织联手的办法，共同推动乡村旅游的发展。2011 年，省级财政为 26 个旅游小镇安排下达了 1000 万元建设补助资金，确保了旅游小镇的保护、规划、宣传促销、街景整治等各项建设工作顺利进行。另一方面，在旅游特色村的发展过程中，云南省将政府引导与社会参与有机结合起来。一是发挥政府引导作用，通过乡村旅游规划、投入建设资金、改善基础设施、开发景区景点等积极举措推进乡村旅游发展。2011 年云南省财政厅下拨了 750 万元补助资金，从国家民委、省民委争取到 1250 万元投入 15 个特色旅游村建设，各州市也积极整合资金投入旅游特色村建设。二是积极引入公司、企业开展建设基础设施与住宿、餐饮接待设施，整合社会资金近 3 亿元参与旅游特色村的环境改善、管理营销，指导村民参与旅游接待服务。

②云南省乡村旅游营销现状

针对国内旅游市场，云南省采用的营销方式包括以下几点：一是通过区域旅游合作开展营销，通过进一步深化“泛珠三角”区域、西部12省区市以及与上海等省区市和中国台湾的旅游合作，多角度、多层次推动旅游合作，尤其是在旅游线路推广、互为旅游目的地营销、互送游客等方面进一步开展合作。二是积极发挥展会营销重要作用，云南省积极参加了“国际旅游交易会”“国内旅交会”“西部自驾车旅游博览会”“西旅会”“西博会”等国内重点旅游节庆活动。三是利用各种媒体手段进行营销，2011年，云南省分别与央视国际频道和央视音乐频道合作，拍摄制作了“远方的家—边疆行”云南系列节目以及“乐游天下”云南系列节目；省旅游局与云南移动、云南联通等信息服务运营商合作，正式开通云南旅游官方微博，完成了云南旅游电子商务网的全新改造，建设了“云南旅游电子政务网”、英韩泰等语种的云南旅游外宣网站以及云南旅游信息报送系统等网络应用系统。

云南省除了面向庞大的国内市场，还致力开拓广阔的国外市场。云南省针对海外不同客源市场，不断加强“请进来，走出去”的海外营销工作。首先，积极开展海外宣传促销和专项促销活动，2011年，云南省在海外组织开展了近百场宣传推介活动，加大云南旅游形象和产品宣传力度；对马来西亚、新加坡、日本、欧美等客源市场组织开展了专项营销活动；组织各省州市旅游部门和旅游企业参加了柏林、莫斯科等主要国际旅游展会活动。通过海外系列推广宣传活动的组织开展，促进交流，扩大合作，进一步提升云南的旅游知名度。其次，利用节会平台积极进行对外宣传，2011年，昆明成功举办了“2011中国国际旅游交易会”，邀请了来自美洲、欧洲、中东等重点地区的26个国家80家新兴潜在客户。旅交会期间，云南展团接待国内外客商与公众37.5万人次，发放旅游宣传资料74.41万份，签订合同112份，合同金额212万元。同时，云南还注重利用多媒体进行宣传，云南省与央视中文国际频道合作，摄制并播出了30集“远方的家－边疆行”云南系列节目；与意大利*CINA*杂志合作发行50000册云南旅游专辑；与联合航空公司合作，利用航空食品包装进行旅游宣传。2011年，云南省还针对海外市场变化，不断创新旅游营销方式，一是深化直接和委托营销，在国内外主要客源地建立云南旅游营销体系，设立云南旅游产品直销店和形象店；二是不断创新营销手段，成功组建了云南旅游媒体联盟，推进旅游界与媒体界的资源共享、优势互补；三是利用互联网全方位、多角度开展旅游宣传。

从以上描述可知，云南省乡村旅游发展虽然起步晚于广西壮族自治区，但是其发展势头强劲，发展速度快，已经形成了一定的乡村旅游产业规模，并且在投资和营销方面取得了不少成绩。

3. 贵州乡村旅游发展现状

贵州省处于西南民族地区的中心位置，除西藏外，与其他几个省、自治区、直辖市（广西、云南、四川和重庆）均相邻，因此其在西南地区的作用不言而喻。贵州省也是少数民族聚居之地，一共生活了 17 个世居的少数民族，拥有丰富多彩的民族文化瑰宝，且由于地理位置和经济发展各种原因，与西南乃至全国其他地区相比，开发力度较小，当地民族文化保存较好。除此之外，贵州省还有着得天独厚的自然风光，譬如闻名中外的黄果树瀑布。这些条件都为贵州省乡村旅游的发展打下了良好的基础。

（1）代表县乡村旅游发展概况

①雷山县乡村旅游发展概况

雷山县的乡村旅游始于 1982 年，这一年雷山县被列为乙类农村旅游开放区。雷山县拥有良好的乡村旅游资源，闻名遐迩的西江千户苗寨和郎德上寨等都位于雷山县，其乡村旅游发展在贵州走在前列，发展态势良好。 雷山县县城有两家四星级酒店，即雷公山双庆国际大酒店和泰穆塞尔国际度假大酒店，以及两家二星级酒店，即苗都酒店和圣城佳源酒店。仅有一家旅行社——雷公山风情旅行社成立于 2003 年。雷山县的旅游资源集生态风光、民族风情为一体，呈“一山（雷公山）两寨（郎德上寨、西江千户苗寨）一线（巴拉河一线）”的布局。2011 年，全县旅游总人数为 353.25 万人，旅游总收入为 20.31 亿元。表 2-16 是雷山县主要乡村旅游区及乡村旅游点。

表 2-16 雷山县主要乡村旅游点布局

主要旅游区		景区内旅游单体
一山	雷公山	雷公山顶瞭望塔、雷公山天井、箭竹生态园、胡须树丛、云海佛光、苗岭主峰石碑等
两寨	郎德上寨	风雨桥、苗族特色吊脚楼、杨大六故居、杨大六起义反清遗址、民族博物馆等
	西江千户苗寨	步行街、苗寨吊脚楼、风雨桥、鼓藏头家、活路头家等
一线	巴拉河一线	芦笙艺术之乡南猛村、民俗旅游脚猛村、生态旅游猫猫河等

在雷山县“一山两寨一线”的旅游点布局中，两寨所获的重视程度高，发展较好，得到的荣誉也较多，表 2-17、表 2-18 是郎德上寨和西江千户苗寨在这些年的发展中取得的一些成绩。

表 2-17　1982—2010 年郎德上寨所获荣誉

年份	所获荣誉
1982年	被列为黔东南州7个开放的民族风情旅游景点之一
1987年	被列为首批重点保护村寨
1995年	被贵州省文化厅授予“苗族歌舞之乡”
1997年	被文化部授予“中国民间艺术之乡”称号
1998年	被国家文物局列为“全国百座特色博物馆”之一
2001年	被国务院列为“全国重点文物保护单位”
2007年	被列为“中国景观村落”
2008年	奥运圣火传递黔东南第一站
2010年	被命名为“中国历史文化名村”

表 2-18　1982—2011 年西江千户苗寨旅游景区所获荣誉

年份	旅游发展重要事件
1982年	被贵州省人民政府列为贵州东线民族风情旅游景点“乙类旅游开发区”
1987年	黔东南自治州将千户苗寨列为首批旅游开发的重点
1992年	被列为省级文物保护单位，并成为全省八个历史文化名城（镇）之一
1999年	被省人民政府列为全省十三个古镇保护与建设乡镇之一
2004年	被列为全省首期村镇保护与建设项目五个重点民族村镇之一
2005年	国务院文化部把千户苗寨吊脚楼和银饰加工等五项苗族工艺列为《首批国家非物质文化遗产名录》
2006年	被评为全国农业旅游示范点
2007年	荣获国家级历史文化名镇，被列为世界文化遗产预选地；荣获中国乡村旅游飞燕奖
2011年	荣获国家AAAA级景区

②平坝县乡村旅游发展概况

平坝县的乡村旅游相比雷山县起步较晚，直到 20 世纪 90 年代其乡村旅游才慢慢发展起来。平坝县从 1992 年开始相继开发了水井坡、关口新寨、上烂坝及下烂坝等 6 个少数民族风情点，标志着乡村旅游发展的开始。其乡村旅游这几年呈现出了越来越强的发展势头，发展逐渐规模化和规范化。2011 年，平坝县乡村旅游的龙头天龙屯堡景区引进了由四个公司（黄果树集团、大明房地产开发公司、平坝国有资源管理控股公司和天龙屯堡有限公司）组成的旅游投资集团对其旅游资源进行新一轮的重组。截止到2012年底，四家公司基本达成协议，将根据各自所占股份进行投资。随着这些投资的逐个落实，以天龙屯堡为龙头的平坝县乡村旅游将步入一个更加快速的发展轨道。2011年，全县旅游人数为214.61万人，旅游总收入为15.98亿元。表2-19是以天龙屯堡领衔的平坝县的主要乡村旅游点。

表2-19　平坝县主要乡村旅游点

主要乡村旅游景区	景区内旅游单体
天龙屯堡景区	天龙屯堡古镇建筑、天台山及五龙寺
斯拉河风光	引子渡主湖区、斯拉河峡谷自然景观、引子渡大坝、多缤洞、桃花村苗族棺材洞、桃花苗族风情园、天然温泉等
高峰山华禅院省级风景名胜区	高峰八景，分别是“独印把门”“古柏参天”“乌鸦早朝”“平地烟霞”“怪石盘龙”“西来面壁”“阁殿双流”“玉屏夹道”

从雷山县和平坝县乡村旅游发展现状可知，贵州省的乡村旅游发展与广西壮族自治区和云南省有很多相似之处，均起步于20世纪80—90年代，乡村旅游资源丰富，民族文化资源和自然资源比较多，乡村旅游发展势头良好。

（2）贵州省乡村旅游发展概况

①贵州省乡村旅游发展速度与发展规模

从2008年到2011年贵州省乡村旅游收入呈逐渐上升趋势，其中2008年乡村旅游收入为105.18亿元，2009年为137亿元，2010年为178亿元，2011年则上升到221.4亿元。即2009年贵州乡村旅游收入较前一年增长了近30%，2010年较2009年也增长了近30%，2011年则较2010年增长了近24%。贵州省乡村旅游收入从2009年到2011年连续三年增长幅度都高于20%，可见贵州省乡村旅游近几年发展稳定且增长快速，如图2-5所示。贵州省乡村旅游发展快速，乡村旅游收入较高。2011年贵州省乡村旅游收入为221.4亿元，而云南省2011年乡村旅游收入为75亿元，仅为贵州省的约三分之一，而同年全国乡村旅游收入为1500亿元，即贵州省乡村旅游收入2011年占全国的近15%。这是一个相当高的比例，可见贵州省乡村旅游不论是在西南民族地区，还是在全国，其收入所占的比例都较大，发展形势较好，地位较高。

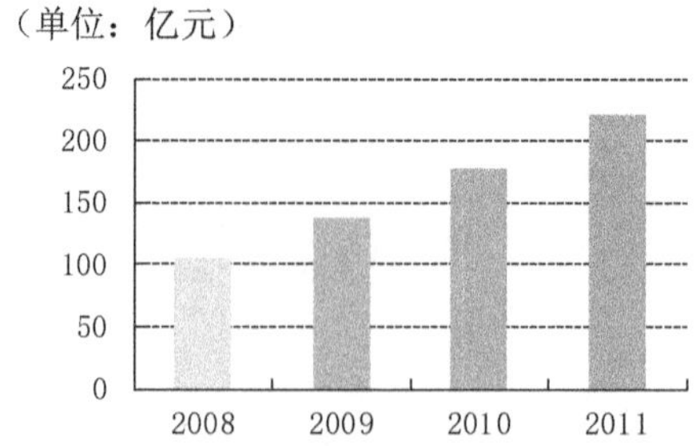

图 2-5　2008—2011 年贵州乡村旅游收入

注：数据由2012中国统计年鉴、贵州乡村旅游报告和网络数据整理而得。

近几年，贵州乡村旅游业取得了巨大的成就，对当地农民收入的增加起到很大的作用。目前，全省已有全国特色景观旅游名镇名村 2 个，贵州历史文化名城 / 镇 9 家，2004—2005 年国家级农业旅游示范点 18 家（位居桂滇黔民族地区第一位），全国休闲农业与乡村旅游示范县 5 家，全国休闲农业与乡村旅游示范点 12 个，初步形成了贵州省乡村旅游的产业规模。2010 年，贵州省开展乡村旅游的自然村寨突破 3000 个。据不完全统计，“十一五”期间，全省累计有 42 万人依托发展旅游业摆脱了贫困，成为受益者。2011 年，贵州休闲农业与乡村旅游就业人数近 5605 万人，收入为 221.4 亿元。可见，在全国范围内贵州乡村旅游发展规模较大，并且还在不断扩大。表 2-20 ～表 2-23 为贵州境内乡村旅游名镇名村、农业旅游示范点等名单。

表 2-20　2010 年贵州省全国特色景观旅游名镇名村

序号	示范点名称	所在地区（4市）	小计（2家）
1	余庆县大乌江镇	遵义市	2010年第一批（2个）
2	松桃县寨英古镇	铜仁市	

注：资料来源于中华人民共和国中央人民政府网站。

表 2-21　贵州历史文化名城 / 镇

历史文化名城名镇级别	历史文化名城/镇名称
国家级历史文化名城	遵义市历史文化名城、镇远历史文化名城
省级历史文化名镇	石阡汤山古镇、贵阳青岩古镇、黎平德凤古镇、黄平旧州古镇、福泉城厢镇、织金城关镇、安龙新安镇、

注：资料来源于《2006—2020年贵州乡村旅游规划》及网络信息。

表 2-22　2004—2005 年国家级农业旅游示范点统计（贵州省）

序号	示范点名称	所在地区(8市)	小计(18家)
1	兴义下伍屯万峰林	兴义市	2004年3家
2	黔东南州巴拉河流域农业旅游区	凯里市	
3	修文县谷堡乡	贵阳市	
4	黔西南州共青林场怡心园	兴义市	2005年15家
5	丹寨县金钟农场	凯里市	
6	麻江县下司镇农业观光园	凯里市	
7	黄平县舞阳河景区	凯里市	
8	施秉县牛场中药材基地	凯里市	
9	江口县梵净山景区	铜仁市	
10	福泉城厢镇“金谷福梨”观光园	福泉市	
11	贵定县盘江镇音寨村	都匀市	
12	遵义市新蒲镇农业观光园	遵义市	
13	遵义市董公寺镇生态农业园	遵义市	
14	贵阳市花溪生态农业示范园	贵阳市	
15	贵阳市乌当情人谷阿栗杨梅园	贵阳市	
16	安顺黄果树石头寨	安顺市	
17	普定县讲义村	安顺市	
18	平坝县天台山天龙屯堡	安顺市	

注：资料来源于中华人民共和国国家旅游局网站。

表 2-23　2010—2013 年全国休闲农业与乡村旅游示范点（贵州省）

序号	示范点名称	所在地区(8市)	小计(12家)
1	凤冈县中国西部茶海之心景区	遵义市	2010年
2	湄潭县桃花江园林休闲度假区	遵义市	
3	贵阳市开阳县十里画廊乡村旅游区	贵阳市	2011年
4	遵义市务川自治县龙潭仡佬丹砂古镇旅游景区	遵义市	
5	遵义市湄潭县四品君旅游有限公司茶海生态园	遵义市	
6	黔西南州兴义市万峰林泉汇休闲农业观光园	义兴市	2012年
7	遵义市凤冈县益池园大鲵乡村旅游示范点	遵义市	
8	六盘水市水城县百车河现代高效农业生态园	六盘水市	
9	白云蓬莱仙界贵州现代农业展示区	贵阳市	
10	金沙县台金休闲观光农业科技园	毕节市	2013年
11	铜仁市云林仙境桃花谷休闲农业观光园	铜仁市	
12	安顺市西秀区西秀双堡休闲农业观光园	安顺市	

注：资料来源于中华人民共和国农业部网站。

②贵州省乡村旅游投资现状

在乡村旅游投资方面，贵州省不仅得到了国内的投资，还得到了来自国际组织的投资。为了更好地发展贵州乡村旅游，2011 年贵州省政府投入了 8000 万元实施乡村旅游扶贫示范点项目。贵州省与新西兰、法国、美国，以及世界旅游组织、世界银行、联合国开发计划署的合作日益加深，召开了第二届“乡村旅游国际论坛”，得到了世界银行 6000 万美元的贷款，以实施贵州文化自然遗产地保护和发展项目。世界旅游组织与国家旅游局一起投入 50 万美元支持贵州少数民族村寨开发旅游手工艺品。中国香港言爱基金会捐赠 5000 万元人民币支持新建省旅游学校新校区并投入使用。

③贵州省乡村旅游营销现状

贵州将乡村旅游融入全省各地旅游营销体系，加大市场宣传力度，创新营销方式，积极开展了“走遍大地神州，醉美多彩贵州”主题宣传活动，策划和包装乡村旅游产品，举办了一系列乡村旅游主题文化活动，提升乡村旅游影响力和知名度。目前，贵州已经构筑了完善的旅游市场营销网络，多形式、多层次、全方位地立体展示宣传贵州旅游整体形象和特色旅游产品,使贵州旅游业实现了又好又快的发展。

“走遍大地神州，醉美多彩贵州”作为贵州旅游的宣传主题及口号，高度概括了贵州旅游资源的特点，突出了贵州旅游的整体品牌形象，现已广泛出现在全国各大主流媒体上，成为贵州旅游最响亮的名片。

省委、省政府领导连续近百次率团赴境内外重点客源地开展旅游文化宣传推介，产生了积极的市场反响。与联合国教科文民间艺术国际组织（IOV）合作开展旅游文化交流，赴美、法、韩、日、新加坡、马来西亚，以及中国台湾和香港等市场开展“贵州文化周”“贵州日”等文化旅游推介和促销展会活动，组织开展“2012 多彩贵州踏春行”大型媒体采访活动。

此外还开展了“多彩贵州”旅游形象大使选拔和歌唱、舞蹈、摄影大赛等系列活动，举办黄果树瀑布节、油菜花节、“贵阳避暑季”“冬季大篷车”等系列旅游节庆活动，形成了节庆带动效应。2012 年，围绕“欢乐健康游”主题，全年组织推出 96 项旅游节庆系列活动。

贵州省乡村旅游在全国来说也属于开发较早的，始于 80 年代初，而且发展快速。近几年在整个西南地区乡村旅游旅游人次和收入均名列前茅，发展规模不断扩大，乡村旅游投资和营销活动都很活跃。

首先，桂滇黔民族地区乡村旅游发展形势好，速度快、规模大，走在全国各地区乡村旅游发展的前列，而在西南各省区市的旅游发展中，贵州省无论是乡村旅游对经济的贡献率还是全国休闲农业与乡村旅游点的数量等方面都高于其他省区市，其乡村旅游发展最强势；其次，西南各省区市在乡村旅游的投资方面都不约而同地采取了引进来和走出去相结合的方式，尽可能多地吸引投资，近些年取得了不小的成效，并且各省宣传力度大，已经渐渐树立了“天下风景，美在广西”“走遍大地神州，醉美多彩贵州”等鲜明的旅游地形象，对整个桂滇黔民族地区的旅游形象都有很好的提升作用。

2.3　桂滇黔民族地区乡村旅游发展的措施

从上文可知，桂滇黔地区的乡村旅游取得了很大的成绩，而在这些成绩的背后，凝聚了各方的努力。本书对广西、云南和贵州三地进行了实地调查，尽可能全面地描述各地为发展乡村旅游所采取的措施。

2.3.1　以政府为主导的组织保障支持

桂滇黔地区经济发展比较落后，政府在乡村旅游开发中占据着绝对的主导地位。桂滇黔地区为推进乡村旅游发展，形成了以各级党委、政府为主导，旅游主管部门为核心，农业、林业、交通、住建、民委、环保、质检、工商、扶贫等各部门相互配合的组织体系。广西壮族自治区旅游局于2013年设立各级乡村旅游发展协调机构和办事机构，自治区旅游局联合质量技术监督局制定颁布《广西农家乐质量等级划分与评定》地方标准，在全区范围内组织开展乡村旅游质量等级评定宣传和创建工作，纳入绩效考核指标体系。此外，各部门也联合成立乡村旅游机构，强化协同配合。

1. 各地发展乡村旅游的措施

（1）旅游商品开发与宣传

2011年，贵州省扎实推进民族文化与旅游商品开发展示，围绕“多彩贵州”

品牌开发宣传旅游商品，积极探索和尝试“民族、文化、旅游与时尚相结合”，成功举办了2011年中国（贵州）少数民族模特大赛、中国（贵州）民族服装设计大赛。旅游商品的市场竞争力得到极大提升，助推了贵州省旅游与文化融合发展。

云南省旅游协会旅游商品与装备分会成立于2013年，该协会结合各个州市和景点自主开发的旅游商品、旅游设备，以一个中心、多个点面的方式形成一个市场。

近些年来，广西开展了各具特色的农业观光和体验性旅游活动，规范提升了以“农家乐”为代表的传统乡村旅游产品。为加快旅游商品的发展，广西建立了涵盖珠宝、绣球、铜鼓、陶艺、茶叶等行业的多个旅游商品研发、生产和销售基地，并对这些企业进行多方面的扶持。

（2）乡村旅游基础设施建设

2012年底，贵州已实现100%的建制村通公路，100%的乡镇通沥青或水泥路。2012年，贵州累计建成通乡油路480千米，通村公路4693千米，新增14个乡镇通沥青或水泥路和120个建制村通公路。随着贵州“村通公路和乡镇通沥青路（水泥路）双百目标”的实现，各村寨群落和城镇间的交通日益便利，可进入性变强，游客的出行便利度有了大幅度提升，十分有利于贵州乡村旅游的发展。[1]广西乡村公路发展迅速，截至2011年末，全区农村公路总里程达到8.96万千米，占公路总里程的85%，乡镇通公路率和通沥青（水泥）路率分别达到100%和99.73%，建制村通公路率和通沥青（水泥）路率分别达到99.86%和67.33%，建制村通班车率达到84%。2011年，云南省基本实现县县通高等级公路，新改建农村公路1.63万千米，乡镇通畅率达92.6%，行政村通达率达98%，农村公路总里程达18.19万千米，初步形成了以干线公路为骨架，县乡公路为依托，乡村公路为脉络，干线相连、纵横交织的农村公路网络。[2]但是，富有吸引力的乡村旅游资源大多地处偏僻，乡村公路等级低、路况差、路网布局不合理，缺少旅游交通标识，旅游专线和公交线路少，交通可进入性差，乡村旅游景点内部交通发展滞后，这些都严重制约乡村旅游的进一步发展。

[1] 贵州：本月底100%建制村通公路，100%乡镇通沥青或水泥路[EB/OL]. 2012-12-04.

[2] 2011年云南公路总里程达21.45万公里[EB/OL].2012-02-07.

（3）乡村旅游人才培训

2011 年，贵州省在旅游人才培训（包括乡村旅游人才培训）方面做出了很大努力，先后举办了“建设旅游大省与旅游国际化”“旅游创新传播学”等主题研讨培训讲座。贵州省还积极开展“送教上门”到基层，抓好全省乡村旅游“农村人才使用技术培训”，全省共组织、指导培训旅游各类人员达 7.2 万人次。贵州省农委于 2013 年举办了全省休闲农业与乡村旅游培训班，对农业部门的相关负责人、各地省级示范点企业代表以及贵州省休闲农业与乡村旅游开发促进会秘书长等引领全省乡村旅游发展的代表进行培训。

广西各级旅游管理部门下大力气，实行部门联动，采取多种形式开展乡村旅游人才培训，提高从业人员素质，为乡村旅游未来的发展打下坚实基础。一是选择重点，以点带面，全面推进。如防城港市选择了当地北部湾第一渔村作为重点，开展试点培训。二是创新方式，充实内容，讲求实效。三是建立长效机制，确保培训效果。此外，相关部门还组织乡村旅游从业人员进行观摩学习和现场交流培训，扩展学员的视野，为广西乡村旅游的发展培养更多高素质人才。

2006 年，云南省旅游文化研究会与云南省旅游业协会联合主办“云南乡村旅游发展和新农村建设培训”，保山市、德宏傣族景颇族自治州、大理白族自治州的乡村旅游人员参加了培训。

（4）乡村旅游市场开发

2011 年，贵州省加大乡村旅游的开发力度。首先，以举办“2011 年贵州生态文明会议”“第九届民族运动会”等大型活动为契机，把“多彩贵州”旅游形象的宣传推广做到极致，贵州良好的生态环境和丰富的乡村旅游资源也成为其向外部旅游市场着力推荐的主要内容。其次，努力开拓海外市场，向海外旅游市场推出覆盖全年的“贵州民族文化体验之旅”主题活动。最后，抓住厦蓉高速等大交通改善的机遇，积极融入“泛珠三角”区域开展旅游合作，开发周边省区市场，促进区域互动。组织赴广东、广西开展“走遍大地神州•醉美多彩贵州”大篷车冬季旅游促销活动。省内旅行社主动联手境内外特别是周边客户，共同开发出以高速交通和旅游公路为纽带，以沿线资源为载体，整合主要景点及配套设施的跨区域线路产品，黔渝、黔桂、云贵、湘黔、川黔等铁路形成多条精品旅游线路。

广西通过整合国际、国内、区内区域市场资源，将广西旅游全面融入国际、国内区域旅游合作之中。广西不断开发精品旅游项目，打造了一批少数民族地区山水风光品牌；筹建了金秀“世界瑶都”、田阳敢壮山壮族布洛陀始祖遗址景区等重点民族文化旅游项目，在留住港澳台传统境外客源市场的同时，还抓住中国－东盟自由贸易区建设的机遇，大力开发东南亚国家的乡村旅游客源市场。

2. 各地存在的问题

桂滇黔民族地区乡村旅游发展标准化和专业化程度较低，对乡村旅游进行管理和统筹的部门主要为政府部门，如旅游局、发改委、农业部门、民族部门，以及住建部门等，很少有专门负责乡村旅游发展的机构。

首先，在桂滇黔民族地区乡村旅游发展中发挥主导作用的政府部门，推进各地乡村旅游发展的过程中配合强度不够大，大部分促进乡村旅游发展的措施是各地旅游局推出的，旅游局是政府部门中推进各地乡村旅游发展的主力。旅游局与其他部门或者其他部门之间应加强合作，以带动乡村旅游发展。

其次，桂滇黔民族地区急需培育一批专业性较强的乡村旅游发展机构。目前桂滇黔民族地区较大较正规的乡村旅游发展机构的典型代表有贵州省休闲农业与乡村旅游开发促进会、云南省休闲农业与乡村旅游协会等。贵州省休闲农业与乡村旅游开发促进会是由贵州省农业委员会直接领导的，而云南省休闲农业与乡村旅游协会是由云南省民政厅批准成立的。桂滇黔民族地区不仅缺少这些乡村旅游专业性机构，而且现有机构成立历史较短，在规范各地乡村旅游发展上的经验稍显不足。另外，这些机构并没有实质权力去主导各地乡村旅游的发展方向，发挥主导作用的还是政府部门。如贵州省休闲农业与乡村旅游开发促进会的成员主要是开展一些调研工作，参加各种乡村旅游会议以及培训班等，在乡村旅游发展中仅仅是配合政府部门做一些工作，无法对整个地区乡村旅游的发展起到决定性作用。这些都导致这类机构在整个西南地区乡村旅游发展进程中所能发挥的作用极其有限。

2.3.2 乡村旅游规划

1. 乡村旅游规划编制

桂滇黔民族地区大部分省区编制了专门的乡村旅游规划。2006 年，贵州省编制完成了全国第一部乡村旅游发展规划——《贵州乡村旅游规划》，坚持保护、开发并重，突出民族民间文化、观光农业等特色多元化发展，辅以配套基础设施建设，推动乡村旅游转型升级；2009 年，广西壮族自治区编制完成了《广西乡村旅游规划》；同年，云南省旅游局编制完成《云南省乡村旅游总体规划》。

2. 旅游规划制定

除了乡村旅游规划，还有很多其他的旅游规划相继出台。

广西相继制定了《广西旅游业发展总体规划》《广西北部湾经济区旅游发展规划》《西江黄金水道流域旅游发展规划》《广西休闲旅游产业发展规划》《广西红色旅游发展规划》，对广西各地的旅游规划、布局和发展定位进行进一步策划，明确推进资源优势互补、各具特色、差异发展的区域建设，形成全区统一布局，促进全区旅游协调发展。

贵州省在 2003 年颁布实施了《贵州省旅游发展总体规划》，该规划是由世界旅游组织专家和中方专家合作编制的，明确指出乡村旅游是贵州旅游发展的主导产品。2011 年，贵州省旅游局和中国旅游研究院联合编制了《贵州省“十二五”旅游业发展专项规划》，该规划以转变旅游发展方式、促进产业优化升级为主旨，是为将贵州省建设成为旅游大省编制的首个省级层面的专项规划，已纳入 23 个省级重点专项规划。2012 年，贵州省旅游局联合北京达沃斯巅峰旅游规划设计院共同编制了《贵州省生态文化旅游产业发展规划》，该规划围绕国家公园的总体定位和建设世界知名、国内一流的旅游目的地、休闲度假胜地和文化交流重要平台的发展目标，构建了由四大创新模式、四大战略、空间布局、现代大旅游产业体系、产品体系、生态与文化保护、体制机制与政策保障共同支撑的综合性规划。

2001 年，云南省与世界旅游组织（WTO）共同编制了《云南省旅游发展总体规划》，该规划有序地、可持续地扩大和发展云南旅游业，提升云南省政府及旅游管理部门指导、管控今后 20 年旅游业发展的能力。项目实施后，将提供更多就业机会、旅游收入及外汇，促进云南经济发展，保护当地文化和自然环境。明确将乡村旅游作为云南省重点开发的旅游产品之一，着力在滇东南旅游区、滇西北旅游区、滇西旅游区发展乡村旅游、民俗风情、民族村寨。2009 年，国家发改委批准《云南省旅游产业发展和改革规划纲要》，探索以旅游业推动云南省经济又好又快发展，为全国旅游产业发展和改革提供示范作用，其中提到“要力争建成200个生态环境好、村容村貌好、民族文化特色突出、示范性强的旅游特色村”及“积极吸纳农村剩余劳动力，创造新的就业岗位，更加关注社区居民尤其是贫困人口和当地低收入群体，充分发挥旅游产业解决就业和促进扶贫的作用”。随后，云南省出台了《关于云南省旅游产业发展和改革规划纲要的实施意见》，对乡村旅游产业的发展进一步细化，“结合农业、住房城乡建设、水利、交通运输、扶贫、环境保护、文化、林业、财政、民政、信贷等有关部门资源和力量扶持乡村旅游发展，构建多元化的投入机制，确立一批乡村旅游产品开发项目，加快建设，形成有特色的旅游产品体系。实施一批乡村旅游基础设施、配套设施、村容村貌及生态环境恢复的建设项目，不断完善乡村旅游特色村综合接待功能和服务体系。加强乡村规范管理，加强乡村旅游人才培养，探索乡村旅游与社区和谐发展的新途径”。

第3章　桂滇黔民族地区乡村旅游与农民增收的田野调查

本书构建以乡村旅游发展和农民收入增长情况为主体的乡村旅游可持续发展指标体系，对桂滇黔民族地区乡村旅游与农民增收问题的研究进行了说明与分析。结合运用层次分析法建立乡村旅游发展和农民收入的调查体系，尽可能全面反映桂滇黔民族地区乡村旅游的效应及其与农民增收二者的内在联系，并按照以上框架设计调研顺序和调研问卷。在此基础上，将调研结果进行宏观和微观的定性研究、统计检验和分析，研究桂滇黔民族地区乡村旅游与农民增收问题的内在联系。

已有关于桂滇黔民族地区乡村旅游的研究，大多是关于当地乡村旅游的理论研究，实地调查较少。针对当前二手资料较少、研究不成体系的缺陷，对乡村旅游与农民增收进行了详尽的田野调查，包括一手资料和次级信息的收集与整理，宏、微观层面的问卷调查，乡村旅游各参与主体的访谈等。通过以上各渠道信息的收集，结合旅游影响理论、利益相关者理论、收入分配理论、一般均衡理论等理论方法，综合考虑政府政策、开发者管理能力和旅游市场需求的全局视角，将旅游增收分为以旅游收入来源所占比重而划分的增收结构分析和以当地乡村旅游发展模式的不同而划分的增收模式分析。研究旅游收入在不同乡村旅游村寨中对居民增收的效用与地位。

3.1 指标体系的构建

3.1.1 指标体系构建和基础数据的处理方法

本章采用民族学、经济学、管理学、旅游学等多学科交叉的研究方法，通过对田野调查得到的基础数据进行归纳整理和统计分析，将宏观的乡村旅游发展情况与微观的农民增收情况进行定性和定量分析，以典型民族旅游村寨为样本，归纳桂滇黔民族地区旅游村寨的农民收入结构和增长情况，为后续章节的研究奠定坚实基础。

在研究问卷的制定中，主要运用了文献研究法与德尔菲法相结合，实证研究法与层次分析法相结合的方法。其中，德尔菲法 (Delphi Model) 是一种征求专家意见的方法，这种方法以函询征求所选定的一组专家的意见，在整理、归纳、综合等统计处理后，将结果匿名返回给各个专家进行反馈，如此经过多次循环、反复征求意见后，达到专家们意见统一，为调查提供实际可行的依据。[1] 层次分析法（The analytic hierarchy process，AHP）是一种将定性与定量分析方法相结合的多目标决策分析方法。该法主要将复杂问题分解成若干层次和若干因素，对两两指标之间的重要程度做出比较判断，建立判断矩阵，再通过计算判断矩阵的最大特征值和特征向量，得出不同方案重要性程度的权重，为最佳方案的选择提供依据。[2] 此外，本次研究问卷的制定还运用了预调查方法、观察法、实地调查法等方法。

在问卷调研的基础数据分析和整理中，运用 SPSS16.0 软件对所得数据进行统计分析，对于异常数据进行必要的校正和剔除，对缺省的数据采用样本均值替代法进行处理。在研究过程中，主要运用了频数频率比较、均值比较、交叉列联表分析、聚类分析等方法。对不同旅游发展模式、不同农民增收情况的民族村寨调查点采用了聚类分析的方法，用以对各村寨乡村旅游发展模式和增收情况做定量方式的再次判别。

---

[1] 郭明杰，魏然，王进.特尔斐法简介[J].经营管理者，1999(6):39-41.

[2] 郭金玉，张忠斌，孙庆云.层次分析法的研究与应用[J].中国安全科学学报，2008，18(5):148-153.

3.1.2　指标体系构建的原则

1. 全面性与代表性

乡村旅游是一个涉及经济、社会、文化的复杂系统，所选取的指标要能够全面反映和评价乡村旅游发展情况及其影响，适用于发展程度不同、发展模式各异的乡村旅游地，突出农民增收的研究重点。因此，指标的遴选应具有代表性、全面性，追求标准统一，便于后期统计分析。

2. 科学性与针对性

评价指标选取要科学，要客观反映旅游地区的经济发展程度，避免重复和交叉而带来研究误差，每个指标必须概念清晰、含义明确。不同旅游村寨资源具有多样性，选取指标时不仅要围绕民族旅游发展与农民增收问题，更要有适当的特色，可以反映不同层次、不同空间的乡村旅游地区的特色与不足，为案例点间的相互比较提供便利。

3. 稳定性与动态性

研究中评判不同地区的乡村旅游发展情况均以 2011 年的截面数据为基础进行比较，且统计数据和金额以年为时间界线，规避了季节性波动，确保调查结果的稳定性与可比较性。然而旅游发展过程具有动态性，在时间尺度上应充分反映旅游的变化发展趋势，真实反映乡村旅游运营的历史演变情况。

4. 实用性与可操作性

每个指标因子的构建须强调有机联系，保证每个因子的实用性，保证其能充分反映乡村旅游发展情况。由于资料获取和数据的处理困难多、信息量大，要选择概括性强、代表领域广、获取较容易的信息。

3.1.3　指标的选取与构建方法

目前国内外在旅游发展指标体系研究中主要采用三种方法，即：环境经济学方法、最低安全方法和社会经济统计学方法[1]。鉴于指标选取原则和实践的可操作性，采用社会经济统计学方法作为评价指标体系的构建基本方法，一方面可以遵循经济、社会、环境和资源等多方面相互间的综合反映要求；另一方面可以提高统计效率，增强统计因子间的可度量性与可比较性。参考国内外有关民族旅游及其经济效应的最新研究成果，通过调研组的实地调研访谈并结合区域经济理论，测评乡村旅游发展对农民增收的实际情况，为乡村旅游发展情况做出更为客观的评价。具体构建程序内容如下：

首先，初设指标。根据研究目标，采取头脑风暴法[2]将研究所涉及的所有指标全部列出，避免遗漏。

其次，筛选指标。在遵照指标构建原则前提下，以德尔菲法和访谈法等相关研究方法为工具，根据专家意见反复筛选指标，进一步选取指标因子。

最后，构建指标层次。采用层次分析法与德尔菲法结合，以评价体系应具有的主要功能和评价目标，征询专家意见，将评价体系分层。系统分层中明确层次关系，在指标因子层的因子确定中，注意每个因子符合体系构建原则中所阐述的要求。

3.1.4 指标体系的构建

通过参阅大量文献和问询专家，设计出了乡村旅游与农民增收指标体系的基本框架、各种可能的影响因素和问卷条款，初步列举的指标因素如表 3-1 所示。值得注意的是，本次研究所构建的指标体系中的景区均指桂滇黔民族地区发展乡村旅游的民族村寨景区。

[1] 陈迎.可持续发展指标和指标体系研究现状简评[J].北京.世界经济与政治，1997(6):51.

[2] 头脑风暴法(1939，美国A•F•奥斯本)又称智力激励法、脑力激荡法，是由与会者畅所欲言提出自己的想法产生思维碰撞的一种定性研究方法。

表 3-1　指标体系的初步构建

乡村旅游发展指标体系		
准则层	准则亚层	指标因子层
经济效益	旅游收益	乡村旅游年收入
		游客人均消费额度
		当地乡村宾馆的数量
		当地饭店数量
		其他旅游经营数量
	旅游接待量	参与旅游的规模
		旅游接待人数
资源设施	旅游资源	乡村旅游的景观质量
		乡村旅游的资源丰富度
		节食活动的丰富度
		民俗的独特程度
		农业基础
	旅游基础设施	景区公共设施建设
		景区的交通完善度
		环境质量
		服务接待设施
		村寨景区资源的管理和维护
经营管理	社区管理	村民的旅游参与度
		村民的旅游满意度
		村民对旅游业的态度
		旅游相关培训和教育情况
		游客行为的规范程度
		区外人员参与旅游的市场壁垒
	景区管理	旅游收益分配制度
		资源产权的明晰度
		市场监管机制的完善程度
		景区管理人员水平
		当地村民在管理人员中所占比重
政策保障	政府支持	对旅游的政策优惠
		行业相关政策和法规的建设情况
		对旅游的财政支持额度
		宣传和推介程度
	制度保障	乡村旅游开发的信贷政策
		乡村旅游开发的税收政策
		旅游规划的制定
		传统文化的保护力度

农民增收指标体系		
准则层	准则亚层	指标因子层
经营性收入	农业生产收入	粮食作物
		经济作物
		养殖
	旅游自主经营收入	住宿
		餐饮
		工艺品、土特产
		风味小吃
		照相
		其他
工资性收入	旅游工资性收入	歌舞表演
		导游
		迎宾
		景区工作
		住宿业服务
		餐饮业服务
		政府部门工作
	其他工资性收入	外出务工
转移性收入	政策性投入	扶助性资金
财产性收入	固定资产收入	租金收入
	旅游资源收入	景区门票分成
	资金收入	红利

本次调查采用德尔菲法进行了三轮专家循环征订意见，就以上乡村旅游发展指标和农民增收指标向中国科学院、中山大学、东北财经大学、北京第二外国语学院、中南民族大学、桂林理工大学、广西师范大学、桂林旅游高等专科学校等科研机构和高校的民族旅游、旅游经济、人类学、社会学等方向的教授和专家展开为期两个月、共三次的意见征询（表 3-2）。

表 3-2　专家意见函询程序

时间	内容
2011年9月上旬	说明研究内容并投放第一次问卷征询，整理专家意见
2011年10月上旬	针对第一次问卷结果进行第二次专家问卷征询
2011年10月下旬	针对第二次问卷结果进行第三次专家问卷征询

1. 乡村旅游发展指标体系

通过对相关专家的意见函询，对研究指标体系进行反复修改和精练删减，最终提炼出影响程度较高的 30 个指标进行层次分类，构建得到四层评价指标——目标层（1 个）、准则层（4 个）、准则亚层（5 个指标）和指标因子层（30 个）的乡村旅游发展指标体系（表 3-3），基本上反映了开展乡村旅游背景下，民族村寨各个方面的变化情况。

表 3-3　乡村旅游发展指标体系

<table>
<tr><th>目标层A</th><th>准则层B</th><th>准则亚层C</th><th>指标因子层D</th></tr>
<tr><td rowspan="13">A
乡村旅游发展</td><td rowspan="5">B_1
经济效益</td><td rowspan="3">C_1旅游收益</td><td>D_1乡村旅游年收入</td></tr>
<tr><td>D_2游客人均消费额度</td></tr>
<tr><td>D_3当地乡村宾馆的数量</td></tr>
<tr><td rowspan="2">C_2旅游接待量</td><td>D_4旅游接待人数</td></tr>
<tr><td>D_5国内游客数</td></tr>
<tr><td rowspan="8">B_2
资源设施</td><td rowspan="4">C_3旅游资源</td><td>D_6乡村旅游的景观质量</td></tr>
<tr><td>D_7乡村旅游的资源丰富度</td></tr>
<tr><td>D_8节食活动的丰富度</td></tr>
<tr><td>D_9民俗的独特程度</td></tr>
<tr><td rowspan="4">C_4旅游基础设施</td><td>D_{10}景区公共设施建设</td></tr>
<tr><td>D_{11}景区的交通完善度</td></tr>
<tr><td>D_{12}服务接待设施</td></tr>
<tr><td>D_{13}村寨景区资源的管理和维护</td></tr>
</table>

（续表）

目标层A	准则层B	准则亚层C	指标因子层D
A 乡村旅游发展	B_3 经营管理	C_5社区管理	D_{14}当地村民的旅游参与度
			乡村旅游发展
			D_{16}旅游相关培训和教育情况
			D_{17}区外人员参与旅游的市场壁垒
		C_6景区管理	D_{18}旅游收益分配制度
			D_{19}资源产权的明晰度
			D_{20}市场监管机制的完善程度
			D_{21}景区管理人员水平
			D_{22}当地村民在管理人员中所占比重
	B_4 政策保障	C_7政府支持	D_{23}对旅游的政策优惠
			D_{24}行业相关政策和法规的建设情况
			D_{25}对旅游的财政支持额度
			D_{26}宣传和推介程度
		C_8制度保障	D_{27}乡村旅游开发的信贷政策
			D_{28}乡村旅游开发的税收政策
			D_{29}旅游规划的制定
			D_{30}传统文化的保护力度

经济效益（B_1）为旅游收益（C_1）和旅游接待量（C_2）两个准则层的总体评价之和；旅游收益为乡村旅游年收入、游客人均消费额度、当地乡村宾馆数量三个指标因子之和；旅游接待量通过旅游接待人数和国内游客数反映。其中，当地乡村宾馆的数量（D_3）是指该民族旅游村寨包括兼营农家餐饮在内的乡村休闲度假旅馆的数量。

资源设施（B_2）分为旅游资源（C_3）和旅游基础设施（C_4）两项亚准则层。旅游资源分为乡村旅游的景观质量、乡村旅游的资源丰富度、节食活动的丰富度、民俗的独特程度之和；旅游基础设施分为景区公共设施建设、景区的交通完善度、服务接待设施、景区资源的管理和维护四个指标因子之和。其中，乡村旅游的景观质量（D_6）、景区公共设施建设（D_{10}）、景区的交通完善度（D_{11}）、服务接待设施（D_{12}）、景区资源的管理和维护（D_{13}）通过政府和开发商等相关部门每年向景区拨付的用于景观修筑、维护等的相关费用来测度；乡村旅游的资源丰富度（D_7）、节食活动的丰富度（D_8）、民俗的独特程度（D_9）通过实地调研结果进行比较评定。

经营管理（B_3）包括社区管理（C_5）和景区管理（C_6）。社区管理为当地村民的旅游参与度、旅游满意度、旅游相关培训和教育情况，以及区外人员参与旅游的市场壁垒之和；景区管理通过旅游收益分配制度、资源产权的明晰度、市场监管机制的完善程度、景区管理人员水平、当地村民在管理人员中所占比重五项指标因子之和反映。其中，当地村民的旅游参与度（D_{14}）为从事旅游相关行业的本地居民所占居民总数的比重；当地村民的旅游满意度（D_{15}）、景区管理人员水平（D_{21}）通过对当地村民进行问询测定；旅游相关培训和教育情况（D_{16}）、区外人员参与旅游的市场壁垒（D_{17}）、旅游收益分配制度（D_{18}）、资源产权的明晰度（D_{19}）、当地村民在管理人员中所占比重（D_{22}）市场监管机制的完善程度（D_{20}）通过研究当地政府相关政策、制度进行评定。

政策保障（B_4）包括政府支持（C_7）和制度保障（C_8）。政府支持涵盖了对旅游的政策优惠、行业相关政策和法规的建设、对旅游的财政支持额度、宣传和推介程度四个指标因子。制度保障为乡村旅游开发的信贷政策、乡村旅游开发的税收政策、旅游规划的制定、传统文化的保护力度四个指标因子的总和。均通过各级政府和开发商的相应政策支持、制度保障进行反映。

研究建立了以区域旅游发展为特点的四级乡村旅游发展评价指标，以乡村旅游带来的经济效益、乡村旅游资源设施建设、乡村旅游经营管理、政府对乡村旅游的政策保障构成完整的乡村旅游发展评价体系。因为乡村旅游的发展很难用一个准确的量化指标来客观评定不同乡村旅游地区的情况，且本次研究的重点为对乡村旅游发展与农民增收情况的评价，仅将乡村旅游发展指标体系作为农民收入综合指标体系的辅助。

2. 乡村旅游发展对农民增收指标体系

在乡村旅游中，农民增收渠道多元化，为尽可能全面地反映农民在乡村旅游中的增收情况，首先对农民收入进行界定。国内学术界常用的对农民界定方法是依据职业进行界定，而法律上的唯一标准是户籍。根据国家统计局的规定和党中央关于“三农”工作问题的意见，我国农民收入按照计算的方法可分为总收入和纯收入，按照收入来源可分为家庭经营性收入、工资性收入、转移性收入和财产性收入。本书对民族村寨的农民收入的分析也依据此进行。此外，本研究对农民增收情况的所有因素均用价值量来衡量，为不同乡村旅游地区的比较实现了较好的量化、提供了一致的度量方式。本次研究所核算的乡村旅游中农民收入综合指标体系，则以四种收入来源为准则层。

经过函询专家意见，最终从初稿中确定了 16 个指标作为农民收入综合指标体系的指标因子（表 3-4）。

表 3-4　农民增收综合指标体系

目标层a	准则层b	准则亚层c	指标因子层d
a农民收入	b_1经营性收入	c_1农业生产收入	d_1粮食作物
			d_2经济作物
			d_3养殖
		c_2旅游自主经营收入	d_4住宿
			d_5餐饮
			d_6工艺品、土特产
			d_7其他
	b_2工资性收入	c_3旅游工资性收入	d_8歌舞表演
			d_9导游
			d_{10}景区工作
			d_{11}住宿业服务
			d_{12}餐饮业服务
		c_4其他工资性收入	d_{13}外出务工
	b_3转移性收入	c_5政策性投入	—
			—
	b_4财产性收入	c_6固定资产收入	d_{14}租金收入
		c_7旅游资源收入	d_{15}景区门票分成
		c_8资金收入	d_{16}红利

经营性收入（b_1）包括农业生产收入（c_1）和旅游自主经营收入（c_2）。农业生产收入通过粮食作物、经济作物、养殖三方面收入共同反映，不计入旅游收入之内；旅游自主经营性收入以住宿、餐饮、工艺品、土特产、其他收入之和反映。其中，粮食作物（d_1）、经济作物（d_2）、养殖（d_3）三方面收入为旅游村寨所有村民的不同用途的所有农作物价值，采用地区统计年鉴测定；住宿（d_4）、餐饮（d_5）、工艺品土特产（d_6）和其他（d_7）方面收入，为当地村民所从事的旅游经营的总收入，不包括外来经营户所得的收入。

工资性收入（b_2）包括旅游工资性收入（c_3）和其他工资性收入（c_4）。旅游工资性收入为参加旅游活动所获得的以固定时间为支付周期的工资收入，通过歌舞表演人员、导游、景区工作人员（行政事业单位、乡镇企业等）、住宿服务人员和餐饮服务人员的工资总和进行测定。旅游工资性收入指所有参与到上述项目的本地人工资收入。其他工资性收入为民族村寨的居民从事外出打工所得的工资收入。

转移性收入（b_3）指的是政府、单位、社会团体对村寨的政策性投入（c_5）。包括农村保险、学生奖学金、村民各项补助金（如政府或开发商提供的养老金、寿星基金、青年上大学资助，以及贫困补助或救济和其他福利等）、种粮补贴和政府所帮扶的危房改造、获得的捐赠、电和水的改造等补助。

财产性收入（b_4）包括固定资产收入（c_6）、旅游资源收入（c_7）和资金收入（c_8）。旅游资源收入为租金收入、景区门票分成所得收入、集体财产收入；资金收入包括利息收入和红利。其中，租金收入（d_{14}）指本地村民向本地人或外来人员租赁用于旅游经营等旅游相关用途的固定资产所得的收入；景区门票分成（d_{15}）指将民族村寨作为独立景区收取门票，每年所获得的门票收入分成。

3.2 调查与问卷

根据以上乡村旅游发展和农民增收两大指标体系的构建，本节将从全局的视角进行调查问卷的设计。同时，把政府的政策，开发商的投入、管理能力，以及旅游市场需求等因素纳入民族旅游村寨农民收入中，分析和模拟农民在乡村旅游发展中在政策、开发商等不可控制因子影响下的增收情况，从而反映出乡村旅游中农民在经济地位、社会地位等的变化。

本次调查选取了案例点中地理位置、参与程度、规模大小、经营方式各异的典型村民经济收入情况，以全面掌握桂滇黔民族地区乡村旅游发展情况及农民收入来源、结构、数量，观察乡村旅游发展与桂滇黔民族地区农民增收二者之间的关系。通过本次调查，诊断民族旅游地区在旅游发展中存在的问题，总结经验，探讨如何构建西南少数民族地区农民增收体系，弥补现有研究的焦点分散、不成体系、相互借鉴意义不强等缺陷。

3.2.1 数据来源

本书所用的数据来源主要有五部分：问卷调查与深度访谈、实地考察、官方数据、文献数据和出版物、网上新闻报道。由于本研究属于民族学、经济学范畴——桂滇黔民族地区乡村旅游与农民增收归根结底是利益相关者问题，研究中注重田野调查。调查的关键在于获取真实反映民族旅游村寨情况的一手资料。故本次研究中，数据来源的重点在于对当地居民的问卷调查和深度访谈。

1. 问卷调查与访谈

问卷调查与深度访谈是最重要的一手数据资料的来源，本次研究对各调查点进行了大量的居民问卷调查、访谈。问卷调查方面，对于社会经济阶层分化较明显的地区，在征询当地知情人士意见后，对不同的旅游参与村民进行分层抽样调查；对于村民旅游收入差距较小的调查点采用对旅游参与村民进行随机抽样的方式。本次问卷调查以家庭为单位，抽取样本量不低于当地户数的8%。深度访谈对象涵盖旅游行政主管部门、政府相关单位、基层村委、旅游企业等组织的工作人员、乡村旅游精英、从事旅游的村民、普通村民、游客，每次访谈时间不低于半小时。

2. 实地考察

实地考察的主要目标为探究当地乡村旅游发展情况，以考察民族旅游地区乡村旅游的经济效益、资源设施、经营管理和政策保障为目标，以当地旅游收益、旅游接待量、旅游资源、旅游基础设施、社区管理、景区管理、政府支持和制度保障等因素为研究突破口，进行当地乡村旅游发展的定性研究和家庭经营性收入、工资性收入、转移性收入和财产性收入四个来源的农民收入定量研究。以客观的角度对不同案例地点的实际发展情况进行区分和评定比较。

3. 官方数据

官方数据指正式公布的、具有权威性的有关民族旅游村寨的相关统计数据。数据来源为各级政府和社会团体、各旅游村寨经营公司、各旅游景区管理部门的统计数据、企业年报，当地旅游规划等部门提供的工作总结、汇报材料、会议材料等。

4. 文献数据和出版物

本次研究参阅了大量文献数据和已有的研究成果，如相关专著和中国知网数据库中已发表的学术文献、外文文献、学位论文，以及报纸、会议记录、年鉴等。此外，还借鉴了各民族旅游地区或所属县市的旅游志、民族志、县志等。

5. 网上新闻报道

作为大量现有实体资料的补充，本次调查也对相关调查研究和有关调查地区现有的网上新闻报道进行了收集与整理。

为了确保调查内容的真实性、科学性，提高资料收集的效率，研究以问卷调查与访谈和实地调研的方法为主，现有资料和已有研究成果的收集为辅，最大限度地反映调查地点的乡村旅游与农民增收关系间的真实情况。

3.2.2 问卷设计

本次研究中以乡村旅游发展和当地农民增收效果的两大指标体系为指导，将调查分为民族旅游村寨中居民调查问卷、对政府相关机构的调研访谈、对开发商相关部门的调研访谈。其中，对居民的调查采用客观选择题的问卷形式，对其他调查对象采用主观问答的方式。通过问卷调查，为研究桂滇黔民族地区乡村旅游与农民增收的 CGE 模型打下坚实基础。

1. 居民调查问卷（见附表 1）

居民调查问卷为结构性问卷，包含了封闭性和半封闭性问题。分为基本情况和乡村旅游与桂滇黔民族地区农民增收的影响因子两大部分，其中乡村旅游与桂滇黔民族地区农民增收的影响因子细分为三部分：村寨旅游中居民的参与情况，居民的土地使用、日常生活开销情况，居民对旅游开发的认识。

（1）基本情况的描述性统计

该部分为封闭式问题，统计旅游村寨中抽样居民的性别、年龄、教育程度、本地居住时间、家庭旅游经营情况、家庭主要收入来源、家庭年总收入、家庭成员数和党员分布情况。通过抽样调查的数据估计村寨整体基本情况，判断产生不同旅游增收效果的居民在人口学上的差异，从基本情况判断不同旅游村寨地点中旅游发展程度的差异。

（2）乡村旅游与桂滇黔民族地区农民增收的影响因子

通过对相关影响因子进行分析，为桂滇黔民族地区乡村旅游与农民增收的渠道、增收机制、增收保障的提出提供理论根据，同时为比较各个典型调查点的乡村旅游与农民增收互动方式提供事实依据。

①居民参与旅游的情况

该部分主要反映了当地居民参与的旅游经营活动项目、经营场所、从事旅游行业时间、经营模式和从业技能五个模块。分别对居民持续从事过的非农业职业活动，从事旅游行业的场所、时间、受雇情况，旅游技能掌握方式等封闭性问题进行统计。通过进行抽样数据的调查评估整个村寨中农民从事旅游业的参与程度、旅游就业情况、旅游业的发展情况，并对不同民族村寨的旅游发展进行横向比较。

②居民的土地使用、日常生活开销

以封闭性问题与半封闭性问题相结合的方式向被访问者提问，了解民族村寨中居民的住房面积和价值，居民土地的耕种情况、景区开发情况，日常生活开销等反映当地居民生活质量和旅游发展程度的情况。对居民日常生活中各指标因素的调查有利于了解不同民族村寨中居民的实际收入水平和生活水平，便于对景区旅游增收的实际价值进行衡量。

③对旅游开发的认识

该部分包括两道半封闭性题目：为发展旅游，居民希望政府提供的支持；目前本村寨发展旅游存在的问题。在对旅游开发的认识上，让当地居民主观地提出个人看法，有利于评估该村寨旅游发展状况和村寨中居民增收的保障机制的提出。

2. 面向官方机构和团体的调研提纲、访谈提纲（见附表2、附表3）

对官方机构（如当地政府等）和团体（如旅游发展自律管理协会）的调研访谈对象包括各级政府以及旅游局、统计局、农业局、民族局等行政机关，同时也包括村委会、文化保护协会、旅游协会等。调研内容围绕当地旅游景区发展情况，包含旅游经济统计、旅游资源设施、社区管理、政府支持保障等。

对政府相关机构的调研提纲为调研资料的收集，如收集当地经济统计年鉴、旅游统计数据、交通设施情况、旅游规划和工作总结等。对政府相关机构的访谈提纲采取问答的形式，主要是了解民族村寨的人口和旅游等基本情况。

3. 面向开发商以及相关部门的调研提纲（见附表4）

对开发商以及相关部门的调研访谈对象为旅游景区的投资方和管理公司等。调研内容包括景区管理、建设和规划，景区投资运营情况，公司营运收入、人员构成和公司其他经济统计情况。

本次调研问卷的设计征询了多所高校、科研机构的专家意见，并结合不同调研地点的具体情况，遵循全面性、代表性、科学性、针对性、稳定性、实用性的同时，综合考虑了统计分析的可操作性和调研效率。调研小组在开始调研之前进行了培训，详细地学习了研究目标和方法等，并于 2012 年 1 月在广西桂林龙胜县平安壮寨进行了试调研。本次试调研对问卷中存在的问题，遵循困难简化、突出重点、注意量化等原则进行了反复修订，最终定稿（见附表 1）。

3.3 调研过程

3.3.1 调研时间和地点

本次研究的实地调查和问卷调研开始于 2012 年 1 月，地点在广西平安壮寨，于 2013 年 1 月在云南新华白族旅游村结束。

广西壮族自治区、贵州省、云南省 10 个较典型的乡村旅游案例点被选中，重点分析其乡村旅游发展历程与现状，为其乡村旅游的发展和保障提出相应方法，并在此基础上，研究桂滇黔民族地区旅游与农民增收间的博弈关系并提出研究结论。具体调查地点如表 3-5 所示。

表 3-5 调查时间及地点[1][2][3]

时间	省（区）	地点	户数	抽样数量	抽样率（%）	有效问卷数量	问卷有效回收率（%）
2012.1.3-1.9、6.1-6.6	广西壮族自治区	龙胜各族自治县平安壮寨	198	55	27.8	54	98.1
2012.6.7-6.14		龙胜各族自治县黄洛瑶寨	84	34	40.5	29	85.3
2012.8.5-8.12		三江侗族自治县程阳侗寨	634	55	8.68	49	89.1
2012.8.10-8.15		融水苗族自治县田头苗寨	144	30	20.8	28	93.3
2012.9.4-9.9、10.19-10.22		阳朔县历村（汉族）	127	34	26.8	30	88.2

[1] 程阳侗寨的旅游发展集中在其八个自然村中的三个自然村——平寨、岩寨和马鞍，故本次调研范围也集中在这三个村寨，共634户。

[2] 天龙屯堡的旅游发展集中在其古镇区域，共有居民约680户。

[3] 新华村的旅游发展集中在其三个自然村中的南邑村，故此调研范围为南邑村，共412户。

（续表）

时间	省（区）	地点	户数	抽样数量	抽样率（%）	有效问卷数量	问卷有效回收率（%）
2012.11.15-11.21	贵州省	雷山县西江苗寨	1432	117	8.2	100	85.5
2012.11.22-11.27		雷山县郎德上寨（苗族）	140	33	23.6	29	87.9
2012.11.16-11.21		平坝县天龙屯堡（汉族）	680	55	8.1	41	74.5
2013.1.9-1.14	云南省	玉龙纳西族自治县安中村	62	32	50	30	93.75
2013.1.10-1.19		鹤庆县新华村（白族）	412	100	24.3	87	87
合计				545		477	

3.3.2　调研成果

发放调研问卷 545 份，其中，有效问卷 477 份，详细访谈 75 次，拍摄反映当地情况的照片 1972 张，收集到地区发展相关图文、数据资料 220 本 3000 万字。有针对性地对 10 个民族旅游村寨进行了详细调查，研究了所在的 3 个省（区）、8 个县乡村旅游发展情况，形成了省域乡村旅游发展研究报告 3 篇、县域乡村旅游发展研究报告 8 篇、乡村旅游与桂滇黔民族地区农民增收调查报告 10 篇，共 551142 字。具体研究成果情况见表 3-6。

表 3-6　调研成果情况

旅游村寨	乡村旅游调查报告	县域调查报告	省域调查报告
平安壮寨	平安壮寨旅游发展与农民增收研究报告	龙胜各族自治县旅游发展研究报告	广西壮族自治区乡村旅游发展研究报告
黄洛瑶寨	黄洛瑶寨旅游发展与农民增收研究报告		
程阳侗寨	程阳侗寨旅游发展与农民增收研究报告	三江侗族自治县旅游发展研究报告	
田头苗寨	田头寨旅游发展与农民增收研究报告	融水苗族自治县旅游发展研究报告	
历村	历村旅游发展与农民增收研究报告	阳朔县旅游发展研究报告	
西江苗寨	西江苗寨旅游发展与农民增收研究报告	雷山县旅游发展研究报告	贵州省乡村旅游发展研究报告
郎德上寨	郎德上寨旅游发展与农民增收研究报告		
天龙屯堡	天龙屯堡旅游发展与农民增收研究报告	平坝县旅游发展研究报告	
安中村	安中村旅游发展与农民增收研究报告	玉龙纳西族自治县旅游发展研究报告	云南省乡村旅游发展研究报告
新华村	新华村旅游发展与农民增收研究报告	鹤庆县旅游发展研究报告	

3.4 调查问卷分析

3.4.1 问卷信度检验

本次调研选取 10 个民族旅游村寨作为调查地点，共完成有效居民调查问卷 477 份，为保证问卷质量，本节对回收的调查问卷进行问卷信度检验。

1. 信度分析

信度分析是一种测度综合评价体系的抽样中较为抽象的态度、看法等指标是否具有一定稳定性和可靠性的分析方法。[1]SPSS 统计软件的信度分析主要是对统计量内在的信度进行研究。它首先对各个评估项目做基本的描述统计，计算各个项目的简单相关系数以及剔除一个项目后其余项目间的相关系数，对内在信度进行初步分析。然后采用各种信度分析系数对内在信度或外在信度做进一步研究。

如果用 T 表示真实得分，B 表示偏差分数即系统误差，P 表示测量误差即随机误差，X 表示按问卷测到的实际得分（即观测分数），进而：

$$X = T + B + P \tag{3-1}$$

可见，真实得分是一个潜在变量，与观测值 T 之间不可能完全一致，其误差就为系统误差 B 和不可避免的随机误差 P 之和。在实际调查中，统计方法倾向于将系统误差 B 包含在真实得分 T 中，进而表达式（3-1）可以直接写为：

$$X = T + P \tag{3-2}$$

统计工作中，我们假定测量误差的期望值为 0，即 $E(P)=0$，且误差与真实的分数相互独立。在此假定之下，可以证明：

①真实得分与测量得分的总体均值相等：$E(X)=E(T)$ （3-3）

[1] 耿修林，谢兆茹.应用统计学[M].北京: 科学出版社，2002.

②测量得分的方差 σ_x^2 等于真实得分的方差与误差 σ_E^2 方差之和

$$\sigma_x^2 = \sigma_T^2 + \sigma_E^2 \tag{3-4}$$

信度一般规定为真实分数的方差在总的方差中所占的比例，[1] 即信度由以下公式得到

$$\sigma_E = \sqrt{\frac{\sigma_T^2}{\sigma_x^2}} \tag{3-5}$$

由于在本次问卷调查中，问卷题目相互平行且具有共性，即所有题目均为反映乡村旅游与农民增收情况而设定，且各题目以同等的程度解释各种变量。因此，本次问卷的信度检验课题组使用 SPSS 统计软件 16.0 对问卷进克伦巴赫（L.J.Cronbach）Alpha（α）信度系数法。其计算方法是：计算各评估项目的相关系数矩阵，并计算相关系数的均值。

计算克伦巴赫 α 系数，其数学定义为

$$\alpha = \frac{K\bar{r}}{1+(K-1)\bar{r}} \tag{3-6}$$

其中，K 为评估项目数，r 为 K 个项目相关系数的均值，克伦巴赫 α 系数为 0 ～ 1。Lee 等（2004）在进行因子分析时认为，如果 Alpha（α）值大于 0.6，表明数据的可靠性可以接受；如果 Alpha（α）值小于 0.6，则认为问卷设计上存在很大的问题，应当重新设计并再次进行问卷调查。

2. 调查问卷信度检验

运用以上克伦巴赫 α 信度系数法，本课题对于案例地点的 10 个民族村寨实地调查问卷中与农民增收紧密相关的问题进行信度检验，检验结果见表 3-7。

[1] 柯惠新，沈浩.调查研究中的统计分析法.2版[M].北京：中国传媒大学出版社，2005.

表 3-7 10 个研究案例地居民问卷信度分析结果

旅游村寨	Alpha（α）系数值	F值	P值
平安壮寨	0.7944	26.4567	0.0011
黄洛瑶寨	0.8211	41.2475	0.0001
程阳侗寨	0.7567	36.7678	0.0012
田头苗寨	0.6921	34.6536	0.0022
历村	0.8922	22.4675	0.0009
西江苗寨	0.7342	36.3367	0.0015
郎德上寨	0.7988	48.5662	0.0007
天龙屯堡	0.7289	49.6898	0.0010
安中村	0.6921	37.2727	0.0023
新华村	0.8756	21.4564	0.0018

各居民调查问卷的 Alpha（α）信度系数均高于 0.6，说明在各案例地进行的居民调查问卷数据具有较高的内在信度。且进行方差分析发现 P 值均接近 0(<0.03)，说明该问卷数据的重复量度效果良好。

3.4.2 各地区问卷调查情况汇总

为综合了解各代表性的民族村寨中旅游发展情况和旅游对民族村寨的改变，本次研究运用 SPSS16.0 统计软件中“Analyze-Descriptive Statistics-Frequencies”功能和“Analyze-Descriptive Statistics-Descriptives”功能实现对各个调查地点参与旅游相关活动的居民的各项相关指标进行描述性统计。

1. 各地区基本生活水平

在基本情况的调查中，主要从开发旅游后的村寨中旅游对当地居民的影响进行观测。对于当地参与旅游的居民在旅游开发后的生活现状进行了调查，重点统计了参与旅游的居民每户月均基本生活费、平均住房面积、平均住房价值、每年从事农业劳动的平均时间；此外，还统计了因旅游开发导致土地被占用或被用作旅游基础设施建设用地的农户比重。具体情况见表 3-8。

表 3-8　各地区基本生活水平情况统计

地点	户月均基本生活费（元）	户均住房面积（平方米）	户均住房价值（万元）	年农业劳动时间（天）	旅游开发中土地被占用的户数百分比（%）
平安壮寨	1295.3	168.3	41.45	145.4	51.4
黄洛瑶寨	825	164.6	26.79	192	26.9
程阳侗寨	973.1	170.7	30.20	225.1	25
田头苗寨	705.7	123	20.33	133.6	7.7
历村	1912.1	151.7	33.85	118.3	30.3
西江苗寨	1629	230.8	32.00	99.4	53
郎德上寨	1440.7	209.6	19.07	157.9	31
天龙屯堡	1002.3	161.1	40.57	73.9	36.6
安中村	1528.6	860	29.78	182.6	59.1
新华村	2093.4	860.1	230.72	40.8	50

从各旅游村寨居民基本生活水平统计情况来看，新华村居民的生活成本是最高的，每月每户 2093.4 元；其次为历村（1912.1 元 / 户 • 月）和西江苗寨（1629 元 / 户 • 月）。生活成本最低的是黄洛瑶寨（825 元 / 户 • 月），乡村旅游发展在一定程度上拉高了当地村民的生活成本。

住房面积涉及当地居民的居住条件，与其生活水平息息相关，因此本次研究对当地居民的住房面积情况进行了调查。由每个民族村寨中居民的住房条件和其固定资产——住房价值来看，新华村的居住条件较好且房屋价值最贵，每户平均拥有住房 860 余平方米，民居房屋平均价值为 230.72 万元，足见新华村的生活水平较高；安中村居民平均住房面积与新华村相当，为 860 平方米，但其房屋价值低廉，仅为新华村住房价值的 13%，29.78 万元。可见，安中村土地广袤且价格低廉、居民生活水平不高。居民房屋平均面积最小的是田头苗寨（户均 123 平方米），平均住房价值最小的是郎德上寨（户均 19.07 万元）。

通过旅游村寨中居民每年从事农业劳动的时间可以间接了解当地的旅游发展情况。在自然条件差异不大的情况下，一年中村民从事农业劳动时间较短的村寨，相应地，旅游在居民生活中的比重较大，其旅游发展相对较好。在本次调研的民族村寨中，新华村的农民每年从事农业耕作时间平均只有 40.8 天，为农业劳动时间最短的旅游村寨。可见，新华村的村民已经基本从第一产业转移出来。作为典型的以旅游手工业为特色产业的民族村寨，新华村的村民将时间投入到了旅游手工业生产上。每年从事农业劳动时间最长的是程阳侗寨（225.1 天 / 年），程阳侗寨的农业仍然为村民赖以生存的基本产业。

从居民视角出发，反映民族村寨中旅游资源开发程度的衡量标准之一是村民自有土地的占用情况，本次问卷调查以户为单位，抽样调查居民所有土地被旅游开发所占用的户数占总调查样本量的比例来反映居民视角下当地旅游资源的开发程度。其中，安中村土地被占用的户数百分比最高，为59.1%；田头苗寨的居民通过自筹资金、资源合伙投资的形式发展乡村旅游，其土地被征用比例最低，仅7.7%。

2. 各地区旅游参与情况

旅游参与情况的调查主要分析被访的当地居民对于村寨旅游的主动参与程度，进而分析参与旅游的居民经济收入情况。因此，在各民族村寨调查点的旅游参与情况调查中，重点统计了参与旅游活动的家庭中已从事旅游经营活动的家庭所占的百分比、旅游为主要收入的家庭所占的百分比、自主经营旅游家庭所占的百分比和年均收入、受雇佣的旅游服务人员月均工资。此外，由于旅游淡、旺季的影响，同时从居民角度调查了各个民族旅游地区在不同月份或个别月份之间，旅游收入是否波动明显。具体情况见表3-9。

表3-9　各地区旅游参与情况统计

地点	已从事旅游经营活动家庭比例（%）	旅游为主要收入的家庭比例（%）	自主经营旅游比例（%）	自主经营年收入（万元）	受雇的旅游服务人员月均工资（元）	认为旅游月收入波动明显的居民比例（%）
平安壮寨	84.6	50	84.6	2.1528	1150	90.2
黄洛瑶寨	88.9	63.0	75.0	1.4794	1162.5	86.2
程阳侗寨	87.5	42.6	83.7	1.9700	2503.3	81.6
田头苗寨	96.4	23.1	23.5	0.4635	811.4	89.3
历村	97	65.6	69.6	4.8357	1265	94.1
西江苗寨	93	75	66	6.0432	1430	92
郎德上寨	96.6	24.1	66.7	0.4867	500	82.8
天龙屯堡	85	52.5	48.8	7.4027	1372.2	82.9
安中村	96.7	93.3	90	4.7125	2000	100
新华村	82.8	67.2	61.8	25.1840	2581.2	85.1

本次问卷调查通过在参与到旅游相关活动的农户抽样样本中，调查已从事旅游经营活动的家庭占总被访问家庭样本数量的比例观测乡村旅游调查点的旅游参

与度，调查结果普遍为参与度较高。其中，历村的旅游参与度最高，97% 的家庭参与到了旅游经营活动中；新华村作为以手工业为主要经济收入的特色村寨，其手工艺品不仅参与旅游经营，而且销售到了全国各地，所以新华村旅游参与度最低，为 82.8%；田头苗寨（96.4%）是自愿合伙投资，通过自筹资金、利用自有土地和村寨自身的环境资源，发展乡村旅游，利益共享；郎德上寨（96.6%）为工分制旅游经营模式，即全村集体参与旅游接待，按劳分配团体歌舞表演接待旅游收入；安中村（96.7%）以旅游合作社模式进行旅游经营，社区村民通过合作社共享旅游带来的收益。值得注意的是，此处对于已从事旅游经营家庭比重的调查并非真实意义上的以农户为主体的家庭旅游经营，因为受被访者理解差异、文化水平差异等局限，调查的参与旅游经营情况不仅包括以户为单位开展的旅游经营活动，也包括了打工形式的旅游从业参与者，故问卷调查所得参与度高于实际旅游经营活动开展情况。

在问卷调查民族旅游村寨居民的主要收入来源中，选择旅游的村民最多，其次为务农。地处低纬度海拔两千米以上的安中村降雨量稀少、土地单产很低，除外出工作的居民外，留守村民几乎都以旅游为家庭主要收入，进而，安中村中以旅游为主要收入的家庭比例高达 93.3%。田头苗寨中以旅游为主要收入的家庭比例最小，仅为 23.1%，可见田头苗寨的乡村旅游发展滞后。

在乡村旅游参与中，是否自主经营可以生动反映居民发展旅游意识的强弱，在本次问卷调查中，居民参与自主经营旅游的比例普遍较高。安中村以家庭参与旅游合作社的形式共享旅游收益，当地居民认为这是自主经营的表现，在本次问卷调查中安中村的自主经营程度相应也最高，为 90%；其次为平安壮寨（84.6%）和程阳侗寨（83.7%）。调查中从事旅游自主经营（以家庭为单位）比例最低的是村民入股自主发展旅游的田头苗寨（23.5%）和以歌舞表演为主要经营项目的天龙屯堡（48.8%）。

在参与旅游的自主经营农户中，平均自主经营年收入最高的是新华村（25.1840 万元），新华村以加工银、铜、金制品为主要产业，其成品工艺品成本较高且销路广泛，使新华村农民的自主经营收入远远高于其他村寨。自主经营收入最低的是田头苗寨（0.4635 万元 / 年）和郎德上寨（0.4867 万元 / 年），这两个村寨皆为村民自主经营，与专业旅游公司经营管理的民族村寨相比，旅游经营收入明显偏低，可见市场化的投资运作是提高民族村寨旅游经营收入的必要条件之一。

工资额度是反映人力成本[1]的最重要指标，在未参与旅游自主经营的旅游从业者中，月平均工资最高的是相对较富足的新华村（2581.2 元 / 月）和旅游发展较早、较均衡的程阳侗寨（2503.3 元 / 月）。旅游服务人员月平均工资最低的是旅游发展较缓慢、旅游形式较单一的郎德上寨（500 元 / 月）和田头苗寨（811.4 元 / 月）。对于淡旺季区别明显的民族旅游村寨来讲，在旅游旺季时期，自主经营者会雇佣当地农民作为临时工辅助经营来提升接待规模；而在旅游淡季时期，客流量大大减少，自主经营者雇佣较少的临时工甚至无须雇佣任何辅助经营人员。尤其是郎德上寨和田头苗寨这样的内生式发展旅游地区，受各种因素限制，其接待游客量本身相对较少，旅游旺季时对当地临时工的雇佣按天计酬，所以其旅游服务人员工资较低且波动很大。

3. 旅游培训情况

西南少数民族地区发展落后的关键因素之一是居民的知识水平、能力等相对过低。对旅游村寨而言，开展旅游培训是提升民族村寨居民旅游技能的最有效方式之一，旅游技能的提高也是增加旅游收入的重要途径之一。对民族村寨调查点的居民旅游教育情况的调查主要反映为以下三点，详见表 3-10。

表 3-10　旅游培训情况统计

地点	从开发商、政府组织的培训中掌握劳动技能的人数比例（%）	认为参加的旅游活动需要专门培训的人数比例（%）	获得过相关职业标准资格认证人数比例（%）
平安壮寨	2.9	42.1	7.4
黄洛瑶寨	13.8	60.7	14.8
程阳侗寨	4.2	62.5	4.2
田头苗寨	53.6	75	15.4
历村	12.1	36.4	6.7
西江苗寨	3	49	9
郎德上寨	3.7	62.1	3.7
天龙屯堡	4.9	65.9	2.4
安中村	3.6	58.6	11.5
新华村	7.8	85.2	11.5

[1]　人力成本是通过货币来体现的人力资源的经济价值，是对人力资源的价值评估。

教育培训是投资人力资本、开发人力资源最重要的方式，是提高农民收入的主要途径。在针对旅游参与者的问卷调查中，围绕当地村民的旅游技能进行了调查，了解基本旅游培训情况。从调查结果了解到，村民从事旅游工作需要的相关技能除一些为祖传的特殊技能外，均是自己边学边干的。其中田头苗寨居民参与旅游培训程度最高，为53.6%，主要原因是田头苗寨通过村民入股合作经营发展旅游，在合作入股前村民几乎都经过统一的教育培训。其他民族村寨中居民通过开发商、政府掌握劳动技能的比例均很低，表明民族村寨中从事旅游经营活动门槛较低，几乎可以自己在从业过程中摸索出经营技能。

由于田头苗寨参与旅游开发入股的居民在旅游培训中确实受益，对旅游培训产生认同，认为参加旅游活动需要专门培训的人数比例也比较高，为75%。新华村居民独特的手工技艺世代相传，并在新华村开发旅游后作为独树一帜的旅游技能，其技艺的掌握需要经过专业的学习，故新华村居民对旅游培训的认同度最高，达85.2%。而历村、平安壮寨的旅游经营靠完全的市场推动或归功于开发商的放权，居民可以自由从事旅游经营，故当地居民对旅游培训的认同度略低。通过旅游技能的获得途径和旅游培训的需求程度的对比，可见旅游村寨由政府、开发商组织相应技能培训的行为须进一步强化。

通过问卷调查得知，无论乡村旅游发展效果是否显著，其民族旅游村寨中具有相关职业标准资格认定的旅游从业人员比例均很低，均不超过15.4%。再次印证了从事乡村旅游门槛低的结论。可见，对于资源贫瘠、发展缓慢、交通闭塞的民族村寨来说，乡村旅游是提高当地农民收入的捷径。

4. 希望政府提供的支持

在旅游业逐渐成为居民收入来源重要部分的情况下，被调查的居民几乎都反映，希望政府更好地发展旅游，并在居民通过发展旅游实现增收的过程中，提供更多的支持。问卷调查中民族旅游村寨居民在更好地发展旅游问题上对政府提出了若干建议，表3-11对此进行了统计。

表 3-11　居民对政府发展旅游的建议　（单位：%）

地点	教育或培训机会	旅游资源维护费	旅游推广营销平台	道路交通等基础设施建设	旅游贷款支持
平安壮寨	24.4	65.9	12.2	22	34.1
黄洛瑶寨	17.2	24.1	10.3	62.1	13.8
程阳侗寨	8.2	18.4	30.6	49	30.6
田头苗寨	17.9	17.9	35.7	71.4	25
历村	8.8	14.7	14.7	70.6	11.8
西江苗寨	22	24	19	19	39
郎德上寨	20.7	20.7	27.6	51.7	20.7
天龙屯堡	36.6	41.5	22	48.8	24.4
安中村	23.3	0	33.3	60	23.3
新华村	14.7	16.2	26.5	22.1	23.5

虽然每个民族村寨从事旅游工作的居民对旅游培训教育的认同度都比较高，但真正期望通过培训提高旅游技能的村民数量却不多。其中，程阳侗寨的反差最大，62.5% 的人认为旅游活动需要专门培训，但实际希望政府提供培训平台的只有 8.2%。

对于景区旅游资源的维护，只有平安壮寨的村民意识较高，认为旅游给当地带来了资源的消耗和破坏，需要以直接的付给费用的方式加以补偿。其他村寨的村民们受益于乡村旅游，资源保护意识还不高。

居民对当地的旅游推广状况比较满意，可见民族村寨村民营销观念仍比较落后，消息闭塞的村民并未认识到推广作用之大。但与自身相关的道路交通等基础设施的完善，是居民最期望政府改善的项目。

在旅游贷款支持方面，相对较富裕、旅游增收效果较明显的历村对其期望最小，而旅游蓬勃发展的平安壮寨，其村民希望获得更多旅游贷款的支持以扩大经营。

3.4.3　各地区农民增收情况

通过实地调研，遵照本次研究所构建的乡村旅游发展指标体系和农民增收综合指标体系，追溯 10 个民族旅游村寨中居民与该村寨旅游相关的各种收入来源，进行归类汇总后，实地测算出各民族旅游村寨中居民的详细收入情况见表 3-12。

表 3-12 各地区农民增收详情[1][2][3][4] （单位：万元）

地点	居民数	经营性收入	工资性收入	转移性收入	财产性收入	显性收入	年人均旅游收入	年户均旅游收入
平安壮寨	813	2477.58	76.22	44.55	225.67	2779.47	3.42	14.04
黄洛瑶寨	328	302.99	106.288	7.64	0.475	409.8	1.25	4.88
程阳侗寨	2790	602.78	54.68	165	11.15	668.6	0.23	1.01
田头苗寨	570	48	36.44	8	3.56	88	0.15	0.61
历村	516	4020.78	18	12.8	42.9	4081.68	7.91	32.14
西江苗寨	5515	12796	1860	1190.5	1338.9	15994.9	2.90	11.17
郎德上寨	560	133.2	19	22.72	0	152.2	0. 27	1.09
天龙屯堡	2400	765.02	141	96.4	54.01	960.0	0.40	1.41
安中村	237	6	364.7	10	34.3	405	1.71	6.53
新华村	2174	110991.99	249.74	7093.52	41.8	111283.5	51.19	270.11

注：数据来源为各地工作报告、旅游总结、官方网站、实地调研。

在本次研究中，各旅游村寨居民的旅游总收入计算方式为：居民旅游总收入＝旅游经营性收入＋旅游工资性收入＋旅游转移性收入＋旅游财产性收入。村寨中，居民所得的转移性收入为隐性收入[5]，其余为居民的显性收入[6]，即：显性收入＝经营性收入＋工资性收入＋财产性收入。人均旅游收入、户均旅游收入计算方式为：人均旅游收入＝显性收入 / 村寨中居民总数；户均旅游收入＝显性收入 / 村寨中居民户数。

由以上各地区农民增收详情可以看出，新华村年人均旅游收入 51.19 万元，

[1] 平安壮寨、黄洛瑶寨、程阳侗寨、田头苗寨、历村、西江苗寨、郎德上寨、天龙屯堡八个民族村寨的数据为2011年截面数据；安中村和新华村的数据为2012年截面数据。

[2] 程阳侗寨的旅游发展集中在其八个自然村中的三个自然村——平寨、岩寨和马鞍，故本次调研范围也集中在这三个村，共调研2790人。

[3] 天龙屯堡参与旅游的只有古镇居民，居民人数约2400人。

[4] 新华村的旅游发展集中在其三个自然村中的南邑村，故调研范围为南邑村，共调研2174人。

[5] 本文中的隐性收入指民族村寨中的居民所享受到的与该村寨的旅游业务无关或关系较弱的政府无偿付给的价值。

[6] 本文中的显性收入指民族村寨中的居民通过资本和劳动等生产要素进行自主管理和支配所创造的价值。

成为案例点中旅游增收效应最强的民族村寨；其次为历村、平安壮寨和西江苗寨，每年每人旅游增收分别为 7.91 万元、3.42 万元和 2.90 万元。其对应的户均年旅游增收情况按照同样的趋势排列。

旅游带来的增收绝对值与旅游产品的价值密切相关，其中最明显的例子就是新华村。新华村作为以旅游商品销售为主的旅游村寨，其旅游纪念品以银、铜、金为主，原料成本、商品价格都比较高。故新华村的工艺品销售额占其旅游总收入的 93% 以上，也造成了新华村旅游收入“虚高”的现象。此外，历村是典型的以餐饮为经营特色的旅游“过境”地，餐饮业收入占整个村寨旅游收入 73.6% 以上，餐饮业较高的利润同样导致了历村旅游增收“虚高”的现象。

由表 3-12 同样可以看出，年人均旅游增收情况比较差的村寨是田头苗寨、程阳侗寨和郎德上寨，年人均旅游收入相对应为 0.15 万元、0.23 万元和 0.27 万元。这三个村寨每年户均旅游收入情况也同样不乐观，户均旅游收入分别为 0.61 万元、1.01 万元和 1.09 万元。

3.4.4 各旅游村寨聚类分析

聚类分析是一种建立分类的多元统计分析方法，它能够将一批样本数据根据其特征，按照性质上的亲疏程度在没有先验知识的情况下进行自动分类，产生多个分类结果。同类内部个体特征具有相似性，不同类之间个体特征的差异性较大。[1]

为进一步了解、研究选定的 10 个民族旅游村寨之间的相似性和异质性，本文采用统计分析软件 SPSS16.0 进行 Q 型、凝聚方式的层次聚类分析。为保持测量尺度的一致性，本次研究采用实地调研中获得当地人均显性旅游收入、包括了财政性收入的人均旅游收入以及当地农民的旅游收入占其总收入的比重（该值在本章 3.6 小节将进行详细说明）三项为基础数据，详见表 3-13，以万元为收入单位，进行个体间“亲疏程度”的测度。同时，通过本次样本间的层次聚类分析为下文桂滇黔民族地区乡村旅游村寨的农民增收分析奠定基础。

[1] 薛薇.统计分析与SPSS的应用[M].北京:中国人民大学出版社，2008.

表 3-13 民族村寨调查点居民年人均收入数据 （单位：万元）

地点	人均显性旅游收入	人均旅游收入	农民旅游收入占总收入比重（%）
平安壮寨	3.42	3.47	90.30
黄洛瑶寨	1.25	1.27	64.20
程阳侗寨	0.23	0.30	33.86
田头苗寨	0.15	0.17	15.63
历村	7.91	7.94	95.26
西江苗寨	2.90	3.12	90.82
郎德上寨	0. 27	0.31	39.60
天龙屯堡	0.40	0.44	69.76
安中村	1.71	1.75	80.28
新华村	51.19	54.45	97.99

注：数据来源于各地工作报告、旅游总结、官方网站、实地调研。

由表 3-14 针对每个民族村寨调查点的个体间欧氏距离矩阵可知，程阳侗寨和郎德上寨间的距离最小（为 0.056），在层次聚类中首先将二者聚成一小类，与该类距离最近的是田头苗寨（为 0.057），与该类距离最远的是新华村（为 5551.897）。由不同调查方式获得的村寨平均每户每年的旅游收入，程阳侗寨和郎德上寨的相似性最高，最早聚成了一类；在剩下的个体比较中，田头苗寨与新类别相似度较高，其次聚成一类；在集合了新类别的八组类别中，天龙屯堡与新类别相似度较高，继续加入新类别中；接下来，黄洛瑶寨与安中村相似度较高，聚成第四类，等等。由以上结果进一步推导出民族村寨调查点个体间“亲疏关系”冰挂图如图 3-1 所示。

表 3-14 10 个民族村寨调查点个体间欧氏距离矩阵

地点	欧氏距离矩阵									
	平安壮寨	黄洛瑶寨	程阳侗寨	田头苗寨	历村	西江苗寨	郎德上寨	天龙屯堡	安中村	新华村
平安壮寨	0	9.617	20.544	22.14	40.143	0.393	21.939	18.343	5.893	4880.939
黄洛瑶寨	9.617	0	2.073	2.656	88.941	6.216	2.545	1.414	0.468	5322.23
程阳侗寨	20.544	2.073	0	0.057	117.729	15.406	0.056	0.177	4.508	5529.555
田头苗寨	22.14	2.656	0.057	0	121.225	16.83	0.1	0.428	5.348	5552.078
历村	40.143	88.941	117.729	121.225	0	48.334	121.095	112.715	76.779	4036.339
西江苗寨	0.393	6.216	15.406	16.83	48.334	0	16.568	13.477	3.304	4966.698
郎德上寨	21.939	2.545	0.056	0.1	121.095	16.568	0	0.268	5.163	5551.897
天龙屯堡	18.343	1.414	0.177	0.428	112.715	13.477	0.268	0	3.443	5496.784
安中村	5.893	0.468	4.508	5.348	76.779	3.304	5.163	3.443	0	5225.592
新华村	4880.939	5322.23	5529.555	5552.078	4036.339	4966.698	5551.897	5496.784	5225.592	0

集群数目	地点																		
	新华村		历村		天龙屯堡		田头苗寨		郎德上寨		程阳侗寨		安中村		黄洛瑶寨		西江苗寨		平安壮寨
1	X	X	X	X	X	X	X	X	X	X	X	X	X	X	X	X	X	X	X
2	X		X	X	X	X	X	X	X	X	X	X	X	X	X	X	X	X	X
3	X		X		X	X	X	X	X	X	X	X	X	X	X	X	X	X	X
4	X		X		X	X	X	X	X	X	X	X	X	X	X		X	X	X
5	X		X		X	X	X	X	X	X	X		X	X	X		X	X	X
6	X		X		X	X	X	X	X	X	X		X		X		X	X	X
7	X		X		X	X	X	X	X	X	X		X		X		X		X
8	X		X		X		X	X	X	X	X		X		X		X		X
9	X		X		X		X		X	X	X		X		X		X		X

图 3-1　层次聚类分析冰挂图

图 3-1 是纵向显示的针对各调查村寨的层次聚类分析冰挂图，将 10 个民族村寨分为 1 ～ 9 类，9 种不同的分组。当聚成 9 类时，程阳侗寨和郎德上寨距离最近，首先聚合组成类别 A，其他村寨各自成一类；当聚成 8 类时，组间距离相对最近的田头苗寨与 A 聚合成第二组，即类别 B，其他村寨各成一类；当聚成 7 类时，B 与天龙屯堡间的距离相对最小，二者聚合成类别 C（程阳侗寨、郎德上寨、田头苗寨、天龙屯堡），其他个体自成一类；当聚成 6 类时，剩下的组别中，平安壮寨和西江苗寨距离最近、关系较密切，聚合成类别 D，与 C 和其他个体构成 6 类；当聚成 5 类时，已有类别中黄洛瑶寨与安中村距离最小，聚合成类别 E，与 C、D 和其他个体构成 5 类；当聚合成 4 类时，关系相对最紧密的 C 和 E 聚合成新类别 F（程阳侗寨、天龙屯堡、田头苗寨、郎德上寨、黄洛瑶寨、安中村），与 D 和其他个体构成 4 类；当聚合成 3 类时，D 与 F 构成新类别 G（程阳侗寨、郎德上寨、田头苗寨、天龙屯堡、黄洛瑶寨、安中村、平安壮寨、西江苗寨）其他各村寨各成一类，共 3 类；当聚合成 2 类时，历村归入到 G 中，构成新类别 H（程阳侗寨、郎德上寨、田头苗寨、天龙屯堡、黄洛瑶寨、安中村、平安壮寨、西江苗寨、历村），与唯一单独的个体——新华村一起构成两类（图 3-2）。

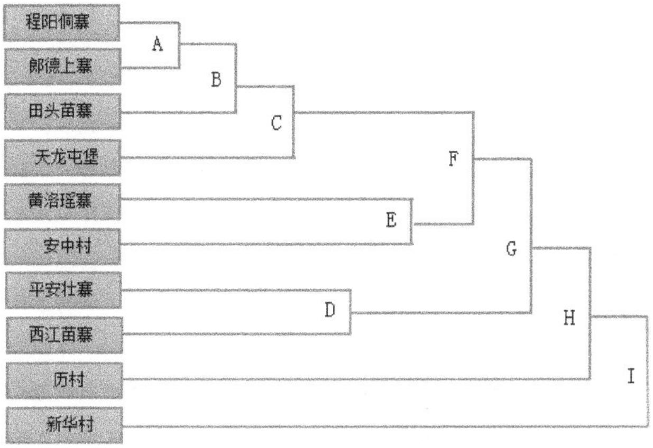

图 3-2　层次聚类结果

由上述层次聚类分析可见，从乡村旅游给村寨居民带来的增收情况上，村寨个体之间，程阳侗寨与郎德上寨增收效果最相似，无论是旅游收入还是整个村寨范围内的农民纯收入，两者均非常相似。田头苗寨与天龙屯堡作为同是村民自主管理、经营旅游的民族村寨，二者的经济发展状态也非常相似，增收效果相仿，从其效果来讲，逐步与程阳侗寨和郎德上寨归为一类。其次，黄洛瑶寨与安中村、平安壮寨与西江苗寨，旅游增收与村民纯收入之间的关系较密切，被归为一类。

由于居民纯收入不仅包含居民从事旅游业的收入，也包含居民从事其他经济活动所得收入；而旅游收入也决定于各民族村寨的旅游收入结构、旅游开发模式等旅游发展情况。故原本异质的民族村寨之间产生以上相似性，是有一定内在同质性和必然性的。针对以上层次聚类结果，分析其形成是由各民族旅游村寨不同的旅游发展效果造成的，包括旅游经营模式和组织形式、旅游经营中侧重点不同的收入来源、居民对旅游的主观看法及其他客观条件。本章的后两节将以实地调研的方式对各村寨旅游发展带来的增收情况做出进一步分析。

3.5　增收分析

为了有针对性地探究民族旅游促进农民增收的效果，选取了组织形式和规模以及客观环境不同的典型调查点进行了大量的田野调查，采集了包括当地居民的人口基本情况、居民对旅游的参与情况和收入情况、居民对旅游开发的认识等数据。综合每个民族村寨特点以及相关旅游发展政策，分析不同民族村寨的旅游经营结构，并对具有比较优势的产业进行剖析，对10个民族旅游村寨旅游增收效果进行分析整理。

3.5.1 旅游增收结构分析

按照收入渠道的不同,旅游收入包括旅游经营性收入(以下简称经营性收入)、旅游工资性收入（以下简称工资性收入）、旅游转移性收入（以下简称转移性收入）和旅游财产性收入（以下简称财产性收入），本节将分析各旅游收入，研究总结关键性旅游项目、支柱性产业和特色旅游项目，并重点分析民族旅游村寨特色旅游项目在旅游收入结构中的地位。

为实现统计指标的一致性和可比性，将明细增收项目，在必要的调查点进行适当的大类概括，对具有特色的调查点进行详细分析。在经营性收入的住宿业、餐饮业分析中，针对那些对旅游增收有明显影响的乡村旅馆进行住宿业和餐饮业的细分，而对于增收效果不明显或无特色的乡村旅馆进行总体概括。工资性收入主要包括两方面，一方面是当地就业的收入，主要是为景区内经营户打工的本地居民、景区游客迎宾队、歌舞表演队、文化传承人的工资等；另一方面则是在公司就业人员收入，即在当地旅游公司、管理局和相关行政事业单位工作的当地居民的工资等。

1. 平安壮寨

平安壮寨的经营性收入所占比例最大，达87.7%，成为平安壮寨旅游增收主要渠道。由于平安壮寨以龙脊梯田为主要景观资源，故农产品收入也计入其旅游经营收入当中。因此，平安壮寨的经营性收入包括宾馆住宿收入、餐饮收入、背背篓收入、抬轿子收入和农产品收入，共计2477.58万元。其中住宿收入和餐饮收入二者占旅游经营性收入的93.9%，成了平安壮寨旅游的优势项目。平安壮寨旅游业农民增收情况见表3-15。

表 3-15 平安壮寨旅游业农民增收情况汇总

收入大类	项目	收入金额（万元）	所占比例（%）
经营性收入	住宿	1414.6	57.1
	餐饮	910.82	36.8
	背背篓	52.8	2.1
	抬轿子	70.08	2.8
	农产品	29.28	1.2
共计		2477.58	占总额87.7
工资性收入	当地就业收入	57.5	24.6
	公司就业收入	18.72	75.4
共计		76.22	占总额2.7
转移性收入	政府拨款	10.8	24.2
	开发商投资折旧	33.752	75.8
共计		44.552	占总额1.6
财产性收入	门票收入分成	115	51
	民居租金	110.67	49
共计		225.67	占总额8.0
总额	2824.02		

注：数据来源于课题组实地调研报告。

平安壮寨的旅游工资性收入总额很少，仅占旅游总收入的 2.7%，且其中仅有近四分之一为当地就业收入。可见，在整个村寨的旅游发展中，占收入大部分的住宿、餐饮行业所容纳的本地就业量有限，扩大旅游经营的规模是提高当地就业的一个有效途径。

平安壮寨的旅游转移性收入总体偏少，仅占平安在寨年旅游总收入的 1.6%。而相对于开发商投资来讲，平安壮寨的政府拨款转移则少之又少，仅占总转移性收入的 24.2%，每年开发商投资折旧金额可达 33.752 万元，占总转移性收入的 75.8%。可见，村寨的旅游开发更多依赖于开发商的投资。

2. 黄洛瑶寨

黄洛瑶寨的经营性收入占旅游总收入近四分之三，包括旅游住宿、餐饮和旅游商品的销售收入，是黄洛瑶寨最有效的旅游增收途径。其中餐饮收入占旅游经营性收入的 68.6%，因此，餐饮业是其旅游发展中的关键性优势经营项目，见表 3-16；而旅游纪念品销售以土特产和工艺品为主，仅有 28 个经营摊点，规模很小，增收效果不明显。

表 3-16 黄洛瑶寨旅游业农民增收情况汇总

收入类别	项目	收入金额（万元）	所占比例（%）
经营性收入	住宿	12.65	4.2
	餐饮	207.78	68.6
	旅游纪念品销售	82.56	27.2
共计		302.99	占总额72.6
工资性收入	当地就业的收入	1.288	1.2
	歌舞表演	105	98.8
共计		106.288	占总额25.5
转移性收入	政府拨款及投资折旧	7.64	占总额1.8
财产性收入	民居租金	0.475	占总额0.1
总额	417.39		

注：数据来源于课题组实地调研报告。

黄洛瑶寨的旅游业仍处于小规模的个人经营阶段，为各种旅游经营者打工的当地居民约 180 人，工资性收入主要是旅游旺季时雇佣的临时工收入，仅 1.288 万元。

黄洛瑶寨的旅游发展情况较差，不仅不能刺激当地居民开展多样的旅游经营活动，也限制了旅游其他方面的增收，导致转移性收入和财产性收入都非常少。转移性收入为政府和开发商每年的投资相应折旧额，仅 7.64 万元，占旅游总收入的 1.8%。景区设施建设投入的欠缺进一步影响到整个旅游业的发展，财产性收入只有居民出租民族歌舞表演场地获得的集体用地收入，为每年 4750 元，此外，几乎没有其他民居出租收入。

3. 程阳侗寨

程阳侗寨的住宿、餐饮业是其获得旅游经营性收入的优势产业，15 家乡村旅馆同时经营住宿和餐饮，年收入总额达 511.16 万，见表 3-17，占程阳侗寨旅游总收入的 61.3%，是村寨旅游增收效果最显著的产业。与其他民族村寨显著不同的是，作为对程阳侗寨景区进行旅游开发管理的程阳桥公司，由于征收门票给村民的分成只有 10%，造成了村民的不满，促使很多村民通过帮助游客逃票进入景区收小费的方式获取旅游收入，把旅游财产性收入转化成以经营性收入实现，每年达 26 万元。

表 3-17　程阳侗寨旅游农民增收情况汇总

收入类别	项目	收入金额（万元）	所占比例（%）
经营性收入	乡村旅馆	511.16	84.8
	旅游纪念品	65.62	10.9
	拉客逃票	26	4.3
共计		602.78	占总额72.3
工资性收入	当地就业的收入	19.18	35.1
	公司就业的收入	35.5	64.9
共计		54.68	占总额6.6
转移性收入	政府拨款及投资折旧	165	占总额19.8
财产性收入	门票分红	6.75	60.5
	民居租金	4.4	39.5
共计		11.15	占总额1.3
总额	833.61		

注：数据来源于课题组实地调研报告。

程阳侗寨的旅游管理公司——程阳桥公司在聘用员工时优先录用本地居民，为当地旅游工资性收入带来了推动作用，使得工资性收入中有近 65% 为居民在公司就业所得收入。另一部分工资性收入则是居民在乡村旅馆打工的收入，每年只有 19.18 万元。

程阳侗寨收入比重最小的是财产性收入。其中大部分为景区门票给居民的分红，另一部分为本村寨居民租赁给五家外来经营者的房屋的租金。

4. 田头苗寨

田头苗寨景区实行村民入股的旅游开发形式，旅游主要由田头村自发成立的旅游管理部门统一经营，包括餐饮、住宿、观光娱乐（歌舞表演、苗寨观光、竹筏漂流）等，实行一票制统一收费，所得利润平均分配。使得田头寨的经营性收入占村寨旅游总收入的 46.7%。

村旅游公司允许私人经营乡村旅馆接待游客，但村民参与较少，仅在旅游高峰接待散客，构不成规模性经营收益。村寨内只有六家小商店售卖百货副食和土特产品，无专门的工艺品销售，故田头寨的经营性收入只有土特产、农副产品的销售收入，年收入 42 万元，见表 3-18。另一种自主经营的旅游收入则是百货副食销售收入，年收入达 6 万元。

表 3-18　田头苗寨旅游业农民增收情况汇总

收入类别	项目	收入金额（万元）	所占比例（%）
经营性收入	土特产、农副产品销售	42	85.7
	百货副食	6	12.5
共计		48	占总额50
工资性收入	居民在公司就业的收入	36.44	占总额38
转移性收入	政府拨款	8	占总额8.3
财产性收入	股东分红	3.2	89.9
	民居租金	0.36	10.1
共计		3.56	占总额3.7
总额		96	

注：数据来源于课题组实地调研报告。

田头苗寨自发组织旅游公司的员工全部来自入股村民家庭，工资由村旅游公司根据每月的经营业绩发放，共计 36.44 万元，占村寨旅游总收入的 38%。田头苗寨是发展旅游增收的民族村寨中工资性收入占比重较大的村寨。

田头苗寨的转移性收入只有政府往年拨款和旅游扶持资金的折旧，占田头苗寨旅游总收入的 8.3%。

在财产性收入方面，田头苗寨村旅游公司租用村集体公共土地，使用费每年 3600 元；与旅行社达成与其分成 40% 的协议，股东年分红总收入为 3.2 万元。

5. 历村

历村作为以旅游餐饮为市场推动力自主发展的旅游中转地村寨，其餐饮收入不仅是村寨旅游业经营性收入中的优势项目，更是整个村寨旅游收入中的强势增收项目，3374.89 万元的餐饮经营年收入占整个经营性收入的 83.94%、整个旅游总收入的 82.4%。此外，历村背靠阳朔著名的月亮山景区，是观赏月亮山的最佳方位，村民搭建照相台获取经营性收入，但仅占经营性收入的 0.38%。历村作为过路景点旁边的必经村寨，并未进行高投入、大规模的旅游开发，故历村的住宿业并不发达，住宿方面的年收入只占经营性收入的 0.88%。值得一提的是，因为地理优势，在本地出现相当多的“乡村导览员”，专门带领外来游客参观游玩周边景点，专职导览员达 35 人，且收费较高，年总收入可达 272.3 万元，见表 3-19。

表 3-19　历村旅游业农民增收情况汇总

收入类别	项目	收入金额（万元）	所占比例（%）
经营性收入	餐饮	3374.89	83.94
	住宿	35.36	0.88
	旅游纪念品销售	323.03	8.03
	照相台租用	15.2	0.38
	乡村导览员	272.3	6.77
共计		4020.78	占总额98.2
工资性收入	当地就业的收入	18	占总额0.44
转移性收入	政府拨款	12.8	占总额0.31
财产性收入	土地租金	20.9	48.72
	资源使用费	22	51.28
共计		42.9	占总额1.05
总额		4094.48	

注：数据来源于课题组实地调研报告。

作为周边景点旅游市场的必然需求，餐饮业带动了历村旅游就业，以在餐馆打工为主就业的当地居民年收入占旅游总收入的 0.44%。

发展餐饮业给历村的环境带来较大污染，2002—2011 年，政府在道路建设、房屋改造、停车场建设、路灯安装及给水、排水工程共投入了近 320 万元，这部分政府拨款构成了历村的转移性收入，折旧后，占旅游总收入的 0.31%。显然，与巨大的餐饮业经营性收入相比，投入到排污治理方面的费用微不足道。

历村的财产性收入来源于菩萨水岩开发商向村集体支付的 20 万元土地使用租金、月亮山景区每年分给村里的 2 万元费用及赏月路旁的摊位和店铺租金收入 20.9 万元，财产性收入占旅游总收入的 1.05%。

6. 西江苗寨

西江苗寨是一个规模比较大且旅游发展全面的民族旅游村寨，游客通常在寨中停留几日，寨中各种旅游经营项目较为齐全。143 家乡村旅馆中，有 98 户为本地村民经营，占总数的 68.5%，本地村民住宿业年总收入 2352.5 万元，见表 3-20，占经营性收入的 18.4%。餐饮业收入是西江苗寨旅游增收的优势项目，占其年旅游总收入的 54.7%，其中还不包括外来经营户 69 家的收入。另外，居民也从事民族服装租售和照相服务，售卖旅游纪念品、土特产、百货服饰等。本地居民从事的经营性收入是西江苗寨旅游增收的支柱性渠道，占旅游总收入的 74.5%，见表 3-20。

表 3-20　西江苗寨旅游业增收情况汇总

收入类别	项目	收入金额（万元）	所占比例（%）
经营性收入	住宿	2352.5	18.4
	餐饮	9404.5	73.5
	民族服装租售、照相	500	3.9
	旅游纪念品销售	415	3.2
	土特产、百货副食	124	1.0
共计		12796	占总额74.5
工资性收入	游客迎宾队	86.4	4.6
	歌舞表演队	144	7.7
	文化传承人工资	1.4	0.1
	当地就业的收入	1320	71.0
	公司就业的收入	308.2	16.6
共计		1860	占总额10.8
转移性收入	政府拨款及投资折旧	1190.5	占总额6.9
财产性收入	门票收入分成	538.9	40.2
	民居租金	800	59.8
共计		1338.9	占总额7.8
总额	17185.4		

注：数据来源于课题组实地调研报告。

工资性收入占旅游总收入的 10.8%，是西江苗寨农民增收的第二大渠道。当地就业收入所占比例最高，为 1320 万元，占工资性收入的 71%，主要为住宿、餐饮业的服务人员收入。为了强化整个景区的文化传承，西江景区管理公司按月发给文化传承人工资（鼓藏头、活路头），年总收入 1.4 万元。

西江苗寨的转移性收入和财产性收入均在总收入中占比适中，每年的政府拨款和景区投资折旧 1190.5 万元，占总收入 6.9%；财产性收入方面，为旅游公司的景区门票分成 538.9 万元和民居的租金收入 800 万元。

7. 郎德上寨

郎德上寨是典型的村民自主经营的内生式旅游发展模式的民族旅游村寨，无外来投资商的经营管理，旅游集体收入实行按劳分配。郎德上寨景区较小，旅游团通常仅过路观赏，只有少数散客停留过夜，因此，其餐饮收入占经营性收入的 52.6%，住宿收入仅占经营性收入的 5.4%，见表 3-21。由于郎德上寨全部自主发展旅游，在旅游纪念品的销售上居民参与度很高，其收入所占比重高达 42%。

表 3-21　郎德上寨旅游业增收情况汇总

收入类别	项目	收入金额（万元）	所占比例（%）
经营性收入	住宿	7.2	5.4
	餐饮	70	52.6
	旅游纪念品销售	56	42.0
共计		133.2	占总额76.1
工资性收入	歌舞表演	19	占总额10.9
转移性收入	政府拨款	22.72	占总额13.0
总额	174.92		

注：数据来源于课题组实地调研报告。

郎德上寨唯一的工资性收入获得渠道是全寨居民都可以参与的歌舞表演和迎宾活动，主要接待团队游客，但收入微薄，年总收入为 19 万元，仅占旅游总收入的 10.9%。由于郎德上寨的旅游发展不接受外来投资和外来经营者的参与，且参与旅游经营的村民仅利用自家住房资源作为经营场所，故该村寨无财产性收入。

8. 天龙屯堡

天龙屯堡民族旅游的核心是参观屯堡文化，作为一个欠开发的旅游过路地点，其旅游项目较单调，住宿和餐饮经营都较薄弱，总收入 118.82 万元，仅占经营性收入的 15.5%。经营性收入主要来源于村寨中旅游纪念品的销售，达 646.2 万元，见表 3-22。

表 3-22　天龙屯堡旅游业增收情况汇总

收入类别	项目	收入金额（万元）	所占比例（%）
经营性收入	住宿	42.92	5.6
	餐饮	75.9	9.9
	旅游纪念品销售	646.2	84.5
共计		765.02	占总额72.4
工资性收入	当地就业的收入	100	79.9
	公司就业的收入	41	29.1
共计		141	占总额13.3
转移性收入	政府拨款	50.8	52.7
	开发商投资折旧	45.6	47.3
共计		96.4	占总额9.1
财产性收入	民居租金	31.76	58.8
	股东分红	22.25	41.2
共计		54.01	占总额5.1
总额	1056.43		

注：数据来源于课题组实地调研报告。

到天龙屯堡旅游的核心游览项目之一是参观由景区投资公司组织的地戏表演，演员较少，仅有10人，归旅游公司所有，按月固定获得工资。地戏演员和当地导游、检票员、环卫工人等的收入构成公司就业的收入，共41万元，占工资性收入的29.1%。其余工资性收入为在当地乡村旅馆、餐馆打工的居民的收入，达100万元。

村寨中转移性收入包含政府拨款和开发商投资，二者所占比重比较均衡，各占50%左右。作为欠发达的旅游村寨，天龙屯堡财产性收入很少，仅仅占旅游总收入的5.1%。在财产性收入中，旅游公司以为居民缴纳新型农村合作医疗费用的形式作为对村寨居民的股东分红，每年缴纳22.25万元，占总财产性收入的41.2%。

9. 安中村

安中村主要的旅游收入来自拉市海边的安中马场，其旅游资源核心为拉市海和纳西族田园风光。村寨旅游发展较缓慢、形式单一，其旅游经营项目只有闲散的土特产出售、农副产品的售卖，经营场所为路边摊或租赁拉市海边房屋。其年经营性收入主要包括土特产、农副产品收入。骑马、划船、观鸟等休闲生态旅游项目是安中村旅游增收的主要来源，安中马场通过开展村民集体合作社形式经营马场娱乐和餐饮服务，获得的接待服务收入和场地租用收入属于合作社经营所得，以工资形式发放给社员，这部分工资性收入达364.7万元，占总旅游收入的87.9%（见表3-23），是名副其实的优势旅游项目。

表3-23　安中村旅游业增收情况汇总

收入类别	项目	收入金额（万元）	所占比例（%）
经营性收入	土特产、农副产品	6	占总额1.4
工资性收入	旅游接待服务	359.1	98.5
	婚纱摄影场地使用	5.6	1.5
共计		364.7	占总额87.9
转移性收入	合作社投资折旧	10	占总额2.4
财产性收入	民居租金	13	37.9
	马场设施租金	21.3	62.1
共计		34.3	占总额8.3
总额	415		

注：数据来源于课题组实地调研报告。

财产性收入中比重最大的是出租民居获得的收入，共 13 万元，占财产性收入的 37.9%。此外，外来经营者租赁安中马场设施的租金为 21.3 万元，占总财产性收入的 62.1%。

安中村旅游基础建设缺乏政府支持，设施粗放，加之旅游经营项目单一，导致其旅游收入来源窄、旅游增收效果不明显。

10. 新华村

新华村是历史悠久的、以手工业为特色产业的民族村寨，其手工艺品质地精良、全国闻名。资源优势加上深厚的文化底蕴使得新华村旅游增收效果显著（表3-24），旅游发展均衡、带动效应明显。

表 3-24　新华村旅游业增收情况汇总

收入类别	项目	收入金额（万元）	所占比例（%）
经营性收入	住宿	373.94	0.3
	餐饮	120.85	0.1
	工艺品销售	110497.2	99.6
共计		110991.99	占总额93.8
工资性收入	当地就业的收入	78.24	31.3
	公司就业的收入	171.5	68.7
共计		249.74	占总额0.2
转移性收入	政府拨款	51.92	0.7
	开发商投资折旧	7041.6	99.3
共计		7093.52	占总额6.0
财产性收入	民居租金	6.8	16.3
	旅游资源补偿费	35	83.7
共计		41.8	占总额0.035
总额	118377.05		

注：数据来源于课题组实地调研报告。

新华村的主要旅游经营项目是其制作的工艺品，该村的工艺术品质地为金、银、铜等原料，其中银器居多。由于成本较高、销路好，新华村手工艺品的年销售额可达 11 亿元以上，占新华村旅游业年总收入的 99.6%，见表 3-24。工艺品经营是新华村旅游业的特色也是新华村旅游业的获利渠道，是新华村旅游业的灵魂。新华村从事住宿业和餐饮业的居民较经营工艺品的居民少了许多，年总收入共 494.79 万元。

新华村手工艺品的经营大多为家庭作坊形式，手工艺人在家中自己工作或帮忙，故新华村的当地就业收入相对较少，占工资性收入的31.3%。此外，由于旅游公司的强势进入，公司就业的收入相对较高，达171.5万元，占工资性收入的68.7%。

作为旅游开发潜力很大的民族村寨，政府和开发商都以较大的投资力度促进新华村的旅游开发，旅游公司近年来共投资17.6亿元进行景区的进一步开发，年平均折旧7041.6万元，占新华村转移性收入的99.3%。同时，政府也不断完善新华村的公共设施建设，年拨款51.92万元。新华村旅游开发不仅使经济增收效果明显，也提高了新华村特色手工艺品的知名度，促进了民族文化的传承。

通过以上对各民族村寨旅游增收结构的剖析和对支柱性产业的描述，至此，总结概括出各民族旅游村寨的主导收入渠道、优势产业和特色旅游项目详细情况，见表3-25。

表3-25　各民族旅游村寨增收优势渠道及产业概览

地点	主导收入渠道	主导渠道占总收入比重（%）	优势产业	优势产业占旅游总收入比例（%）	特色项目	特色项目占旅游总收入比例（%）
平安壮寨	经营性收入	87.7	住宿经营	50.1	背背篓、抬轿子	4.4
黄洛瑶寨	经营性收入	72.6	餐饮经营	49.8	歌舞表演	25.2
程阳侗寨	经营性收入	72.3	乡村旅馆	61.3	拉客逃票	3.1
田头苗寨	经营性收入	50	农副产品	43.8	斗马	2.0
历村	经营性收入	98.2	餐饮经营	82.4	乡村导览员	6.65
西江苗寨	经营性收入	74.5	餐饮经营	54.7	苗银工艺品	2.4
郎德上寨	经营性收入	76.1	餐饮经营	40.0	歌舞迎宾	10.9
天龙屯堡	经营性收入	72.4	纪念品销售	61.2	地戏表演	1.6
安中村	工资性收入	87.9	旅游接待	86.5	骑马、划船	86.5
新华村	经营性收入	93.8	工艺品销售	93.76	银制工艺品	93.76

从以上10个典型民族旅游村寨旅游业的主要收入渠道、优势产业及其所占比重可见，旅游经营性收入是主导乡村旅游收入的最重要产业。由于安中村和田头苗寨以旅游合作社（旅游公司）的方式发展旅游，其旅游餐饮、歌舞表演、住宿等经营活动都由公司统一安排，将其收入以平均分配方式每月分发给参与合作（入股）的村民，实质上，主导这两个村寨旅游收入的工资性收入仍然是经营性

收入，且田头苗寨这部分的收入比重高达 50%。因此，发展旅游经营是民族村寨中居民增收的最有效方式，经营性收入普遍可达旅游总收入的 75%。

在以旅游观光和文化体验为主要旅游资源的民族村寨中，住宿和餐饮业因其高投入、高收入成为当地旅游经营的最主要经济收入来源。无论是过境旅游村寨还是综合性大型旅游村寨，餐饮经营都占据了较大经营份额，年收入普遍可以占当地旅游总收入的 40% 以上。餐饮业成为引导民族旅游的较普遍性优势产业。

发展民族旅游的特色旅游项目是一个民族村寨旅游业可持续发展的灵魂，是体现其独特民族文化的活化石。正确利用民族特色文化可以有效提升当地旅游收入、促进农民可持续增收。新华村作为以旅游购物为主的手工业特色村寨，因原料的昂贵，新华村的特色手工艺品销售收入在旅游总收入中比例高达 93.76%，拉动整个村寨居民的经济增收。又如西江苗寨对苗族文化代表人物的鼓励和扶持，以十分微小的经济付出却可以达到整个景区的民族文化有效传承，为景区长效发展打下基础。

3.5.2 旅游增收模式分析

显然，各民族旅游村寨的不同增收结构和旅游发展战略给当地居民带来的增收效应是不同的，接下来将对其旅游增收模式进行细致分析。以各调查点的旅游投资运营情况，即旅游开发模式的差别为依据，分析不同旅游发展模式下的民族村寨的特点、产业结构、增收效果。

1. 政府主导式发展模式

政府主导旅游业发展是按照旅游业自身的特点，在以市场为主进行配置资源的基础上，在发展旅游业的某些关键领域、关键环节上充分发挥政府的主导作用，争取旅游业的更好发展。[1]

桂滇黔民族地区旅游发展如若发展迅捷，一定是在资源丰富的基础上依靠政府部门对其旅游资源进行整合规划、定位宣传、积极培训，并增加转移性收入提高基础设施水平的结果。

---

[1] 费广玉、陈志勇.民族村寨社区政府主导旅游开发模式研究[J].贵州教育学院学报2009(6):28-35.

本次调研对象中属于典型的政府主导、投资公司辅助管理的民族村寨旅游发展模式的有平安壮寨、黄洛瑶寨、程阳侗寨、西江苗寨、新华村。以下针对各村寨旅游发展模式、政府和开发商在旅游管理中的作用以及增收效果进行详细分析。

（1）平安壮寨——政府与开发商协同开发，景观保护被忽视

平安壮寨景区的管理实行公司和政府协同开发管理形式。在政府方面，每年对景区有专项投入资金用以改善景区的基础设施水平、增加对外宣传力度及对景区的规划提升等；龙胜风景名胜管理局作为政府机构专门管理龙脊景区，平衡景区开发中的各方利益，维护景区秩序，做到和谐有序发展。公司管理上，经过多次调整与股权的转让，目前由"桂林龙脊旅游有限责任公司"负责企业运作，主要负责门票经营、旅游设施建设、旅游宣传促销等。

旅游公司较少涉及餐饮、住宿等经营，主要收入来源于门票及索道，每年向当地居民提供门票收入分成且让利于民，把景区内经营的所有项目都让给寨中居民来经营，这也大大增加了农民对旅游经营的参与度。但平安壮寨作为以龙脊梯田为主要旅游资源的农业旅游地，越来越多的村民参与到旅游中来而摒弃了经济收益较少的农业种植，使旅游资源的持续性受到破坏，影响了当地旅游的发展。由此，开发商可以通过奖励种田甚至雇佣种田的方式，维护好平安寨宝贵的旅游资源。

平安壮寨中居民参与旅游就业的人数占村寨总人数的87.3%，年人均旅游收入高达3.42万，就旅游效果来讲，平安壮寨开展旅游带动了当地就业、促进了当地农民的增收。但景区开发商以景区赢利为目的，在开发初期忽视景区的环境承载力，造成目前景区内部的排污问题比较严重；又由于景区资源归属的不明晰，龙脊公司和平安居民在门票分成的利益分配以及资源的保护上一直存在矛盾。在门票的收入分配上，龙胜县政府作为地方的主管权力机构，每年分享景区门票收益的20%。

在政府主导、企业投资运作的旅游开发战略中，政府牵头组织当地旅游开发并引入社会资本，政府、企业各司其职，政府、开发商、居民通过利益分成实现共赢。同时照顾到了当地居民的利益诉求也避免了政府越位管理和企业唯利是图的问题。但由于龙胜的政府部门行为有企业化倾向，利益的驱使导致文化、生态保护的力度不够；也因为税收和投资等原因，政府在景区开发建设和利益分配机制等各方面会比较偏向于企业，使平安居民对其行为产生一定程度的不信任感，激化居民与政府间的矛盾。

（2）黄洛瑶寨——三方协同，利益共享

黄洛瑶寨采用了政府主导、公司投资、村民出力的三方协同经营模式。参与景区管理的机构、公司主要有三个：龙脊风景名胜管理局、龙胜县旅游局和桂林龙脊旅游有限责任公司。公司作为主要投资方管理景区运营及建设。

黄洛瑶寨村民有话语权，能够通过自发成立的黄洛瑶寨农家乐旅游协会向政府反映意见、寻求支持。在旅游经营方面，村民与开发公司共同参与经营项目：村民以旅游参与者的身份负责景区内保持民族特色的基础表演、卫生工作，分取利润的65%，开发商以投资和管理者的身份负责景区运作、基础建设、宣传等，双方签订协议，并按协议规定获取分成。

以歌舞表演为主要旅游项目的黄洛瑶寨虽然建立了双方满意的旅游合作机制，但旅游项目的缺乏、旅游收入渠道的单调，使得黄洛瑶寨整个旅游收入相对较少，年人均旅游收入1.42万元。但是，由于村民的旅游收入来源多是歌舞表演、受雇上班、工艺品销售或利用自家资源经营农家旅馆，其所付出本钱较少，年人均旅游纯收入相对较高。

黄洛瑶寨与平安壮寨一样，都是政府牵头发展旅游后以招标方式与开发商合作开发、经营民族旅游的村寨，这种旅游发展模式引入社会资本，减少了政府资金方面的压力。政府方面每年划入资金进行景区基础设施建设、景区宣传和旅游规划等，作为官方部门负责维护景区秩序和日常工作；企业作为资金注入方负责景区日常经营。双方分工协作、权责分明，在确保村民利益分配的基础上加速了村寨旅游的发展并极大地增加了农民的收入。但与平安壮寨一样，在黄洛瑶寨，政企合作在利益的驱使下，对当地民族文化、生态环境的保护有所欠缺，利益的驱使也造成了村民与旅游企业的纠纷常抛给景区管理局解决的现象。

（3）程阳侗寨——缺乏市场推动，旅游产品单一，增收微弱

程阳侗寨由政府主导发展乡村旅游，2003年由政府成立管理处、“三江程阳桥旅游投资公司”，并由其主抓经营、融资方面的工作。政府投入专项资金推进景区基础设施提升，并加大宣传推广方面的投入，景区知名度得到迅速提升，游客数量增长较快。

2008年“三江程阳桥旅游投资公司”与“柳州天逸文体旅游公司”合资成立“柳州三江程阳桥旅游投资开发有限责任公司”管理经营景区。公司每年固定提取15万元人民币作为村民收益分配，由于分配金额没有与景区收益直接挂钩，导致村民对利益分配质疑较多，从而引起各利益主体间的矛盾。

景区目前的旅游活动较单调，主要为村寨观光和歌舞表演，且两项活动的收费都计入门票，由景区企业收取，严重缺乏市场推动。寨内旅游发展相对单一，游客数量有限，致使村民经营的餐饮、住宿项目收入有限。村寨内年人均旅游收入仅为 2303 元，到目前为止发展乡村旅游促进农民增收的效果不显著。

当地政府应大力推动程阳侗寨旅游业的发展，充分利用社会主义新农村建设机遇，整合资金投资建设景区，同时科学规划，有序开发资源。程阳桥旅游公司负责景区的日常经营管理和门票的收取，程阳景区管理办公室协同公司负责景区各项事务的管理；同时程阳侗寨成立旅游协会，主要负责政府与村民间的沟通与协调，组织村民参与旅游业，以及处理村寨的日常治理工作。由于当地资金来源的多元性导致程阳资产权属不明、管理较混乱，加之管理人员的年龄、文化程度的限制，对村寨旅游经营中发生的一些纠纷显得力不从心。

（4）西江苗寨——政府强势主导，市场强势推动，利益协调机制弱

西江苗寨景区是典型的政府主导旅游开发的民族村寨。从 1982 年开始政府陆续下发相关文件发展旅游业，其大规模开发始于 2008 年，政府至今累计投入建设经费 2.7 亿元用于景区基础建设，如铜鼓场、鼓藏头家、活路头家、起鼓场、田园风光等景点建设。2009 年雷山政府出资组建“西江旅游发展有限公司”，公司现有资产 1.2 亿元，经营内容包括：景区门票、景区旅游产品和景区设施的建设管理、旅行社、景区旅游产业招商引资等。另外，西江景区管理局作为专门管理景区的部门，负责维护旅游市场稳定、保证景区内经营秩序，以及进行经营项目的审批。

旅游公司每年以文化保护经费的形式向村民分发门票收入分成，村民在旅游发展中得到了实质上的收益。总体上看，2008 年以后，西江旅游业进入了高速发展时期，接待量持续以两位数增长，住宿、餐饮业发达。但由于西江苗寨是典型的以民居群落为公共景观资源的旅游地区，居民的旅游经营由于民居的区位不同导致其旅游收入呈阶梯式收入差异，并因为相关利益协调机制的缺失，使得旅游收入分配不均，居民内部产生不和谐因素。

总体上，村民人均收入和地区旅游总收入增长迅速，旅游设施和项目不断得到改善。目前仍然处在持续快速增长期的西江村年人均旅游收入达到 2.9 万，70% 的村民从事旅游相关行业，其旅游增收效果明显，村民生活水平明显改善。

（5）新华村——公司强势推动，农民增收后劲足

新华村旅游开发于1997年由政府投资经营，2003年转为“云南恒丰祥投资集团”经营至今，公司拥有景区开发权、投资权、经营权、管理权和收益权，其下设“大理白族自治州银都水乡旅游投资公司”等，负责新华景区的各项经营工作。开发商每年支付新华村52万元资源使用费。2012年“云南文化旅游投资集团”“云南邦鼎业投资集团”“银都水乡旅游投资公司”签订合作协议，打造新华村AAAAA景区，致力于建设世界级的景点。

自新华村发展旅游之初至2003年，景区的资金投入和景区开发等相关事宜均由政府总体负责，政府成了经营主体。2003年之后企业进驻，与政府部门分工协作共同管理。其间，政府部门拥有对社区资本的控制权，作为资源的主体负责签订所有招商引资的协议，同时对村民进行管理监督及协调村民与旅游公司之间的关系。

新华村的村民参与旅游业主要依靠其传统手工艺制造技艺，辅之以小规模的农家旅馆等旅游经营项目和歌舞表演。由于其手工艺品以金、银、铜质为主，成本较高，使得新华村年人均旅游收入也高达51万元之多。总的来说，发展旅游业给新华村农民带来了明显的增收效果。开发商在新华村开设的“大理白族自治州新华石寨子旅游有限公司”“鹤庆新华石寨子手工艺制品有限公司”“鹤庆新华生态园有限公司”与旅行团达成协议，致使游客只能在该石寨子和生态庄园进行旅游购物和旅游休闲活动，几乎只有散客光顾本村居民经营的店铺，造成较严重的经营垄断。

在政府主导下，旅游企业入驻新华村后，新华村的景区设施开始逐步完善，旅游发展步入正轨。开发商在完善基础设施的同时，每年给予村民固定的资源使用费，保障了村民对于公共资源的产权利益，使当地旅游开发形成了起点高、层次高、发展速度快的良好局面，村民与企业在就业、增收、客源、知名度、销售渠道等方面进行合作，互惠互利。但开发商在给当地带来种种利好的同时却常常只通过政府与村民协调，很少直接与村民打交道，村民对此产生不满情绪。此外，村民与企业间缺乏完善的利益分配机制，体现在游客的分配、用地补偿、资源使用费及就业层次等几个方面。

2. 内生式发展的合作组织模式

内生式发展主张通过社会普遍的参与和认同，利用本地资源环境和文化，以自立的、内在的成长达到社会的全面发展。1975 年，瑞典一家财团在一份关于“世界的未来”的联合国总会报告中，提出了内生式发展的要点 : 消除绝对贫困 (need-oriented)、自力更生 (self-reliant)、保护生态 (ecologically sound)、伴随着社会经济结构的变化 (based on structural transformation)。特色少数民族村寨通过内生式发展旅游并加入市场经济下合作组织的模式，使村寨旅游遵照其资源主人的意愿发展，实现农民自主旅游增收。

（1）田头苗寨——合作入股、经营和谐，投资少、景区发展慢

田头苗寨采用内生式发展旅游的股份制形式，是村民自主旅游管理的典型。村寨中 32 户村民自愿合伙投资，自筹资金发展乡村旅游，并办理了个体工商营业执照，注册名称为“融水苗族自治县四荣田头民俗旅游村”。田头苗寨对村寨旅游实行股份制管理，每户缴纳入股资金 500 元，入股村民共同制定股东会章程和管理制度并民主决策，挂牌“融水四荣田头民俗旅游股份有限责任公司”。“公司”由股东大会推选董事长兼总经理，下设表演部、客房部、财务部等工作部门，并与员工签订聘用合同。

村旅游公司与田头村民小组签订村公共资源使用协议。村集体将政府援助的 27 万元用于公共基础设施，公司租赁使用村学校旧教学楼、民族团结楼及表演场进行旅游接待。田头苗寨旅游景区由村旅游公司进行统一经营，统筹安排食、住、娱各个经营项目。小规模的入股投资限定了田头苗寨旅游业的规模和发展速度，相关旅游行业收入微薄。投资入股村民每户年收入股东分红 3.2 万元，而整个村寨旅游增收效果差，年人均旅游收入只有 1439 元。

田头苗寨“自愿参与，股份相同”的旅游发展模式由村民民主决策并实行公司化管理，有序地整合了当地资源，产生规模经济效应，改善了村寨整体经济状况。在此模式下，田头苗寨的基础设施得到了很大改善，景区整体形象和档次不断提升，传承了当地文化并维护了文化的原真性。但同时也出现了村民对于旅游业参与不足而导致增收面窄的问题；此外，村民整体文化水平有限以及村内各户股权平均导致了村旅游公司的管理难度增加，村民难以达成共识，尤其是在后续资金的继续投入使用上难以达成一致，小农意识使公司发展受到局限。

产生了资金总量少、难以发展壮大旅游规模等一系列问题。

（2）郎德上寨——工分制管理，排斥外来投资，文化保护传承佳

郎德上寨是较早发展旅游业的民族村寨之一，1988年开始正式实行“工分制”旅游管理模式，并一直沿用至今。郎德上寨的房屋、旅游资源和基础设施由政府文化部门进行修缮，村委会直接负责运营管理，每年村寨利用旅游收入对设施进行维护，不接受外来投资。全村集体参与旅游接待，按工分制分配团体歌舞表演、旅游迎宾收入。同时，几乎家家参与旅游工艺品售卖活动，景区内没有外来经营者，也没有门票收入。

郎德上寨的工分制具有以下特点：一是整个朗德上寨村民享有平等参与权和分配权；二是按着装定工分，专人负责票证的发放和回收；三是按劳动所得工分分配表演收益，多劳多得，不劳不得。

“工分制”的实行，保证了郎德上寨旅游发展中居民公平参与、平等收益，使得其旅游业二十多年来稳定发展。但村寨中旅游接待管理工作仍然困难重重，旅游产品市场竞争力弱、产业化程度很低、居民缺乏专业的旅游服务意识。此外，村寨拒绝外来开发商的投资支持，难以满足旅游业发展的要求，旅游资源未有效开发。由于条件所限，朗德上寨旅游业年人均收入仅有1644元，通过发展乡村旅游实现农民增收效果不理想。

“工分制”旅游发展模式具有良好的群众基础，有助于整合集体资源，争取上级政府支持；村民公平分配旅游收入，有助于构建和谐社区；村民主导文化话语权，可以维护当地文化的原真性，保持文化鲜活性；但是，由于当地村干部管理水平有限，村民参与意识与能力较低；村寨缺乏后续资金投入，阻碍了村寨旅游的可持续发展；工分制让部分村民有吃大锅饭的感觉，遏制了参与者的积极性和创新精神。

（3）天龙屯堡——政府、公司、旅行社三方齐抓；旅游资源单一、开发不力

天龙屯堡采用了由村民自主发展投资旅游，并整合多方资源的旅游经营模式。政府组建“屯堡文化保护与开发办公室”负责规划建设，创造了较好的经济环境；个人、旅行社合资（按出资额享受股份）成立“天龙旅游开发投资经营有限责任公司”，负责投资经营、市场运作；村民主抓内部协调，负责经营性项目管理；旅行社负责宣传组织客源。

天龙屯堡是一个以民俗文化为根基的文化旅游区，其核心是明朝的屯堡文化，旅游方式以观光为主。整个村寨旅游项目比较单一、景区开发尚不完善，除参观寨容寨貌、观看地方戏表演、购买土特产品之外别无其他旅游项目。旅行社的强势介入使天龙屯堡旅游得以健康积极地发展，其游客也多为旅行团，观看地方戏表演和餐饮消费。

投资者与管理者权责混淆不清，加之旅游资源的无效开发，使得天龙屯堡旅游增收效果微弱。天龙屯堡是较大的村寨，有居民 4450 人，2011 年旅游显性收入为 1010.94 万元，人均每年旅游收入为 2272 元。如若进一步开发天龙屯堡旅游资源，其旅游增收效应可以更上一层楼。

天龙屯堡发展乡村旅游充分调动了参与各方的积极能动性，较大程度地整合了资源，提高了资源利用率，通过融合社会资本，为乡村旅游后续发展提供了动力。在管理上分工相对明确，当地的传统文化得以保护和传承。但随着乡村旅游的深入发展，各利益主体间的矛盾也日益暴露，根本原因在于利益主体间没有严格的契约，不能形成相互约束、相互促进的利益共同体。[1] “旅游过境地”使村民获得的收益及就业机会有限，村民自主经营项目较少。

（4）安中村——标准化合作社管理，营销助推农民增收

安中村旅游开发为村民自发成立、组织运营的集体式的农民专业服务合作社模式。其旅游发展主要是围绕拉市海边安中马场展开的，围绕户外旅游体验项目开展的一系列旅游服务。安中村的旅游开发，实则是安中马场的旅游开发。

2009 年玉龙县安中生态民俗旅游专业合作社注册成立，接管安中马场，主要从事体验式旅游接待服务。安中村村民以户为单位加入合作社，提供均等数量的人力和马匹，实行轮休制，每天固定人数经营马场，其旅游服务标准化管理，旅游收益平均分配，旅游经营完全独立于安中村村委会。合作社依托湖边的美景和湿地建设旅游设施，主要为跑马场、养马场、骑马游道、旅游接待室、旅游食堂、卫生间、旅游工艺品店、游船码头等，旅游设施建设粗放。

没有开发商的运营，安中马场目前设置专门管理人员负责马场日常事务，特别是做好旅游推广及市场营销。安中村营销渠道目前主推在与其毗邻的丽江古城中的店铺和客栈中投放广告的形式。马场联合营销、利益共享，对丽江古城中店

---

[1] 陈志永，李乐京，梁涛.利益相关者理论视角下的乡村旅游发展模式研究[J].经济问题探索，2008(7):106-114.

铺或客栈经营者的成功营销进行利益分成，这也大大增加了安中村的游客接待量。虽然缺乏资金支持，旅游基础设施建设也比较薄弱，但安中村凭借制度较完善的马帮管理和高效的市场宣传，对丽江古城庞大的客流量成功引流，实现年人均旅游收入 1.7 万元。

安中村的合作社管理模式符合广大村民的根本利益，带动了村民当地就业，促进了村民收入的提高；将分散的个体力量整合起来，提高抗风险能力和资金筹集能力；社员能够参与到合作社旅游决策、管理、利益分配的各个环节，增加了村民在旅游发展中的权利，提高了村民参与旅游发展的能力；旅游收益平均分配，提高了社员参与旅游的积极性，避免了由于收入不均而导致贫富差距过大和社会结构分化等问题。其存在的问题在于：政府对安中马场资金投入较少，社员的入股资金有限，垃圾处理、道路、停车场、旅游标识等旅游基础设施建设加重了社员负担；同时，由于前期开发时对项目的规划不到位，项目开发不完善，加之马场整个经营管理水平有限，旅游发展受阻。

3. 市场推动模式

以市场为导向，按照市场的信号引导当地旅游发展，不仅符合市场经济的方向，还可以从村寨中居民自身利益考虑、选择和调整旅游经营活动，促使整个村寨旅游业在利益驱动力的驱使下得到良性的发展。

毗邻阳朔县城的历村凭借其位于风景名胜“月亮山”脚下的优越地理位置，围绕“赏月”主题进行旅游开发。由于历村位于阳朔著名“十里画廊”旅游线路的末端，游客纷至沓来。围绕游客的需求，历村村民从 1992 年开始售卖矿泉水和旅游纪念品，从为游客提供导览服务到在“赏月路”两旁兴建农家餐馆和“赏月”照相台，一切旅游经营活动均是满足到访游客的需求，历村逐渐成为市场推动型的旅游过境地。

政府作为辅助，推进历村乡村旅游业发展。政府于 2011 年开始对旅游基础设施进行修缮，着重对历村餐饮业给水、排污工程进行改造，并对历村村民自发从事的旅游项目制订相关标准以及具体要求，使其旅游经营规范化。然而对于历村旅游业的管理方面，目前尚缺乏专门的管理部门。

目前历村的旅游收益主要由市场的需求决定——以餐饮业的收入为主导，“餐宿经济”特征明显。受附近知名景区的带动作用以及与旅行社之间存在着同向利益关系，景区与旅行社为历村发展提供了源源不断的客源。现有农家餐馆近25家，形成了较大的接待规模，最多能容纳上万游客就餐。2011年餐饮总收入为3374.89万元，占全村旅游总收入的82.4%；其优越的地理位置和餐饮业的高利润使得历村年人均旅游收入高达7.94万元，旅游增收效益显著。

历村的自发式旅游发展促进了当地农民增收与就业，传承了桂林特色的饮食文化。同时，以家庭为单位进行自主经营，利益纠纷较小，一定程度上促进了村寨的和谐发展。但这种发展模式存在较大的问题，如居民盲目追求经济利益，出现了恶性竞争等现象，严重影响旅游经营秩序，损害历村旅游形象；村民没有形成一个代表村民权益的组织，以便向上同政府部门沟通，向下有序组织和维护大家权益。村民各自为战，私搭乱建、随处排污，严重影响了历村整体形象。政府对基础设施投入不足，村内设施完善不足，历村发展基础环境严峻。

3.6 旅游在“促增收”中的地位分析

民族旅游在各村寨调查点中的重要性可以从各民族村寨旅游收入占农民全年总收入的比重情况进行考查。调研小组以实地调研数据为依据，得到各村寨旅游显性收入、农业收入、外出务工收入，以这三种收入来源构成村寨总收入数据，按照旅游收入比重的降序排列，见表3-26。

以农民每年能够真实获得的收入来计算，其总收入包含了旅游显性收入、农民外出务工所得收入和以农业种植为主的第一产业收入（此处统称农业收入）。即，一年中农民的总收入可以计算为

$$农民的总收入=旅游显性收入+外出务工收入+农业收入$$

其中旅游收入的比重可以通过下面公式计算得到

$$旅游收入比重=旅游显性收入/农民的总收入\times100\%$$

表 3-26　旅游业在各民族村寨总收入占比情况

地点	旅游显性收入（万元）	外出务工收入（万元）	农业收入（万元）	农民的总收入（万元）	旅游收入比重（%）	务工收入比重（%）	农业收入比重（%）	人均旅游显性收入（万元）
新华村	111283.5	2000	281	113564.5	97.99	1.76	0.25	51.19
历村	4081.68	54	149.3	4284.98	95.26	1.26	3.66	7.91
西江苗寨	15994.9	1258.56	358.3	17611.76	90.82	7.15	2.03	2.9
平安壮寨	2779.47	38.4	260	3077.87	90.30	1.25	8.45	3.42
安中村	405	20	79.5	504.5	80.28	3.96	15.76	1.71
天龙屯堡	960	57.48	358.65	1376.13	69.76	4.18	26.06	0.4
黄洛瑶寨	409.8	71.28	157.26	638.34	64.20	11.17	24.64	1.25
郎德上寨	152.2	187.1	45	384.3	39.60	48.69	11.71	0. 27
程阳侗寨	668.6	480	826	1974.6	33.86	24.31	41.83	0.23
田头苗寨	88	225	250	563	15.63	39.96	44.40	0.15

可见，新华村因为以贵金属工艺品销售为主，成了 10 个调查案例点中旅游收入比重最大的民族村寨，比重高达 97.99%；其次是以餐饮业推动其旅游发展的历村，其旅游收入的比重高达 95.26%。此外西江苗寨、平安壮寨等旅游观光及综合服务景区的农民每年旅游收入的比重也占其年总收入的 90% 以上。同样，以上旅游收入处于高水平的民族村寨中，年人均旅游收入同样处于较高水平，当地农民从旅游中获益明显。

田头苗寨旅游收入占农民总收入的比重为 15.63%，成为旅游在农民经济生活中比例最低的案例点，年人均旅游收入也是最少的，只有 1500 元。此外，程阳侗寨、郎德上寨的旅游收入比重也相对较低，仅占农民年收入的 40% 以下，年人均旅游收入不到 3000 元。针对以上旅游收入比重较低的民族旅游村寨可以进一步开发旅游项目，招商引资、打开市场，从而扩大旅游开发规模，使得更多农民参与到旅游业中，使得旅游更好地惠及于民。

通过本章第五部分提出的旅游增收模式的分析，安中村、天龙屯堡、郎德上寨、田头苗寨四个村寨都属于内生式旅游发展模式，即都是以本地资源为基础并适当结合市场经济组织模式自立、内在的按照主人意愿发展旅游的。通过上表可以看出，内生式旅游发展模式下的民族旅游村寨旅游收入在农民经济生活中都处于中等偏下地位，因此务农和外出务工收入比重较参与旅游收入比重相对较大，其中朗德上寨外出务工收入比重占到 48.69%，成为调研对象中比重最高的村寨；

再比如，田头苗寨的农业收入比重达到了44.40%，是10个案例点中农业收入占农民总收入比重最高的民族旅游村寨；可见郎德上寨、田头苗寨的村民并没有完全投入到旅游增收的工作之中，这两个民族旅游村寨的旅游开发欠佳，为当地村民提供的就业岗位和旅游增收比重有限。虽然旅游增收效果欠佳，缺乏更加完备的旅游项目开发，但是，内生式旅游发展模式无疑是最和谐的开发方式，由于村民人心所向，所以景区矛盾较少，村民合力发展旅游并超过了一些由政府或旅游公司主导开发的民族村寨景区。从这一方面看，内生式旅游仍然是一种较好的旅游开发模式，且使旅游成为当地农民经济生活中较为重要的增收渠道。

外出务工和务农的收入比重与旅游收入比重成反比。由于各村寨的农业生产条件各异，农业收入比重并非次第增长。在旅游收入占比重较低的村寨，务工和务农的收入就成为村民主要收入来源。考虑到其文化景观优势和旅游收入比重可增长的空间大，这样的村寨应当适当加强旅游地位、拓宽旅游就业机会，从而进一步提高整个村寨的农民生活水平。

旅游无疑是给民族村寨居民带来增收的优势性产业。如以上案例村寨中旅游收入所占比重较高的新华村、安中村，由于地处高原地区，土地贫瘠且常年干旱少雨，避开农业生产上的劣势，发挥其人文和地理优势，将发展转向旅游业这样的第三产业，文化保护与农民增收二者相得益彰，为当地农民带来了更大的利益。再比如市场推动下的历村旅游发展，历村处于风景甲桂林的阳朔县核心景区中，当地多山而少良田，通过顺应市场而使旅游餐饮为支柱性经济产业，给就业能力低而留守在村寨的农民们带来了增收渠道，并使之成为支柱性产业。所以说，旅游给民族村寨注入了新活力，给农民经济生活带来新渠道，旅游是收入高、惠及面广的行业。

第4章　桂滇黔民族地区乡村旅游发展与农民增收的CGE模型

本章在旅游发展背景下，以农民增收为核心问题，研究旅游发展会对农民的经济收入带来怎样的冲击。根据已有的研究文献，我们将这种冲击影响分成两步，首先研究旅游发展对农民收入的直接影响，然后再分析该冲击经由不同的经济部门投入产出关联导致的整体经济变化。本部分由于秉承了一般均衡的分析视野并具有较强的经济理论机理，可计算一般均衡模型（CGE 模型），成为分析外生冲击对整体经济影响的重要工具之一。在可计算一般均衡的分析框架下，通过设定适合桂滇黔民族地区旅游发展经济分析的一般均衡理论模型以及宏观闭合准则，构建相应的数据基础并进行求解，从而解答旅游发展对当地农民经济收入带来怎样的冲击。

4.1　旅游发展影响农民经济收入的理论模型

采用一般可计算均衡模型对旅游发展的经济冲击进行研究，需要分两步进行，首先设定适合中国旅游发展影响经济分析的一般均衡理论模块；该梳理模型归纳为两类模型：描述性方程和最优化方程。描述性方程主要是阐述经济主体的行为规律，最优化方程主要是不同决策主体如何在约束条件下实现最优化。考虑到各省的实际情况，本书的模型是建立分省的区域CGE模型。具体包括以下几个部分。

4.1.1　供给方程

$$INT_i = A[\alpha_d D_i^{(\sigma_i-1)/\sigma_i} + (1-\alpha_d) M_i^{(\sigma_i-1)/\sigma_i}]^{\sigma_i(\sigma_i-1)} \qquad (4\text{-}1)$$

公式（4-1）是模型中的供给方程，描述了可计算一般均衡模型中的商品供给过程。供给部分由两块组成：区域内生产获得的和区域外引进的。其中 A 为规模参数；α_d 为区域内生产所需产品占总体生产的份额；D_i、M_i 分别代表区域内生产与区域外引进的商品；σ_i 为区域内生产与区域外引进商品的替代弹性。

考虑到这部分增加值由数种不同的劳动力工资（农民工资与非农民工资、生产工资与非生产工资、财产性工资与非财产性工资、专业技术工资与非专业技术工资）和数种不同的资本形式（土地与农业、非集体的自有资本、集体资本、政府资本）构成。本地总产出一部分满足区域内的需要（旅游与农业），一部分卖到其他区域（制造业）内。

4.1.2 价格方程

$$P_i = [\alpha_d PD_i^{(\sigma_i-1)/\sigma_i} + (1-\alpha_d)PM_i^{(\sigma_i-1)/\sigma_i}]^{\sigma_i/(\sigma_i-1)} \quad (4\text{-}2)$$

$$PM_i = \overline{PW_i}(1+tm_i)\overline{ER} \quad (4\text{-}3)$$

$$PWE_i = PD_i/(1+te_i)\overline{ER} \quad (4\text{-}4)$$

公式（4-2）、公式（4-3）、公式（4-4）描述的是模型中的价格决定过程，其中 PM_i 是引进区域外商品的价格；$\overline{PW_i}$ 是全国公布的价格；$\overline{ER}$ 是交易率，tm_i 是引进商品的税率；PWE_i 是卖到区域外商品的价格，te_i 是外卖的受阻程度。公式（4-2）是区域内商品的平均价格，该平均价格由两部分组成：省域内生产并且在区域内销售的商品数量与价格相乘；区域外进来的商品数量与其价格的乘积，两者相加即为区域内市场的总需求。公式（4-3）是引进区域外商品的价格，引入商品的价格 PM_i 需要考虑到该商品的国内平均价格、税率以及交易的发生频率，是三者的乘积。公式（4-4）是商品出口时价格决定过程，省域内出口到区域外的商品的价格 PWE_i 是该商品区域内的销售平均价格与交易率的乘积，同时还需要考虑到地区间的交易壁垒情况。因此，PWE_i 还需要考虑商品外输的受阻情况，设定一个受阻率。因此，PWE_i 是区域内销售的平均价格、交易率和交易受阻率倒数的乘积。

4.1.3 收入与支出方程

（1）家庭收入方程

$$Y_h=\sum_i\sum_k W_k L_{ki,h}+\sum_i(PN_iX_i-\sum_k W_kL_{ki})_h+(TGH)_{gh}+(TFH)_{fh}+(THH)_{hh}+\overline{(TWH)}_{wh}\overline{ER} \quad (4\text{-}5)$$

$$Y_f=\left[\sum_i(PN_iX_i-\sum_k W_kL_{ki})_f+(TFF)_{ff}+(TWF)_{wf}\overline{ER}\right] \quad (4\text{-}6)$$

$$Y_g=\sum_i(PN_iX_i-\sum_k W_kL_{ki})_g+\sum_h t_hY_h+\sum_f t_fY_f+\sum_i td_iX_i^sPD_i+(TWG)_{wg}\overline{ER} \quad (4\text{-}7)$$

（2）家庭支出方程

$$E_h=(\sum_i C_{ih})+(\sum_h t_hY_h)_g+(THH)_{hh}+S_h \quad (4\text{-}8)$$

（3）企业支出方程

$$E_f=(TFH)_{fh}+(\sum_f t_fY_f)_g+(TFF)_{ff}+(TFW)_{fw}+S_f \quad (4\text{-}9)$$

（4）政府支出方程

$$E_g=(\sum_i C_{ig})+(TGH)_{g\sum h}+(TGG)_{gg}+(TGW)_{gw}+S_g \quad (4\text{-}10)$$

公式（4-5）、公式（4-6）、公式（4-7）是收入方程。公式（4-5）衡量的是家庭的收入方程。家庭收入Y_h是居民的初次分配获得收入加上居民、企业、政府对居民的转移而获得的收入，由四个部分组成：通过工作获得的工资性要素收入$W_kL_{ki,h}$，经营性收入$PN_iX_i-\sum_k W_kL_{ik,h}$以及转移收入，转移收入包括政府转移$(TGH)_{gh}$、企业转移$(TFH)_{fh}$、本土旅游精英转移$(THH)_{hh}$、区域外的国内转移$\overline{(\mathrm{TWH})}_{wh}\overline{\mathrm{ER}}$；公式（4-6）衡量的是企业的收入方程。这里的企业主要是参与到旅游经营的企业，企业的收入主要来自企业的经营性收入$PN_iX_i-\sum_k W_kL_{ki}$、其他企业的外部性转移收入$(TFF)_{ff}$以及政府针对旅游企业的补贴转移$\overline{(\mathrm{TWF})}_{wf}\overline{\mathrm{ER}}$；公式（4-7）衡量的是政府的收入方程。政府的收入来自以下几个方面：政府的经营性收入（$PN_iX_i-\sum_k W_kL_{ik}$）、居民的税收（$\sum_h t_hY_h$）、企业的税收（$\sum_f t_fY_f$）、区域外商品进入省域内税收（$\sum_i td_iX_i^sPD_i$）以及政府间的转移$(TWG)_{wg}\overline{ER}$。

公式（4-8）、公式（4-9）、公式（4-10）是支出方程。其中，公式（4-8）是家庭的支出方程，家庭的支出分别包括家庭的消费（C_{ih}）、家庭的各项税收（t_hY_h）、家庭之间的收入转移$(THH)_{hh}$、储蓄（S_h）；公式（4-9）是企业的支出方程，企业的支出包括企业对居民的转移支付$(TFH)_{fh}$、企业间的转移支出$(TFF)_{ff}$、企业的税收（$\sum_f t_fY_f$）、企业的储蓄等（S_f）；公式（4-10）衡量的是政府的支出方程，政府的支出主要包括政府的消费、政府的各类转移支付以及政府的储蓄等。

4.1.4 储蓄与投资方程

$$S=S_h+S_f+S_g+\overline{S_w} \tag{4-11}$$

公式（4-11）是储蓄的函数表达式，储蓄根据主体的不同分为居民、企业、政府以及外部资本的流入，其中$\overline{S_w}$衡量的是外部资本流入。在宏观经济的运行过程中，公式（4-11）～公式（4-14）描述了宏观经济运行过程中投资 - 储蓄均衡关系，公式（4-12）列出的就是投资 - 储蓄均衡公式。

在均衡的时候，有

$$S=I \tag{4-12}$$

$$I_i=\sum_i\overline{\delta_i}I \tag{4-13}$$

$$\sum_i\overline{\delta_i}=1 \tag{4-14}$$

4.1.5 需求方程

最终需求由以下公式决定

$$C_i = \sum_h C_{ih} + \sum_g C_{ig} + I_i \quad (4\text{-}15)$$

$$C_{ij} = \delta_{ij}(1 - \overline{MPS}_j)(1 - t_h)Y_j \quad (4\text{-}16)$$

其中 $j = h, g$ 。

4.1.6　就业与工资

（1）非农业非生产的工人的工资在竞争性市场，反映的是劳动的边际产品

$$PN_i(\partial X_i / \partial L_{ki}) = W_k \quad (4\text{-}17)$$

$$L_K^D = \sum_{i=1}^{n} L_{ki} \quad (4\text{-}18)$$

$$L_k^D = \overline{L_k^S} \to 0$$

（2）农业部门和生产部门的工人，工资是固定的

$$L_k^D = L_k^S \quad (4\text{-}19)$$

$$L_k^D < L_k^{*S}$$

$W_k = \overline{W_k}$ ，其中 W_k 是均衡水平的工资。

4.1.7　产品流出的需求方程

$$E_i = \overline{E_i}(AVE_i / PWE_i)^{\eta i} \quad (4\text{-}20)$$

$\overline{E_i}$ 为 $AVE_i = PWE_i$ 时的产品流出量； PWE 为产品流出后的供给价格； AVE 为全国的平均价格； η 为流出的弹性。

4.1.8 产品流入的需求方程

$$M_i = (\frac{\delta_i}{1-\delta_i})^{\sigma_i}(\frac{PD_i}{PM_i})^{\sigma_i} D_i \qquad (4\text{-}21)$$

δ 为份额参数；D_i 为总体需求量均衡时，应该有

$$\begin{aligned}&\sum_i \overline{PW_i} M_i + (TGW)_{gw} + (TFW)_{fw} + (RMTW)_{kw} \\ &= \sum_i PWE_i E_i + (\overline{RMTW})_{wh} + (\overline{TWH})_{wf} + (TWF)_{wf} + (TWG)_{wg}\end{aligned} \qquad (4\text{-}22)$$

$$(TWF)_{wf} + (TWG)_{wg} = \left[\sum_i \overline{PW_i} M_i + (TGW)_{gw} + (TFW)_{fw} + (RMTW)_{kw}\right] - \left[\sum_i PWE_i E_i + (\overline{PMFW})_{wk} + (\overline{TWH})_{wh}\right] \qquad (4\text{-}23)$$

4.2 省域 SAM 表的编制过程

一般均衡理论以公式化的形式存在，要使其成为可以计算的模型，必须提供相应的数据基础，即编制一个包含所有产品的省域 SAM 表。根据已有的研究一般通过编制 SAM 表（表 4-1）为 CGE 模型提供模型中必要的数据。

4.2.1 省域旅游细化 SAM 表的描述性账户结构

（1）行和列都由内生账户和外生账户构成。其中内生账户包括活动、商品、要素、机构四个部分；外生账户包括政府、储蓄、区外账户（主要是游客）三个部分。活动和商品细分为农业生产部分和旅游经营部分，其中农业生产部分包括粮食作物、经济作物、养殖业；旅游经营包括住宿、餐饮、歌舞表演、导游、土特产加工、景区收费；要素包括劳动力要素和资本要素两个部分；机构设置为居民、企业、政府三个部分。

（2）活动 - 粮食作物（行）与商品 - 粮食作物（列）的交叉项，即居民粮食作物作为商品进入流通领域的收入，等于粮食作物的产量乘以粮食价格。同样，活动和商品的其他交叉项分别表示各个项目账户的收入。各个项目账户的收入的总和就是进入流通领域的总产值 = 生产活动的总收入。

（3）商品 - 粮食作物（行）与活动 - 粮食作物（列）的交叉项，即居民在粮食作物生产中的中间投入。中间投入：是一定时期内所有常驻单位在生产或提供货物与服务活动过程中，消耗和转换的所有非固定资产的货物和服务的价值。中间投入一般按购买者价格计算。其他类似，即商品和活动的其他交叉项表示各个项目账户的成本。各个项目账户的成本总和就是商品生产的总成本。以龙胜平安壮寨为例，具体的微观数据来源如下：

粮食作物的成本：种子、肥料、农药
经济作物的成本：种子（苗木）、肥料、农药
养殖业的成本：蛋（幼仔）、饲料、大米、药品
住宿成本：床单、被套、枕头、拖鞋、电视机、空调、热水器、水管
餐饮成本：租金、水电、原材料、碗筷、桌椅
歌舞表演成本：服装、道具、所支付的工资、管理费用，以及场地建设
导游成本：导游证、培训，另如龙脊抬轿子和背背篓向导也属于导游
土特产加工及经营：龙脊辣椒、玉米、红薯和药材
景区：基础设施建设、环境卫生维护

（4）商品 - 粮食作物（行）与商品 - 粮食作物（列）的交叉项，即居民在出售粮食时的交易成本。交易成本指达成一笔交易所要花费的成本，也指买卖过程中所花费的全部时间和货币成本。交易成本包括：营销推广、网站、广告。

（5）商品 - 粮食作物（行）与居民（列）的交叉项，即居民在粮食作物的生产活动中用于自己消费的部分。（问卷中难以区分卖出去的和自己消费的）。

（6）商品 - 经济作物（行）与居民（列）的交叉项，即居民在经济作物的生产活动中，用于自己消费的部分。

（7）商品 - 养殖业（行）与居民（列）的交叉项，即居民在家庭养殖中用于自己消费的部分。

（8）商品 - 粮食作物（行）与政府（列）对应的交叉项，即政府对居民生产的粮食作物商品的消费。

（9）政府在景区的各项消费相加总和称为政府消费。

（10）商品 - 粮食作物（行）与储蓄（列）对应的交叉项，即投资。

（11）投资是指居民在生产商品活动中，对所获得收入的剩余部分进行储蓄，用于下一周期的生产投资。

（12）商品 - 粮食作物（行）与区外账户（列）对应的交叉项，即外生账户中的区外账户（主要指游客）对居民生产的商品粮食作物的消费。

（13）区外账户在景区里的各项消费的总和称为旅游消费。

（14）要素 - 劳动力要素（行）与活动 - 粮食作物（列）对应的交叉项，即粮食作物的生产过程中劳动力要素的投入。

（15）要素（行）和活动（列）的其他交叉项分别表示各种要素在各种生产活动中的投入。

（16）要素 - 劳动力要素（行）与区外账户（列）对应的交叉项，即区域外要素收入。如：区域外进入村寨务工人员的工资收入。

（17）居民生产过程中的要素投入性收入 + 区域外的要素收入 = 要素收入。

（18）要素收入一般包括劳动力和资本要素，但是由于本书专门研究旅游，所以这里我们单列旅游资本要素。

（19）居民对应的要素收入有劳动力、资本和旅游资源要素收入。居民所对应的劳动力要素收入指居民在旅游活动中投入劳动所获得的收入，这里具体指工资收入；所对应的资本收入为居民在旅游活动中投入的资本所获得的收入，具体为营业收入；对应的旅游资源要素收入指的是居民在当地的旅游资源中直接获得的收入，这里具体指门票中的提成。

（20）企业对应的要素收入有资本要素收入、旅游资源要素收入。

（21）企业的资本要素收入是指企业在旅游开发以及经营中所投入资本的收益，比如资本用于道路建设、缆车的修建中所获得的收益；企业的旅游资源要素收入是指企业从旅游资源中获得的收益，这里具体指门票收入。

（22）政府对应的要素收入有资本要素收入、旅游资源要素收入。

（23）政府的资本要素收入，如政府对道路修建的财政拨款等。

（24）政府旅游资源要素收入就是门票中的政府提成。

（25）居民（行）与居民（列）对应的交叉项，即是居民间的支付转移。

（26）居民间的支付转移如居民集资修建鼓楼等。

（27）居民（行）与企业（列）对应的交叉项，即分配给居民的企业盈余。

（28）分配给居民的企业盈余，如企业对当地居民考上大学的孩子的资助、对贫困老人的补贴等。

（29）居民（行）与政府（列）对应的交叉项，即政府对居民的转移支付。

（30）政府对居民的转移支付是指各级政府之间为解决财政失衡而通过一定的形式和途径转移财政资金的活动，体现的是非市场性的分配关系。包括养老金、失业救济金、退伍军人补助金、农产品价格补贴、公债利息等政府支出的款项。

（31）居民（行）与区外账户（列）对应的交叉项，即区域外对居民的转移支付（如游客对当地居民的资助，上一级政府或者全国的宏观政策变动）。

（32）企业（行）与政府（列）对应的交叉项，即政府对企业的转移支付，一般视为0。

（33）企业（行）与区域外账户（列）对应的交叉项，即区域外对企业的转移支付（如上级政府对企业的各种优惠政策）。

（34）政府对景区里的经营活动征收的税收主要包括产品税、增值税和营业税（对服务业）。

（35）产品税：中国税制中以生产、经营和进口税法列举的应税产品为征税对象，按其流转额或销售数量征收的一种流转税。

（36）增值税：是对销售的货物或者提供加工、修理修配劳务以及进口货物的单位和个人就其实现的增值额征收的一个税种。

（37）营业税：营业税的征税范围是在中华人民共和国境内提供应税劳务以及销售不动产、转让无形资产的单位和个人，所谓应税劳务是指：建筑业、交通运输业、邮电通信业、文化体育业、金融保险业、娱乐业与服务业等。

（38）政府（行）与商品（列）对应的交叉项，即政府对商品征收的销售税。

（39）销售税即消费税，是以特定消费品为课税对象所征收的一种税，属于流转税的范畴。

（40）居民对政府的支付转移主要有党员的党费，视为0。

（41）企业税收：是政府对企业征收的税收。

（42）区域外对政府的转移支付也是政府收入的一部分。

（43）区域外对政府的转移支付：如国家对贫困县的财政拨款。

（44）总储蓄包括居民储蓄、企业储蓄、政府储蓄和区域外储蓄等。

（45）其中区域外储蓄，政府的为0，企业的是其盈余可能存到外面去了。

（46）区域外流入的商品，是指在经营活动中商品是从区域外流入，非本地生产的。

（47）流向区域外的要素收入，主要是指居民中外出务工人员的收入。

（48）企业流向区域外的盈余，即企业在经营活动中所获得的收入 － 企业投入的成本 － 企业的再投资。

（49）政府区域外的转移支付，视为0。

（50）生产活动总支出＝居民生产活动的中间投入＋生产过程中的要素投入＋产品税及增值税。

（51）总供给＝区域外进入的商品＋区域内生产的进入流通领域的总产出＋交易成本＋销售税。

（52）要素支付＝政府的要素收入＋企业获得的要素收入＋居民获得的要素收入＋流向区域外的要素收入。

（53）居民的支出＝居民储蓄＋居民对政府的转移支付＋居民间的转移支付＋居民私人消费。

（54）企业支出＝流向区域外的盈余＋企业储蓄＋企业税收＋分配给居民的企业盈余。

（55）政府支出＝政府消费＋政府对居民的转移支付＋政府对企业的转移支付＋政府储蓄＋政府区域外的转移支付。

（56）区域外部门的支出＝区域外储蓄＋区域外对政府的转移支付＋区域外对企业的转移支付＋区域外对居民的转移支付＋区域外要素投入＋旅游消费。

（57）区域外进入的商品＋流向区域外的要素收入＋流向区域外的盈余＋政府区域外的转移支付＝区域外部门收入。

（58）居民获得的要素收入＋居民间的支付转移＋分配给居民的企业盈余＋政府对居民的转移支付＋区域外对居民的转移支付＝居民收入。

（59）转移支付是指政府或企业的一种不以购买本年的商品和劳务为目的而做的支付，即政府或企业无偿地支付给个人或下级政府，以增加其收入和购买力的费用。它是一种收入再分配的形式。

（60）企业获得的要素收入＋政府对企业的转移支付＋区域外对企业的转

移支付 = 企业收入。

（61）生产成本 + 交易成本 + 私人消费 + 政府消费 + 投资 + 旅游消费 = 总需求。

4.2.2 广西壮族自治区旅游细化 SAM 表的具体编制过程

1. 广西参与乡村旅游人数估算

根据《2012 年广西年鉴》第八篇住宿餐饮业和旅游的相关数据，可以分析出，广西旅游发展比较好的市有南宁、桂林、柳州、北海、百色。其中南宁的乡村旅游点有下楞村（3000 多户居民）、扬美古镇（5300 多户居民）、雁江古镇等（具体参考南宁乡村旅游发展规划）。

柳州的乡村旅游点有三江县的丹州（200 多户居民）、程阳侗寨（10000 多户）居民；融水县田头苗寨（500 多户）、雨卜旅游村（1400 多户居民），可以得出柳州乡村旅游点共有 26000 名居民，根据中国各年龄段比例，可参与旅游的成年劳动力为 26000×0.614=15980 人。

桂林乡村旅游点集中于龙胜龙脊梯田（7193 人）、阳朔（参与旅游的有 5 万人）、灵川大圩古镇（人口 1.5 万人）、灌阳县月岭古民居（1541 人），荔浦县、恭城县都有零散的乡村旅游点（2000 人）。（7193+15000+1541+2000）×0.641=15800，桂林乡村旅游的参与人数为 50000+15800=65800。

根据桂林、柳州数据进行简单估算广西参与乡村旅游的人数，（6.58+1.598）/2×14（广西 14 个省辖市）=56 万人。

2. 活动 – 商品

农业生产收入主要由两部分组成：粮食作物收入和非农产业收入。根据《广西统计年鉴》中的表 12-21，粮食作物总收入 = 农业(种植业）收入 ×56 万人（广西农民总人数）=101046.4 万元；非农业生产总收入 = 非农生产收入 ×56 万人 =127204.5 万元，加在一起共 228250.9 万元。

旅游经营包括两大类：住宿餐饮以及其他旅游经营。其中住宿餐饮收入是由乡村旅游过程中的农家乐经营行为发生的，农家乐属于其他住宿服务、其他餐饮服务，故二者相加为9071+589=9660（万元）。其他旅游经营主要有旅游交通、旅游批发零售、景区的门票销售，该部分的收入为1108770万元，两者合计为1118430万元。

3. 商品－活动

农业生产成本包括农业种植成本和非农生产成本。农业种植成本由《广西统计年鉴》中的表15-4计算而得，具体方式是：稻米种植面积×工作日×农业生产的人数×农民进行农业种植损失的沉没成本。非农生产成本由《广西统计年鉴》中的表12-25计算而得，计算方式为：人均饲料消费重量×饲料平均价格×人数。两个部分合计得到的农业生产中间投入成本为9574.5675万元。

旅游经营的中间投入由两部分组成：住宿餐饮经营的中间投入和其他旅游经营投入。其中住宿餐饮经营的中间投入由《广西统计年鉴》表12-29计算而得，具体计算公式为：年内农村新建住房面积（平方米）×每平方米的价格。其他旅游经营成本根据收入进行测算。两部分的成本合计为665542.7万元。

4. 要素－活动

根据经济学中著名的柯布－道格拉斯生产函数，资本要素与劳动力要素之比为1∶3。在本研究中采用柯布－道格拉斯生产函数进行计算，具体结果如下：

农业生产包括两个类型的劳动力要素：种植业劳动力要素和非农业种植劳动力要素，该部分通过《广西统计年鉴》表2-12计算而得，其中农业生产劳动力要素投入为59640万元，资本要素投入为158684万元。

旅游经营的要素投入计算更多参考《广西统计年鉴》表2-12。其中，旅游经营的劳动力要素投入为31286.194万元，资本要素投入为406002.582万元。

5. 商品－商品的交易成本

根据《广西统计年鉴》表 5-1，农业生产的交易成本为 11798.168 万元，旅游经营的交易成本为 11446.18 万元。

6. 消费主要有三个部分组成

居民消费、政府消费和旅游消费。商品 - 居民的交叉项为私人消费，根据《广西统计年鉴》表 8-6 计算居民农业生产经营私人消费数额为 108647.64 万元，旅游经营的私人消费数额为 23176.96 万元。商品 - 政府交叉项为政府消费情况，根据《广西统计年鉴》表 2-7 计算得到，政府的农业生产消费数额为 34233.04 万元，旅游经营消费数额为 124968.03 万元。商品 - 出口的交叉项为旅游消费情况，根据《广西统计年鉴》表 8-6 计算，其中农业消费数额为 54637.72 万元，旅游经营消费数额为 116699.03 万元。

7. 商品－储蓄交叉项为投资情况

根据《广西统计年鉴》表 5-1，农业生产投资数额为 38383.22 万元，旅游经营投资数额为 480504.77 万元。

8. 居民收入汇总

工资性收入：根据《广西统计年鉴》表 12-20 计算，广西农民在旅游经营过程中获得的工资性收入合计为 6318.528 万元。

居民间转移性支付：根据《广西统计年鉴》表 12-24，广西农村居民间由于旅游开发带来的居民间的转移支付数额为 4145.84 万元。

分配给居民的企业盈余：根据《广西统计年鉴》表 12-20 以及旅游统计公报、旅游统计年鉴等相关资料测算，旅游企业分配给农村居民的企业盈余总额为 51955.84 万元。

政府对居民的转移支付：根据《广西统计年鉴》表 12-34，政府对居民转移支付总额为 15819.15 万元。

区域外居民的转移支付：根据《广西统计年鉴》表 7-1，区域外对居民的转移支付总额为 424908.7 万元。

9. 企业 – 统计

企业获得的要素收入：这里假设企业的要素收入来自劳动力和资本两个方面。其中，企业的劳动力要素收入计算依据是《广西统计年鉴》表 8-4、表 8-6，企业劳动力要素收入总额为 74536.61125 万元，资本要素收入总额为 223609.8338 万元。

政府的转移支付：广西对乡村旅游的支持更大程度上是从减少税收的角度进行，结合相关的资料，政府对企业的税收减免数额为 4000 万元。

区域外企业的转移支付：结合《广西统计年鉴》表 7-10，批发、零售、贸易和餐饮总额为 27345.69 万元。

10. 政府 – 统计

政府 – 活动交叉项为产品税以及增值税，根据《广西统计年鉴》表 10-2，计算得出农业生产商品的产品税总额为 352.2825 万元，旅游经营商品的产品税总额为 15598.69 万元。

政府 – 商品交叉项为销售税，根据相关的资料，计算得出农业生产商品的销售税总额为 5586.78 万元，旅游经营商品的销售税总额为 180123.92 元。

政府 – 居民交叉项，此处使用的是党员的党费缴纳情况，根据广西现有农村党员人数计算党费总额。

11. 储蓄 – 统计

根据《广西统计年鉴》表 10-5，对相关的储蓄额进行计算。

12. 区外账户 – 统计

此处区域外的账户主要对通过旅游活动所产生的区域外的活动经费进行计算。

通过以上步骤，得到广西旅游经济相关的社会核算矩阵。

4.2.3 其他省域旅游细化 SAM 表的编制

依据广西旅游 SAM 表的构建编制过程，编制贵州和云南的旅游 SAM 表，结果如表 4-2，表 4-3、表 4-4 所示。

表 4-1　广西社会核算矩阵表结构

			活动		商品		要素		居民	旅游企业	政府	储蓄	区域外账户（游客）	合计
			农业生产	旅游经营	农业生产	旅游经营	劳动力要素	资本要素						
活动	农业生产	粮食作物			进入流通领域的产出									生产活动总收入
	旅游经营	住宿												
商品	农业生产	粮食作物	中间投入		交易成本				居民消费		政府消费	投资	游客消费及出口	总需求
	旅游经营	住宿												
要素	劳动力要素		生产过程中的要素投入										区域外的要素投入	要素总收入
	资本要素													
居民							居民的要素收入		居民间转移	旅游企业对居民的盈余转移	政府对居民的转移		区域外对居民的转移	居民总收入
旅游企业							旅游企业获得的要素收入				政府对旅游企业的转移		区域外对旅游开发商的转移	旅游企业总收入
政府			产品税		销售税		政府获得的要素收入		所得税	企业税			区域外对政府的转移	政府总收入
储蓄									居民储蓄	旅游企业储蓄	政府储蓄			总储蓄
区域外账户（游客）					区域流入的商品		流向区域外的要素			流向区域外的企业盈余	政府对区域外的转移支付			区域外的总收入
合计			生产活动总支出		总供给		要素支出		居民支出	旅游企业支出	政府支出	总投资	区域外的游客支出	

表 4-2　广西社会矩阵核算表

		Activities		Commodities		lab	cap	hoh	enrp	gov	inv	ext
		nysc	lyjy	nyscp	lyjyp							
Activities	nysc			228250.9								
	lyjy				1118430							
Commodities	nyscp	6074.5675	3500	11798.168				108647.64		34233.04	38383.22	54637.72
	lyjyp	3500	662042.7		11446.18			23176.96		124968.03	480504.77	116699.03
lab		59640	31286.194									215606.9559
cap		158684	406002.582									433385.0441
hoh						6318.528	51955.584	4145.84	16679.3	15819.15		424908.7
enrp						74536.61125	223609.8338			4000		27345.69
gov		352.2825	15598.69	5586.78	180123.92	460.36	2690.36	589.6	96449			0
sav								383267.048	96206.4	4415		35000
ext				11638.24	112337.33	225218.1032	719815.4142		120157	118417		

表 4-3 贵州省社会核算矩阵表

			活动				商品				要素		农民	旅游企业	政府	储蓄	区域外账户（游客）	合计
			农业生产		旅游经营		农业生产		旅游经营		劳动力要素	资本要素						
			农业种植	非农生产	住宿、餐饮	其他旅游经营	粮食作物	非农生产	住宿、餐饮	其他旅游经营								
活动	农业生产	农业种植					580.976											580.976
		非农生产						537.740										537.740
	旅游经营	住宿							325.539									325.539
		其他旅游经营								394.109								394.109
商品	农业生产	农业种植	124.014	80.270	76.363	12.307	124.223						105.244		42.098	53.200	223.965	841.683
		非农生产	56.396	244.908	16.326	16.660		71.348					91.460		30.487	73.522	126.462	727.569
	旅游经营	住宿餐饮	15.623	11.263	87.743	14.504			69.295				0.561		3.815	89.109	220.847	512.759
		其他旅游经营	83.629	21.327	59.361	67.149				103.941			3.981		10.350	145.644	563.950	1059.332
要素	劳动力要素		104.320	63.733	6.395	69.720											13.964	258.131
	资本要素		187.776	82.852	70.345	138.743											12.370	492.086
农村居民											127.040	229.340	1.307	1.303	87.304			446.294
旅游企业											5.460	103.360			23.621		12.303	144.743
政府			9.231	33.074	9.092	75.432	4.608	55.379	20.471	74.774			2.493	1.036			0.378	285.969
储蓄													241.599	62.303	14.306		43.294	361.501
区域外账户（游客）							131.973	63.338	97.362	486.454	125.636	159.160		80.026	73.231			1217.178
合计			580.990	537.427	325.625	394.513	841.780	727.804	512.667	1059.278	258.136	491.860	446.645	144.668	285.211	361.475	1217.531	

表 4-4　云南省社会核算矩阵表

			活动				商品				要素		农民	旅游企业	政府	储蓄	区域外账户（游客）	合计
			农业生产		旅游经营		农业生产		旅游经营		劳动力要素	资本要素						
			农业种植	非农生产	住宿、餐饮	其他旅游经营	粮食作物	非农生产	住宿、餐饮	其他旅游经营								
活动	农业生产	农业种植					1487.490											1487.490
		非农生产						1479.330										1479.330
	旅游经营	住宿							1763.350									1763.350
		其他旅游经营								5524.541								5524.541
商品	农业生产	农业种植	278.466	127.150	156.967	92.067	754.650						400.369		235.654	436.446	145.232	2627.001
		非农生产	27.895	175.595	29.962	24.538		458.290					528.815		345.218	642.668	240.347	2473.328
	旅游经营	住宿餐饮	24.529	87.271	303.270	153.330			868.410				57.169		263.045	1220.161	351.461	3328.647
		其他旅游经营	269.705	160.186	101.807	1489.072				440.770			60.877		508.413	2144.725	1016.849	6192.405
要素	劳动力要素		374.488	292.488	301.323	343.509											848.205	2160.013
	资本要素		499.017	609.350	829.134	3093.979											126.582	5158.062
农村居民											1067.865	1621.980	106.821	141.326	386.254		160.547	3484.793
旅游企业											415.348	2309.375			162.621		65.102	2952.446
政府			13.391	27.328	40.932	328.073	58.319	136.078	83.202	111.084	68.763	240.671	64.380	411.010			799.216	2382.446
储蓄													2266.372	1732.077	375.040		70.301	4443.790
区域外账户（游客）							326.495	399.631	613.712	116.012	608.031	986.168		668.024	105.799			3823.873
合计			1487.491	1479.368	1763.395	5524.567	2626.954	2473.329	3328.674	6192.407	2160.007	5158.193	3484.803	2952.437	2382.044	4444.000	3823.843	

4.3　广西壮族自治区旅游对农民增收的 CGE 模型分析

4.3.1　广西壮族自治区旅游发展对农民增收模型参数估计

为一般均衡分析的系列方程设定参数是可计算一般均衡模型求解过程中重要的一步，可计算一般均衡模型理论中的大量参数，分为弹性参数和校准参数。由于可计算一般均衡模型的数据基础仅包含一个年度的数据，社会核算矩阵又不足以确定弹性参数，所以弹性参数需要由社会核算矩阵以外的数据来决定。通过社会核算矩阵中包含的一个年度的数据可以计算出各种投入的份额，校准参数由此获得。

1. 弹性参数

可计算一般均衡模型理论框架中的弹性参数包括劳动在各部门的收益折算系数、折旧率、CET 行数的弹性系数及 Amington 函数的弹性系数和资本的实际投资份额。

对各产业部门收益的折算系数计算利用《广西壮族自治区统计年鉴》中就业人员和职工工资条目的数据。本书采集的是 2010 年度的数据，以便与社会核算矩阵的基年选择保持一致，表 4-5 中的劳动部门收益折算系数由不同的产业部门的工资水平除以社会平均工资求得。

表 4-5　产业部门的收益折算系数

产业部门	类别	平均工资（元）	收益折算系数
社会平均工资		10181.25	1
农业生产	农业种植	4123	0.404960098
	非农生产	8341	0.819251074
旅游经营	住宿餐饮	15000	1.473296501
	其他旅游经营	13261	1.302492327

资本折旧是投资额与折旧率之乘积，根据基本流量表计算不同产业部门的资本折旧率。资本折旧率等于行业的固定资产折旧除以资本形成总额。具体结果如表 4-6 所示。

表 4-6 部门资本折旧率

产业部门	类别	资本折旧率（%）
农业生产	农业种植	0.6295
	非农生产	1.653
旅游经营	住宿餐饮	3.365
	其他旅游经营	6.395

CET 函数的弹性系数，描述的是区域内生产的产品和内销之间的最优分配。在综合分析地区的 CET 弹性系数的基础上选择赵永（2008）提供的弹性值为计算基础，见表 4-7。

表 4-7 产业部门的 CET 弹性系数和 Amington 弹性系数

产业部门	类别	CET弹性系数	Amington弹性系数
农业生产	农业种植	3	2.2
	非农生产	2	2.8
旅游经营	住宿餐饮	0.3	0.25
	其他旅游经营	0.12	0.009

2. 校准参数

各部门的间接税率由社会核算矩阵中的“政府”行和“活动”列相交处确定的生产税，除以“活动”行和“商品”列相交处所确定的三次产业总产出而得。计算结果见表 4-8。

表 4-8 产业部门间接税率

产业部门	类别	间接税率（%）
农业生产	农业种植	0.18
	非农生产	0.14
旅游经营	住宿餐饮	0.5585
	其他旅游经营	0.0141

社会核算矩阵中“政府”行和“企业”列相交处确定的企业税为 46449 万元，“企业”行和“资本”列相交处确定的企业资本性要素收入为 223610 万元，二者相除得到企业所得税税率为 20.77%。

储蓄率等于居民储蓄在居民可支配收入中的比例。“农村家庭”行的合计，即农村家庭总收入为519827万元，社会核算矩阵中“政府”行和“农村家庭”列相交处确定的农村居民对政府直接转移为590万元，社会核算矩阵中“储蓄”行和“农村家庭”列相交处确定农村居民储蓄为183267万元，因此，农村家庭在2010年度的储蓄率为35.2554%。由此可以看出广西壮族自治区农村居民的储蓄情况为正储蓄状态。

个人所得税为个人所得在劳动收入中所占比例。社会核算矩阵中“政府”行和“农村家庭”列相交处确定的农村居民对政府的直接转移为590万元，“农村家庭”行的合计，即农村家庭总收入为519827万元。农村居民的个人所得税税率为1.13%。

居民消费支出份额为农村和城市居民对三次产业的消费支出占居民对商品总支出的比例。具体而言，“商品”行和“居民”列相交处所确定的居民对三次产业的消费支出占三次产业消费之和的比重即为居民消费支出份额。计算结果见表4-9。

表4-9　居民消费支出份额

产业部门	类别	农村居民支出份额
农业生产	农业种植	0.294852099
	非农生产	0.529331248
旅游经营	住宿餐饮	0.055217767
	其他旅游经营	0.120598887

政府消费支出份额为政府部门对三次产业的消费支出占政府对商品总支出的比例。具体而言，社会核算矩阵中“商品”行和“政府”列相交处所确定的政府对三次产业产品的消费支出占三次产业之和的比重即为政府消费支出份额。计算结果见表4-10。

表4-10　政府消费支出份额

产业部门	类别	政府消费支出份额
农业生产	农业种植	0.099660951
	非农生产	0.115369262
旅游经营	住宿餐饮	0.186610178
	其他旅游经营	0.598359609

直接消耗系数为j部门对i部门的投入占i部门的总产出的比例，可以从社

会核算矩阵中的“商品”行和“活动”列相交处的矩阵获得，计算结果见表 4-11。

表 4-11 直接消耗系数

部门	类别	农业种植	非农生产	住宿餐饮	其他旅游经营
农业生产	农业种植	0.042807128	0.005492054	0.021968216	0.005492054
	非农生产	0.003644042	0.008580844	0.003644042	0.003644042
旅游经营	住宿餐饮	0.1017294	0.0508647	0.116007121	0.0508647
	其他旅游经营	0.000455054	0.0365246	0.001365163	0.598179783

存贷比例为各产业部门存货增加占总产出的比例。存货增加的数据来源于投入产出表“中间投入”行和“存货增加”列的相交处，总产出的数据来源于投入产出表“中间投入”行的总和。存贷比例计算的数据结果见表 4-12。

表 4-12 存贷比例

产业部门	类别	存贷比例
农业生产	农业种植	0.01962
	非农生产	0.00863
旅游经营	住宿餐饮	0.00768
	其他旅游经营	0.00069

对于本书中旅游发展的经济影响的可计算一般均衡模型为了验证其内部模块方程的一致性以及参数设置的科学性，需要对基础数据进行求解验算并进行齐次性检验。首先，本书利用规划求解的方法，在令基准价格为 1 的前提下检验模型的基准解与基准数据的契合程度。计算结果表明，在误差允许的范围内，模型的基准解与基准数据基本相同。另外，对数据模型的价格进行齐次性检验。可以看出，在所有价格因子扩大一倍的前提下，名义变量也相应增加了一倍，其实际变量则维持在基准解上，验证了模型设定的准确性。

4.3.2 广西旅游发展对农村增收影响的模拟测算结果

乡村旅游是增加农民收入，缩小城乡差距，打破城乡二元结构的重要手段；是有效转移农村劳动力、增加农民就业的重要途径；是惠农富农、解决“三农”问题的重要民生工程。发展乡村旅游是民族地区协调经济发展的重要举措，有利于凸显地区经济发展优势。乡村旅游已经成为桂滇黔地区经济发展过程中的重要特征和重要的动力，对桂滇黔地区经济总量、产业结构、就业、财政税收和居民收入产生重大的影响，尤其是表现在增加农村居民收入方面，乡村旅游的产生实现了农村“乡土不离”的新经营方式。本部分是在前文建立CGE模型和SAM表的基础上，模拟广西乡村旅游发展对区域内农村收入的整体影响。

旅游发展对农民增收影响的研究主要是模拟旅游发展（通常表现为游客增加）对农民收入的各种影响，考虑到农民收入的诸多影响因素，将这些影响因素进行筛选及归类处理，得出紧密相关的四类影响因素分别为：产出、中间投入、要素需求、农民收入。具体的模拟结果见表4-13。

表4-13　旅游发展对广西经济系统相关变量的影响情况（数据为总产出的相对量）

	内生变量	基期值	模拟值（5年）	变动比例
产出变化	农业种植	6.57103698	5.632984	−0.142755699
	非农生产	1.3695645	4.654032	2.398183875
	住宿餐饮	2.695364001	6.369206	1.363022582
	其他旅游经营	3.2654202	8.3960306	1.571194543
中间投入变化	农业种植	0.4693065	0.362063	−0.228514841
	非农生产	5.32603604	9.365321	0.75840361
	住宿餐饮	3.6593264	21.389269	4.845138329
	其他旅游经营	2.3697652	6.2648957	1.643677821
要素需求变化	劳动力需求（农业种植）	0.36295	0.2693526	−0.257879598
	劳动力需求（非农生产）	0.2636544	0.436296	0.654802651
	劳动力需求（住宿餐饮）	4.236592	6.395643	0.50961976
	劳动力需求（其他旅游经营）	3.62395	4.625935	0.276489742
	资本需求（农业种植）	0.362954	0.302654	−0.166136756
	资本需求（非农生产）	0.13264	0.23621	0.780835344
	资本需求（住宿餐饮）	9.365948	72.36529	6.72642449
	资本需求（其他旅游经营）	6.3958956	36.35964	4.684839509
农民收入变化	劳动力要素	3.963659	7.69534	0.941473775
	资本要素	10.320659	16.69356	0.617489736
	转移支付	2.36536	4.69831	0.986298069
	企业对居民的盈余转移	3.69548	4.063564	0.09960384
	住宿餐饮	2.369462	3.03592	0.281269757
	其他旅游经营	3.69548	4.21654	0.140999275

从表 4-13 的模拟结果（五年）来看，旅游发展对农民收入的冲击造成相关经济系统不同程度的增长，其中对要素需求的影响最大。首先，产出变化比较均衡，非农生产的产出增长了约 1.4 倍，是所有产出当中增长最快的，农业种植产出出现下滑，住宿餐饮和其他旅游经营增长了近 1 倍。其次，是中间投入的变化，农业种植的中间投入出现下滑，住宿餐饮的中间投入出现急剧增长，增长了将近 4 倍，要素需求的变化中，旅游经营对劳动力以及资本的需求均大于农业生产。在农民收入变化中，劳动力要素收入作为工资性收入出现，企业对居民的盈余转移为居民的财产性收入，住宿餐饮以及其他旅游经营、资本要素是居民的经营性收入，政府对农村居民的转移支付为转移性收入。根据这个分类，农民收入变动情况为：工资性收入上升 94.14%，财产性收入上升 9.96%，经营性收入上升 103.95%，转移收入上升 98.62%。如果只对农村居民收入情况进行模拟，结果见表 4-14。

表 4-14 是以 2010 年数据为基期，假设通货膨胀率为 0 的情况下，广西农村居民在旅游发展过程中的收入变动情况。2011 年乡村旅游发展给农村居民带来了 14.7% 的收入增加，该年广西的 CPI 指数值为 5.9[1]，农村居民通过旅游发展带来的收入净增长为 8.8%。

表 4-14　广西农村居民在乡村旅游发展过程中分项收入的变动比例

农村居民收入来源	2011年	2015年	2021年	2025年
工资收入（劳动力要素）	0.063264365	0.141473775	0.587275856	0.412365513
转移性收入（转移支付）	0.039523959	0.106298069	0.233557683	0.577037491
财产性收入（企业盈余转移）	0.001316036	0.09960384	0.129484992	0.142433491
经营性收入（住宿餐饮、其他旅游经营）	0.043162138	0.281269757	0.450031611	1.260088511

就分项收入的变动来看，财产性收入变动的幅度比较平缓，工资性收入有一个先上升后下降的过程，与之对应的是经营性收入的先缓后急的增长过程，与经营性收入相比，转移性收入增长的幅度比较小。

[1] 数据来源：《广西统计年鉴（2012）》。

4.4　贵州省旅游对农民增收的 CGE 模型分析

4.4.1　贵州省旅游发展对农民增收模型参数估计

1. 弹性参数

可计算一般均衡模型理论框架中的弹性参数包括劳动在各部门的收益折算系数、折旧率、CET 行数的弹性系数及 Amington 函数的弹性系数和资本的实际投资份额。

对各产业部门收益的折算系数计算利用《贵州统计年鉴》中就业人员和职工工资条目的数据。本书采集的是 2011 年度的数据，以便与社会核算矩阵的基年选择保持一致，表 4-15 中的劳动部门收益折算系数由不同产业部门的工资水平除以社会平均工资求得。

表 4-15　产业部门的收益折算系数

产业部门	类别	平均工资（元）	收益折算系数
社会平均工资		9777.3865	1
农业生产	农业种植	3769	0.385481335
	非农生产	6920.2	0.70777605
旅游经营	住宿餐饮	15639	1.599507189
	其他旅游经营	11731	1.199809376

资本折旧是投资额与折旧率之积，根据基本流量表计算不同产业部门的资本折旧率。资本折旧率等于行业的固定资产折旧除以资本形成总额。具体结果见表 4-16。

表 4-16　部门资本折旧率

产业部门	部门	资本折旧率（%）
农业生产	农业种植	0.5961
	非农生产	1.4369
旅游经营	住宿餐饮	5.3214
	其他旅游经营	6.3015

CET 函数的弹性系数（表 4-17），描述的是区域内生产的产品和内销之间的最优分配。本文在综合分析地区的 CET 弹性系数的基础上选择赵永（2008）提供的弹性值为计算基础。

表 4-17　产业部门的 CET 弹性系数和 Amington 弹性系数

产业部门	类别	CET弹性系数	Amington弹性系数
农业生产	农业种植	3	2.2
	非农生产	2	2.8
旅游经营	住宿餐饮	0.3	0.25
	其他旅游经营	0.12	0.009

2. 校准参数

各部门的间接税率由社会核算矩阵中的“政府”行和“活动”列相交处确定的生产税除以“活动”行和“商品”列相交处所确定的三次产业总产出相除而得。计算结果见表 4-18。

表 4-18　产业部门间接税率

产业部门	类别	间接税率（%）
农业生产	农业种植	0.15
	非农生产	0.279
旅游经营	住宿餐饮	0.615
	其他旅游经营	0.1914

社会核算矩阵中“政府”行和“企业”列相交处确定的企业税为 1.03629 亿元，“企业”行和“资本”列相交处确定的企业资本性要素收入为 13.3603 亿元，二者相除得到企业所得税税率为 12.64%。

储蓄率等于居民储蓄在居民可支配收入中的比例。“农村家庭”行的合计，即农村家庭总收入为 446.29363 亿元，社会核算矩阵中“政府”行和“农村家庭”列相交处确定的农村居民对政府直接转移为 2.493015 亿元，社会核算矩阵中“储蓄”行和“农村家庭”列相交处确定的农村居民储蓄为 241.599 亿元，因此，农村家庭在 2010 年度的储蓄率为 53.5759%。由此可以看出贵州农村居民的储蓄情况为正储蓄状态。

个人所得税率为个人所得税在劳动收入中所占比例。社会核算矩阵中“政府”行和“农村家庭”列相交处确定的农村居民对政府的直接转移为2.493015亿元，“农村家庭”行的合计，即农村家庭总收入为446.29363亿元。农村居民的个人所得税税率为0.5886%。

居民消费支出份额为农村和城市居民对三次产业的消费支出占居民对商品总支出的比例。具体而言，“商品”行和“居民”列相交处所确定的居民对三次产业的消费支出占三次产业消费之和的比重即为居民消费支出份额。计算结果见表4-19。

表4-19　居民消费支出份额

产业部门	类别	农村居民支出份额
农业生产	农业种植	0.18115034
	非农生产	0.170082196
旅游经营	住宿餐饮	0.001723296
	其他旅游经营	0.01010101

政府消费支出份额为政府部门对三次产业的消费支出占政府对商品总支出的比例。具体而言，社会核算矩阵中“商品”行和“政府”列相交处所确定的政府对三次产业产品的消费支出占三次产业之和的比重即为政府消费支出份额。计算结果见表4-20。

表4-20　政府消费支出份额

产业部门	类别	政府消费支出份额
农业生产	农业种植	0.072460136
	非农生产	0.056694065
旅游经营	住宿餐饮	0.011718412
	其他旅游经营	0.026262626

直接消耗系数为j部门对i部门的投入占i部门的总产出的比例，可以从社会核算矩阵中的“商品”行和“活动”列相交处的矩阵获得，计算结果见表4-21。

表 4-21 直接消耗系数

部门	类别	农业种植	非农生产	住宿餐饮	其他旅游经营
农业生产	农业种植	0.213458772	0.138163246	0.131438992	0.021182458
	非农生产	0.104875219	0.455440301	0.030360751	0.030980957
旅游经营	住宿餐饮	0.047991377	0.034598217	0.269530894	0.044552634
	其他旅游经营	0.212198693	0.054114407	0.15061957	0.170380488

存贷比例为各产业部门存货增加占总产出的比例。存货增加的数据来源于投入产出表“中间投入”行和“存货增加”列的相交处，总产出的数据来源于投入产出表“中间投入”行的总和。存贷比例计算的数据结果见表 4-22。

表 4-22 存贷比例

产业部门	类别	存贷比例
农业生产	农业种植	0.00983
	非农生产	0.01362
旅游经营	住宿餐饮	0.01703
	其他旅游经营	0.00186

为了验证本书中旅游发展的经济影响的可计算一般均衡模型内部模块方程的一致性以及参数设置的科学性，需要对基础数据进行求解验算并进行齐次性检验。首先，本书利用规划求解的方法，在令基准价格为 1 的前提下检验模型的基准解与基准数据的契合程度。计算结果表明，在误差允许的范围内，模型的基准解与基准数据基本相同。另外，对数据模型的价格进行齐次性检验。可以看出，在所有价格因子扩大一倍的前提下，名义变量也相应增加了一倍，其实际变量则维持在基准解上，验证了模型设定的准确性。

4.4.2 贵州省旅游发展对农村增收影响的模拟测算结果

旅游发展对农民增收影响问题主要是模拟旅游发展（通常是游客增加）对农民收入的各种影响，考虑影响农民收入的诸多因素，将这些影响因素进行筛选以及归类处理，得到紧密相关的四类影响因素分别为：产出、中间投入、要素需求、农民收入。具体的模拟结果见表 4-23。

表 4-23　旅游发展对贵州省经济系统相关变量的影响情况（数据为总产出的相对量）

影响因素	内生变量	基期值	模拟值（5年）	变动比例
产出变化	农业种植	5.531031	9.12516264	1.649812239
	非农生产	1.236791	2.26974616	1.835189745
	住宿餐饮	1.535710	2.9534912	1.923208939
	其他旅游经营	0.987346	4.44410824	4.501064713
中间投入变化	农业种植	1.593555	2.87258048	1.802623995
	非农生产	1.818410	5.53986576	3.046543827
	住宿餐饮	1.702432	8.06562504	4.737707609
	其他旅游经营	1.259084	7.64685504	6.073347799
要素需求变化	劳动力需求（农业种植）	0.567461	1.00795024	1.776245839
	劳动力需求（非农生产）	0.346681	1.50992776	4.355380768
	劳动力需求（住宿餐饮）	0.347864	1.92436288	5.531940299
	劳动力需求（其他旅游经营）	0.379250	0.92036296	2.426797521
	资本需求（农业种植）	1.021430	1.64354872	1.609066426
	资本需求（非农生产）	0.450685	1.7943772	3.981444246
	资本需求（住宿餐饮）	0.382650	3.29716464	8.616659192
	资本需求（其他旅游经营）	0.754708	10.2242404	13.54727974
农民收入变化	劳动力要素	0.69105	0.8169568	1.182196368
	资本要素	1.247522	2.81736048	2.258365368
	转移支付	0.749005	0.90752288	1.211637946
	企业对居民的盈余转移	0.708581	0.79310968	1.119292897
	住宿餐饮	1.170808	1.3299572	1.135931083
	其他旅游经营	0.572564	1.02652176	1.176442943

从表 4-23 的模拟结果（五年）来看，旅游发展对农民收入的冲击，造成相关经济系统不同程度的增长，其中对要素需求的影响最大。首先，产出变化比较均衡，非农生产和住宿餐饮的产出均增长了约 1 倍，其他旅游经营是所有产出当中增长最快的（增长了 3 倍多）。其次，中间投入均有不同程度的上升，农业种植的中间投入增长最小，其他旅游经营的中间投入出现急剧增长，增长了 5 倍多。要素需求的变化中，旅游经营对劳动力以及资本的需求均大于农业生产。在农民收入变化中，劳动力要素收入作为工资性收入出现，企业对居民的盈余转移为居民的财产性收入，住宿餐饮以及其他旅游经营、资本要素是居民的经营性收入，政府对农村居民的转移支付为转移性收入。根据这个分类，农民收入变动情况为:

工资性收入增加了 18.2196%，财产性收入上升了 11.9292%，经营性收入上升了 30.317%，转移收入上升了 21.1638%。如果只对农村居民收入情况进行模拟，结果如表 4-24 所示。

表 4-24 是以 2010 年数据为基期，假设通货膨胀率为 0 的情况下，贵州省农村居民在旅游发展过程中的收入变动情况。2011 年乡村旅游发展给农村居民带来了 17.3132% 的收入增加，该年贵州省的 CPI 指数值为 5.1[1]，农村居民通过旅游发展带来的收入净增长为 12.2132%。

表 4-24　贵州省农村居民在乡村旅游发展过程中分项收入的变动比例

农村居民收入来源	2011年	2015年	2021年	2025年
工资收入（劳动力要素）	0.0625392	0.182196368	0.327479621	0.626970885
转移性收入（转移支付）	0.043407179	0.211637946	0.54800494	0.775555537
财产性收入（企业盈余转移）	0.030359642	0.119292897	0.235769331	0.56068588
经营性收入（住宿餐饮、其他旅游经营）	0.03682639	0.312374026	0.734506147	2.843695191

4.5　云南省旅游对农民增收的 CGE 模型分析

4.5.1　云南省旅游发展对农民增收模型参数估计

1. 弹性参数

可计算一般均衡模型理论框架中的弹性参数包括劳动在各部门的收益折算系数、折旧率、CET 行数的弹性系数及 Amington 函数的弹性系数和资本的实际投资份额。

对各产业部门收益的折算系数计算利用《云南统计年鉴》中就业人员和职工工资条目的数据。本书采集的是 2011 年度的数据，以便与社会核算矩阵的基年选择保持一致，表 4-25 中的劳动部门收益折算系数由不同的产业部门的工资水

[1]　数据来源：《贵州统计年鉴（2012）》。

平除以社会平均工资求得。

表 4-25　产业部门的收益折算系数

产业部门	类别	平均工资（元）	收益折算系数
社会平均工资		23677.71	1
农业生产	农业种植	4230.01	0.178649456
	非农生产	18839.12	0.79564789
旅游经营	住宿餐饮	40379	1.705359175
	其他旅游经营	27431.4	1.158532645

资本折旧是投资额与折旧率之积，根据基本流量表计算不同产业部门的资本折旧率。资本折旧率等于行业的固定资产折旧除以资本形成总额。具体结果见表4-26。

表 4-26　部门资本折旧率

产业部门	类别	资本折旧率
农业生产	农业种植	0.6962
	非农生产	2.7546
旅游经营	住宿餐饮	6.6558
	其他旅游经营	7.3002

CET 函数的弹性系数，描述的是区域内生产的产品和内销之间的最优分配。表 4-27 是在综合分析地区的 CET 弹性系数的基础上选择赵永（2008）提供的弹性值为计算基础。

表 4-27　产业部门的 CET 弹性系数和 Amington 弹性系数

产业部门	类别	CET弹性系数	Amington弹性系数
农业生产	农业种植	3	2.2
	非农生产	2	2.8
旅游经营	住宿餐饮	0.3	0.25
	其他旅游经营	0.12	0.009

2. 校准参数

各部门的间接税率由社会核算矩阵中的“政府”行和“活动”列相交处确定的生产税，除以“活动”行和“商品”列相交处所确定的三次产业总产出而得。计算结果见表 4-28。

表 4-28　产业部门间接税率

产业部门	类别	间接税率（%）
农业生产	农业种植	0.9002
	非农生产	1.8473
旅游经营	住宿餐饮	2.3212
	其他旅游经营	5.9384

社会核算矩阵中“政府”行和“企业”列相交处确定的企业税为 411.010 亿元，“企业”行和“资本”列相交处确定的企业资本性要素收入为 2309.375 亿元，二者相除得到企业所得税税率为 17.7975%。

储蓄率等于居民储蓄在居民可支配收入中的比例。“农村家庭”行的合计，即农村家庭总收入为 3484.793 亿元，社会核算矩阵中“政府”行和“农村家庭”列相交处确定的农村居民对政府直接转移为 64.384 亿元，社会核算矩阵中“储蓄”行和“农村家庭”列相交处确定的农村居民储蓄为 2266.372 亿元，因此，农村家庭在 2010 年度的储蓄率为 63.1886%。由此可以看出云南省农村居民的储蓄情况为正储蓄状态。

个人所得税为个人所得在劳动收入中所占比例。社会核算矩阵中“政府”行和“农村家庭”列相交处确定的农村居民对政府的直接转移为 386.254 亿元，“农村家庭”行的合计，即农村家庭总收入为 3484.793 亿元。农村居民的个人所得税税率为 11.08398%。

居民消费支出份额为农村和城市居民对三次产业的消费支出占居民对商品总支出的比例。具体而言，“商品”行和“居民”列相交处所确定的居民对三次产业的消费支出占三次产业消费之和的比重即为居民消费支出份额。计算结果见表 4-29。

表 4-29　居民消费支出份额

产业部门	类别	农村居民支出份额
农业生产	农业种植	0.269157305
	非农生产	0.357469327
旅游经营	住宿餐饮	0.03242079
	其他旅游经营	0.011019359

政府消费支出份额为政府部门对三次产业的消费支出占政府对商品总支出的比例。具体而言，社会核算矩阵中“商品”行和“政府”列相交处所确定的政府

对三次产业产品的消费支出占三次产业之和的比重即为政府消费支出份额。计算结果见表 4-30。

表 4-30　政府消费支出份额

产业部门	类别	政府消费支出份额
农业生产	农业种植	0.158423922
	非农生产	0.233361049
旅游经营	住宿餐饮	0.149173448
	其他旅游经营	0.092028098

直接消耗系数为 j 部门对 i 部门的投入占 i 部门的总产出的比例，可以从社会核算矩阵中的“商品”行和“活动”列相交处的矩阵获得，计算结果见表 4-31。

表 4-31　直接消耗系数

产业部门	类别	农业种植	非农生产	住宿餐饮	其他旅游经营
农业生产	农业种植	0.187205191	0.085479331	0.105524877	0.061894399
	非农生产	0.018856726	0.118699337	0.02025352	0.016586935
旅游经营	住宿餐饮	0.013910526	0.049491713	0.17198515	0.08695361
	其他旅游经营	0.048819456	0.028995365	0.018428086	0.269537708

存贷比例为各产业部门存货增加占总产出的比例。存货增加的数据来源于投入产出表“中间投入”行和“存货增加”列的相交处，总产出的数据来源于投入产出表“中间投入”行的总和。存贷比例计算的数据结果见表 4-32。

表 4-32　存贷比例

产业部门	类别	存贷比例
农业生产	农业种植	0.01635
	非农生产	0.09502
旅游经营	住宿餐饮	0.06231
	其他旅游经营	0.04306

为了验证本书中旅游发展的经济影响的可计算一般均衡模型内部模块方程的一致性及参数设置的科学性，需要对基础数据进行求解验算并进行齐次性检验。首先，本书利用规划求解的方法，在令基准价格为 1 的前提下检验模型的基准解

与基准数据的契合程度。计算结果表明，在误差允许的范围内，模型的基准解与基准数据基本相同。另外，对数据模型的价格进行齐次性检验。可以看出，在所有价格因子扩大一倍的前提下，名义变量也相应增加了一倍，其实际变量则维持在基准解上，验证了模型设定的准确性。

4.5.2 云南省旅游发展对农村增收影响的模拟测算结果

旅游发展对农民增收影响的研究主要是模拟旅游发展（通常以游客增加）对农民收入的各种影响，考虑影响农民收入的诸多因素，将这些影响因素进行筛选以及归类处理，得到紧密相关的四类影响因素分别为：产出、中间投入、要素需求、农民收入。具体的模拟结果见表 4-33。

表 4-33　旅游发展对云南经济系统相关变量的影响情况（数据为总产出的相对量）

	内生变量	基期值	模拟值（5年）	变动比例
产出变化	农业种植	4.277950	6.367712289	1.488496193
	非农生产	9.160930	30.57624261	3.337678883
	住宿餐饮	7.031119	37.22047419	5.293677178
	其他旅游经营	7.112472	33.45811605	4.704147313
中间投入变化	农业种植	2.337030	4.401044542	1.883178454
	非农生产	7.981943	17.54488254	2.19807164
	住宿餐饮	4.170644	13.32301723	3.194474818
	其他旅游经营	3.108113	10.33980815	3.326715646
要素需求变化	劳动力需求（农业种植）	1.036477	0.669296864	0.645742128
	劳动力需求（非农生产）	1.648540	8.684682551	5.268105445
	劳动力需求（住宿餐饮）	2.397804	15.96517818	6.658249872
	劳动力需求（其他旅游经营）	2.237170	18.86866946	8.43416882
	资本需求（农业种植）	2.777758	2.778962706	1.000433697
	资本需求（非农生产）	3.148711	17.68851632	5.617700805
	资本需求（住宿餐饮）	4.795608	37.51432114	7.822641287
农民收入变化	资本需求（其他旅游经营）	5.950872	127.8398334	21.48253791
	劳动力要素	4.666978	6.533977182	1.15299145
	资本要素	11.811349	32.92070328	2.787209427
	转移支付	1.136421	2.283909894	1.069035501
	企业对居民的盈余转移	2.371689	3.651133347	1.039708627
	住宿餐饮	15.648025	22.21585216	1.130691363
	其他旅游经营	16.394664	23.7002553	1.44560787

从表 4-33 的模拟结果（五年）来看，旅游发展对农民收入的冲击，造成相关经济系统不同程度的增长，其中对要素需求的影响更大。首先，产出变化比较均衡，住宿餐饮和其他旅游经营的产出增长最多，增长都在 3 倍以上，是所有产出当中增长最快的。其次，是中间投入的变化，农业种植和非农生产的中间投入变化均为 1 倍左右，住宿餐饮和其他旅游经营的中间投入出现急剧增长，增长了 2 倍以上。要素需求的变化中，旅游经营对劳动力以及资本的需求均大于农业生产。在农民收入变化中，劳动力要素收入作为工资性收入出现，企业对居民的盈余转移为居民的财产性收入，住宿餐饮以及其他旅游经营、资本要素是居民的经营性收入，政府对农村居民的转移支付为转移性收入。根据这个分类，农民收入变动情况为：工资性收入上升了 7.2729%，财产性收入上升了 1.8406%，经营性收入上升 9.2088%，转移收入上升 1.9923%。如果只对农村居民收入情况进行模拟结果见表 4-34。

表 4-34 是以 2011 年数据为基期，假设通货膨胀率为 0 的情况，云南省农村居民在旅游发展过程中的收入变动情况。2011 年乡村旅游发展给农村居民带来了 20.3147% 的收入增加，该年云南省的 CPI 指数值为 4.9[1]，农村居民通过旅游发展带来的收入净增长为 15.4147%。

表 4-34　云南省农村居民在乡村旅游发展过程中分项收入的变动比例

农村居民收入来源	2011年	2015年	2021年	2025年
工资收入（劳动力要素）	0.0727288	0.15299145	0.458974351	0.632221869
转移性收入（转移支付）	0.0199233	0.069035501	0.167894338	0.414654832
财产性收入（企业盈余转移）	0.0184064	0.039708627	0.048857494	0.091393375
经营性收入（住宿餐饮、其他旅游经营）	0.09208802	0.576299233	1.947315107	6.934533746

4.6　旅游对农民增收 CGE 模型的政策分析

以 2010 年数据为基期，将前文计算出的贵州、云南、广西三省区农民在乡村旅游发展影响下的工资性收入、转移性收入、财产性收入、经营性收入数据制

[1]　数据来源：《云南统计年鉴（2012）》。

成折线图（如图 4-1 ～图 4-3），可以清晰地看出 2011 年、2015 年、2021 年、2025 年四个节点上分项收入的变化趋势。

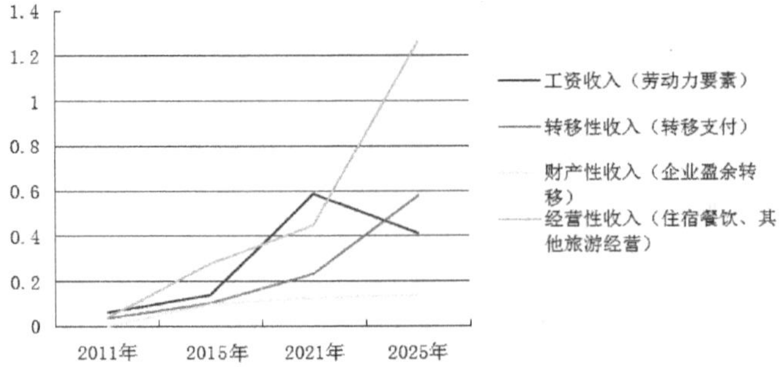

图 4-1　广西壮族自治区农村居民在乡村旅游发展影响下的分项收入增长变动图

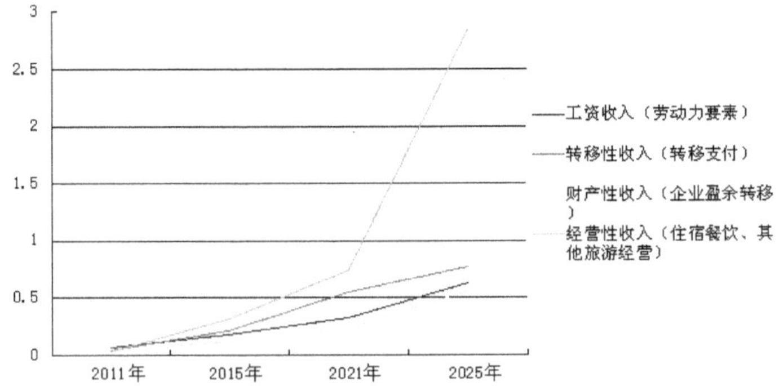

图 4-2　贵州省农村居民在乡村旅游发展影响下的分项收入增长变动图

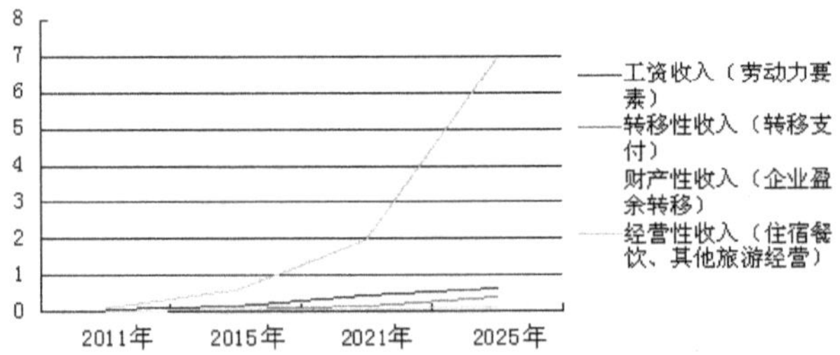

图 4-3　云南省农村居民在乡村旅游发展影响下的分项收入增长变动图

通过图 4-1、图 4-2、图 4-3 的对比，可以得出以下结论。

第一，工资性收入增长速度比较缓慢。乡村旅游发展过程中农民的工资性收入层次主要来自旅游景区和旅游企业等的服务工作，所需要掌握的知识程度较低。在实地访谈中，这些岗位大多是清洁、安保、门票收售，高一点的是歌舞表演，其工作人员工资收入的增加受制于旅游的发展情况以及旅游企业的工资制定规则，同时这些工作人员中的年轻人在工作一定的时间，得到了更多的技能以及原始资本积累之后转向自主经营。由此，增长的速度在达到一定程度之后开始下降。

第二，转移性收入其实是收入的再次分配机制在起作用，尤其是社会保障制度的逐渐完善。自2003年开始，中央一号文件持续关注农民增收问题，指出通过农业进步，促进农村发展，实现农民增收。农民发展的途径之一就是大力发展乡村旅游。通过发展乡村旅游，提高农村居民就业水平，完善农村各项设施建设，增加农民转移性收入。但是，考虑到农村具体的发展情况和政策实施的滞后性，转移性收入存在一个先缓慢发展后快速发展的过程。

第三，经营性收入在农民收入增长过程中起点高、增速较快。广西农村居民在发展乡村旅游过程中，受宏观经济环境的影响以及自主经营意识的加强，农村居民经营性收入将得到较大的发展。广西作为西部计划的受益者以及受城镇一体化趋势的影响，发展乡村旅游的农村居民即将受益更大。发展旅游自主经营，增加经营性收入是广西农村居民在乡村旅游发展过程中的必然趋势。王宇新等人（2013）对农村居民收入来源进行不均衡分析后也表明，家庭经营对于农村居民增加收入、减小农村居民收入的不平等有重要作用，因此在桂滇黔地区大力扶持贫困地区发展家庭经营是十分有意义和必要的。

第四，财产性收入增加比较平滑，财产性收入主要来自旅游开发商在乡村旅游经营过程中租借景区给予居民的租金。这个转移收入的数额来自旅游开发商与当地政府（一般是村）之间博弈的结果，而旅游开发商很大程度上与政府之间存在一定的联系，因此，农民在这个收入上的增长变动不会很大，这也是目前广西区内在发展乡村旅游过程中矛盾冲突的关键点。

总体来看，西南民族地区在乡村旅游发展过程中，经营性收入变动最大，转移性收入次之，工资性收入再次之，财产性收入最小。旅游经营活动的增大有可能带来和加大农村居民之间的收入不平等。因此，增加各分项收入的同时还需要优化收入结构，最佳方向是稳定维持工资性收入、适当调整转移性收入、适度控制财产性收入并努力增加经营性收入（范从来等人，2011a，2011b）。

第5章　桂滇黔民族地区乡村旅游与农民增收的渠道

通过对桂滇黔民族地区 10 个典型少数民族乡村旅游景区的深入调研及旅游收入的测算与分析（表 5-1），总体上来看乡村旅游对于繁荣农村经济、促进农民增收起到了积极作用，其中旅游经营性收入贡献率最大，达到 90.84%，旅游工资性收入、财产性收入及转移性收入占总收入比例分别为 2.01%、1.19%、5.95%。由此可见，旅游经营性收入是农民旅游收入的主要构成部分。

表 5-1　村寨调研农民旅游收入结构　　（单位：万元）

省（区）	村寨	旅游经营性收入	旅游工资性收入	旅游财产性收入	旅游转移性收入	旅游总收入
广西	平安壮寨	2477.58	76.22	225.67	44.55	2824.02
	黄洛瑶寨	302.99	106.29	0.48	7.64	417.4
	程阳侗族	602.78	54.68	11.15	165	833.61
	田头苗寨	48	36.44	3.56	8	96
	历村	4020.78	18	42.9	12.8	4094.48
贵州	西江苗寨	12796	1860	1338.9	1190.5	17185.4
	郎德上寨	133.2	19	0	22.72	174.92
	天龙屯堡	765.02	141	54.01	96.4	1056.43
云南	新华村	110991.99	249.74	41.8	7093.52	118377.05
	安中村	6	364.7	34.3	10	415
合计		132170.46	2926.07	1752.77	8651.13	145500.83
占比（%）		90.84	2.01	1.19	5.95	100

注：数据来源于调研估算。

就每个村寨而言，云南省新华村的旅游总收入最高，达到 118377.05 万元。随着旅游业的发展，新华村银制工艺品深受游客喜爱，名气越来越响亮，远销全国各地，以民族工艺品销售为主的经营性收入占到了旅游总收入的 93.8%。同样旅游总收入超过亿元的有黔东南州唯一的国家 AAAA 级旅游景区——贵州的西江千户苗寨，2011 年共接待游客 240.35 万人次，旅游总收入 17185.4 万元。此外，旅游总收入超过千万的村寨共有 3 个，分别为：平安壮寨（2824.02 万元）、历村（4094.48 万元）以及天龙屯堡（1056.43 万元）；旅游总收入超过百万的村寨共有 4 个，分别为：黄洛瑶寨（417.4 万元）、程阳侗族（833.61 万元）、郎德上寨（174.92 万元）、安中村（415 万元）；旅游收入不足百万的仅有 1 个：田头苗寨（96 万元）。分析各个村寨旅游收入构成比例（如图 5-1 所示），共有 8 个村寨的旅游自主经营性收入超过旅游总收入的 70%，其中，依靠市场推动发展起来的历村，自主经营性收入贡献率最高，达到 98.2%，其余依次为政府主导开发下的新华村（93.8%）、平安壮寨（87.7%）、郎德上寨（76.1%）、西江苗寨（74.5%）、天龙屯堡（72.4%）、黄洛瑶寨（72.6%）及程阳侗寨（72.3%）。由此可见，虽然政府主要负责了景区整体的开发与经营，但村民能够通过经营餐馆、住宿、旅游工艺品等项目获得较高的收入。郎德上寨、田头苗寨、安中村因为采取的是内生式旅游开发模式，景区内的主要经营项目均由村民集体经营，所得收入由经营性收入转为工资性收入发放给村民，因此经营性收入较少。

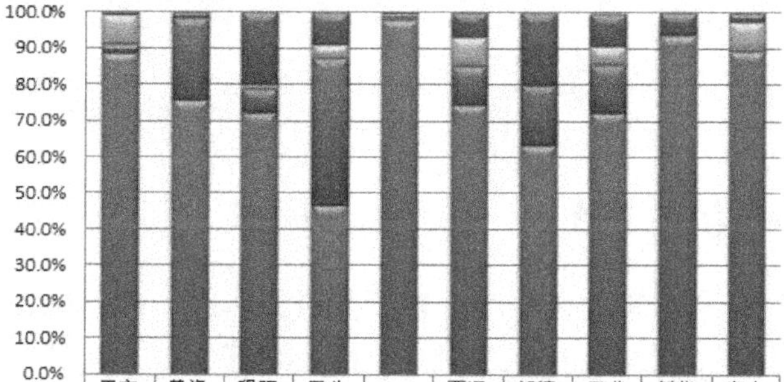

	平安壮寨	黄洛瑶寨	程阳侗族	田头苗寨	历村	西江苗寨	郎德上寨	天龙屯堡	新华村	安中村
旅游转移性收入	0.8%	1.6%	19.8%	8.9%	0.3%	6.9%	19.8%	9.1%	6.0%	2.4%
旅游财产性收入	8.3%	0.1%	1.3%	4.0%	1.1%	7.8%	0.0%	5.1%	0.0%	8.3%
旅游工资性收入	2.4%	22.4%	6.6%	40.5%	0.4%	10.8%	16.6%	13.3%	0.2%	0.0%
旅游经营性收入	88.6%	75.9%	72.3%	46.7%	98.2%	74.5%	63.6%	72.4%	93.8%	89.3%

图 5-1　各村寨乡村旅游总收入构成比例

在探讨桂滇黔民族地区乡村旅游农民收入结构现状的基础上，结合 CGE 模型定量分析结果，得出桂滇黔民族地区乡村旅游对农民“促增收”有“四大渠道”：

在乡村旅游发展过程中扩大农民的经营性收入、稳定农民的旅游工资性收入、确保资源产权收入、加强旅游转移性收入。

5.1 扩大农民的经营性收入

5.1.1 乡村旅游经营性收入的定义与内涵

自主经营就是对自己所有权的东西进行自我管理与经营，即所有权与管理权是合一的。乡村旅游的自主经营就是由旅游资源的所有者来直接经营，其具体表现形式往往是在一个村寨中村民自主经营食、住、娱等与旅游相关的业务。[1] 在当前的农民收入结构中，无论是以农业为主的传统型农民还是从事旅游接待与服务的新型农民，家庭经营性收入都占农民人均年收入的90%左右，而工资性收入很大一部分则是以外出务工所得为主，因此，工资性收入、转移性收入、财产性收入的增加，都不是农村经济内生的农民增收，而是来自外部的增收。乡村旅游作为刺激旅游资源丰富的欠发达地区农村经济发展的途径，给予了许多村民自我发展的机会，增加农民的乡村旅游自主经营性收入也就成为促进农民增收最重要的渠道。

5.1.2 乡村旅游经营性收入的现状与问题

从各地调研的实际情况来看，乡村旅游自主经营性收入是农民旅游收入的主要渠道，尤其是旅游接待人数较多、乡村旅游开发较为完善、乡村旅游经济繁荣的景区，如平安壮寨、阳朔历村、新华村，旅游经营性收入已分别占到旅游总收入的87.7%，98.2%，93.8%（表5-2）。融水田头苗寨与安中村由于分别采取股份合作制以及农村合作社制的村民自主开发模式，景区内的主要经营项目如田头苗寨的歌舞、住宿；安中村的骑马、划船都由村民集体经营，旅游经营性收入以集体经营的形式转化为股份分红或工资性收入，因此，以家庭为单位的自主经营

[1] 彭燕平. 乡村旅游经营模式研究[D]. 济南：山东大学，2007.

性收入较低，仅占总收入的 50% 和 1.4%。

表 5-2　各村寨旅游经营性收入情况　　（单位：万元）

村寨	旅游经营性收入	旅游总收入	经营性收入占总收入比例（%）
平安壮寨	2477.58	2824.02	87.7
黄洛瑶寨	302.99	417.4	72.6
程阳侗族	602.78	833.61	72.3
田头苗寨	48	96	50
历村	4020.78	4094.48	98.2
西江苗寨	12796	17185.4	74.5
郎德上寨	133.2	174.92	76.1
天龙屯堡	791.54	1082.95	73.1
新华村	110991.99	118377.05	93.8
安中村	6	415	1.4

从各个村寨的具体经营项目以及收入来看，每个村寨依靠自身的资源与市场优势，开展包括住宿、餐饮、民族工艺品销售、土特产品销售、照相、服饰出租、背背篓及抬轿子等家庭自主经营项目。餐饮、住宿收入无论从总量还是比例来看都是自主经营性收入的重要组成部分，平安壮寨、程阳侗寨以及西江苗寨的住宿、餐饮收入更是占到乡村旅游自主经营收入的 90%；以土特产品销售为乡村旅游经营性收入主要来源的有田头苗寨、安中村，年收入分别为 36 万元和 6 万元；以工艺品销售为特色的是郎德上寨和新华村，其工艺品销售收入分别占到乡村旅游经营性收入的 42.04% 和 99.6%，其余村寨工艺品销售收入普遍较低（表 5-3）。虽然乡村旅游自主经营性收入占到了乡村旅游收入的 90%，已成为农村经济增长与农民增收的主要渠道，但同时也存在一些不可忽视的问题。

表 5-3　各村寨从事旅游经营项目户数与收入明细

村寨	经营项目	参与人数或户数	金额（万元）	合计	占比（%）
平安壮寨	住宿	108户	1414.6	2477.58	57.10
	餐饮		910.82		36.76
	背背篓	132人	52.8		2.13
	抬轿子	96人	70.08		2.83
	土特产品	—	29.28		1.18

（续表）

村寨	经营项目	参与人数或户数	金额（万元）	合计	占比(%)
黄洛瑶寨	住宿	6户26人	12.65	302.99	4.2
	餐饮		207.78		68.7
	土特产品	240人次/月	82.56		27.1
程阳侗寨	住宿	17户，其中2户只做餐饮	511.16	567.78	90.03
	餐饮				
	工艺品	19家店，摊位14户	65.62		11.56
田头苗寨	百货及土特产	6户	6	48	12.5
	农副产品	—	42		87.5
历村	餐饮	25户	3374.89	4020.78	83.94
	住宿	26户	35.36		0.88
	工艺品	16家店，摊位22户	323.03		8
	照相	4家	15.2		0.38
	乡村导览员	35人	272.3		6.8
西江苗寨	住宿	132户，其中34户只做餐饮	2352.5	12796	18.38
	餐饮		9404.5		73.5
	服饰租售及照相	36家店，摊位54户	500		3.91
	银饰	29户	300		2.34
	工艺品	4家店，摊位52户	115		0.9
	百货副食土特产	10家店，摊位40户	112		0.88
	其他	10人	12		0.094
郎德上寨	住宿	12户	7.2	133.2	5.41
	餐饮		70		52.55
	工艺品	140户	56		42.04
天龙屯堡	住宿	3家	45.48	765.02	5.94
	餐饮	2家	75.9		9.92
	工艺品	24家	646.2		84.47
新华村	旅馆	6家	120.85	124094.8	0.1
	餐馆	5家	373.94		0.3
	银饰销售店面	56户	123600		99.60
	原材料销售	5户			
	家庭作坊	841户			
安中村	土特产	摊位5户	6	6	100

注：以上数据由实地调研整理而得。

1. 产业结构问题

旅游业的产业关联度大，旅游的八大要素“吃、住、行、游、购、娱、健、学”就涉及交通、建筑、制造等多个生产部门，在旅游资源丰富的农村地区，可以利用旅游业拉动其他产业的发展。在旅游八要素中，吃、住、行、游属于基本旅游要素，这部分构成了旅游目的地收入的基础，因而弹性较小，游客对这部分支出变动较为敏感。相对而言，旅游要素中的购、娱、健、学属于游客自主选择的旅游开支，因此弹性较大，在增加旅游收入方面拥有巨大的潜力。住宿、餐饮收入比重最大，多数景区仍然停留在“床板经济”或“餐宿经济”。旅游购物项目所占比例较低或收入金额较少，这充分表明在旅游购物上存在较大发展空间。此外，部分村寨旅游经营项目单一，如安中村拥有优美的田园自然风光和浓郁的民族风情文化，可开发的旅游项目应该是十分丰富的，但是由于资金、旅游经营理念的限制，安中村旅游至今没有配套的住宿、餐饮设施，土特产销售也是停留在极为简单的“地摊”层面，没有激活旅游消费市场和延长旅游产业链，留不住游客。项目开发不足，就不能充分地促进社会分工。特色化的旅游经营项目应该是乡村旅游未来探索的方向，如平安壮寨独创背背篓、抬轿子旅游经营项目，壮族草药足浴紧限市场需求与时代特征；新华村的银饰加工独具风格；重走“茶马古道”别有风情。

2. 住宿、餐饮方面的主要问题

农民作为乡村旅游经营活动的主体，自身也存在一定的缺陷，如：文化水平有限、小农意识、信息闭塞、经营意识不强等。具体到餐饮、住宿业，主要存在的问题有：一是基础设施问题，乡村旅馆投资经营主体多为当地农民，这就决定了他们在资金以及人力资源方面存在局限性，多数经营者都是对闲置住房进行改建和装修，因此住宿、餐饮条件比较简陋，缺少配套的卫生间以及现代化电器，距离都市游客的需求有一定的差距。二是环境卫生问题，由于农村长期以来闲散自由的生活环境，导致村民对环境卫生不够重视，垃圾随意倾倒、污水随意排放、厨房用具脏乱、排污建设缓慢，环境卫生条件差，直接影响了游客的游览心情。三是经营管理与服务问题，乡村旅馆规模较小，所有者既是经营者也是劳动者，他们大多是在乡村旅游发展起来后边干边学，缺少经营素质以及服务意识，为了获取客源一味采取低价策略，这样做只会影响村民提供旅游产品的质量，进而破坏乡村旅游整体形象。四是安全问题，少数民族村寨的房屋以木质结构为主，破旧、杂乱、老化的电路难以承受大功率电器，因此极易发生火灾事故。虽然经营者的防火意识逐渐提高，但也仅限于对游客的口头警告，缺少必要的安全设施以及应急办法；此外，食品安全也是突出问题之一，卫生条件差、操作不规范、主观大意等都有可能引发食品安全事故。一家一户的经营模式，往往配套设施不完善，管理不规范，档次低，质量差，卫生设施设备缺乏，导致乡村旅游整体质量受到影响。

3. 旅游商品方面的主要问题

购物是旅游活动的重要环节之一。在旅游发达国家，购物收入已经占到旅游总收入的 40% ～ 60%。从调研的 10 个少数民族村寨的旅游商品开发现状来看，与餐饮、住宿业的迅猛发展相比，乡村旅游商品开发与销售发展缓慢，旅游商品开发仍处于初级阶段，特色产品开发深度不够，品牌效应欠缺以及家庭作坊式的小型生产模式等问题都制约了旅游购物的发展，影响旅游收入的增加。[1] 具体体现在以下几点。一是产品特色与品牌问题没有受到重视。乡土性是旅游商品的核心特征，但目前乡村旅游商品的生产与销售的都是开发层次较低的产品，或者是从外地购买旅游商品到本地销售，不仅淡化了旅游商品的农耕文化与民族文化内涵，失去了纪念价值，同时导致本地产业链断裂，旅游经济漏损严重；此外，旅游商品的品牌文化挖掘以及宣传工作也没有受到重视，一些特色足、市场潜力大的旅游商品无法充分发挥其经济效益；还有，不注重知识产权的保护，雷同产品严重影响了特色产品的发展，开发雷同产品也浪费了有限的财力和物力。二是产品包装与质量没有受到重视。从调查的景区景点来看，土特产品主要为当地特色的农副产品，价格普遍较低，例如平安壮寨的辣椒、水酒、罗汉果；西江的银球茶、七彩山鸡、竹鼠；安中村的雪桃、苹果等。多数旅游商品都出自简单的家庭作坊，农民将自家种养的农产品直接或经过简单加工后拿到景区销售，没能形成土特产品生产与销售的产业链，附加价值很低，简单的包装以及无法保障的质量让游客不敢放心购买。三是市场秩序问题没有受到重视。随着乡村旅游的发展，游客量不断增加，旅游经营者也随之日益增多，以西江千户苗寨为例，目前就拥有民族工艺品店 86 家，进行银饰加工销售的有 36 户，

[1] 吴信值. 黔西南州旅游商品开发探析[J]. 兴义民族师范学院学报，2011(3):12-14.

市场竞争越来越激烈；由于村民自身的经营观念以及经济实力有限，面对激烈的竞争，经营者出现拉客抢客、恶性压价、强行兜售等不良竞争手段，破坏了乡村旅游在游客心中美好的形象；农户分散经营没有形成自己的组织，陷入经营恶性循环。

4.“旅游飞地”问题

“旅游飞地”是都市人到乡村利用村内的资源从事旅游经营，这种经营方式使乡村旅游业发展的部分收益并没有流向农民，是乡村发展旅游业的巨大威胁之一，直接影响农民增收的效果。[1] 少数民族村寨在乡村旅游开发初期由于基础设施与资金的限制往往由政府主导开发或采取招商引资的方法吸引开发商与旅游经营者，短期内能使旅游业快速高效发展，从长远来看则可能出现政府、开发商、外地“旅游精英”垄断经营，严重影响乡村旅游业对农民增收的成效，从而引发各类社会矛盾。一方面，由于外来经营者拥有雄厚的资本，能够支付更高的租金，他们更多地集中在核心旅游商贸区，导致大部分旅游收益流向了外来经营户。在西江景区内的主要游览街道上，旅游经营户共 228 户，其中外来经营户有 203 户，占总量的 89.04%；西江村本地经营户有 25 户，仅占总量的 10.96%。另一方面，外来经营者往往拥有较具时效性的经营理念，迎合了外地游客对欠发达的民族村寨的消费需求，因此比当地经营者拥有更多的游客来消费。在西江千户苗寨，外来经营户以其相对巨大的投资在西江占据了相当大的市场份额，也造成了对西江本地村民的市场挤兑。截至 2012 年，西江景区共有农家乐经营户 143 户，其中外来经营户 45 家，占总量的 31.5%，他们普遍投资多、经营规模大、盈利多，占有了原本属于西江村民的发展机会和财富，这些都导致本地经营户的发展受阻。出现同样问题的还有龙胜的平安壮寨，外来经营户的强势进入让当地居民利益严重受损，尤其在旅游淡季，条件与设施不够完善的农家旅馆基本上无人问津。

[1] 邹统钎. 乡村旅游理论•案例[M].天津：南开大学出版社，2008.

5.1.3 扩大乡村旅游自主性经营收入的措施与对策

1. 住宿业：提升档次、优化服务

乡村旅游住宿业的提升不仅要加强硬件基础设施的改进，更要提升服务意识，提升服务质量。首先，乡村住宿设施的建设要科学规划，合理布局。在满足市场需求的前提下，逐步完善配套设施，形成高中低档住宿接待服务体系，既要保障旅游旺季的接待能力，同时又要避免旅游淡季的资源设施闲置浪费。政府要在政策和经济方面给予大力支持，鼓励经营者扩大规模、提升档次，从而满足现代城市居民对舒适性以及安全性的要求。其次，乡村住宿设施建设要突出特色，发掘文化内涵。乡村旅游的动因就在于独特的乡村风貌、风土民情、民居建筑，乡村的原真性和与城市的差异性。[1] 少数民族地区开发的乡村旅游，在住宿设施的建设上应该拥有自己的独特性和鲜明主题。在不破坏自然环境和人文景观的前提下，房屋本身要突出一种乡土以及民族特色，展现淳朴、简约、自然的建筑风格，从建筑风格、材料、造型到颜色都应与周围环境相协调。最后，乡村住宿业的产品与服务针对不同的目标游客群，也要呈现出一定差异化，突出创意性与个性化特征，营造民族村寨的文化氛围。乡村旅馆的设计要有一个明确的主题，要充分利用各地的自然资源特色，整合独特的民族文化，注重与当地的民俗、民族节庆、民族服饰、民族工艺品、民族饮食相结合。为了进一步提高旅游接待的服务质量，2013 年国家旅游局颁布实施了《旅游质量发展纲要（2013—2020）》，提出了标准化试点示范工程、安全建设工程、旅游品牌建设工程、旅游诚信建设工程、文明旅游推荐工程及旅游人才培养工程六大旅游质量提升重点工程。旅游相关部门应认真贯彻实施《旅游法》《旅游质量发展纲要（2013—2020）》以及相关法律法规和规章制度，加强旅游质量监管，对已经从事旅游住宿接待的家庭进行服务质量评比，评选出一批星级乡村旅馆、旅游能人、服务精英，通过典型示范带动乡村旅游住宿业的发展，确保乡村旅游接待服务质量能够达到较高水平。

---

[1] 王继庆，张德成. 制约我国乡村旅游业可持续发展的原因[J]. 中国林业经济，2008(4):30-33.

2. 餐饮业：突出特色、注重安全

一个地区的饮食文化是指食物原材料的开发利用、食品制作和饮食消费过程中的技术、科学、艺术，以及以饮食为基础的习俗、传统、思想和哲学，它往往反映了当地的自然地理环境、生活习性以及民族智慧，例如：侗族“侗不离酸”“侗不离鱼”的饮食习惯。因此，在乡村旅游餐饮业的发展过程中，一是要突出当地饮食特色，充分发掘民族文化，让游客在用餐过程中了解乡村的风土人情、民风民俗。二是要与健康养生相结合，民族地区的特色饮食都是勤劳、智慧的各少数民族人民在长期的劳动、生产、生活、实践中调制出来的，因此，不仅风味独特，而且拥有丰富的营养价值，例如苗族的“憋汤”，虽然食材为牛、羊内脏以及其胃里未消化的草料，味道古怪，让人难以下咽，但“憋汤”营养丰富，药用价值极高，对胃有极好的保健作用；壮族的罗汉果茶以罗汉果为原料，具有消暑止渴、消炎润肺、助消化、抑制哮喘、益肝健脾、降低血压等功效。调研村寨特色饮食见表 5-4，我国的传统文化向来重视“医食同源”“药膳同功”，要充分利用农村绿色生态的原材料以及特有的食品制作工艺，烹制成各种具有药用价值的美味佳肴，吸引更多追求健康、生态的游客。三是要加强行业自律，通过建立健全行业组织，完善相关规章制度加强日常管理，制定乡村旅游的住宿餐饮标准、服务接待标准、环境卫生标准等，以行业组织的形式来引导和指导乡村餐饮业的发展。同时，为乡村餐饮从业人员培训、扩大经营规模提供可持续性帮助，真正实现餐饮业的规范、健康发展。

表 5-4 调研村寨特色饮食文化

<table>
<tr><th>省区</th><th>调研村寨</th><th>主要民族</th><th>各地代表性特色美食</th></tr>
<tr><td rowspan="5">广西</td><td>平安壮寨</td><td>壮族</td><td>腊肉、糍粑、五色糯米饭、龙脊水酒、罗汉果茶</td></tr>
<tr><td>程阳侗寨</td><td>侗族</td><td>鱼生、红肉、牛瘪、酸肉、酸鱼、酸鸡、酸鸭</td></tr>
<tr><td>历村</td><td>汉族</td><td>阳朔啤酒鱼、土鸡等农家土菜及酿菜、米粉等特色小吃</td></tr>
<tr><td>黄洛瑶寨</td><td>瑶族</td><td>腊肉、糍粑、熏肉及酢肉、打油茶、甜酒</td></tr>
<tr><td>田头苗寨</td><td>苗族</td><td rowspan="3">苗家糯米饭、糯米酒、土家菜、酸菜、糟辣、憋汤
酸笋、酸蕨、酸番茄、香肠、酸汤鱼、冻鱼
苗王鱼、白展鸡、米酒</td></tr>
<tr><td rowspan="3">贵州</td><td>西江苗寨</td><td>苗族</td></tr>
<tr><td>郎德上寨</td><td>苗族</td></tr>
<tr><td>天龙屯堡</td><td>汉族</td><td>糕粑、苞谷粑、炕腊肉、血豆腐、干盐菜、干豆豉
糟辣子、辣子鸡烧豆腐</td></tr>
<tr><td rowspan="2">云南</td><td>新华村</td><td>白族</td><td>寸氏家宴、火腿、乾酒、猪肝胙、吹肝、米糕、八大碗、海菜汤、三道茶</td></tr>
<tr><td>安中村</td><td>纳西族</td><td>酥油茶、丽江粑粑、八大碗、三叠水、杂锅菜</td></tr>
</table>

3. 旅游商品销售：提高品质、延长产业链条

旅游商品本身就是一种旅游资源，丰富的民族文化资源能够被创造为富有特色的旅游商品以满足游客的购物需求，例如大理新华村的银制品加工与销售已经成为当地最具吸引力的旅游资源之一。郎富平等（2009）通过相关分析、回归分析、卡方分析等方法全面分析了乡村旅游景区游客的旅游购物行为及其期望特征，表明游客从高到低依次关注旅游商品的质量、真实度、地方特色、购物服务、价格、品牌信誉度、使用度、美观艺术性、种类、经济性、购物环境、体量与包装。因此，在乡村旅游土特产品以及工艺品的开发过程中应尽量避免产品的单一与雷同，做好旅游商品的设计以及能工巧匠的选拔。旅游工艺品要围绕本地特色以及民族风情在用材、图案、色彩、造型、风格、包装上精心设计，开发出富有特色的同时具备纪念性、实用性、艺术性、民族性的高品质旅游特色商品，满足不同层次游客的消费购物需求，激发游客的购买欲望。[1] 其次，鼓励种养附加价值高的农作物与牲畜，农副土特产品开发要充分利用乡村旅游，延长农村的产业链条，促进农业、制造业、旅游业间的互动，调整地方产业结构，深化改革。提高农业产品加工水平，围绕大宗优势、特色农产品，重点发展精深加工，提高农产品附加值，逐步实现由初级加工向精深加工的转变，由数量增长向质量和效益提高转变，为游客生产绿色、有机的农副土特产品，促进农产品加工业持续、稳定、健康发展，增加农民收益。同时，针对目前土特产品与工艺品的生产规模较小、农户分散经营的特点，要加大对农业龙头企业的扶持力度，培育和发展一批资源转化型的农业龙头企业，将农业与乡村旅游业有机结合，利用农产品销售渠道扩大乡村旅游目的地的营销范围。通过注册以景区命名的产品商标，品牌化地营销与管理地方乡村旅游产品，从而拓宽乡村旅游自主经营收入所得，打造一条全生态循环型旅游产业链。通过“以旅助农、以旅促农、以旅富农”的农旅产业互动模式，优化及调整农村经济结构，促进农村经济多元化，缩小城乡差距。最后，旅游相关部门要加大对土特产品、工艺品等旅游商品质量和价格的监管，最大限度地优化购物环境，建立电话、信箱、网站等多位一体的游客投诉监督机制。

[1] 帕哈提•克依木，杨德刚，蔡文春. 乡村旅游经营类型与乡村旅游需求对比研究——以吐鲁番葡萄沟为例[C]. 休闲农业与乡村旅游发展，2004:80-85.

4. 优先发展与保护本土居民的自主经营权

当地居民是当地旅游发展的核心力量，也是旅游文化的活的载体，直接关系到旅游业能否健康持续发展。因此，必须优先发展和保护当地居民的自主经营权，提高乡村旅游对农村发展与农民增收的贡献率。政府应加强对低收入群体的服务知识、旅游营销和先进的管理理念的培训，指导低收入群体的村民建立有效的营销渠道，有效发挥政府职能，引导实现村民自治。在吸引外资的同时，要优先为本地资本创造投资条件，探索建立刺激本地资本投资建设的良好机制，改善投资环境，在税收、资源使用、政策等方面给予农村个体工商户与私营企业支持，降低农民进入旅游业的门槛。同时，政府要提高景区管理部门的市场监督能力，使旅游市场进一步规范化，更好地平衡外来经营者与本地经营者的利益。另一方面，旅游经营要走规模发展之路，一家一户的小规模经营模式已经很难满足游客的需求，不可能再有大的作为，必须积极筹集集体资金、科学推进土地流转，积极发展旅游专业合作社，实现乡村旅游产业化、规模化、市场化经营，使更多的利润流向当地居民。

5. 扩展其他经营项目

乡村旅游开发具有明显的辐射效应与仿效现象，这也是导致乡村旅游项目竞争性强，互补性弱的重要原因。总体来说，乡村旅游开发给西南民族地区人民的生活带来了极大的好处，但是从长远发展来看，旅游经营项目的开发还存在着档次低、项目单一、缺乏特色等问题，经营项目仍停留在住宿、餐饮以及工艺品销售等方面。在这些村寨中要实现旅游增收这一重大课题，深化经营内容，加强旅游项目开发，丰富各景区的农民经营项目，仍然是旅游发展的重中之重。将民俗风情与现代休闲娱乐功能相结合，将宜人的自然环境与养生度假功能相结合，打造体验民俗、亲近自然、休闲娱乐、养生度假为一体的多功能旅游地。旅游产品的开发要注重横向差异与纵向差异，横向差异指在产品设计与项目开发中要避免与周边旅游村寨、旅游景点的雷同，突出特色；纵向差异化体现在要在不同时间、不同季节利用景观特色与民族节庆打造不同的旅游产品，提高游客重游率。旅游产品与项目因时因地突出特色，既有利于增加旅游参与人数，又有利于减少淡旺季的客流量波动，从而提高旅游收入，实现旅游增收。在未来要积极开展“一业为主，多业经营”的发展模式，在住宿、餐饮、工艺品销售及歌舞表演的基础上创新旅游经营项目，既要学习、借鉴不同乡村旅游目的地的优势项目，又要创新思维加强本地的旅游项目研究。与民族文化相结合兴建乡村博物馆，开展民俗节庆活动、民族服饰展演、民族体育竞技活动、民族手工艺品加工与食品制作活动；与农业相结合开展农业生产活动、农产品加工活动；与自然资源相结合开展探险、科普类活动。发展乡村旅游要根据潜在客源的需求，在充分体现乡土性的基础上进行精心设计、开发出新型乡村体验型以及个性化旅游产品。有关部门和旅游专家应该为不同村寨、不同村民群体设计因地制宜的参与项目与参与路径，实现“吃、住、行、游、购、娱、健、学”等相关产业的均衡发展，从而获取最大效益。通过“一业为主、多业经营”的发展模式延长游客停留时间，将乡村旅游的“蛋糕”做大，让更多的农民从中获益。各村寨旅游项目开发现状见表 5-5。

表 5-5　各村寨旅游项目开发现状与设计

案例点	主要经营项目	次要经营项目	未来发展项目
平安壮寨	住宿、餐饮	工艺品销售	歌舞表演、农活体验、健康保养
黄洛瑶寨	歌舞表演	住宿、餐饮	民族文化博物馆
程阳侗寨	住宿、餐饮	歌舞表演、工艺品销售	农业观光（茶园）
田头苗寨	住宿、餐饮	歌舞表演	民族节庆、农活体验、生态探险
历村	餐饮	住宿、导游	野营
西江苗寨	住宿、餐饮	工艺品销售、歌舞表演	民族节庆、民族体育竞技、工艺品制作特色饮食、文化技艺学习与制作
郎德上寨	歌舞表演	工艺品销售	疗养度假、生态探险
天龙屯堡	工艺品销售	餐饮、歌舞表演	民俗文化博物馆
新华村	工艺品销售	住宿、餐饮	工艺品展览与制作
安中村	骑马、划船	土特产销售	休闲度假村、住宿、餐饮

5.2　稳定农民的旅游工资性收入

5.2.1　乡村旅游工资性收入的定义与内涵

工资性收入是农民收入中近年来增长最快的一部分，随着科技养殖的推广以及农民思想观念的改变，越来越多的农村劳动力从繁重的传统农业生产中解脱出来。但是，他们中的大多数因为当地就业机会少而选择外出打工，导致家中子女、父母无人照顾，农村也失去了原有的活力。还有一部分不愿外出打工的农民由于闲暇时间较多，加之农村农民的生活方式单一，出现了赌博、吸毒等不良现象，严重影响农村的和谐与稳定。乡村旅游作为劳动密集型的第三产业，具有关联带动性强、进入门槛低、兼营性突出、就业机会多、季节性强、综合效益好的就业特点。[1] 通过开发乡村旅游不仅能直接带动经济增长，而且能够提供“离土不离乡”的就业机会。在调查中，村寨开展乡村旅游后，大部分外出打工的村民都选择回家创业，外出打工人数较之前明显下降，留守儿童、留守妇女、留守老人等社会问题也都迎刃而解。更重要的是，乡村旅游可使农民充分利用闲暇时间参与旅游接待活动，减少农业季节性的影响，在闲暇时间也能创收。同时，参与旅游接待活动可以让村民从一些不良社会习俗中解脱出来，从而推动农村精神文明建设。截至 2012 年底，我国共有 8.5 万个村开展了休闲农业与乡村旅游活动，休闲农业与乡村旅游经营主体达到 170 万家，从业人员 2800 万，占全国农村劳动力的 6.9%。

乡村旅游业发展得越好，劳动力就越值钱，只要肯劳动，工作机会总会有的，而且，在我国农村新增劳动力呈减少趋势的情况下，农民工资性收入上涨是大势所趋。美国经济学家舒尔茨曾在其著作《改造传统农业》中写到：“土地本身并不是使人贫困的主要因素，而人的能力和素质却是决定贫富的关键。”因此，在新的发展阶段，农民需要提高自身素质，更好地适应社会变化和岗位变化，拓展就业渠道，增加工资性收入。

---

[1]　石龙. 乡村旅游就业研究[D]. 上海：华东师范大学，2008.

5.2.2 乡村旅游工资性收入的现状与问题

目前，各乡村旅游景区的工资性收入占旅游总收入的比例不高，如表 5-6 所示。总体上概括为两个方面（见表 5-7），一是当地就业的收入，主要是为景区内个体经营户打工的本地居民的工资，涉及乡村旅游住宿、餐饮、旅游商品销售等就业人员的工资；二是旅游公司就业收入，即在当地旅游公司、管理局和相关行政事业单位工作的当地居民的工资。不同村寨工资性收入构成不同（表 5-8 ～表 5-13）。

表 5-6 各村寨旅游工资收入详情 （单位：万元）

	平安壮寨	黄洛瑶寨	程阳侗族	田头苗寨	历村	西江苗寨	郎德上寨	天龙屯堡	新华村	安中村
旅游工资性收入	76.22	106.29	54.68	36.44	18	1860	19	141	362.9	364.7
占旅游总收（%）	2.7	25.5	6.6	38	0.4	10.8	10.9	13	0.2	87.9

就目前西南民族地区的总体状况来看，在以公司或者政府为主导的乡村旅游开发模式下，农民的科学文化知识比较匮乏、民主观念较弱，农民素质亟待提高。一方面乡村旅游建设需要大量合格的服务人员；另一方面大量的农村富余劳动力闲置在家，从而产生劳动力素质与市场需求衔接不上的矛盾。农村居民有限的文化素质、政治意识和信息渠道，使得大部分农民对旅游业的参与始终限制在形式单一且层次较低的就业方式当中。尤其是在旅游业深入发展以后，旅游业对参与人员的素质、服务技能、知识水平等都提出了更高的要求，加上客观的旅游回报引来大量外地高素质人才的进入，农民在旅游就业中的空间越来越小，只能从事非技术性或半技术性的工作。就调查所得的数据来看，农民就业的主要途径有两种：一是在旅游公司上班，受村民自身素质所限，大多从事较为低端就业岗位，如环卫员、司机、保安、演员等；二是为景区内个体工商户打工，工资收入为每月 400 元～ 2000 元，而且受淡旺季波动影响，收入极不稳定。

表 5-7　政府或公司主导下的村寨乡村旅游就业情况分析（单位：万元）

	平安壮寨		黄洛瑶寨		程阳侗寨	
	收入金额	所占比例（%）	收入金额	所占比例（%）	收入金额	所占比例（%）
当地就业收入	57.5	75.40	1.288	1.20	19.18	35.10
公司就业收入	18.72	24.60	105	98.80	35.5	64.90
	天龙屯堡		西江苗寨		新华村	
	收入金额	所占比例（%）	收入金额	所占比例（%）	收入金额	所占比例（%）
当地就业收入	105.12	74.61	1320	70.97	78.24	31.33
公司就业收入	35.88	25.39	540	29.03	171.5	68.67

表 5-8　平安壮寨村民工资性收入来源及构成明细

项目	就业人数	平均月工资	年工资总收入（万元）
协管员	6人	600元	4.32
梯田维护员	10人	600元	7.2
清洁工	10人	400元	4.8
公司员工	1人	2000元	2.4
在餐馆和宾馆打工人员	固定员工为53人	1000元	53（按10个月计）
	临时员工约100人次	黄金周5天，50元/天	2.5
综合	80人+临时100人次	—	76.22

表 5-9　黄洛瑶寨村民工资性收入来源及构成明细

项目	就业人数	平均工资	年工资总收入（万元）
歌舞表演	94人	歌舞表演收入的60%平均分配给村民	105
临时工	184人次	70元/天	1.288
综合	94人+临时184人次	—	106.29

表 5-10　程阳侗寨村民工资性收入来源及构成明细

项目	就业人数	平均月工资	年工资总收入（万元）
管理部	1人	1000元	1（按10个月计）
财务室	1人	1000元	1（按10个月计）
保安队	10人	950元	9.5（按10个月计）
表演队	18人	900元	16.2（按10个月计）
保洁员	5人	600元	3（按10个月计）
票务	3人	800元	2.4（按10个月计）
讲解员	3人	800元	2.4（按10个月计）
在餐馆和宾馆打工人员	固定员工为18人	700～1000元/月	18.36
	临时员工约115人次	70～90元/天	0.82
综合	59人+临时115人次	—	54.68

表 5-11 天龙屯堡村民工资性收入来源及构成明细

项目	就业人数	平均月工资	年工资总收入（万元）
环卫工人	8人	800元	7.68
检票员	5人	900元	5.4
地戏演员	10人	1500元	18
导游员	20人	200元底薪	4.8
办公室人员	2人	2000元	4.8
在餐饮和宾馆打工人员	73人	1140元	约100
综合	118人	—	约141

表 5-12 西江苗寨村民工资性收入来源及构成明细

项目	就业人数	平均月工资	年工资总收入（万元）
景区迎宾队	芦笙队12人	750元	10.8
	敬酒队20人	750元	18
	迎宾方阵80人	600元	57.6
歌舞表演队	演员160人	750元	144
公司员工	116人	1800元	250.56
环卫工人	60人	800元	57.6
文化传承人	2人	600元	1.44
为个体工商户打工人员	雇工800人	淡季1500元；旺季1800元	1320
综合	1441人	—	1860

表 5-13 新华村民工资性收入来源及构成明细

项目	就业人数	平均月工资	年工资总收入（万元）
清洁工	75人	1200元	171.5
保安人员		1200元	
购物广场员工		2400～3000元	
部门主管		3000～4000元	
为个体工商户打工人员	28人	餐馆旅馆员工1400～1800元	74.74
		技艺师傅3500～4500元	
		一般技工1500～3000元	
		工艺品店店员1800～2500元	
	临时工50人次	黄金周10天，工资70元/天	3.5
综合	103+临时工50人次	—	249.74

乡村旅游业有不同的发展途径，张环宙等（2008）认为内生式发展（endogenous development）模式相比政府或公司主导的外生式发展（exogenous development）模式能创造更多的就业机会，并对环境保护、产品质量、资料利用效率、当地传统文化价值保留产生积极影响，能够在兼顾环境、社会、就业效益的同时产生经

济效益，是最符合社会、经济、环境可持续发展的乡村旅游开发模式。在内生式乡村旅游开发模式下，乡村旅游发展过程由本地控制，发展利益保留在本地，使得农民与旅游业结合得更加紧密，如表5-14所示。田头苗寨、郎德上寨、安中村分别采用了合作制、工分制以及马帮制的开发模式，模式不同但都对当地劳动力转移起到了积极的促进作用，同时在具体实施中也逐渐暴露出了一些问题，如表5-15～表5-16所示。

表5-14　内生式乡村旅游开发模式下的旅游就业分析

村寨	开发模式	就业特点	积极影响	存在的问题
田头苗寨	股份合作制	田头苗寨采用的是入股联合、董事决策、风险共担、利益共享的股份合作制模式，共吸收32户村民正式入股。32户股东共同制定股东会章程和管理制度，合股经营，下设表演部、后勤部、财务部、客房部、安全部。通过民主决策选举总经理、副总经理，同时任命人力资源、后勤、接待、财务、安全等各工作部部长，负责管理旅游公司日常事务。收益主要用于三个方面：员工工资、投资建设、股东分红	股份制自主经营模式能将旅游资源、特殊技术、劳动量转化成股本,收益按股分红与按劳分红相结合，保证了利益分配均匀合理；降低了农民进入旅游业的门槛，同时实现了社区参与深层次转变，提升了社区居民的主人翁地位	旅游受益面窄，参与旅游开发的32户股东仅占全村户数的22.2%；村民思维理念传统散漫难以适应公司式严格统一的管理
郎德上寨	工分制	郎德上寨按照“所有的人都为村寨的建设和保护出过力，应该家家都收益”的原则坚持工分制。全村村民共分为老年组、演员组、学生组进行工分的发放与回收，根据不同的职位与穿着分别发放工分1～23分不等（工分详细情况见表5-15和表5-16）。每场演出收取旅游团队600元～1000元不等的表演费，村委会提成25%用于公共开支，剩余75%每月按工分结算分配给每户村民	保证了当地村民公平参与旅游业和平等分配旅游收益，提高了生活条件与妇女地位；避免了村民间贫富差距拉大，解决了不同年龄阶段的就业问题；利益分配公平公开，激发了全体村民参与旅游业的热情	村民观念陈旧、故步自封；农业生产与旅游接待之间的角色转换不到位，旅游接待粗糙、懒散；农民参与行为不能满足旅游经济发展需求，阻碍旅游开发方式创新
安中村	马帮制	马帮制以户为单位，村民们每户出1人、4匹马以及1000元钱，两户出一条铁皮船。截至2012年，安中村合作社参与户数由2008年的45户增长到目前的55户，分成四个小组，每个小组一名组长，每个小组四天内可休息一天，旅游参与户数占全村总户数的90.02%。旅游收入当天结算，全部平均分配给社员，2012年每户获利7万元	有更大的抗风险能力和资金筹集能力，将分散的个体力量整合在一起，提高了农民在旅游市场中谈判的地位	村民的旅游服务意识、经营管理水平不高；经营方式粗放，不能充分促进社会分工，村民的就业结构单一；严重的平均主义压抑社员的积极性、主动性、创造性，旅游发展失去活力

表 5-15　郎德上寨旅游接待角色工分表

角色	旅游接待组工作人员	演员				学生		
		男演员	女演员	便衣女演员	高排芦笙	1–2年级	3–4年级	5–6年级
分值	19	23	20	13	14	4	6	8
衣着要求	要求穿黑家布便衣、布鞋、包头巾	黑家布黑衣、黑布鞋、包头巾	穿银衣、穿布鞋、穿绣花带裙子加内裙子、银帽、银角	黑长裙子，穿绣花衣加花胸腰巾，穿银帽、穿布鞋	穿长衣、包头巾、穿布鞋、捆腰巾	小男孩穿长衣、穿布鞋，小女孩穿银衣、银帽或绣花便衣和布鞋		
扣分细则	总工分19分，少布鞋扣1分，少包头巾扣1分，少两样2扣2分	少布鞋扣1分，少包头巾扣1分，少两样扣2分	少布鞋扣1分，少银角扣1分	a.加演员级别分（一级6分，二级5分，三级4分）。b.少花胸巾扣1分，少银帽扣1分，少布鞋扣1分。少一样扣1分，少两样扣2分，少三样扣3分	吹芒筒加1分；少包头巾扣1分，少布鞋扣1分，少两样扣2分	穿着不按要求扣子不扣，不给工分。少布鞋扣1分		

注：以上资料来源于上郎德村委及笔者整理而得。

表 5-16　郎德上寨旅游接待着装工分表

服饰	长衣	绣花衣	盛装	银角
分值	11	12	12	16
衣着要求	穿黑家布长衣、布鞋、包头巾	穿黑长裙子、绣花衣、布鞋、绣花围腰巾、空头，但要梳理好头。年龄要求50岁以下	穿黑长裙子、盛装、角头巾、绣花围腰巾、布鞋。年龄要求51岁以上	穿绣花带裙子和内裙子、银衣、银帽、银角、布鞋。年龄要求：16（初中生）～45岁
扣分细则	少布鞋扣1分，少包头巾扣1分，少两样扣2分	少布鞋扣1分，少绣花围腰巾扣1分，少两样扣2分	少角头巾扣1分，少绣花围腰巾扣1分，少布鞋扣1分，少一样扣1分，少两样扣2分，少三样扣3分	少布鞋扣1分，少银角扣1分，少两样扣2分，不挽头鬓扣1分

注：以上资料来源于郎德上寨村委及笔者整理而得。

5.2.3　扩大乡村旅游工资性经营收入的措施与对策

1. 扩大就业机会

由于乘数效应，乡村旅游业的发展促进了相关产业链条，产业关联度加长、加大。随着旅游业发展，大量的客流量流入，带动了目的地的观光、餐饮、住宿、购物，随之而来对相关原材料的需求也骤然增加，导致了旅游旺季“一床难求”、餐饮质量跟不上等问题。以西江千户苗寨与龙胜平安壮寨为例，每年十一黄金周都有大批游客蜂拥而至，配套设施供不应求，致使游客满意度下降，旅游收入不断受到影响。发展旅游促进农民增收的效果也不明显。为了增加农民收入，保证农村人口就业，村寨可根据区域景观资源的价值进行合理开发，处于核心资源区的村寨可以着重参观游览，非核心区的村寨可以发展配套设施建设，改变单兵作战的局面，实现良好的区域分工合作，资源互补，促进乡村旅游业和谐持续发展，实现农民增收。

2007 年 7 月 1 日《中华人民共和国农民专业合作社法》实施，明确表示支持、引导农民自愿联合、民主管理的互助性经济组织的发展，保护农民专业合作社及其成员的合法权益，促进农业和农村经济的发展。意在鼓励农民把手中的土地、资本、技术等资源转化为股本参与发展乡村旅游，促进农民增收。在未来的乡村旅游发展中，政府可引导农村经济组织向专业合作社积极靠拢，这样既能保证乡村旅游经营过程中的合理性与合法性，同时还能获取国家财政支持、税收优惠和金融、科技、人才的扶持。

鼓励农民通过土地流转的形式将资源进行合理布局、集中经营，吸引大量的行业精英参与其中，形成产业化和规模化的专业基地，通过发展旅游产业带动规模经济，促进相关产业的扩展。从而为本地居民创造更多的就业机会，促进农民增收。

加大投入促进依托旅游发展的本土产业发展，开发具有当地特色的旅游产品，促进旅游相关产业链条的延伸。以核心景区为依托在周围村寨开发配套的服务产业，例如：民族手工艺产品加工业、鸡鸭禽类养殖业、蔬菜种植业、土特产品种植与加工业，这样既能保证当地农产品的销售渠道和价格，又能保证核心风景区旅游消费者的原材料消费需求和基础设施建设的劳动力需求。农业方面要实行产业化经营，增加农副产品的加工，特别是深加工与精加工；旅游业方面开展旅游工艺品加工业，工艺品要突出地方特色、民族特色，注重旅游产品的质量与设计，充分利用农民农闲与旅游淡季的闲暇时间，提供短期的就业岗位。通过产业链条的延伸，吸引更多的剩余劳动力，提高农村人口就业率，增加农民收入。

2. 深化就业层次

在发展乡村旅游的过程中，本地社区居民的参与不仅能够提高基础就业率，增加社区居民收入，促进社区和谐发展，同时也更有利于资源的传承和保护。就业结构的调整带给居民的收益增加将转化为居民发展旅游产业的动力。在调查对象中，受过教育与未受过教育的农民在旅游参与度以及旅游收入方面存在较大差异，绝大多数农民已经意识到知识与技能的重要性。因此，深化农民在旅游业中的就业层次不仅能增加农民工资性收入，更能强化农民的主人翁地位。基于此，加强教育与培训也就成了深化就业层次的前提条件，对村民的旅游教育培训既要有观念意识上的教育也要有技能培训：一是要培训基础沟通的语言，如普通话和英语，同时进行专业技能的培训，强化村民的服务意识和服务水平，引导村民了解村寨历史，使村民热爱村寨、热爱旅游。这些可以通过上课口授、解说、互动参与或者开会讨论的形式进行展开。二是组织相关行业专家编写浅显易懂的培训手册，包含基础操作技术、服务技巧及渠道营销内容；同时聘请专家顾问，针对村寨的资源和发展情况为乡村旅游发展把脉，整合资源，在原有项目的基础上发掘更新更多的旅游项目，助推乡村旅游业的发展。同时，通过启动网上培训课程，建立与高校、科研院所合作的乡村旅游教学基地，建立“乡村旅游志愿者”服务体系，丰富培训活动。培训的重心应为如何帮助乡村旅游地的农民转型成为游客停留期间提供所需的乡土性“食、住、行、游、购、娱”服务的旅游业者。另一方面，要积极改变农民保守落后的思想认识。脱贫致富，大家首先关注的是资本、劳动、技术等物质原因以及人的文化、技能等人力素质原因。其实，人的思想认识才是最重要的，不能让农民在乡村旅游发展的过程中产生“等、靠、要”的依赖思想和放弃自我主观努力。因此，要加强对农民的就业指导、完善就业服务体系，通过当地农村的旅游精英发挥良好的示范作用，只有思想观念改变才能带来实际的经济发展。

5.3 确保资源产权收入

5.3.1 乡村旅游资源产权收入的定义与内涵

马克思曾指出“土地是一切生产和一切存在的源泉”，并认为“土地价格无非是出租土地的资本化的收入”，继而提出了三种形式的地租：绝对地租、级差地租以及垄断地租。[1] 按照产权经济学的解释，产权是对财产的各种权利的总称，

[1] 中共中央马克思恩格斯列宁斯大林著作编译局. 资本论：第3卷［M］.北京:人民出版社，2004，42：571-704.

基本要素包括个人或行为团体对资源的所有权、使用权、处置权及收益权。不同的产权结构决定了不同的收益分配结构。我国农村土地实行社会主义公有制，《宪法》《土地管理法》《物权法》都对农村集体土地所有权有着明确规定。《宪法》第十条规定：农村和城市郊区的土地，除法律规定属于国家所有的以外，属于集体所有；宅基地、自留地、自留山，也属于集体所有。因此，农村国有土地与农村集体土地的权利结构及基本特征有所差异，农民凭借其拥有的产权力量可以间接或直接地参与地租分配，我国农村现行产权制度结构下的土地收益分配方式如表 5-17 所示。[1]

表 5-17　我国农村现行产权制度结构下的土地收益分配方式

土地产权	土地收益分配方式
国有土地国家使用	收益属于国家，农民无权利直接参与分配
国有土地集体使用	收益归集体，农民凭使用权参与分配，可与集体成员共享地租
国有土地个人承包使用	收益归个人，农民凭承包经营权获得全部地租
集体土地集体经济使用	收益归集体，农民凭所有权参与分配，可与集体成员共享地租
集体土地个人承包使用	收益归个人，农民凭承包经营权获得全部地租

一般情况下，土地增值有三种途径：要素投入增值、供求增值以及用途性增值。[2] 因此，当土地由传统的农业生产转换为非农用途时，如旅游开发，并因旅游发展而与其他非农活动产生联系后，无疑会带来土地增值。旅游开发的实质就是通过改变土地利用方式使附着在土地上的旅游吸引物的潜在价值得到了价值实现。中国独特的民族风情和资源多数隐藏在边远偏僻、相对闭塞的地区，正是因为对外开放程度低，所以才保持了其民族民俗原真性和生态环境的完整性，这些对外界来说都具有观赏和游憩价值。土地也就理所当然地成为旅游收益形成的本源与物理载体。旅游用地大致可以分为两种类型：一是用于满足旅游休闲的需要，由原生的自然景观与人文景观共同组合而成的可供观赏、娱乐、游览等用途的土地资源；二是用于旅游配套服务设施，如餐馆、酒店等建设的用地。乡村旅游开发可以在不改变农业用地（梯田）或建设用地（宅基地）的情况下获取级差收益，并且不需要经过土地流转即不改变土地产权状态。农民从旅游开发过程中获得的资源产权收入类型主要包括：①土地租赁金（资源使用费、补偿金）；②民居保

[1]　左冰，保继刚. 制度增强：社区参与旅游发展之土地权利变革[J]. 旅游学刊，2012，27(2):23-31.

[2]　周诚. 论土地增值及其政策取向[J]. 经济研究，1994(11):50-57.

护费或文化保护费；③旅游开发外部性收益。因此，在明晰旅游资源产权和科学公正的资产评估的前提下，村寨旅游资源作为集体或者个体的资源性财产，其收入将成为带动农民增收的新亮点。

5.3.2 乡村旅游资源产权收入的现状与问题

在乡村旅游的资源开发中，人和资源是重要的组成部分，独特的自然景观是旅游开发的基础。但是居民同样也是旅游资源的组成部分，而且是旅游经营的核心组成，享有资源的所有权。[1]

长期以来，乡村居民对旅游资源的认识存在偏差，认为旅游资源是大自然的赐予而非劳动产物，存在旅游资源无价与低价观。因其具体价值没有统一的标准来衡量，所以现实中资源在被利用时往往被过度开发。[2] 乡村旅游发展过程中农村居民资源产权收入主要来自两方面：一是国家或者集体拥有的乡村旅游资源，但由于国家属于虚拟所有者，因此乡村旅游资源主要以集体代表国家所有；二是农民家庭拥有的土地资源与房屋。从表 5-18 可以看出，乡村旅游资源产权收入主要来源于门票收入分成、股份分红、宾馆餐饮房屋租金、门面及摊位租金、场地租金 5 个方面，从总体上看，10 个村寨的旅游财产性收入占旅游总收入的比例不高，不超过 9%。其中，门票收入分成、门面及摊位和房屋租金是乡村旅游财产性收入来源，仅有田头苗寨采用股份分红的形式。

表 5-18 各村寨乡村旅游资源产权收入详情 （单位：万元）

村寨	旅游财产性收入构成（万元）					旅游财产性收入	占旅游总收入比例（%）
	门票分成	股份分红	宾馆房屋租金	门面及摊位租金	场地租金		
平安壮寨	115	0	63	47.67	0	225.67	8.25
黄洛	0	0	0	0	0.475	0.475	0.1
程阳侗寨	6.75	0	4.4	0	0	11.15	1.34
田头苗寨	0	3.2	0	0	0.36	3.56	3.96
历村	22	0	0	20.9	0	42.9	1.1
西江苗寨	538.9	0	515.6	284.4	0	1338.9	7.9

[1] 陈志永，吴亚平，李天翼. 乡村旅游资源开发的阶段性演化与产权困境分析——以贵州天龙屯堡为例[J].热带地理，2012 (2): 201-209.

[2] 史清莲. 乡村旅游开发的外部不经济及其内化探析[J]. 生产力研究，2006(3): 139-141.

（续表）

村寨	旅游财产性收入构成（万元）					旅游财产性收入	占旅游总收入比例（%）
	门票分成	股份分红	宾馆房屋租金	门面及摊位租金	场地租金		
郎德上寨	0	0	0	0	0	0	0
天龙屯堡	22.25	0	0	31.76	0	54.01	5.1
新华村	35	0	0	6.8	0	41.8	0.04
安中村	0	0	0	16.5	17.8	34.3	8.3%
总计	739.9	3.2	583	408.03	18.635	1752.765	100%

不同类型的乡村旅游资源具有不同的产权性质，一些特定的乡村旅游资源产权处于模糊或者缺失的状态。具有垄断地位的乡村旅游资源由于不可取代性和有限性，随着旅游业的繁荣发展，其价格也将不断攀升。乡村旅游资源产权不明晰往往导致公地悲剧现象的发生，具体表现为资源的无效率使用以及环境退化。[1]

1. 乡村旅游资源收入过低，农民增收难以实现

在乡村旅游的发展过程中，如果开发方与村民之间的利益分配关系处理不好非常容易引发矛盾。通常初期发展方向一致，关系相对比较缓和，随着收益的增加和分配比例的失衡，最核心的矛盾逐渐被引发。一些旅游公司凭借景区内独特的自然资源，对门票、住宿、餐饮等项目制定较高的垄断价格，以此获得超额垄断利润。这部分垄断利润本应通过地租交与国家或集体，但由于缺乏管理致使高额垄断租金进入私人腰包。[2] 另一方面，在进行开发时政府与旅游公司往往只补偿农地价格，而回避与模糊当地的旅游资源吸引价格（民居、景观、民俗等）。[3] 旅游开发商对于村寨资源的使用主要通过门票提成的方法给予当地村民一定的补偿。在调查的村寨中需要收取景区门票的包括：龙胜平安壮寨、三江程阳侗寨、西江千户苗寨、天龙屯堡及新华村，但门票提成比例普遍不高。虽然旅游公司都会与村民签订旅游合同，景区的接待人数与旅游收入也不断增长，但公司并没有严格按照合同规定的分成比例进行分成，农民的利益未得到充分体现。其中，三江程阳侗寨与天龙屯堡实际所得的门票分成不到合同规定的50%（表5-19），真正到每个农民手中的资源使用费只有几百元，在三江程阳侗寨甚至每人每年只

[1] 王继庆.制约我国乡村旅游业可持续发展的原因[J].中国林业经济，2008(4):30-33.

[2] 娄思元.旅游土地增收及管理初步研究[D].昆明：云南师范大学，2007.

[3] 保继刚，左冰.为旅游吸引物权立法[J].旅游学刊，2012，27(7):11-18.

能分到十几元，导致村民与开发商关系紧张。村民认为政府垄断门票收入，现有的门票分配制度富了政府而自己却还是老样子。于是在这些景区中均出现了村民协助游客逃票的现象，其中程阳侗寨尤为严重，2011 年逃票人数达 1.3 万人次，购票人数为 3.9 万人次，比例高达 1 ∶ 3，按照村民从中收取 20 ～ 40 元不等的小费，村民拉客收入一年至少可得 26 万元，这显然不利于当地旅游业长远健康的发展。

表 5-19　乡村旅游开发模式与门票分成比例（2011 年）[1]

村寨	开发模式	门票收入（万元）	合同规定的门票分成比例（%）	门票分成（万元）
平安壮寨	“公司＋农户”开发模式	2810.35	梯田维护费：7 基础设施建设：10	115
程阳侗寨	“政府+公司+农户+旅游协会”的开发模式	157	资源使用费：10 保底基数：15万/年	6.75
西江苗寨	政府主导型开发模式	3592.9	文化保护经费：18	538.9
天龙屯堡	“政府＋公司＋农村旅游协会＋旅行社”开发模式	533	政府11，村委会10，农民旅游协会14，旅行社11，公司54	22.25
新华村	“政府+公司+农户”开发模式	公司保密	资源使用费：35万/年	35

2. 产权主体多元化，社区矛盾不断凸显

由于景区经营权和管理权分离，产权不清，责权不明，利益分配模糊不公，乡村旅游最终演变成了政府、旅游公司与农民攫取其收益的权利博弈。一些村民个体的利益诉求，上升为一种集体性的抗议行动，致使社区居民不配合景区管理工作，造成景区及社区长期无法收拾的混乱局面，甚至导致旅游村寨群体事件一段时间内来屡屡发生。2004 年，广西龙脊景区平安壮寨由于旅游公司给村民的旅游分成过少，村民封寨并驱赶公司人员，景区关闭 14 天；2011 年元月，程阳桥景区发生经营权之争，柳州市政府将程阳桥景区委托给柳州三江程阳桥开发投资公司独资经营管理；2012 年 7 月，贵州雷山西江村由于不满政府对门票收入的垄断以及不合理的景区管理制度，村民闹事封锁景区道路，不让景区售票，迫使景区停业 7 天。通过调查我们发现，部分村民开始萌发了提高旅游资源维护费

[1] 天龙旅游开发投资有限公司通过为村民购买农民合作医疗保险作为旅游资源的使用费，2005年每年10元/人，2008年增至20元/人，2011年增至30元/人。

的想法，并对旅游公司的管理模式不能接受，认为自己在旅游发展中收益低，住房环境受到相关政策的限制，不能改善住房条件，村民基本生活要求未得到满足。随着乡村旅游的蓬勃发展，旅游收益的增加，村民对原来的补偿和分配比例逐渐产生异议，也迫使一些开发商不断向村民的要求让步，提高补偿标准，如平安壮寨的梯田保护费由原来门票收入的 5% 提升到 7%；程阳侗寨的资源使用费由原来的最低 12 万元 / 年提高到现在的 15 万元 / 年；西江苗寨的文化保护费也在 2012 年由原来的 15% 提升到 18%。这种产权分离的模式致使旅游公司为了在租赁期结束前快速回收成本追求更多收益，加快对旅游资源的开发，这种开发不计后果，对资源的完整性产生了巨大的影响。

3. 贫富差距拉大

左冰 (2005) 认为历史和自然景点具有地理位置不可改变的特点，在其周围将形成旅游设施用地集中区，从中心区向外围地区扩张，而人造景观和娱乐设施由于竞价能力高于农田、林地甚至工商企业，通常成为大城市郊区最为优势的土地利用形式。[1] 随着旅游的开发与游客的大量涌入，农村原有的传统农业发展模式逐渐被打破，可观的旅游回报吸引了大量的外地人进入乡村进行投资与经营活动，村寨的旅游接待人数与村民的租金收入呈现正比关系。在这种情况下，一些经验贫乏、能力比较弱的村民就会倾向于出租有限的土地资源与房屋来获取租金收入。外来经营者作为纯粹的“经济人”唯一的目的就是获取旅游经营收入，因此，他们往往选择游客较为集中的核心商业区中条件好、面积大的门面或房屋。

在外地经营者能够支付更高租金的利益驱使下，核心景区内的店面与房屋逐渐让渡给外来经营者，同时使得级差地租金不断提高，农民的财产性收入与其宅基地位置显著相关。例如：西江千户苗寨由平寨、东引、羊排、南贵 4 个片区组成，目前，在西江乡村旅游开发中受益的主要是沿街的南贵、平寨片区，拥有位于主要街道住房的村民，通过出租房屋、自主经营农家乐等形式，真正实现了大幅度的增收。而地势较高、较偏远的羊排、东引片区村民很少甚至不能创造乡村旅游经济效益，一些有条件的农户虽然开办了农家乐，但效益不好。核心地段的店面

[1]　左冰. 土地利用变化的旅游驱动力研究[J]. 云南财贸学院学报，2005，21(5):106-110.

千金难买与偏远地段的房屋无人问津形成鲜明对比，从而导致村寨发展不均，贫富差距拉大，村寨的发展不均以及村民间的互相攀比导致社会矛盾愈演愈烈。[1]

5.3.3 确保乡村旅游资源产权收入的措施与对策

1. 采取资源入股，确保长久受益

无论是平安壮寨的梯田、西江千户苗寨的吊脚楼还是程阳侗寨的风雨桥都是世世代代居住在那里的村民辛勤劳动的结晶，他们是资源的拥有者也必将是最终受益者。但由于农民的博弈弱势，他们所得的资源补偿与开发后开发商赚取的高额利润相比相差悬殊。对此，农民可将资本化的旅游资源作为股本，与政府、开发商合作入股，有效防止外来强势群体（政府、开发商）将村寨当成“摇钱树”对旅游资源过度索取，确保旅游资源合理开发，保护乡村旅游的生态环境，保障农民对自有资源长期获利，从而提升农民收入结构中财产性收入对农民收入增长部分的贡献率。尤其对于那些在乡村旅游开发过程中失去土地等生产资料或由于传统生产方式受限而失去生活保障的农民以及那些地理位置偏远或是家庭条件、身体条件差而无法参与到旅游活动中的居民，资源入股使他们公平地享受到旅游收益，起到更好地维护社区和谐，防止出现旅游增长而农民不增收的作用。同时，村民以入股的形式参与乡村旅游，尤其是以资源入股的形式刺激了村民参与旅游开发、经营、管理的积极性，同时也使相关各方组建了一个相互制约、互惠互利、共同发展的利益共同体，最大程度上减少了各方利益纷争，提高了资源利用率，促进乡村旅游快速发展。

2. 增加资源产权意识，提高话语权

通过调查与研究发现导致资源使用费用低的原因有两点：一是村民对资源产权的意识不强；二是村民在旅游开发中属于弱势群体，无法充分表达自己的意志、维护自己的权益。作为乡村发展旅游的外部主要引导力量政府来讲，要建立完善

[1] 张聪，但文红. 旅游活动对村寨微观经济区位的影响及成因——以西江苗寨为例[J]. 贵州师范大学学报（自然科学版），2010，28(1): 112-116.

的为民服务体系，确保村民享有完全、通畅的信息渠道，明晰旅游产权的重要性，告知村民在旅游发展中的权益，必要时政府应采用正常的干预手段确保村民利益，确保合理的利益分配比例，保持相对公平的权益机制，保障社区居民在旅游发展中的合法地位不受侵害。[1] 保继刚（2013）认为在进行旅游开发时，土地价值应当是由原有用途下的土地价值和吸引价值共同组成的完全价值。旅游吸引物作为地上附属物，其形态多种多样，但其吸引价值却在旅游开发中没有得到充分的体现，因此提出了将旅游业赖以发展的核心资源——旅游吸引物立法。旅游吸引物赋予了土地巨大的增值空间，无论是梯田、民居还是民俗风情都附加了人类的劳动，而实际情况是政府和开发商都尽量回避或模糊资源的吸引价值。应从法律上认可土地及其旅游吸引物的价值，承认“吸引物权”作为一项财产权利的客观现实，对其进行合理评估从而更好地优化各相关利益主体。此外，村民要组建自己的行业协会或者村民组织，充分运用集体的智慧，代表集体的利益。在遇到涉及集体或个人利益的问题时，由相关组织出面，站在集体的角度提出解决问题的方法，共同维护村民的集体利益和乡村旅游的可持续发展。位于乡村旅游发展最基层的领导者，应在汇集集体思想的基础上合理统筹发展，带动全村实现增收。

3. 加快土地制度改革，盘活土地资源

在农村，农民家里最值钱的就是土地，农民的财产数量不少，但收入却很低，农民的财产性收入跟城市家庭相比存在很大的差距。究其原因在于农民和城市居民拥有的产权性质不同，城市居民的房产可以灵活转让、买卖变现成为货币，而农民拥有的土地使用权没有办法买卖，如果不能合理地参加土地流转，农民手里的资源变现比较困难。“十二五”规划中明确提出要坚持和完善农村基本经营制度，现有农村土地承包关系保持稳定并长久不变，在依法、自愿、有偿和加强服务基础上完善土地承包经营权流转市场。2014 年“中央一号文件”首次提出农民承包经营权可抵押担保，指出“稳定农村土地承包关系并保持长久不变，在坚持和完善最严格的耕地保护制度前提下，赋予农民对承包地占有、使用、收益、流转及承包经营权抵押、担保权能”。通过土地制度改革和规范流转增加农民财

[1] 盖媛瑾，陈志永，况志国. 天龙屯堡与郎德苗寨乡村旅游社区经济增权比较研究[J]. 贵州农业科学，2009，37(10):212-217.

产性收入，一方面可以减少土地荒废，盘活土地资源，真正让农民的财产权得以“显化”；另一方面土地流转的推进，打破了传统单一的土地承包方式，使农民在增加财产性收入的基础上有更多的精力去从事二、三产业，有利于农民增收。乡村旅游是依托自然景观、人文景观等产生的游憩活动和行为，短期内不会对环境造成破坏，因此农民在不改变土地性质的基础上将其用来发展乡村旅游，也是农民增收途径的一种。[1] 因此，加快建立农村土地流转交易市场以及县、乡、村三级土地流转服务机构，引导和规范农民及农村集体经济组织在“依法、有偿、自愿”的前提下流转土地，农民可以通过承包、租赁等方式，吸引社会资本参与旅游项目开发与建设，城市的投资者可修建乡村酒店、娱乐设施，进一步提升乡村旅游业的发展。政府也可通过多元化的土地制度，集中零碎、分割的土地或荒地向有家庭农场经营能力的人才倾斜，鼓励发展观光农业、有机农业、规模养殖等。[2] 同时，由于地域差异可能会进一步扩大地域不平衡和贫富差距，应加快完善有关法律法规，避免土地流转成为少数人的“盛宴”，保障农民公平分享土地增值收益。开发商也可通过要素投入（投资改善土地、房屋周围的基础设施与环境）从而减小土地由于经济地理位置原因所造成的级差地租，比如建设旅游商店、旅游小道、人为景观等，吸引更多的游客，从而提高偏远土地的利用率与收益。

5.4 加强旅游转移性收入

5.4.1 乡村旅游转移性收入的定义与内涵

农业是弱势产业，农民是弱势群体，国家通过进一步调整收入分配结构从而提高农民在二次分配中的所得收入是对农民的保护，也是增收的重要手段。一般情况下，农村居民的转移性收入是指个人无须付出代价获得的收入，主要由两部分组成：一是农村居民亲友赠送所得；二是政府惠农政策所得。其中，中央财政与地方财政无偿支付给农民的现金或实物，是最重要的来源，包括农业补贴、医

[1] 徐勤政，刘鲁，彭珂.城乡规划视角的旅游用地分类体系研究[J].旅游学刊，2010(7):54-61.

[2] 李旭东.国外乡村旅游发展的实践及启示[J].西昌学院学报（社会科学版），2013(3):89-93.

疗费报销、救灾款、离退休金、养老金等。2012年中央财政对“三农”的实际投入首次突破1万亿元，达到10408.6亿元，同比增长21.3%，根据“总量持续增加、比例稳步提高”的要求，今后“三农”仍将继续成为中央财政投入的重点。而西南少数民族地区作为《中国农村扶贫开发纲要（2011—2020）》和深入推进西部大开发的工作重点，同时享受《少数民族事业“十二五”规划》《国务院关于进一步繁荣发展少数民族文化事业的若干意见》《少数民族特色村寨保护与发展规划纲要（2011—2015）》等多项政策，一系列惠农、扶贫政策措施保证农民的转移性收入将持续稳定增加。在开展乡村旅游的农村，当地农民还能得到来自旅游公司或者政府的用于改善旅游基础设施、促进旅游产业发展等的专项资金。从总体上来看，尽管在乡村旅游发展过程中政府与公司的旅游建设投入并没有直接增加农民收入，但这些民生工程的实施加快了农村城镇化进程，对于促进农村和谐、建设美丽乡村、缩小城乡收入差距都起到积极作用，减轻了农民负担，是农民增收的新亮点之一。

5.4.2　乡村旅游转移性收入的现状与问题

贵州省作为全国最早引进国际上乡村旅游理念并付诸行动开展乡村旅游的省份，政府对于乡村旅游的扶持力度较大，贵州农村已经有超过1000个民族村寨在发展乡村旅游。2011年，贵州省出台《关于大力实施乡村旅游扶贫倍增计划的意见》（简称《意见》），明确乡村旅游扶贫开发目标任务、重点内容、保障措施。《意见》提出，从2011起，贵州省每年安排不低于1亿元的财政扶贫资金，以加快贫困地区脱贫致富步伐。云南省在这方面的工作也十分明显。云南省乡村旅游以旅游特色村、旅游小镇建设为切入点，精心筛选了60个旅游小镇以及200个旅游特色村，采取试点现行、分批推进的方式，每批选取50个旅游特色村，每村可得到15万元用于开发建设，下属各县配套支持5万～10万元。2011年，云南省级财政给26个旅游小镇安排了达1000万元建设补助资金，从国家民委、省民委争取到1250万元投入15个特色旅游村建设，全年共争取到财政厅3000万元以及国家民委4650万元的资金投入，至此全省200个旅游特色村的建设布点工作已初步实现。2013年，广西壮族自治区出台《加快旅游业跨越发展的若干政策》，特别提出要大力发展乡村旅游；2013—2017年，广西壮族自治区每年从自治区旅游发展专项资金（仅2013年的专项资金就高达4.7亿元）中安排资金支持发展乡村旅游，对新创建的五星级乡村旅游区奖励100万元，四星级乡村旅游区奖励50万元，对新创建的五星级农家乐奖励20万元，四星级农家乐奖励10万元。2011年各村寨乡村旅游转移性收入见表5-20。

本文对乡村转移性收入的测算主要由两部分构成：一是政府拨款及扶助，二是旅游开发公司用来改善旅游相关基础设施的建设资金，通过对这两方面的历年总资金的折旧算出当地2011年的乡村旅游转移性收入（如表5-20所示）。从表中数据能发现，乡村旅游转移性收入只占旅游总收入的一小部分，对于农民旅游增收的贡献率均值为7%，影响十分有限。与国外发达国家注重资助小型生态农场的旅游项目相比，我国地方政府与企业更加关注大项目的投资，乡村旅游生态、有机、可持续发展的观念薄弱。[1]

表5-20　2011年各村寨乡村旅游转移性收入统计表　（单位：万元）

	平安壮寨	黄洛瑶寨	程阳侗族	田头苗寨	历村	西江苗寨	郎德上寨	天龙屯堡	新华村	安中村
政府拨款折旧	10.8	3.2	165	8	12.8	1190.5	22.72	50.8	51.92	0
开发商投资折旧	33.75	4.44	0	0	0	0	0	45.6	7041.6	10
合计	44.55	7.64	165	8	12.8	1190.5	22.72	96.4	7093.52	10
占旅游总收入（%）	1.6	1.8	19.8	8.3	0.3	6.9	13.0	8.9	6.0	2.4

5.4.3　确保乡村旅游转移性收入的措施与对策

1. 提供资金扶持，鼓励自主创业

民营企业想要持续发展扩张，必要、稳定的金融支持是根本，旅游民营企业只有获取更多更大数额的资金信贷，才能为进一步的发展做好资金保障，以贷款担保、贷款贴息和政府直接提供的优惠贷款等为主要形式的贷款援助是小型民营经营得到外部资金和启动经营的最主要方式。实体创立和实体扩大规模是小型民营经营者贷款的两个主要时段。因此，通过放宽贷款政策、降低贷款利率鼓励自

[1]　李旭东. 国内外乡村旅游发展实际及启示[J]. 西昌学院学报（社会科学版），2013，25(3):89-92.

主创业对于降低农民进入旅游业的门槛以及扩大旅游业发展规模，提升景区质量具有积极作用。但贷款机构也应对贷款企业的信用状况、还款能力、财务状况等进行详细调查和评估，确保民营企业能及时还贷，降低贷款风险。确保信贷资金能最大限度地发挥扶持民营企业发展的作用。此外，政府减免税费也可降低民营企业经营成本，进一步扶持民营经济实体的发展。

2. 加大财政投入，促进旅游发展

薄弱的建设资金投入以及落后的基础设施条件是发展乡村旅游普遍遇到的问题，并且很难靠基层组织和农民自身的力量去解决。在农村，大多数农民都对政府有着强烈的依赖与信任，政府对当地旅游发展的重视程度将直接影响到社区居民的参与积极性、旅游资源开发利用程度与产业效应。因此，想要加快乡村旅游发展，就必须确立政府主导、社区参与的框架，把完善市场和转变政府职能结合起来，拓宽乡村旅游发展的财政投入渠道。

国家已将基础设施建设的重点转移到农村。要积极申报国家支持的各种项目建设，将发展乡村旅游与新农村建设并行，把基础设施的兴建和完善作为政府部门招商引资的前提。良好的交通，完善的供水、供电、通信等基础设施和公共设施将为乡村旅游发展提供良好的基础环境，必将吸引更多、更强的投资商进来发展乡村旅游，促进乡村经济的进一步发展和农民的进一步增收。

积极争取上级政府的资金投入，各级政府以及旅游相关部门应采取联动、融合发展的模式。各级党委、政府以及财政厅、住建厅、农业厅等部门要创造性地用好、用活相关政策。通过积极打造与申报中国历史文化名村、少数民族特色村寨保护与发展试点、全国特色景观旅游示范名村、A 级景区吸收来自旅游、建设、民委、农业口的资金，积极扶持各种乡村旅游开发项目，切实解决旅游建设资金“瓶颈”问题。

地方政府可建立乡村旅游发展专项资金，设立专款用于扶持乡村旅游重点项目、奖励发展乡村旅游业工作成效突出的县、镇、乡以及示范村、示范点、示范户，通过利益提高农民关心、支持与参与旅游业发展的积极性。示范村、示范点、示范户的评选要制定严格的评选标准、强调农业的生态化、资源环境的保护及乡村旅游的可持续发展，防止地方政府把经济利益放在第一，评选过程中只追求数量。

3. 提取旅游公益金，增强社会责任

乡村旅游从无到有的过程也是农民脱贫致富的过程，龙胜、三江、融水是典型的国家级贫困县，通过乡村旅游扶贫正逐渐摆脱国家重点扶持贫困县的帽子。农民对乡村旅游的认同感、支持度、参与度不断提高，但从事旅游业的农民仍是少数，主要原因有以下几点：第一，旅游业还不能成为农村的主业，大多数人的利益与旅游业关系不密切，所以关心度低。第二，大多数地区的乡村旅游规模与收入都是有限的，对农村经济的带动作用不明显。第三，受资金、劳动力的限制，以及区位条件的不同，部分村民极少甚至不能创造乡村旅游经济效益。而那些无法从事旅游业的村民往往还要承受旅游开发后带来的负面影响，例如，环境污染、物价提升等。因此，负责乡村旅游开发与经营的企业、政府或者村集体有必要从旅游收入中提取公益金作为旅游扩大与发展的积累资金以及将公益金用于村寨公益事业。公益金用于补偿旅游开发过程中占用与破坏的集体资源；奖励不能直接从旅游获益却为村寨的环境卫生、民俗文化、旅游景观营造等做出贡献的村民；支援贫困家庭、低保户；资助村中考上大学的学生；扶助长寿者等，通过提取公益金的形式对村民进行合理补偿。这样既是企业社会责任感的体现，也能通过利益激发村民对旅游资源的爱护，维护社区和谐。同时对于这笔公益基金必须执行严格的、公开的财务制度，专人监督和审计款项的使用，防止任何人私挪乱用。

第6章　桂滇黔民族地区乡村旅游与农民增收机制研究

“机制”一词原指机器的内部构造和工作原理。现在已经被广泛应用于自然现象和社会现象，指其内部组织和运行变化的规律。哲学上事物的发展有内因和外因之说，机制便属于事物的内因，它表示一定事物内部各构成要素之间相互联系和作用的关系及其功能。也就是说，机制通过一定的运作方式把事物的各个部分联系起来，使它们能够协调运行而发挥作用。在任何事物和系统的发展运作过程中，机制都起着基础性的、根本的作用。良好有效的机制意味着符合事物发展前进的规律，将有助于提高事物和系统内部各要素的运作效率和环境适应性，促进事物和系统的积极良性发展，最终实现优化目标。

根据上述机制的内涵，乡村旅游农民增收机制是指，为了谋求农村地区自身发展，在乡村旅游背景下协调农村内部各要素的组织运作方式。即调动农民参与乡村旅游积极性、协调乡村旅游发展过程中利益相关者之间博弈关系，调整既有的体制、策略和措施，整合区域内部资源，保证乡村旅游持续发展和农民增收持续进行的功能关系。

乡村旅游农民增收机制是一种任何一个环节都相互影响、相互作用的共生机制，需要从宏观到微观，从政府到村民，从经济到环境等多角度、多层次的呼应和补充。文章在结合CGE模型定量研究结论和多地乡村旅游村寨实践发展的基础上，提出桂滇黔民族地区乡村旅游发展背景下与农民增收密切相关的“六大机制”，分别为农民参与、利益协调、组织管理、市场运作、产品创新、调控管理六个方面。通过这六个紧密联系、相互交融的运作机制协调乡村地区旅游发展中的各要素关系，逐步缓解旅游发展中的“旅游精英”“旅游飞地”问题，让农民在旅游规划、开发、管理等过程中真正参与进来，享有明确的权利，拥有绝对的话语权，激发农民参与的热情，实现乡村旅游的进一步可持续发展。

6.1 乡村旅游农民参与机制

6.1.1 乡村旅游农民参与机制的内涵

1985 年澳大利亚学者墨菲提出了基于社区导向的旅游规划理念，社区和旅游参与的概念随后被国内外旅游学界广泛运用。在国内旅游研究中，乡村旅游的农民参与属于社区参与旅游发展的范畴，因此目前的研究多是以社区为基本单位进行分析探讨。

社区参与旅游发展是指在旅游的决策、开发、规划、管理、监督等旅游发展过程中，充分考虑社区的意见和需要，并将其作为主要的开发主体和参与主体，以便在保证旅游可持续发展方向的前提下实现社区的全面发展（孙九霞，2009）。这一概念强调社区的主动性和社区在旅游发展中的核心地位，改变了以往仅仅将社区作为一个利益主体参与旅游发展的片面性理念。

依据上述社区参与旅游和机制的定义，乡村旅游农民参与机制是指在乡村旅游的决策、开发、规划、管理等整个旅游发展过程中，协调农村内部各要素和利益关系，保证农村社区居民旅游主体权益的组织运作方式。

可以看出，社区参与旅游发展理念的关键在于如何实现农民作为开发参与主体加入到旅游发展中去，而乡村旅游的农民参与机制的目标在于践行社区参与旅游发展理念，将农民参与的方式制度化、具体化，为农村社区居民参与乡村旅游提供可行性。由于当前社区居民参与乡村旅游开发的主要障碍是农民的权利受到不同程度的侵犯，与政府和外来投资商相比处于弱势地位，因此乡村旅游农民参与机制构建的核心是赋予农民权利，提高农民的主动性，保证农民在处理社区旅游事务中的主体地位。

6.1.2 桂滇黔民族地区农民参与乡村旅游的现状

依据对桂滇黔民族地区 10 个乡村旅游村寨的实地调查，基于第一手资料，从乡村旅游地景区的旅游开发、旅游规划、旅游管理、旅游受益四个方面考察在整个乡村旅游发展过程中农民旅游参与的现状。根据旅游开发主体的不同，10

个旅游村寨主要可以分为政府主导型和社区主导型两种旅游发展模式。其中政府主导型乡村旅游地包括平安、黄洛、程阳、西江、天龙屯堡、新华6个村寨；社区主导型乡村旅游地包括田头、历村、郎德、安中4个村寨。

1. 乡村旅游开发方面

在旅游开发前决策的制定层面，政府主导型的乡村旅游发展模式往往呈现出政府对当地村民进行旅游开发告知的情况。如平安寨、黄洛瑶寨、程阳侗寨等地在旅游发展的初期阶段是零星分散的村民自发参与旅游，村寨旅游处于无人管理状态。当政府发现旅游的经济机会后通过文件下发通知给当地村寨的村民委员会，之后便开始大规模的行政和经济介入。出于政府强制力和经济发展的需要，面对政府单方面的旅游开发决定，村民们的反映多是接受和欢迎的。社区自主型的乡村旅游发展模式则呈现出在经济利益的驱使下，村民自主决定进行旅游开发的局面，如田头苗寨、安中马场是由当地的旅游精英带动村民进行旅游经营。

在旅游开发过程中，政府主导型的乡村旅游发展模式，旅游开发的主体是政府、外来投资开发商，如平安、黄洛两寨隶属的龙脊梯田景区是由龙胜县旅游局在1998年出资组建的龙胜县旅游总公司管理；程阳侗寨先是三江县旅游局成立景区管理委员会，后来在2003年成立三江程阳桥旅游投资公司，负责景区的经营、融资工作；西江苗寨是在2009年雷山县政府出资3348.8万元组建西江旅游发展有限公司进行旅游开发；天龙屯堡在2001年由个人、旅行社分别作为股东出资组建天龙旅游开发投资经营有限责任公司，公司同镇政府、村委达成协议取得了旅游经营授权30年期限。政府、外来开发商这些强势主体的介入，在实际上排除了当地村民参与旅游景区整体开发的可能。在调查中发现，上述旅游村寨的社区居民并不涉及整个景区项目的开发，参与项目集中在餐饮、住宿、购物、服装照相这些景区运营所附属的小型项目。

在社区主导型的乡村旅游发展模式中，当地村民成为整个景区旅游的开发主体，如田头苗寨村民自主开发景区，注册了“融水苗族自治县四荣田头民俗旅游村”；安中马场在2009年注册成立玉龙县安中生态民俗旅游专业合作社；郎德上寨在村委会的带领下进行旅游开发经营；历村由村民自发进行旅游餐饮经营。这些村寨的社区居民实质上对本地区旅游商业活动具有控制权，体现在对村寨自然、人文旅游资源的利用，对村寨内外商业行为的相关制度规定上。

2. 乡村旅游规划方面

乡村旅游规划是从全局出发的对乡村的旅游发展提供的指导性方针，涉及乡村旅游地的长远可持续发展。在实际调查中发现，10个旅游村寨除云南玉龙县安中村尚无专门的旅游发展规划外，其余9个村寨均由当地市、县政府出面制作了或总体或详细的旅游发展规划。如程阳侗寨的《程阳侗寨保护与发展建设规划》、西江苗寨的《西江千户苗寨旅游发展详细总体规划》、郎德上寨的《雷山县郎德苗寨旅游综合开发修建性详细规划》、新华村的《鹤庆县新华村草海湿地旅游区总体规划》等。

这些规划在实际操作中，是由政府委托相关的旅游规划公司制定完成的，村民并没有直接作为参与主体加入到旅游规划过程中。在实地调查中发现，旅游村寨的村委会干部对相关规划有所了解，普通村民或者仅处于知道的状态，或者根本没有听闻。如郎德上寨的详细规划，当地村干部知道，普通村民则不知道，其规划时对旅游地村民意见的接纳程度有待考虑。此外，在旅游规划的评审阶段和实践落实层面，也没有相关机制和渠道可供当地村民进行有效监督。

3. 乡村旅游农民参与景区管理情况

农民在乡村旅游景区中的参与管理情况直接反映了农民参与程度的高低。它是在乡村旅游发展中能够充分考虑社区的意见和需要，尊重和保障社区的合法权益的重要保障。

在政府主导型的乡村旅游发展模式下，景区管理层人员主要来自于政府、外来投资开发商，本地村民很少甚至没有。如平安壮寨所属的龙脊旅游公司管理层几乎全是外聘人员，虽然专门聘请了6个村民（多为村干部）作为协管员参加了旅游景区内部的管理工作，实际上协管员是负责协调公司与村民间的利益纠纷的中间人，并不涉及景区的日常经营管理决策。三江县程阳侗寨的景区管理层则全部由旅游公司委派，只是招收侗寨村民作为公司基层的保安和清洁人员。虽然有村民自发组织的“三江县程阳八寨村民旅游管理协会”，但同样充当的是中间人的角色。贵州天龙屯堡由于经营授权出让，景区的管理层全部由旅游公司委派。由于村民并没有真正进入景区管理层，对景区的日常经营管理也就无从谈起。

在社区主导型的乡村旅游发展模式下，出现了景区管理层全部由当地村民组成的现象。如田头苗寨村旅游公司的经理、副经理、会计等重要职位是由田头屯的前任、现任屯长、寨内“苗王”当任；安中马场成立的旅游专业合作社中的马队队长、副队长、会计是由寨内经营能人担任；郎德上寨是由上郎德村委会负责管理。可以看出，这些村寨的村民成了旅游景区的绝对管理主体。

4. 乡村旅游农民参与受益情况

乡村旅游农民参与受益情况主要通过村民参与旅游增加的经济收入来衡量。而旅游经济收入的多少与旅游资源产权收入的分配和村民参与旅游项目开发的情况直接相关。

（1）旅游资源产权收入的分配

旅游资源是吸引旅游者，获取旅游收益的载体，具有重要的商品价值。社区旅游资源包括社区内的自然和人文旅游资源，当地村民对社区土地具有一定的使用权，是社区的重要人文资源，属于社区旅游资源的产权主体。

在调查的10个村寨中，政府主导型模式下村民的旅游资源产权收益基本都得到了体现，旅游资源产权收入的分配通过门票分成、资源使用费来体现，如平安壮寨2012年与龙脊旅游公司签订的合同中规定，每年按照门票收入的7%提取梯田维护费，同时龙脊公司每年必须从门票中提取10%用于景区基础建设；三江程阳旅游公司每年从营业收益的税前利润中提取15万元作为景区定额分红交由旅游协会对村民进行分配；西江旅游公司2012年将门票收入的15%提高到了18%作为文化保护评级经费发放给西江村民；云南新华景区公司每年向新华村支付35万元资源使用费。在这些村寨中，平安、黄洛、西江、天龙屯堡4个村寨经过与旅游公司协商基本在资源产权收入方面达成了双方满意的分配比例，但三江程阳侗寨、新华村村民普遍认为旅游公司所付的资源使用费分成太低，和旅游公司产生了矛盾。

社区主导型的乡村旅游模式下，村民实行自主经营，成为旅游资源产权的绝对主体，对当地旅游资源产权具有支配权和受益权。其产权收入的多少主要依赖于村寨自身的经营收入。

（2）村民参与旅游项目开发情况

①农民参与旅游的规模

10个调查村寨多属于贫困地区，乡村旅游的开发让当地农民看到了增收的希望，总体来说，农民参与旅游的积极性较高，在能力所及的范围内，农民能够踊跃参与发展，或多或少能够获得旅游收益，如郎德上寨和安中村几乎是全民参与；平安壮寨、黄洛瑶寨、西江苗寨、天龙屯堡、历村等地居民参与旅游比例均占到了全村的 50% 以上。但由于受自身资金、知识、能力、居住区位的局限，部分村民无力参与到旅游发展中，也就难以从旅游中获益。比较明显的是西江苗寨和历村两个村寨，这两地靠近村寨主要干道的村民通过开设旅馆、饭店、购物店，以及出租房屋等方式参与旅游，较快地赚取了旅游收入，实现脱贫；而住房位置靠近山上的村民由于经营区位条件较差，很少有游客问津，这部分人群丧失了经营家庭旅馆、出租房屋的机会。因此，村寨中的弱势群体，参与旅游业比较困难，村民之间的旅游收入出现了贫富分化。

②农民参与旅游的地位

在社区主导型乡村旅游发展模式下，村民自发形成经济组织，如田头苗寨、安中村等地成立农民旅游合作社性质的组织，保证了村民对本村寨商业活动的决策控制权。

在政府主导型乡村旅游发展中，由于缺少有效的沟通交流机制，村民的利益诉求难以表达；此外，本地村民缺乏相应的组织，没有共同的利益代表。相比松散化的本地村民，政府和外来投资商拥有资本、知识技能、经营人才等各方面的资源优势，在景区运营中除占有大部分旅游资源产权收入外，在具体旅游项目经营方面也占有优势，甚至产生排挤本地村民从事旅游经营的现象。如平安壮寨，以龙脊旅游公司为主要股东的骏龙运输公司对龙脊旅游景区的旅游交通实行垄断性经营；西江苗寨本地村民多开设家庭旅馆，但设备简陋，外来经营户所经营的旅馆在规模、档次、服务方面都要优于本地经营，西江著名的几家高级宾馆都是由外来投资商开发；龙脊旅游公司开发的金竹餐饮严重影响了平安壮寨村民的餐饮经营效益；在新华村，为销售银制工艺品，旅游公司和村民之间因为争夺客源产生严重矛盾。

③农民参与旅游的方式

受资金和知识技能的局限，在以上两种乡村旅游发展模式下，村民参与旅游项目的方式普遍集中在较低端的层面。表现在平安壮寨、程阳侗寨、历村、西江苗寨、郎德上寨等地村民利用自有住房开发农家住宿、农家餐饮；在黄洛、田头、郎德、安中、新华等村寨，居民利用自身已有的技能从事歌舞表演、骑马观光、手工艺品制作等项目；在平安壮寨出现了纯体力服务的抬轿、背行李项目；在大部分村寨出现了农民售卖当地土特产品、出租铺面收取租金的情况。上述农民参与的这些项目具有投资小、技能要求低的特点，单个农户家庭能够迅速从中获得一定旅游收益，但由于经营规模较小，发展有限，难以持续扩大规模，乡村旅游的增收效果受限。在客源充足、经营较好的西江苗寨共有 98 户当地村民经营家庭旅馆、29 户经营银饰销售，2011 年西江苗寨的人均旅游收入达到了 2.95 万元。在历村有 25 家农家饭店，16 家土特产品店铺，2011 年历村人均旅游收入达到 7.28 万元。这两个村寨已经在整体上实现了脱贫致富的目标。但资金实力较小、经营较差的田头苗寨 2011 年人均旅游收入只有 1438 元，郎德上寨 2011 年的人均旅游收入为 2727 元。

6.1.3　桂滇黔民族地区农民参与乡村旅游存在的问题

通过对上述农民参与乡村旅游现状的分析可以发现，在政府主导型模式中，农民参与地位低、组织性差，在两种旅游发展模式均存在农民参与能力弱、缺乏有效沟通渠道的问题。

1. 农民参与地位低

在政府主导型乡村旅游发展模式下，当地社区居民明显处于弱势地位，各村寨乡村旅游的开发、规划和管理等一系列问题的决策由政府和外来投资开发商主导，村民事实上缺少机会真正参与到旅游发展决策中去。在旅游开发方面，村民处于被告知、被安排的状态。旅游规划制定缺少群众意愿的体现，只是简单的上传下达，导致规划空洞、不切实际。村民缺少进入景区管理层的机会，无法影响景区的日常经营。在旅游受益方面，景区旅游资源产权收入的大部分被政府和外来投资商攫取，景区的优势旅游项目也被垄断、控制，村民处于小本零散经营状态，难以形成有效竞争力。在整个乡村旅游发展过程中，社区居民在旅游开发中的重要地位被严重削弱，社区村民的权力和利益被不断忽视和边缘化，同社区主导型的乡村旅游发展有着显著差距。

2. 农民组织性差

在6个政府主导型旅游村寨中，龙胜、黄洛和天龙屯堡分别成立了农民旅游协会，在一定程度上代表了全体村民的利益，反映了村民的意见和利益诉求。其余村寨村民大多为个体参与旅游开发，合作意识不强，没有自发建立相应组织，形成旅游利益代表。这使社区难以发出有力的声音，与政府、外来开发商等强势群体谈判，从而无法提高社区自身的话语权。农村内部不同群体之间也缺乏对话机制，难以增进农村社会内部的团结合作。在平安、西江等村寨，村民与村民之间、村民与公司之间存在许多利益矛盾和纠纷，因缺少这样的组织平台，双方无法有效交流沟通，问题只能不断累积；此外，由于缺乏组织化的平台整合本地的人、财、物等生产要素资源，面对竞争激烈的市场经济时，“碎片化”的个体农户分散经营便无法克服自身所具有的资金少、抗风险能力低、竞争力弱等缺陷与不足，难以持续长远发展。组织性差的局限性导致了农民在与政府、外来开发商博弈时必然处于弱势地位。

3. 农民参与能力弱

农民参与能力弱与农民普遍受教育程度较低有关。根据调查的10个村寨情况，村民的学历程度很少出现大专及以上学历，多集中在小学、初中水平。农民参与者学历低，意味着他们缺乏旅游经营意识，缺少在旅游发展中的生存能力和技能，这限制了大多数社区农民的旅游参与机会。就目前农民的参与方式和参与领域来看，农民的旅游参与普遍集中在售卖手工艺品、土特产品，提供农家食宿接待等较为低端的层面，旅游产品质量不高，经营效益难以持续增长。在社区主导型模式下，农民自主经营，能够天然排除自身受教育程度低的限制因素，有效行使对景区发展的决策权和经营权；在政府主导型模式下，农民受教育水平有限，知识技能缺乏，无力进入管理层，景区的管理岗位几乎全部由外来人员担任，利益主要被政府和外来投资开发商控制，农民的旅游参与地位低下。

4. 沟通渠道缺乏

在两种旅游发展模式下，社区农民均缺乏与政府、外来投资商等外部势力正式的、制度性的沟通渠道，即农民缺乏有效表达自己声音的途径。社区主导型模式下，社区农民虽然能够自主经营，但缺乏与政府的有效沟通，如田头、郎德等村寨亟须政府在政策、资金、人才等各方面的支持，但苦于缺乏有效的表达渠道，造成农民话语权小，难以对政府的政策构成影响。在政府主导型模式下，社区居民往往扮演被决定、被安排的角色，缺乏和政府、外来投资商的协商机制。在实际发展中，各村寨基本将当地的村委会作为对外合作的利益协调组织。但村委会作为乡镇一级政府机构的延伸，乡政府对村委会在实质上实行行政领导而非行政指导，因此村委会的政治影响力较小。另外，当服从上级政府意志与维护农民利益冲突时，村委会领导往往选择前者，农民的自治权受到限制。由于机制不健全，村委会表达无效，上访又常常被忽视，难以寻求合适途径的农民在无力改变旅游利益分配不公时只有靠不合法的方式进行表达，以引起政府、企业的关注。如龙脊平安壮寨村民在 2005 年和 2007 年两次因为门票提成过少围堵景区大门，造成旅游营业中断，严重影响旅游发展。

6.1.4　桂滇黔民族地区农民参与乡村旅游机制构建

如上所述，在 10 个民族村寨乡村旅游发展过程中存在农民参与地位低、组织性差、参与能力弱、缺乏沟通渠道等相关问题，特别是在政府主导型模式下出现旅游利益大部分被政府、外来投资商攫取的现象，这些问题的成因与农民自身素质不高、经济力量弱小有关，同时也反映了现行法律法规不完善，政府的服务性职能未能完全转变，行政权力过大，存在自利倾向，地方政府为发展地方经济、获得政绩，低价出售旅游资源开发权以吸引旅游投资开发商，二者获得了旅游发展过程中的主要收益，农民合法权益受到损害。左冰（2008）指出仅仅将社区参与视作完成目标的一种技术手段或行动纲领，而不去理解政治以及权力关系在社区参与过程中的重要性，这是一种“就参与论参与”的狭窄的“参与观”。正是这种研究视野的局限导致了研究者们所开出的“药方”，只可能“治标”而不能“治本”。因此，为了从根本上扭转这一局面，要提高社区农民旅游参与话语权，政府层面必须切实保障和增加农民政治经济权利，提高农民进行公共表达的机会和能力，尊重和维护农民基本权益。

1. 构建制度化的农民参与平台

农民制度化政治参与，是指按法律规定农民正式享有参与政治的机制，是农民根据宪法和法律所赋予规定的制度和程序，参与政治生活和影响政治过程的行为。[1] 在旅游发展中，农民迫切需要政府构建制度化的参与平台，为农民提供合法、合理的参与渠道。推动社区的制度化参与，创造利益相关者之间的有效对话空间，是政府由管制型向服务型转变的体现，是实现农民民主参与旅游发展的保障。

社区制度化参与机制构建的目标是政府赋予社区农民权利，为当地居民提供参与旅游开发、旅游规划、旅游管理等一系列关系到旅游发展决策的机会，尊重农民的政治表达权和知情权，听取群众意见，满足群众合理诉求。在实践方面，可以成立一个由旅游相关部门、专家、村民民选代表联合组成的决策咨询组织。这一组织具有以下作用。第一，保证村民的知情权与决策权。保证村民的知情权，是指景区所有重大经营项目的开发、规划，应当充分告知当地社区并提供专业的协助和咨询；保证村民的决策权，即保证村民在组织中的发言权和投票权，确保社区对重大事项具有足够的政治影响力，尊重村民旅游开发的主体地位。第二，沟通交流。作为核心利益主体，政府、旅游公司和村民之间需要不断加强沟通交流，特别是保证村民表达民意的渠道通畅。民意的了解和上情下达双向流动都要顺利，做到村民能充分地理解政府的决策并积极地配合政府行为，政府能充分考虑村民的想法和利益，保护村民的各项权益不受侵犯，旅游开发公司和政府及村民间能保持良好的交流合作的关系。政府可以和村委会、旅游经营负责人等定期举行会议，下派干部到村中定点考察，充分了解民意，实际了解景区的矛盾和问题所在，以求制定出更合理的政策。第三，为村民在旅游经营和景区发展中出现的问题提供咨询。村民在旅游经营过程中常常由于自身文化的限制，遇到问题不知如何处理。如果旅游咨询组织能够给予咨询帮助，将会促进景区的和谐发展，避免矛盾积累，使乡村旅游呈良性发展态势。

2. 提高农民组织化程度

农民组织化是“农民为了更好地实现、保护和促进自身的经济利益而联合起

[1] 陈松友. 论发展社会主义民主政治中的农民制度化政治参与[J]. 南京社会科学，2010(11):76-81.

来形成各种经济和政治组织的行动和过程”。[1]农民组织化程度的提高，将处于分散状态的农民集合起来，在政治上作为一个团体，增强了与其他社会强势群体（乡镇政府、外来投资商等）进行对话和谈判的能力，提高了农民的谈判地位，有利于维护农民合法权益。在经济上改变了“碎片化”的个体农户分散经营的状态，克服了市场经济条件下，个体农户存在的资金少、抗风险能力低、竞争力弱等缺陷与不足。与个体经营相比，组织化的农民团体有更大的抗风险能力、资金筹集能力和市场竞争力；农民组织代表农民进入市场，拥有更好的议价与谈判能力，降低旅游谈判成本，为农民提供信息、培训、市场营销等各种有效服务。在社区主导型模式下，借助农民组织这一平台，村民参与当地乡村旅游规划、决策、实施及监督，增强村民民主协商、信任与合作的价值观念。田头苗寨和安中村通过利益共享、集体协商的方式，公平分享了旅游发展中的经济权力和政治权力。郎德上寨由村委会成员组成的旅游接待小组虽然负责全村的旅游管理与运作，但需要接受全体村民的监督，财务明细也要定期向整个村寨公开。在乡村旅游自组织发展过程中，农民形成共同的经济协作，增强了集体民主协商的价值观念，提高了自身政治经济参与意识和社区事务参与的自主性，对于推动当地乡村旅游经济的可持续发展具有重要的积极作用。

为维护农民的合法权益，政府应该鼓励加快农民的组织化进程，增强农民在旅游博弈中的话语权。村寨可以成立农民旅游协会、农民旅游合作社等组织，这些村民组织可以是经济型组织、政治型组织或者是二者结合的组织。首先，组织必须有明确的宗旨，即代表并维护村民在旅游开发中的合法权益；组织应有相应的组织架构、决策机制、利益表达机制等完善的制度保障；组织的作用是构建农村社会内部不同群体之间的对话机制，增进农村社会内部的团结合作。其次，促进对本地资源的有效整合，发挥规模效应，提高资源利用率。同时，为社区农民提供融资、培训、营销等服务，使农民尽快适应市场经济对管理、技术、营销等提出的要求，提高村民的政治经济素养，增强村民维护自身经济权利和政治权利的意识。

---

[1] 程同顺.论提高农民组织化程度的必要性［J］.中共云南省委党校学报，2003，4(4):86- 88.

3. 建立完善的教育培训机制

农民参与能力弱归根结底是因为农民受教育水平低，因此加强对农民的教育培训，提高村民旅游从业素质，是促进村寨旅游业发展的关键。

为切实解决这一问题，基于现实情况，政府应成为提供教育培训的主力，非政府组织和村寨自身做辅助，共同建立系统化、常态化的培训机构。对村民的旅游教育培训可以包括以下几个方面：一是培育社区农民的参与意识。相信农民的参与热情和能力，鼓励农民掌握社区参与的主动权，唤醒农民对旅游开发的主人翁意识，形成对社区旅游开发的认同感和责任感，引导农民同政府、开发商建设“共同愿景”。二是对村民进行旅游相关知识的教育培训。包括旅游业的基础知识、本地旅游业的发展态势和情况、本地的文化、政府旅游相关政策解说，帮助村民认清旅游发展的形势、风向标，在发展旅游的同时更好地认识和保护当地的文化传统和资源，提高村民的文化自觉性和民族自豪感。三是对村民进行旅游业相关从业技能的培训，包括对经营家庭旅馆、餐饮饭店、土特产品销售的居民进行具体的经营技能、服务态度、职业道德等方面的教育和培训。通过提高当地村民对旅游市场的认识，增强他们参与旅游市场的积极性和自信心，增加本土就业率，培养本土旅游人才。

6.2 乡村旅游利益协调机制

6.2.1 乡村旅游利益协调机制的内涵

利益是人们通过社会关系表现出来的不同需要。人们为了满足各自的需要，不可避免地会发生利益冲突，这就需要对相互间的利益关系进行协调。要完善社会管理，必须建立完善的利益协调机制，以协调各种利益关系，消除各种利益冲突，促进经济社会良性、均衡、持续发展。旅游利益协调机制，是指景区利益协调的内在机理和内在过程，是指为了实现协调发展，影响利益分配的诸因素、诸方面之间的结构、功能及其相互联系、相互作用的方式和规则。[1]

乡村旅游开发中的核心利益相关者包括政府、旅游企业、社区农民和游客，涉及的旅游利益包括经济、政治、文化、生态等多方面，其中旅游经济收益是多元主体关注的核心问题，是农民参与旅游的核心利益诉求，也是矛盾纠纷产生之根源。因此，本文将研究的视点主要聚焦于协调旅游经济利益，理顺利益相关者之间的利益分配关系。乡村旅游的利益协调机制主要是指构建为促进乡村旅游可持续发展，影响乡村旅游多元化主体经济利益关系诸因素的结构、功能及相互作用方式。

6.2.2　桂滇黔民族地区社区参与旅游经济利益分配现状

除从政府层面获取转移性收入补贴外，社区农民取得旅游经济收入的渠道主要包括三类。

1. 投入土地要素获取收入

（1）产权性收入。指村民以当地旅游资源（主要是土地资源以及地面的附着建筑物）的使用权作为投入，每年根据景区门票收入按比例提取分成获得的收入。旅游资源是景区经营的重要依托，旅游资源的产权收入（门票收入）是乡村旅游景区的主要收入构成。

①政府主导型模式

在这种模式下，村民参与门票收入分配所占比例多在 20% 以下，政府和旅游企业占据了景区门票收入的大部分。

②社区主导型模式

由于村民自主经营，门票收入与其他旅游经营收入混为一体。

田头苗寨实行村民股份合作制的经营方式，旅游项目包括餐饮、住宿、寨容观光和歌舞表演，由村旅游公司统一经营，只有入股的 32 户村民成为旅游资源产权的主要受益者，其余村民获益很少。

郎德上寨不收取门票，主要旅游项目是集体歌舞表演、参观寨容寨貌、出售

[1]　朱菁菁.旅游地利益冲突及协调机制研究[D]. 南宁：广西大学，2006.

工艺品，其中歌舞表演实行人人参与的“工分制”模式，按劳分配，多劳多得，分配较为公平，村民均可受益。

历村不收取门票，旅游分成主要是村内菩萨水岩开发商每年向村委会缴纳的20万元租金；另外，村民可获得赏月路、月亮山景区每年2万元的门票收入分成。此外，村民还可根据自身能力自主参与餐饮、导游、照相等旅游项目。

安中村采取“马帮制”的农民旅游合作社模式。由当地的旅游精英担任合作社马队长，全村62户有55户入社，旅游参与户数占总户数的90.02%。入社村民每户投入1名劳动力、4匹马，每两户共同投资一条铁皮船，村民的出资额相同，因此获取的旅游收入在55户中平均分配。

（2）土地租金。指村民通过将宅基地、农业用地、房屋等转租给他人作旅游经营，获取一定数量的租金。村民出租行为主要出现在平安壮寨、西江苗寨和程阳侗寨，由于只有处于村寨旅游核心区的村民具备这样的条件，大部分村民难以获取租金收入，因此土地租金收入在村民旅游总收入中所占比例较低。

2. 投入劳动力要素获取收入

主要指旅游工资性收入，指村民受雇于景区旅游公司、村寨内的饭店、购物店等从事歌舞表演、旅游服务获取的劳务性收入。这类收入的获得主要依靠体力劳动，对农民素质要求低，从业人数较多。虽然旅游工资性收入已经多于村民的农业劳作收入，但相比旅游管理岗位、家庭自主经营、获取地租等项目而言收入仍较低，根据调查统计，月收入为1000～2000元。

3. 投入资本和劳动力要素获取收入

家庭旅游经营性收入指社区农民以家庭为单位，通过开设家庭旅馆，制作、销售工艺品，销售当地鸡鸭、水果等农副产品，获得的经营性收入。这类收入在调查的10个村寨中占村民全部旅游收入的比例多在90%以上，是村民最主要的旅游收入构成，吸引了大批村民就业。但由于自身条件的限制，部分村民未能参与家庭性旅游经营，如阳朔历村的旅游经营主要是农家餐馆、土特产商店、导游和照相。由于从事餐饮、导游服务需要一定的资金、能力等条件，限制了部分村民加入进来，村民之间出现贫富差距。在西江苗寨8%的村民参与了家庭旅游经营，但仍有50%的村民延续原来的农业劳作和外出打工生活方式，从旅游业中获益不大。另外，由于村民个体分散经营，在与外来开发商的竞争中处于劣势。如西江景区内购物店有固定场所经营（门面）228户，其中，外来租赁门面从事经营活动的有203户，占总量的89%；西江村经营户只有25户，占总量的11%。现有家庭旅馆经营户143户，其中外来经营户45家，占总量的31.5%，而且外来经营户普遍投资大、盈利多。

股金收入是指社区居民通过投入资金入股乡村旅游企业，以股份的多少为标准，获取股息。在调查的10个村寨中股金收入比例很少，主要出现在田头苗寨，32户村民平均投入资金和劳力，年终获取股东分红。

6.2.3 桂滇黔民族地区乡村旅游经济利益分配存在的问题

1. 政府主导型模式下旅游资源产权收入分配失衡

旅游资源产权收入即景区门票收入，是景区的主要旅游收入之一。在政府主导型模式下，政府和外来开发商作为景区开发的投资主体，获取了门票收入的绝大部分，收益在80%以上。村民作为社区旅游资源的产权主体之一，在产权收入分配中处于相对弱势地位。由于国内在旅游资源产权方面尚没有明确的法律规定，政府、外来投资商组建的旅游企业和当地村民在门票收入分配上各执一词。以比较典型的龙胜平安壮寨为例，龙脊旅游公司认为自己负责了整个景区的投资开发、宣传促销和运营管理工作，没有在景区内部参与任何经营，把景区内的旅游项目让给村民来做，仅仅收取了合理的门票费用作为自己主要经营收入来源，完全是一种让利于民的表现。而平安居民则认为他们既是平安景区梯田的主人，同时他们的建筑和文化以及生活本身也是平安景区主要的旅游资源和旅游产品，应该在门票分成中得到更多。经过村民不断的抗争，龙脊公司最终做出让步，平安村民每年的门票收入分成从最初的5%提高到17%。平安壮寨的事例表现出旅游资源产权收入分配的失衡现象，利益分配明显倾向于政府和外来开发商，这种失衡引发了村民的不满，导致其与旅游公司之间的多次利益博弈，从而使得产权收入从不公平分配走向相对公平的状态。

2. 低价值劳动难以获得高收入

受教育水平不高决定了村民参与旅游只能从事低端的岗位。实地调查发现，村寨农民旅游就业主要是受雇于景区旅游公司、饭店、购物店或者自主经营家庭旅馆、农家餐饮等，其工作种类除歌舞表演、工艺品制作稍复杂一些外，其余多是服务员、保安、清洁工等简单、低技术含量的劳动。这些低端岗位劳动价值低，可替代性高，获得旅游收入自然较少。这从根本上降低了农民的旅游收入分配份额。

村民自主经营的家庭旅馆、农家餐饮、土特产商店等由于投入成本和技术要求低，能够迅速营业并实现旅游收益，但也容易导致村民间相互模仿，提供的旅游产品同质化，农民自主经营很快陷入微利阶段，甚至会引发恶性竞争。如平安壮寨、西江苗寨存在村民间竞争拉客的现象。此外，这种同质化的村民家庭经营在资金、技术、管理能力、市场经验等方面存在先天性缺陷，同外来开发商相比竞争力弱小。一是旅游经营效益难以持续扩大。如田头苗寨和郎德上寨的旅游发展资金缺少是这两个村寨乡村旅游规模无法扩大的重要瓶颈。二是容易受到外来竞争的排挤。如安中村面临拉市海地区日益激烈的旅游市场竞争，但自身资金、技术和人才资源有限，难以改进旅游产品和运营手段，只能降低价格，维持现状。村民低技术含量的劳动，造成其在旅游工资性收入和自主经营收入分配中必然处于劣势。

3. 村民内部利益分配出现差距

受资本、知识能力、地理区位等因素的限制，村民参与旅游的方式和机会出现分化，由此导致村民间的旅游收入出现差距。主要表现在两个方面：一是旅游公司往往会优先雇佣具有一定文化素质的村民作为公司员工；二是位于村寨旅游核心区的村民往往能够利用地理优势，通过沿街店铺经营或出租房屋获取收入，而位于边缘区域的村民则没有这样的机会。10个村寨中除郎德上寨集体参与的“工分制”尚能照顾村内老弱妇幼的利益外，其余村寨的分配制度难以使乡村旅游发展惠及到村内的弱势群体。这不可避免使村寨内部存在不同程度的旅游收入分化，旅游收入主要被本地旅游精英和拥有区位优势的村民获得，村寨内部的贫富差距逐渐拉大，呈现利益分配不均的特征。如平安壮寨、程阳侗寨、历村、西江苗寨等地均存在由于村民之间个人经营能力、水平以及对旅游的商业意识不同，造成经营效益的差别。市场主要被旅游精英垄断，普通村民无奈又没有办法，无形中破坏了村寨的凝聚力。田头苗寨2012年入股村旅游公司的股金达1.5万元，削弱了家庭困难的村民参与旅游的机会。其中，144户居民中只有32户入股，在这32户家庭中包括了田头屯前任屯长、现任屯长、“苗王”、退休教师等村寨主要的政治、文化精英，旅游收益的分配也主要局限在32户中。村民参与乡村旅游机会的不均等和参与程度的深浅导致了旅游收益向本地旅游精英集中，容易形成旅游业的“马太效应”，阻碍社区旅游经济的整体发展，势必会影响村寨的团结和谐。

6.2.4　桂滇黔民族地区乡村旅游利益协调机制构建

1. 尊重社区权益，推行股份制的旅游产权收入分配机制

当前不合理的旅游收入分配制度，一是由于国内尚无明确的法律法规界定各旅游参与主体的责、权、利，明晰旅游资源产权；二是政府、外来开发商等强势群体往往是景区开发的主导者，在旅游收益中处于支配地位。这种情况短期内难以有效改变，现实中又存在因为利益分配不均引发村民与旅游企业间持续的矛盾与冲突。事实上，随着农民民主意识和权利意识的觉醒，政府和旅游公司已经意识到保持与农民关系的和谐对于旅游景区可持续发展的重要性。因此，转变思想观念，尊重社区合理的权益诉求，是实现各方共赢的必由之路。

股份制是采取国家、公司、集体和村民合作的方式，把土地、旅游资源、设施、资本、技术、民族文化等量化为股本，入股参与旅游开发，收益则按股分红与按劳分配相结合。它被普遍认为是促进社区参与、确保合理收益分配的有效措施。[1]在调查的10个村寨中，田头苗寨和安中村采用了村民平均入股投资的旅游合作社模式，郎德上寨采用带有人民公社化色彩的“工分制”模式，这三个社区主导型村寨的分配方式相对公平，便于推行，利及全村，具有村民平均主义的思想。其余村寨多采用固定门票分成的收入分配形式，按一定比例在政府、旅游公司、社区村民中进行分配，这种制度，一方面社区没有景区股份，在景区经营方面缺

---

[1]　罗永常.民族村寨社区参与旅游开发的利益保障机制[J]．旅游学刊，2006，21(10): 45-48.

少发言权；另一方面按照每年固定的比例分成，村民最终的旅游收益不会太高，也难以提高社区参与的积极性。因此，有必要推行股份制的旅游产权收入分配制度，将政府、外来开发商和村寨所掌握的生产要素资源进行合理评估，通过制度和合同的形式，明确政府、旅游企业和社区村民在旅游资源开发上的权利和义务，提高当地社区对景区的发言权和控制权，保证社区农民分享旅游发展的成果。

2. 完善农民旅游就业制度，鼓励村民规模化经营

为提高社区农民的旅游参与层次和扩大参与面，除加强旅游培训，提升村民文化素质外，应改善现有的就业体制。首先，保障村民在景区旅游公司的就业机会，基层岗位如服务员、保安等尽量雇用本地村民，中下层管理岗位需吸收一定比例的村民加入。其次，鼓励并扩大村民家庭自主经营。对于资金、能力欠缺的村民，政府和村委会可以实行帮扶制度，由政府、村集体提供旅游小额信贷资金，由村干部牵头，引导旅游精英一对一帮扶。再次，拓展相对单一的旅游项目，扩大农民参与面。在现有的资源条件下，各村寨的旅游项目仍挖掘不够，如田头苗寨旅游购物尚未开发，安中村未能提供基本的家庭旅馆，历村的发展集中于餐饮业等。继续在食、住、行、游、购、娱六个方面开发浅层次的旅游项目，能够迅速扩大农民就业。

针对村民同质化自主经营竞争力弱的缺陷，应鼓励村民自主成立旅游经济合作组织，实行产业联合，规模化经营。该组织的作用在于，对内实现资金、技术、信息等资源在村寨内部的整合与流动，避免恶性竞争，达到村民互助、帮扶弱者，壮大整体经济的目标；对外集体议价谈判、宣传营销以及吸引外资，降低经营风险与经营成本，提高竞争力，保护村民家庭自主经营。

3. 保护村寨弱势群体，建立公平化的旅游收益再分配机制

村民个人资本、能力不同，在乡村旅游发展过程中，分配制度不可避免地面临效率和公平的选择，特别是在旅游发展初期，为迅速促进当地经济发展，注重效率大于公平。在调查的各村寨，旅游收益普遍向旅游精英集中，村民旅游收入出现差距。村寨内的弱势群体被边缘化，却同样承担着生活成本提高、环境恶化等旅游负面影响。比较特殊的郎德上寨实行人民公社化的“工分制”，吸收了村寨老弱妇幼等弱势群体参与旅游发展，保证了他们的旅游利益和村寨整体和谐，但这种模式缺乏活力，对旅游精英的激励不够，村寨的歌舞演员常出外打工，全村旅游经济效益不高。因此，为了实现保护村寨旅游精英的积极性和照顾弱势群体利益的双赢，有必要建立公平化的旅游收益再分配机制。

在实践上，可以通过设立专项资金对弱势群体、未受益人群实行倾向性旅游收入再分配。以资源使用费和环境保护费的形式，向包括旅游公司、外来经营商和本地经营大户在内的主要旅游受益主体征收一定费用。所提取资金，一方面用于村寨基础设施建设与环境维护，改善村寨整体环境；另一方面用于村寨公益事业，支持旅游培训、教育、社会保障等，以合理的形式为村寨的困难群众提供资金帮助，如寿星基金、低保基金以及大学生基金，体现社区公平，实现合理补偿。

6.3　乡村旅游组织管理机制

6.3.1　桂滇黔民族地区乡村旅游组织管理机制的概念

机制是指事物组织及内部各要素相互运行变化的情况。任何乡村旅游景区的发展都有一定的组织管理体系，组织管理机制便是乡村旅游管理系统的内在结构与机理，它协调景区各要素的内在联系和运行原理，是决定景区管理功效、实现组织功能的核心问题。

乡村旅游组织管理机制的建设，从载体上讲，一靠体制，二靠制度，即景区具体运营的组织岗位配置和相应的规章制度；从内容上讲，站在农民增收的角度，乡村旅游组织管理主要包括景区的日常经营管理和社区居民参与旅游管理两方面内容。

6.3.2　桂滇黔民族地区乡村旅游组织管理现状

1. 景区经营管理体制与相关制度

（1）政府主导型模式

各民族村寨旅游景区在各级政府旅游局的有效指导下，由旅游公司负责景区开发和运营。旅游公司的投资主体包括：地方政府与国有企业合资（平安壮寨、黄洛瑶寨、程阳侗寨）、政府独资（西江苗寨）、开发商投资（天龙屯堡、新华村）。各旅游公司采用现代股份公司制形式，设有财会、人力、营销等职能部门，如程阳桥旅游公司机构设置（图 6-1），由政府派遣人员或聘请外来人员担任公司的管理层，当地社区居民不参与日常管理，只在旅游公司担任基层员工。

以平安壮寨为例，在政府层面，2007 年 8 月，龙胜县政府成立龙脊梯田景区管理处，设有财务室、办公室、综合协调、规划建设、经营管理五个部门，其主要职责是负责市场监管、保护景区资源以及对外宣传、协调景区群众关系。在企业管理层面，龙胜县政府和桂林旅游股份有限公司作为主要股东，共同成立了“桂林龙脊旅游有限责任公司”，公司设立有董事会、总经理和副总经理，以及综合、财务、销售、安全等部门。在社区层面，为配合公司管理，从 2011 年开始，平安壮寨推选了 6 位村民协管员代表村寨协助公司进行梯田保护和门票登记事宜。景区管理局还制定了规范村民参与旅游经营及受益分配的相关规章制度。

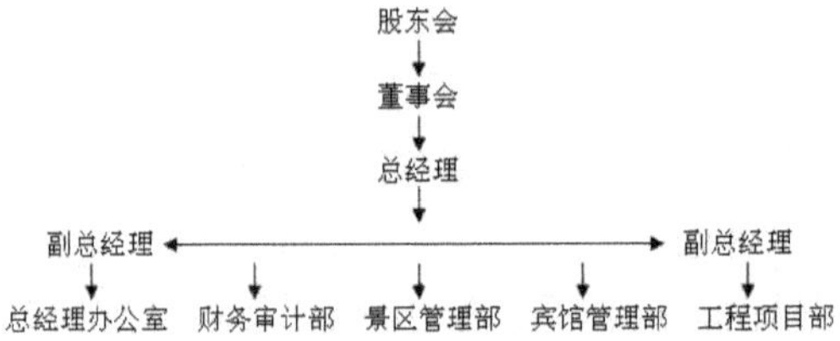

图 6-1　程阳桥公司机构设置

注：资料来源于程阳桥公司。

（2）社区主导型模式

各民族村寨在市、县旅游局的行政指导下自主运营，包括农民合作社制经营（田头苗寨、安中村）、村民委员会经营（郎德上寨）和松散经营（历村）。

①田头苗寨旅游实行股份合作公司化管理。田头苗寨村民自发成立独立于村委会的旅游股份公司开发旅游及协调各项事务。村民按照个人意愿申请，经股东大会同意并交纳入股股金 500 元（2012 年入股股金提升至 1.5 万元）就可以成为苗寨股东，每户股份相同以实现民主决策。由股东大会民主推选董事长兼总经理，下设表演部、客房部、财务部等工作部门。由各部门负责人管理旅游股份公司日常经营事务，并于每月召开股东大会。根据各种法律法规并结合田头村实际情况，村旅游公司制定了《旅游接待管理制度》《农家住宿管理制度》《卫生管理制度》《财务管理制度》《饮食卫生制度》《投诉管理制度》等相应的制度措施。

②安中村由村民自发成立的农民旅游专业合作社负责马场运营，独立于安中村村委会。村民共同推举马队队长及其他4位管理人员负责马场日常旅游接待工作、旅游宣传及市场营销；合作社规定每月召开一次社员大会，共同讨论和解决马场日常管理存在的问题。每年一次民主改选马场管理人员。安中马场遵循玉龙县旅游局发布的四个地方性旅游服务规范，即《乡村旅游马队服务管理规范》《社会住宿设施服务规范》《农家乐设施与服务规范》《非等级旅游餐馆设施与服务规范》。

③郎德上寨由上郎德村委会负责，采取民主集中制，管理上寨旅游开发的各项事务。由村委和村民小组组长组成郎德上寨文物旅游接待小组，其主要工作任务有对外联系旅行社、接待各级领导视察；对内进行歌舞表演接待的统一组织、统一管理、统一培训和工分统一分配，以及对工艺品、土特产品销售的监管等。村旅游接待组先后制定了《郎德上寨旅游接待公约》《郎德上寨旅游工艺品销售管理公约》《郎德上寨迎客服装穿着要求制度》等相应的制度措施。

④历村是当地社区居民在月亮山景区外围进行的松散化的自主经营，目前尚没有形成专门的村民旅游自组织，日常问题都是由历村所属的凤楼村委会直接管理，遵循阳朔县旅游局制定的各类地方标准。

2. 社区居民参与旅游管理

（1）政府主导型模式

调查发现，各民族村寨社区居民在旅游规划、旅游开发、旅游营销等一系列旅游管理决策方面缺乏实质性的参与。黄洛瑶寨、程阳侗寨、天龙屯堡成立有农民旅游协会；平安壮寨有农民协管员；西江苗寨和新华村两地，则是由当地村委会代表社区参与管理。但旅游协会、协管员、村委会作为社区农民的代表，除了关乎重大的利益分成谈判外，其职责是协调村民与公司矛盾，处理村民参与旅游开发的各项事务，对村民进行素质教育和行为管理，避免村民影响景区正常运营，也就是说这些组织和人员的主要作用是对内规范和约束村民行为，而在景区旅游管理上没有多少话语权，处于被动地位。政府、外来开发商作为景区投资主体掌握了对旅游事务的管理支配权，社区扮演被安排的角色。

（2）社区主导型模式

在调查的4村寨中，田头苗寨和安中村采用村民集体民主决策的形式管理旅游发展，但有一定的限制条件，即村民必须入股村旅游公司和旅游合作社，未入股的村民没有权利参与管理。郎德上寨和历村均是由当地村委会负责管理相关旅游事务，但二者有区别：郎德上寨所属村委会负责景区的日常运营管理，全体上寨村民在村委会的领导下集体参与旅游业的发展，村民可以通过村民大会参与重大旅游事项表决；历村属于农民个体化经营，村委会只负责传达政府政策，维护市场秩序，规范农民行为等，在社区旅游发展中管理主体作用不明显。

6.3.3 桂滇黔民族地区乡村旅游组织管理存在的问题

1. 缺乏相应的农民参与旅游决策机制

农民参与旅游决策的权利体现在乡村旅游开发过程中，农民面对旅游资源开发利用、土地征收、景区管理、旅游收益分配等关系到社区切身利益的一系列问题时所享有的知情权、参与权和决定权。依据 10 寨乡村旅游组织管理的现状可以发现，在政府主导型模式下，农民在旅游政策制定和景区运营管理两个层面仅享有一定的知情权，没有参与权和决定权。以平安壮寨为例，无论是龙脊梯田景区管理处还是龙脊旅游有限责任公司，均没有相应的组织架构和规章制度将当地农民纳入决策层，也就是说在相关重大旅游事项制定出台方面，农民处于被咨询和被告知的状态，事实上没能进入决策机制中，当地社区农民基本丧失了对社区旅游发展的控制权，他们对景区的发展方向没有多少影响力。在社区主导型模式下，农民对景区运营管理拥有决策权，但在政策的制定方面同样没有发言权。地方旅游政策关系到乡村旅游的长远发展和社区居民的切身福祉，目前地方旅游政策的制定多属于政府单方面行为，缺乏务实的机制吸纳农民的意见和建议，势必会影响旅游政策的实施和效用。

2. 村寨内部决策的民主化程度有待提高

乡村旅游的发展涉及农村社区全体居民的利益，因此村寨内部的旅游组织管理机制也应照顾到所有村民个体权利的民主表达，否则会造成部分弱势村民的边缘化，影响村寨旅游的和谐发展。在 10 个村寨的实地调查中发现，在政府和社区主导模式下出现旅游协会、村委会、协管员等组织或个人作为社区农民的旅游利益代表，相关岗位往往由当地的农村基层干部、知识分子、经济能人等担任。从实际情况来看，这些地方精英掌握了村寨内部的旅游决策权。例如平安壮寨协管员、程阳侗寨旅游协会、天龙屯堡旅游协会、田头苗寨村旅游公司等在组织成员方面均吸收了当地的政治、文化、经济精英；在具体的旅游决策方面，虽然考虑村民的意见，但事实上也是由这些精英内部讨论决定。郎德上寨村民可以通过村民大会参与重大旅游事项表决，但景区的日常管理是由村委会决定，村民并没有多少参与权和表达权。总体来说，在目前村寨的旅游组织管理中，拥有一定社会资源的地方精英处于优势地位，而大多数普通村民无权无势，缺少参与和发言的机会。

3. 社区主导型的村民自组织管理水平较低

社区主导型模式下，乡村旅游农民组织的管理层产生于本地村民群体中。乡村的本土人力资源有限，田头苗寨、郎德上寨、安中村等地旅游管理层整体受教育水平较低（多为高中及以下学历），并未接受过相关的旅游专业教育，因而管理水平较低，缺乏创新开拓的能力。平等参与的组织，容易出现集体决策和行动效率低下，即“集体困境”问题。田头苗寨与安中村的村民股份完全平均化，村民意见常常难以统一；习惯乡土传统散漫的思维理念，严格统一的企业化管理难以在村民中实行；人情羁绊影响管理层的执行能力与方向，易出现管理与发展理念的分歧。这些问题影响了乡村旅游经营的效率、旅游经济的持续发展与规模扩大。郎德上寨实行的“工分制”强调社区整体的平等参与和公平分配，维护社区和谐，但“工分制”缺乏对个人参与旅游的激励。一些不擅长歌舞的村民和主要表演者之间的旅游收入差距不大，这打击了这部分表演者的积极性，同时为部分懒惰的村民提供了“搭便车”的机会，陷入了集体行动困境。“工分制”偏重参与，激励机制不健全，创新能力受阻，社区旅游经济质量与效率难以提升。管理效率低下使组织平台作用难以发挥，裹足不前，严重阻碍乡村旅游农民组织发展。

6.3.4　桂滇黔民族地区乡村旅游组织管理机制构建

针对桂滇黔民族地区乡村旅游组织管理存在的问题，在旅游政策制定和景区运营管理方面，除了上文提到的构建制度化参与平台、政府和旅游企业放权、社区农民增加参与决策权以外，应鼓励社区建立一个强有力的能够代表农民申诉利益的自治组织，使其在相当程度上代表所有社区群体的需要与利益，建立有助于利益相关者参与旅游发展决策的合法权利框架，提供一个平台供人们就旅游发展相关问题以及处理方法进行交流，打破不平衡的权利关系，保证当地居民的利益最大化并且能够部分地控制旅游业在地方的发展[1]。这一组织的主要作用如下：对外方面，在政治上提升农民与政府的博弈能力，保证农民群体能够影响政府决策的制定；在经济上提升农民的市场地位，保证农民能够参与景区管理决策。对内方面，保证全体居民平等的民主参与权和表达权，照顾弱势群体，避免贫富分化。

目前我国农村主要的基层组织包括村民委员会和农民专业合作社两种。两种自治组织均存在一定的缺陷。村民委员会是政治性组织，由村民民主选举产生，但现实中这一自治组织管理混乱，村委会与村党支部没有明确分工，缺乏公众监督机制，农民的自治权受到限制。农民专业合作社是农民行使结社权，组织起来共同进入市场的经济性组织，具有保护农民个体经济利益、提供经济服务的相关职能。在旅游方面，国内成立的乡村旅游专业合作社由农民自愿参加组建，主要职能是提供相关农家旅游的经济信息，或是起着联合经营提高市场竞争力的作用，而农民更迫切需要的是诸如法律维权、政治经济谈判支持等服务。因此，为了有效利用农村现有的组织资源，使其充分发挥农民利益的代表作用，从而维护农民合法权益，本文尝试结合有关农村实验成果，保障村民以自治权利为核心，探索农村政治增权的具体实践路径。

1. 对村委会组织的民主改革

村委会组织是政府基层政权的延伸，在旅游社区权益维护中应该发挥更大的作用。村委会的建设应以旅游发展为契机，进行有力的民主改革，在维护农民政治权益的同时，可以重新提高村委会的公信度，增强村民的凝聚力，建设社会主义和谐农村。目前，在农村村委会治理实验中，有三种模式较为成功，三者均致力于保证农民对村委会的监督参与能力，提高普通农民的政治权益。第一，河北“青县模式”，党支部领导、村民代表会做主、村民委员会办事，从而把决策权、

[1] 左冰，保继刚. 从“社区参与走向社区增权”——西方旅游增权理论研究述评[J].旅游学刊，2008，(4):58-63.

执行权分离出来，切实保证民意决策。第二，浙江“温岭模式”，将民主恳谈纳入决策程序，从预算到立法都让公众参与进来，村委会表决不再只是政治形式。第三，广东“蕉岭模式”，成立村监委会，村里每个片选举一名会员，村民可以把票投给本片任何人，监委会负责监督村委会的财务和履职，这使村里的公共生活更加透明。毫无疑问，这三种模式部分成功地解决了农民政治增权的问题，在村委会日常运作中切实加入了村民参与、监督的因素，在一定程度上扩大了村民的自治范围，保障农民有更多更切实的民主权利。旅游增权行动如果能够采取村民代表大会做主模式，保证农民的政治参与权和政治表达权，对重大旅游经济利益问题进行群体民意征集、表决，体现民主平等，将使村委会在很大程度上能够保证旅游博弈中社区的旅游收益话语权，在农村社区维护旅游权益的时候，站在农民立场上代表农民利益。

2. 对农民专业合作社的“政治赋权”改革

基于旅游维权的需要，农民群体必须对现有的乡村旅游合作社赋予更多政治性的权能，如果没有成立乡村旅游合作社，可以在其专业合作社的基础上“赋权”。具体路径如下：社员通过全体大会达成增加合作社政治经济谈判、维权职能的决议，使合作社能够对外统一代表农村社区整体。使合作社高度组织化，会聚农民个体力量，在群体决策意见的前提下同政府、外来开发商进行谈判，以取得维权的有效影响力。为了防止地方精英操纵合作社的发展，由社员选举德高望重、具有领导才能的村民担任社长负责合作社的各项工作。同时在合作社中成立类似的社员代表会、监事会，重要事宜由“社代会”共同投票做主，监事会负责监督合作社的财务、管理、谈判等日常运作，实现全体村民的平等决策权。

6.4　乡村旅游产品创新机制

6.4.1　乡村旅游产品创新机制的内涵

旅游产品是指为满足旅游者审美和愉悦需要，在一定地域上生产或开发出来的以供销售的物象和劳务的组合。[1] 任何旅游产品都有一定的生命周期，面对激烈的市场竞争和多样化的市场需求，只有不断推陈出新，提高旅游产品的吸引力和竞争力，才能保持旅游目的地的健康可持续发展。在市场经济条件下，旅游产品的创新以市场需求为动力，涉及创新主体以及主体在创新过程中所运用的各种有形和无形要素（如信息、资金、技术等）。其在广义上涵盖了制度、技术和管理创新三个方面，我们通常所说的产品创新主要是指技术创新，即旨在通过一定的技术手段得到一种新的或者改进的旅游产品。

乡村旅游产品创新机制是指以市场驱动为导向，以乡村旅游利益相关者为主体，通过主体间的相互作用和要素的协同联动所形成的产品创新内在机能和运转方式。

6.4.2 桂滇黔民族地区乡村旅游产品开发现状

1. 乡村旅游产品内容和项目

根据 10 个民族村寨的实地调研情况，各村寨的主要旅游产品如表 6-1 所示。

表 6-1 各村寨的主要旅游产品

村寨	主要旅游产品	特色旅游项目
平安壮寨	龙脊梯田观光、住宿、餐饮、工艺品销售	梯田观光、抬轿子、背背篓
黄洛瑶寨	瑶族歌舞表演、工艺品销售、农家餐饮、住宿	长发舞表演
程阳侗族	侗寨观光、民族餐饮、住宿、歌舞表演、工艺品销售	侗寨观光
田头苗寨	苗寨观光、苗族歌舞表演、斗马表演、农家餐饮、住宿	斗马表演
历村	远眺月亮山、农家餐饮、工艺品销售、照相	乡村导游
西江苗寨	苗寨观光、民族博物馆、苗族歌舞表演、住宿 餐饮、工艺品销售、服装照相	苗族歌舞
郎德上寨	民族博物馆和杨大六故居、苗寨拦路酒、寨容观光 苗寨歌舞表演、工艺品销售、农家餐饮、住宿	苗族歌舞
天龙屯堡	寨容观光、地戏表演、傩戏文化陈列馆、工艺品销售	地戏表演
新华村	泉潭景观观光、白族歌舞表演、寸氏庄园 银制工艺品销售、住宿、餐饮	银制工艺品
安中村	茶马古道骑马观光、划船	茶马古道观光

可以看出，除了依托当地特有资源开发的特色项目外，各村寨的乡村旅游产

[1] 谢彦君. 对旅游产品及相关问题的探讨[J].东北财经大学学报，1999，(3):70-73.

品内容和项目大同小异，主要集中在寨容观光、农家餐饮、住宿、工艺品销售四方面，属于观光型旅游产品。

2. 乡村旅游产品开发主体和模式

（1）开发主体

在政府主导型模式下，旅游企业作为景区的实际运营者，是旅游产品的主要开发主体。如平安壮寨、黄洛瑶寨是由龙脊旅游公司依托当地的特有资源开发了梯田观光和瑶族歌舞表演；西江苗寨由西江旅游公司建设了民族表演场、民族博物馆以及工艺品展销街等；新华村是由云南盛兴投资集团打造了石寨子购物广场、民族文化广场、银器博物馆、寸氏庄园和新华国际生态园等。这些村寨的社区居民主要参与农家餐饮、住宿、歌舞表演等附属性产品项目。

在社区主导型模式下，当地社区居民成为旅游产品的开发主体。如田头苗寨和郎德上寨村民利用苗族文化资源自主开发的苗寨歌舞表演，安中村村民利用历史上的茶马古道所开发的茶马古道骑马游，历村居民利用紧靠阳朔十里画廊的优势开发农家餐饮。

（2）产品开发模式

对于旅游地的开发，各村寨的旅游产品有相似的开发模式——资源修饰型开发模式，即在特有的自然和人文资源基础上，旅游企业经过前期的旅游规划和市场调查，或是当地社区通过简略的市场前景预估，投入资金和简单的技术手段，增加旅游基础设施和服务设施建设，适当地对景区加以修饰，形成旅游产品推向市场。这一开发模式与观光型旅游产品相对应，如平安壮寨的旅游吸引性产品在于雄伟瑰丽的龙脊梯田，黄洛瑶寨在于红瑶独特的长发，西江苗寨的吊脚楼蔚为壮观，天龙屯堡拥有地戏表演，安中村紧靠茶马古道。这些乡村旅游地的兴起依托于对既有旅游资源的开发利用，产品研发程序简单，技术含量相对较低。

6.4.3　桂滇黔民族地区乡村旅游产品开发存在的问题

1. 产品形式结构较为单一

体验经济时代，游客具有更加多样化和个性化的需求，现有的乡村旅游活动内容仍以观光游览为主，缺少如休闲、度假、养生、特种、生态等其他形式的专项旅游产品。同时观光旅游产品的开发处于初级开发水平，无法体现参与性、体验性和娱乐性。除特色资源外，各村寨的主要旅游项目局限于农家餐饮、住宿和工艺品销售三大部分，在旅游六要素中只是简单地满足了游客基本的食宿和购物需求，无论是旅游产品的广度还是深度都有待于拓展。以发展较好的西江苗寨和经营效益一般的田头苗寨为例，西江苗寨由黔东南州政府投入巨资打造，目前苗寨的主要产品停留于寨容观光、歌舞表演等浅层次观光型项目，缺乏游客参与的体验性项目；田头苗寨村旅游公司的旅游产品结构单一，住宿设备缺少，档次较低，难以满足中高端客人的需求，餐饮特色和环境一般，旅游手工艺商品市场尚未开发，旅游活动内容和消费过程雷同、单调。

2. 产品同质化现象严重

区域旅游资源的相似性导致了旅游产品的雷同性较高。如田头苗寨与所属融水县的雨卜、龙女沟景区均主打苗家风情，有着相似的苗族歌舞和特色饮食。郎德上寨和西江苗寨同属雷山县境内，两者具有高度的文化一致性。安中村所在的拉市海地区共有 27 个马场开发相似的茶马古道骑马游项目。这种相似性导致区域内旅游产品缺少个性，相互间没有差异。此外，在乡村旅游开发中，旅游服务型产品如农家餐饮、住宿、工艺品销售由于投入成本和技术含量低，村民之间极易模仿和照搬，形成了“遍地开花”的局面，如平安壮寨、西江苗寨、历村等地存在大量的形式一样的乡村家庭旅馆。产品的雷同造成了低水平竞争和资源的浪费，难以突出特色和满足游客多样化的消费需求。

3. 文化内涵挖掘不够

文化是旅游之魂。乡村旅游的可持续发展离不开对当地文化的深入挖掘，只有对本土文化特征进行深度理解和整合，不断深化旅游产品的文化内涵，才能突出地方性特色，增强旅游产品的竞争力和生命力。当前，浅层次的观光型旅游产品转型也亟须融合地方文化特色。以西江苗寨和安中村为例，西江的观光旅游产品停留于表面，游客浅尝辄止，难以充分感受苗族文化的多元性，对于苗族的历史传说、苗族语言、苗族医药等特色民族文化缺乏接触和了解。安中村以茶马古道游作为特色旅游项目，其实质是自然观光游，对于茶马古道的渊源和马帮的历史文化，以及安中村本身所具有的纳西族文化，旅游合作社并未能深入挖掘和展示。如果两地能够将地方文化与旅游资源相结合，将大大提升旅游产品影响力和吸引力。

4. 产品创新认识和创新能力不足

旅游企业和社区居民作为旅游产品创新的主体存在对创新认识不足，缺乏重视的现象。调查发现，旅游资源等级高的民族村寨同样存在旅游开发的初级性问题。如平安壮寨和西江苗寨，两地拥有世界级的独特旅游资源，同样为政府巨资投入，进行股份公司化管理，但仍处于浅层次的观光开发阶段，产品内容单一。并且即使意识到旅游产品存在的缺陷，由于自身创新能力不足，民族村寨也只能维持现状。如郎德上寨在二十多年的旅游发展过程中，旅游产品几乎未作改动，不变的集体歌舞表演和寨容展示，当地村委会领导虽然意识到产品的老化问题和当地传统苗族文化对旅游的重要性，但局限于文化知识和能力，难以有效改善旅游产品现状。

6.4.4　桂滇黔民族地区乡村旅游产品创新机制构建

上述产品开发存在的问题反映了当前桂滇黔民族地区乡村旅游产品创新的迫切性，构建良性的旅游产品开发运行体系，形成有效的旅游产品创新机制已经十分必要。由于旅游产品创新开发既涉及内容广泛的旅游产品，又涉及多元化的利益相关者，它将是一项复杂的系统性工程，因此需要在市场导向的作用下，多方通力合作和相互协调。

1. 提高旅游经营者的创新意识和创新能力

创新意识淡薄和创新能力较低是乡村旅游产品单一和老化的关键问题所在，因此要大力提高旅游经营者（旅游企业或当地社区）的创新意识和能力。在具体实践中，一方面，可以长期培养内部人才，建立内部创新激励机制。培养层面，通过组团外出考察优秀旅游景区、参加旅游产业展销会，学习先进经验，拓展眼界，如平安壮寨的抬轿子服务项目正是村支书随团前往张家界景区学习的成功经验；联合高等院校，提供实习基地，邀请专家讲座，对员工进行创新培训。为提高员工的创新热情，应建立内部激励机制，提供奖励报酬和职位升迁，鼓励员工建言献策。另一方面，采用外部人才援助方式，通过人才招聘，获取优秀旅游人才，或者直接聘请专业的产品设计团队负责景区产品打造。例如在土特产品创新方面，完全可以聘请专业团队打造一系列乡土产品品牌，设计包装和专营特色，做到专业性生产和品牌化管理。

2. 加大地方政府对旅游产品创新开发的引导作用

在政府主导型旅游发展模式的大背景下，地方政府的宏观调控对乡村旅游发展创新具有不可替代的推动作用。实地调查发现，政府主导型乡村旅游景区的成功，如平安壮寨、西江苗寨等，离不开政府在政策引导、资金投入上的巨大支持。当前，政府在乡村旅游产品创新的推动作用仍未凸显，虽然贵州、云南、广西三省（区）出台了一系列的乡村旅游政策扶植农村地区发展，但着重点在于扶贫和发展乡村经济，对于乡村旅游景区产品创新和可持续发展重视不够。为促进乡村旅游的长远发展和增强桂滇黔民族地区的旅游竞争力，有必要强化地方政府的引导职能。政府的作用主要体现在政策引导上，通过制订旅游发展规划和产业政策，加大旅游人才培养投入，营造良好的旅游创新环境；深化旅游经济体制改革，加快国有旅游企业向现代企业转型，建立和健全国企创新管理体系，促使企业创新行为的标准化、规范化，最终实现政府的创新影响力。

3. 发挥社区居民旅游产品创新能量

农村社区居民作为当地文化的重要承载者已经得到普遍的共识。他们既可以为乡村旅游产品创新提供文化原料和灵感，同时也是乡村旅游产品的创新主体。以田头苗寨和郎德上寨这两个社区主导型乡村旅游地为例，两地苗族歌舞表演均属于村民在原有苗寨歌舞文化基础上的原创作品，是当地社区对本土文化充分利用和发挥的生动体现，反映了村民的创新智慧。两地的其他旅游产品，如田头苗寨的斗马表演、郎德上寨的杨大六故居等也是社区对民族文化和乡村旅游的有机融合。虽然限于自身的知识和能力，村寨的旅游产品略显简单和粗糙，但已经显示出村民在旅游产品创新方面的能量。因此，政府主导型和社区主导型乡村旅游地的文化旅游创新均需要社区居民的积极参与和密切配合。在具体实践方面，通过建立村民旅游决策咨询机制，合理分配旅游利益，引导村民参与旅游产品创新设计，将会提高当地居民的积极性，发挥其在民族风情、才艺展示、土特产品等全方位的创新推动作用。

6.5 乡村旅游市场运作机制

6.5.1 乡村旅游市场运作机制的内涵

市场运作即根据消费者的市场需求来定位产业的发展方向与方式，其核心是准确掌握和满足消费者需求。乡村旅游市场运作符合传统市场运作的系统运行模式，旅游经营者通过对旅游市场的调查了解，明晰未来乡村旅游市场发展的总体方向，从而进行旅游地开发和市场推广，适应市场发展趋势。结合机制定义，乡村旅游市场运作机制是旅游市场开发过程中诸要素的协调运行机理，机制的主要内容在于建立整体市场营销体系，涉及旅游地营销主题形象定位、旅游产品创新开发和市场促销策略制定等。上文中已经对旅游产品的创新开发进行了详细阐述，在此主要论述乡村旅游市场营销中的总体形象定位和营销推广。

6.5.2 桂滇黔民族地区乡村旅游市场运作的现状

1. 乡村旅游总体形象的定位

定位彰显特色，准确的定位是乡村旅游市场开发的基础，也是旅游目的地产品识别标志。在乡村旅游形象定位的省级层面，西南三省（区）是从全省旅游发展的角度出发塑造形象，进行全局性指导。“七彩云南”“多彩贵州”“山水广西”的品牌内涵背后也涵盖各自的乡村旅游定位。在旅游县域层面，根据自身的资源优势，部分县已经确立了自身的形象目标，如平坝县“屯堡文化之乡”、雷山县“中国苗族文化中心”，还有部分县域定位模糊或尚未提出明确的主题旅游口号，如广西融水县虽然主打苗族风情，但形象特色不够，社会知名度不高。具体到民族村寨层面，10个村寨都有各自的特色旅游资源，一些甚至拥有世界级、国家级旅游资源品质（如平安壮寨、程阳侗寨），但普遍缺乏形象定位识别系统，即在理念识别、视觉识别和行为识别等方面的形象塑造观念淡薄，没有主题口号，也没有相应标识（logo），造成村寨游客印象弱、市场影响力低的状况。

2. 旅游市场营销推广

营销推广涉及旅游营销主体、营销范围以及旅游营销手段等多方面。桂滇黔民族地区的实际情况显示，政府、旅游企业和当地社区是旅游市场的营销主体，政府负责旅游目的地整体形象营销，旅游企业和当地社区负责产品营销。

在营销手段使用上，资金雄厚的政府和旅游企业普遍采用包括广告、公关、人员推销、网络营销、节庆营销等多种方式相结合的宣传形式，体现立体化营销理念，如云南省对旅游产品的营销。

在政府方面，云南省针对国内旅游市场所采用的营销方式包括以下几点。一是通过区域旅游合作开展营销，通过进一步深化“泛珠三角”区域、西部12省区市以及与上海等省区市和中国台湾地区的旅游合作，多角度、多层次、全方位、立体化推动旅游合作。二是积极发挥展会营销的重要作用，云南省积极参加了“国际旅游交易会”“国内旅游交易会”“西部自驾车旅游博览会”“西部旅游交易会”“西部旅游博览会”等国内重点旅游产品展示活动。三是利用各种媒体进行营销，2011年，云南省分别与央视国际频道和央视音乐频道合作，拍摄制作了“远方的家——边疆行”云南系列节目以及“乐游天下”云南系列节目；云南省旅游局与云南移动、云南联通等信息服务运营商合作，正式开通云南旅游官方微博，完成了云南旅游电子商务网的全新改造。在旅游企业方面，西江苗寨旅游公司借助贵州旅游“大篷车”“锦绣中华海峡两岸风景名胜区”等活动推出“看西江知苗寨”活动，依托中央电视台、腾讯网等主流媒体对“原生态 黔东南西江号”品牌列车宣传造势，协助拍摄《新春走基层 苗寨过大年》《欢乐中国行 魅力黔东南》等系列节目。

社区主导型的乡村旅游地由于社区自身资金少，多采用较为单一的旅行社营销方式，如广西田头苗寨、贵州郎德上寨、云南安中村等地的客源主要是通过旅行社招徕。

6.5.3　桂滇黔民族地区乡村旅游市场运作存在的问题

1. 市场营销理念滞后

市场营销具有重要作用已经是西南地区政府、企业及村民的普遍共识，但各方在实际操作中仍显示出营销理念滞后的特征。一线旅游目的地总体形象定位市场竞争性不强，形象识别体系不健全。市场营销强调品牌和顾客中心理念，定位是品牌建设的灵魂，准确定位又依赖于对顾客市场的详细了解。当前乡村旅游地的形象设计偏重于强调自身资源优势，而未考虑旅游者市场的焦点。当前旅游市场已经转向休闲度假功能，游客更偏好具有体验性、参与性、新奇性的旅游产品，旅游地的宣传停留于观光型阶段，自然会影响到游客的出游兴趣。如广西平安壮寨开展乡村旅游近二十年来，始终以龙脊梯田观光作为对外唯一形象定位和主打产品，作为世界级的旅游资源，这一做法有其合理性，但也限制了休闲旅游时代平安壮寨旅游品牌的进一步提升。此外，平安壮寨从未正式发布村寨的主题旅游口号和旅游标识，造成其旅游品牌识别性不高，口碑不突出，与已经成功申报世界文化景观遗产的云南哈尼梯田相比差距显著。广西三江县程阳侗寨拥有世界上最古老的侗族风雨桥，三江县的旅游定位也是主打侗族风情，但从实际营销效果来看，程阳侗寨的旅游人数增加不明显，市场反应冷淡。

2. 市场营销手段不到位

社区主导型乡村旅游地单一的营销方式导致过度依赖旅游中间商，在旅游利益分配中处于被动地位。如田头苗寨的客源全部来自于旅行社宣传，为巩固合作，田头苗寨不得不与旅行社实行旅游收益四六分成。政府和雄厚的旅游企业虽然采用多元化的立体营销体系，但其主体手段仍是依赖于传统媒体和旅游中间商营销推广渠道，对现代市场营销中的整合营销和网络营销运用不够。整合营销的核心思想是将所有营销推广活动进行一体化的整合重组，让旅游者能够从不同的信息渠道获得一致的品牌信息，提高营销的聚合力。现有的营销方式各行其道，组合性不强，显然无法做到这一点。网络营销作为时下最时尚、快捷的营销手段，能够有效地实现游客与旅游经营者之间的双向互动，便于游客更好地获取产品信息，旅游从业者更好地了解游客多样化的需求，有利于提高游客对目的地的出游兴趣和消费满意度。实地调研显示，目前西南乡村旅游景区（如平安壮寨、西江苗寨、新华村）的网络营销大多数仅仅停留于产品和信息宣传的初级阶段，对于网上促销、游客在线交易、信息沟通等网络营销的深层次功能尚缺乏实际应用，反映出营销手法的落后。

3. 营销体系单一化

国内的市场营销模式普遍表现为政府负责旅游地整体形象营销，旅游经营者（旅游企业、社区农民）负责旅游产品营销的单一营销体系。西南地区政府主导型和社区主导型乡村旅游地均显示出政府和旅游经营者营销各成体系的态势。这种营销模式反映出政府和经营者之间各自的工作侧重点，但容易造成两种营销体系间的互相脱节。在实际工作中，政府的形象营销往往通过专门的旅游规划公司或高等院校进行策划设计，如贵州省的乡村旅游规划由多所高校参与编写和顾问，旅游经营者层面只是象征性的社会调查和征求意见，没有能够真正参与进来，政府整体形象营销的实用性有待考察。同时，政府形象营销和旅游经营者产品营销的不一致，阻碍了整合营销作用的发挥，降低了乡村旅游地宣传营销的效用和凝聚力。相对于政府，旅游企业和普通旅游业者的营销费用有限，宣传影响力不足，两种营销间的脱节也形成政府有限的宣传营销资源发挥作用受限，产品营销资源不足的尴尬局面，资源未能优化配置。

6.5.4　桂滇黔民族地区乡村旅游市场运作机制构建

1. 提升市场营销观念

打造乡村旅游目的地的知名度，塑造旅游品牌，必须顺应旅游市场变化和强化旅游形象识别。随着中国休闲经济的发展，乡村旅游的市场形象定位要进行策略调整，要顺应市场要求，将体验的经济理念融入旅游市场的营销观念当中，而不是故步自封、原地踏步，这样才能免于被市场淘汰。需要指出的是，桂滇黔民族地区的乡村旅游形象定位关键在于进行本土民族文化主题的挖掘、筛选和设计当地独特的文化内核，进而维护形象定位的差异化和市场竞争力的持久性。在明确市场定位后，更重要的是强化乡村旅游目的地在游客心目中的正面印象。形象是品牌的外在导向，在西南民族村寨中，部分乡村旅游地虽然等级较高（如平安寨、安中村），但在旅游者心中尚未形成明确的感知印象，即存在形象缺位。这就需要建立形象识别系统，采用文化和行为手段，对旅游者的感知进行培养和影响，为品牌形象塑造奠定基础。

2. 建立营销主体协作机制

为了克服单一营销体系存在的弊端，扭转政府和旅游经营者沟通不足的营销现状，应倡导建立乡村旅游目的地营销主体间的协同合作机制，调动双方积极性形成整体营销优势。组织层面，在省（区）、市、县各级旅游行政管理机构中增设正式或半正式的综合性旅游营销机构，由旅游管理部门、乡村旅游行业协会代表、乡村旅游企业代表、社区代表作为成员，共同协商营销战略和制订营销计划，协调政府与一线旅游经营者之间的营销机能，形成形象营销和产品营销的一体化目标，将政策与实践有机融合，避免资源浪费。操作层面，政府旅游行政机构起领导推动作用，负责提出营销政策决议草案，旅游经营者应积极响应政府工作，及时反馈建设性意见，发挥市场主体作用，确保政府营销政策和营销投资符合行业发展需求。这样构成乡村旅游市场营销的双主体运作模式，改变以往的二元营销模式。

3. 拓展改善营销手段

拓展改善营销手段，需要深化对整合营销理念和网络营销手段的应用。整合营销的目标在于有效利用多种营销方式，树立整体旅游形象。做好六种主要营销方式的一体化运行，包括加强与主流媒体的合作，积极参加旅游推介大会，积极举办各类节庆活动、制作宣传资料、旅行社合作营销、网络媒介宣传。坚持“点面结合，重点突出，整体推进”的工作方针，扩大旅游宣传促销力度，提升知名度、美誉度和影响力，拓展旅游客源市场。网络营销方面，对于实力雄厚的旅游企业，可以建立旅游直营网站和网上服务系统，为游客提供网上旅游订购等全方位服务，实现产品销售。对于资金实力弱，无法自营网站或者自身网站知名度有限的乡村旅游经营者，可将旅游信息在一些知名度高和点击率高的旅游在线经营网站、自驾自助游网站、背包客类等旅游网站进行推广，或者租用这些著名网站的空间，将自己的网页挂在其网站上面，进行产品宣传和在线销售。

6.6 乡村旅游调控管理机制

6.6.1 乡村旅游调控管理机制的内涵

乡村旅游调控管理属于旅游行政管理行为，是指政府行政管理机构依据国家相关政策法规，对本地区旅游业实行总体管理和综合调控。通过政府宏观调控和管理作用的发挥，引导和规范旅游业沿着健康、可持续的方向发展，从而获得良好的经济、社会、文化、生态等效益，促进地区经济发展和社会持续进步。乡村旅游调控管理机制是指政府行政管理机构通过发挥计划、组织、监督、协调等职能对涉及旅游业发展的诸要素所实行协调运行方式。

乡村旅游的政府调控管理主要包括两方面：一是对乡村旅游活动进行引导，主要涵盖各种鼓励性产业投资政策和引导性发展规划；二是对旅游行业的具体管理，涵盖乡村旅游法律法规、行业标准的制定，市场秩序监管，公关关系协调等方面。

6.6.2 桂滇黔民族地区乡村旅游政府调控管理现状

我国乡村旅游发展主要是由各级旅游局作为旅游行业管理的专门职能机构，国家又将风景名胜区、自然保护区、文物古迹等旅游资源的管理划归住建、环保、文化等部门。此外，旅游要素中食、住、行、游、购、娱、学、健又分别隶属于不同的管理部门，因此政府乡村旅游调控管理形成以各级政府、旅游局为主体、多部门联合的行政管理结构。

1. 出台相关产业促进政策和引导性发展规划

21 世纪以来，桂滇黔民族地区已经认识到乡村旅游对农村地区经济和社会发展的重要性，上至省级相关部门，下到市、县级政府均在积极促进本地区乡村旅游业的发展，出台了一系列的产业促进政策和乡村旅游规划。以贵州省为例，2002 年，贵州省委、省政府提出了《关于加快旅游业发展的意见》，积极发展乡村旅游和观光农业；2006 年，贵州省编制完成了全国第一部乡村旅游发展规划《贵州乡村旅游规划》；2007年，贵州省委、省政府又专门出台《关于大力发展乡村旅游的意见》；2011年，贵州省进一步提出《关于大力实施乡村旅游扶贫倍增计划的意见》。西江苗寨和郎德上寨所处的雷山县相继出台了《雷山县风景名胜区总体规划》和《雷山县“十二五”旅游发展规划》，黔东南州政府县在土地、税收等方面给予雷山种种优惠政策，如对旅游项目用地，通过招标、拍卖等方式取得土地使用权的，土地使用权限为40年，期满申请续期的，在不改变土地用途的前提下，可按最高年限批准。对新建旅游景区、旅游基础设施项目，在规定期限内开发且按期完成投资的，从经营年度起两年内把所缴清的增值税、营业税中县级财政留成部分由县财政全额返还，第三、四、五年分别返还70%，40%和20%。云南、广西两省（区）也相继出台了省（区）乡村旅游发展规划和旅游产业优惠政策，对于推动乡村旅游业发展起到了积极作用。

2. 制定相关法律法规和行业标准

省级层面，各省（区）分别制定乡村旅游发展相关条例和行业标准，如广西壮族自治区制定有《广西乡村旅游区质量等级划分与评定》《广西乡村旅游农家乐星级评定标准》《广西工农业旅游示范点评定标准》《广西特色景观旅游名镇(村)评定办法》等。在市、县级层面，历村所在的阳朔县制定有《漓江排筏技术条件》《阳朔徒步、骑行（自行车）旅游服务规范》《遇龙河竹筏技术条件》《阳朔乡村旅游导览员服务规范》《阳朔民居旅馆服务质量要求与等级划分》5个地方标准。平安壮寨和黄洛瑶寨所在的龙胜县出台了《龙胜各族自治县旅游行业管理规定》《龙胜各族自治县民居接待示范点基本标准》等地方旅游规范性文件。这些地方级乡村旅游条例和标准的出台使得各省乡村旅游业的规范发展有章可依。

3. 监管市场秩序和协调公共关系

在乡村旅游业的市场秩序监管方面，各地区均开展了由旅游局联合工商、物价、质量等部门实施的旅游市场秩序整治行动，对乡村旅游市场竞争、产品价格制定、质量提升起到了一定的规范作用，但仍出现不少问题。如平安壮寨、西江苗寨农家旅馆、餐饮出现了恶性竞争；程阳侗寨、西江苗寨村民拉客逃票、黑导行为严重；安中村所处的拉市海地区，黑导、黑团、黑车猖獗，已经出现了骑马安全事故和旅游投诉较多的问题。

在公共关系协调方面，旅游行政机构的职能作用不到位。在政府主导型乡村旅游地的利益协调中，政府机构偏向于国有公司和外来旅游开发商一方，因此在平安壮寨、程阳侗寨、西江苗寨等地频频出现农民抗议行为。在环境保护和游客服务方面重视不够，如旅游旺季，平安、西江等地人满为患，景区超负荷运转，使得景区环境遭到破坏，同时也影响了游客的出游。

6.6.3 桂滇黔民族地区乡村旅游政府调控管理存在问题

1. 管理体制缺乏灵活性

首先，旅游属于综合性产业，涉及政府交通、财政、税务、环保、林业等不同部门，各级政府旅游部门作为专门的旅游行政机构职权范围有限，当前桂滇黔民族地区尚缺乏相应的协调组织可供各部门之间实现有效配合。其次，我国旅游行政管理机构实行单一的、行政命令式的上下级管理体制，这种体制能够保证政策贯彻执行的速度和效率，但尚未建立与旅游企业、农村社区的沟通交流渠道。这种管理体制一方面必然影响政府对乡村旅游实际情况的了解，导致旅游政策制定缺乏针对性，继而政策的实施效果也会大打折扣。另一方面单向的管理体制，使得各级旅游行政机构在工作上注重于上级部门的满意度，片面地追求经济政绩，忽视社会、生态等方面的效益。当危机问题出现时，由于沟通不足，政府只能被动应对。广西平安壮寨最初是村民自发经营旅游，后由龙胜县旅游局出资入股的龙脊旅游公司介入开发，村民对于利益分配现状存在严重不满，但县旅游局偏向于旅游公司，与社区协调和沟通不力，造成2005年和2007年两次爆发暴力冲突事件。为平息纠纷，县旅游局和旅游公司最终做出让步，而村民对旅游局的管理仍颇有微词。旅游行政管理体制的僵化影响了乡村旅游的和谐发展。

2. 旅游行业调控管理不力

旅游行业调控管理涵盖产业发展方向、产业结构、人才培养、市场监管等多方面。目前政府的调控管理多着眼于行业标准和市场监管工作建设，在其他方面的工作成效不高。10个村寨乡村旅游产品普遍开发层次低、发展方式粗放，旅游资源利用率不高，即“一流资源、二流开发、三流服务”的粗放型增长方式，造成旅游企业市场化和竞争力较低；旅游产业结构发展不平衡，停留于满足游客基本的观光和食宿消费需求，休闲娱乐和购物产业发展显著不足，不能适应现代休闲旅游的发展趋势；乡村旅游的从业人员普遍素质不高，尚未建立有效的人才培训机制。即使在市场监管方面，政府管理也显得力不从心，对于各村寨出现的恶性竞争、黑导黑车、假冒伪劣、尾随兜售等行为打击不力。云南拉市海地区村民自发组织的茶马古道骑马游日益兴旺，至2012年底共有27个马场开发同一产品，造成“僧多粥少”的局面，各马场之间互相压价，黑导黑团疯狂拉客，严重影响了正常的旅游市场秩序，但玉龙县旅游局尚未能采取有效措施加以规范。旅游调控管理的缺位困扰了乡村旅游的持续发展。

3. 旅游行政管理缺乏监督机制

乡村旅游调控管理是政府对社会资源的再分配，政府对旅游资源开发的授权、对旅游基础建设的投资、对乡村旅游地的宣传营销等涉及巨大的公众利益，政府主导型模式下的一部分乡村旅游景区（如平安壮寨、西江苗寨）更是由政府直接参与投资。而当前的旅游行政管理模式尚缺乏公开的政务和财政监督机制，社会大众对旅游管理机构出现的不合理行为和行政不作为难以问责，对政府重大旅游投资的财务支出状况无从了解。由于旅游行政管理的强制性，这种不透明性容易出现行政过度干预，只注重经济发展，忽视社会、环境及文化的影响，造成资源的大量浪费，甚至滋生寻租腐败的行为。此外，公众监督的缺乏自然难以对旅游行政行为实施有效的绩效评估，政府的旅游行政调控效果无法得到确切的考量，导致旅游资源无法实现优化配置，旅游项目低水平重复建设，以较高的社会环境成本换来短期的经济效益。广西程阳侗寨2008年由柳州三江县程阳桥景区旅游开发有限责任公司（三江县人民政府投资）和柳州天逸文娱有限责任公司（柳州市人民政府发函柳州投控公司成立）共同注资程阳桥旅游投资公司进行管理，但由于各种原因，三江县政府资金并未完全到位，因此双方对景区管理权各执一词，造成了程阳侗寨大量管理工作无人主持，旅游资源闲置，经济效益日趋下降，当地社区居民只能听之任之。

6.6.4 桂滇黔民族地区乡村旅游政府调控管理机制构建

1. 加强政府旅游行政管理职能建设

为提高政府对乡村旅游的调控管理作用，首先，西南各省（区）应提升旅游行政在政府工作中的地位，成立旅游综合性协调组织机构，负责协调旅游发展中涉及的财税、交通、工商、文化、农业等各职能部门。这一组织由省（区、市、县）党政领导统管，由各相关部门负责人组成，就乡村旅游发展中的重大问题进行商讨和分工协作，提高部门合作能力，规避乡村旅游多头管理的障碍。其次，提升各级旅游局在政府行政部门中的地位。目前桂滇黔民族地区大多数市、县级旅游局在编制上属于事业单位，并非政府的组成部门。作为行业管理的一线国家机构，旅游局的行政职能发挥受限。为加强旅游局的行政职能，应将市级旅游局升级为旅游发展委员会，确立旅游行政管理部门的地位和权威。再次，明晰旅游行政管理机构责权范围和工作目标，旅游局的工作重点在于做好旅游产业培育、行业监管以及人才培养。此外，为实现多重效益，要保障旅游资源的合理规划和开发，着重保护自然和文化旅游资源，合理分配旅游利益，维护乡村旅游地社会和谐。为确保旅游局的政策制定和工作实施效果，需建立沟通反馈机制，让管理部门充分了解旅游企业、当地社区与旅游者对旅游政策的满意情况，从而促进当地乡村旅游业的发展。

2. 发挥旅游行业组织自我管理与调节优势

旅游行业组织是旅游行业内部为促进共同发展而组成的联合行动体，是对政府旅游行政管理机构的补充，在推动旅游产业发展、行业自律、市场沟通等方面发挥着积极的作用：通过为旅游企业提供行业信息服务，有利于旅游企业看清乡村旅游发展脉络，顺应市场发展趋势，合理配置旅游资源，避免旅游企业间的恶性竞争；通过为旅游者提供产品信息服务，有利于协调旅游企业与游客之间的市场交易关系，减少旅游信息不对称造成的消极影响，使旅游交易市场实现良性发展。同时，为了维护地区旅游经济的整体利益，加强成员间的信息沟通，旅游行业组织对旅游经营行为实行较为严格的监督和规范，剔除行业中的不良分子，从而创造良好有序的旅游市场环境。乡村旅游调控管理的现状表明，对于行业恶性竞争、黑导黑车、违规经营等扰乱旅游市场秩序的行为，单靠旅游行政机构的管理和约束难以有效根除，而且管理成本高昂。因此，政府可以依靠旅游行业组织来进行宏观调控，发挥行业组织自我管理和自我调节的优势，共同管理旅游工作。行业组织还可及时向旅游管理机构提出旅游企业、农村社区、旅游者团体的合理要求，保障它们的合法权益。

3. 引入公众监督评价机制

乡村旅游调控管理必须得到政策的作用对象——社会公众的认可和接受，现行的旅游行政管理体制恰恰欠缺对公众意见的重视，因此要使旅游行政管理体制得到完善，必须引入切实的公众监督评价机制。首先，政务的公开化和透明化要落到实处：建立专门的公众咨询机构，使社会大众能够及时了解政府工作动态，对于重大乡村旅游政策和旅游财政投资，要广泛征询社会意见；各项政策的实施进度和成果，特别是财政支出状况要定期向社会公布，方便社会监督；建立公众意见反馈和处理机构，对于公众提出的合理诉求和合理质疑，及时给予反馈，告知处理结果，尊重公民的知情权和监督权。其次，建立科学、公正的旅游管理社会评价体系，公开评估规则和程序，以旅游经济发展、民族文化传承保护、社会和谐及环境保护等为主题，以公众满意度为目标设立科学的评价指标，以透明化、科学化的评价结果对政府的旅游政策进行验证和调整，进而督促政府制定出更加合理、科学的旅游政策，保证乡村旅游沿着良性轨道前进。

第7章　桂滇黔民族地区乡村旅游与农民增收的保障研究

乡村旅游业农民增收受到内外部因素的极大制约，具体表现为增收困难、增收不稳定、增收不持续，单纯依靠乡村旅游业市场发展及内部收入分配调整，不足以从根本上解决农民增收问题，关键是要创造桂滇黔民族地区乡村旅游业农民增收的外部环境。

“保障”在现代汉语词典中的定义为防卫、起保护作用。由于乡村旅游业具有显著而且正向的效益外部性[1]，特别是在促进农民增收方面具有显著的社会事业属性，因此，构建农民增收的外部环境实质就是建立国家或地方层面对农民增收强有力的支持及保护体系。桂滇黔民族地区经济发展落后，乡村旅游产业发育不健全，农民在乡村旅游业中实现增收的外部支持较为薄弱或缺失，难以获得合理、持续、稳定的旅游收益，亟须建立桂滇黔民族地区乡村旅游农民增收的保障体系，使得农民走出旅游发展中的“权力阴影”，摆脱“公共池塘资源”收入少、收入不均的困境。

形式各样的“权力阴影”广泛存在于乡村旅游场域中，具体表现为资本的货币化、政府部门权力失控及滥用、文化霸权主义，以及由于资金、旅游收入的差异等带来的乡村旅游相关利益集团之间的不平等；政府部门制定政策时利用权力为“地方利益”“集团利益”“眼前利益”等大开绿灯，以行政手段和方式使得少数人或部门从旅游收入中获得更大的好处[2]；权力话语不仅影响乡村旅游营销表述方式，而且阻碍、钳制村民表达利益倾向的渠道和途径。“公共池塘资源”

[1] 单新萍，魏小安.乡村旅游发展的公共属性、政府责任与财政支持研究[J].经济与管理研究，2008(2):64-68.

[2] 刘韫，沈兴菊. 民族旅游中的权力问题及其思考[J].北方民族大学学报（哲学社会科学版），2013，109(1):71-75.

是指那些集体共用资源系统，分别享用资源单位的资源[1]，乡村旅游是公共产品，具有非排他性和竞争性。乡村旅游出现的“公地悲剧”“囚徒困境”“搭便车”是公共物品总是得不到关怀的必然的悲剧性结果。“公地悲剧”是由于乡村旅游资源被过度开发及使用，收益流向小部分人，村民却要承担生态环境恶化、旅游资源破坏的恶果；当个人追求利益最大化的理性选择时，往往导致集体利益受损，而出现“囚徒困境”；在内生式的乡村旅游发展模式中，群体旅游收益是公共性的，集体行动逻辑促使每个村民都想通过“搭便车”坐享其成。

本书在CGE模型定量研究的基础上，结合桂滇黔民族地区乡村旅游发展情况，探索桂滇黔民族地区农民增收“八大保障”：政策保障、培训教育保障、产权制度保障、信贷保障、投资保障、农民就业保障、规划保障、产业融合保障，其中，政策保障应统领全局，贯彻始终。八大保障之间是相互协调、相互制约的有机整体，力求与乡村旅游发展实践相结合，统筹推进，形成合力，克服乡村旅游农民持续增收的障碍。

7.1 农民增收的乡村旅游政策保障

7.1.1 “富民优先、产业优先”的“三农”政策

解决好“三农”问题是十六大以来我国的一项基本国策，其核心在于促进农民的持续增收。特色产业发展是支持农民增收致富的重要引擎，故而我国出台的“三农”政策都坚持“富民优先、产业优先”的基本原则。

1.“三农”政策的持续性、连贯性

2004—2013年中央1号文件都以“三农”为主题，对农村改革及农业发展作出部署，体现了“三农”政策的持续性及“富民优先、产业优先”主旨的连贯性，其中包含很多关于乡村旅游发展的重要论断，如“大力发展特色农业，特别是重

[1] 黄春雷.公共池塘资源及其治理模式初探[J].甘肃农业，2010，282(1):10-12.

视发展乡村旅游业”[1]“提升乡村旅游业的发展水平，改善农民返乡创业环境”[2]“积极发展休闲农业、乡村旅游业，拓展农村非农就业空间”[3]“支持家庭农场、农民合作社流转，发展乡村旅游和休闲农业，推进农村生态文明建设，鼓励社会资本投入文化旅游体育”。[4]

2.“乡村旅游”政策切入角度的多元性

国家多个部门纷纷结合社会主义新农村建设以及解决“三农”问题为出发点，从乡村旅游产业发展、乡村旅游资源保护等角度出台了相关政策，形成了以“国家旅游局为主、多部委参与”的乡村旅游政策制定主体。乡村旅游政策旨在充分利用“三农”资源发展旅游业，全面拓展农业功能和领域，积极促进农民致富增收。2006 年，国家旅游局下达《关于促进农村旅游发展的指导意见》；2007 年，国家旅游局、农业部出台《关于大力推进全国乡村旅游发展的通知》；2009 年，住房和城乡建设部、国家旅游局下达《关于开展全国特色景观旅游名镇（村）示范工作的通知》；2010 年，农业部、国家旅游局出台了《关于开展全国休闲农业与乡村旅游示范县和全国休闲农业示范点创建活动的意见》；2011 年，农业部为促进休闲农业又好又快发展，制定了《全国休闲农业发展“十二五”规划》。此外，部分政策虽非专门针对乡村旅游，但也或多或少涉及乡村旅游，如 2008 年国家旅游局、国家发改委等六部委联合发布《关于大力发展旅游业促进就业的指导意见》；2009 年《国务院关于进一步发展少数民族文化事业的若干意见》（国发 29 号文件）；2009 年《关于进一步加快旅游业发展的通知》（国发 41 号文件）；2012 年，国家民委制定了《少数民族特色村寨保护与发展规划纲要（2011—2015 年）》及《少数民族事业“十二五”规划》；2013 年 8 月，国务院扶贫办和国家旅游局联合颁发了《关于联合开展“旅游扶贫试验区”工作的指导意见》。

[1] 2007年中央1号文件《中共中央国务院关于积极发展现代农业扎实推进社会主义新农村建设的若干意见》.

[2] 2008年中央1号文件《中共中央国务院关于切实加强农业基础建设进一步促进农业发展农民增收的若干意见》.

[3] 2010年中央1号文件《中共中央国务院关于加大统筹城乡发展力度进一步夯实农业农村发展基础的若干意见》.

[4] 2013年中央1号文件《中共中央、国务院关于加快发展现代农业，进一步增强农村发展活力的若干意见》.

7.1.2　乡村旅游业是桂滇黔民族地区重要的富民产业

1. 桂滇黔民族地区乡村旅游业的产业地位

在桂滇黔民族地区，乡村旅游业是促进农民增收的根本途径和解决“三农”问题的重要产业。

桂滇黔民族地区旅游产业在国民经济中占有重要比例，2012 年，云南、贵州、广西旅游总收入涨幅均接近 30% 左右，分别占 GDP 的 16.5%、27.3%、12.73%。乡村旅游是国内旅游的主战场和居民消费的重要领域[1]，是统筹城乡发展的重要抓手和建设社会主义新农村的重要途径；乡村旅游是云南、贵州、广西旅游业的重要组成部分。乡村旅游已成为云南旅游的又一亮点和支撑点，贵州旅游“揽金”的重要增长极和新兴业态，建设广西旅游强区的重要组成部分。

在桂滇黔民族区域，乡村旅游已成为脱贫致富的朝阳产业和唯一的非农产业，有力地推动农村产业结构调整以及旅游产业体系优化。贫穷落后的桂滇黔农村地区要实现“全面小康”，发展乡村旅游产业具有比较优势。政策的有力支持、农民的广泛参与、可进入性的改善、庞大的国内外市场需求、富集的旅游资源为桂滇黔乡村旅游产业持续发展奠定了坚实的基础，前景广阔。

2. 乡村旅游富民的产业属性

国务院出台《关于加快发展旅游业的意见》明确提出要实施乡村旅游富民工程。乡村旅游业作为拉动农村经济增长、促进农民就业的朝阳产业，作为新农村建设的重要内容，已经被提升至战略层面。从全国来看，乡村旅游业已成为真正的富民、惠民、利民产业，截至 2011 年底，全国休闲农业与乡村旅游年营业收入已超过 1500 亿元，带动 1500 万农民受益。[2] 乡村旅游业能够将资源优势转化为经济优势，在人均收入水平较低的西南农村地区，乡村旅游业的富民效应更易显现。2011 年，云南省实现乡村旅游综合收入近 75 亿元，直接解决就业 22 万多人，

[1]　2012年我国旅游业总收入约2.57万亿元[EB/OL].2013-01-10.

[2]　丁妍妍.中国乡村旅游发展模式探析[N].中国旅游报，2012-08-01(11).

间接解决就业 60 多万人；[1] 截至 2011 年，贵州乡村旅游带动就业 105 万人，受益人数超过 300 万人，全省农民人均纯收入中有 15% 左右来自于旅游收入；[2]2012 年，广西休闲农业与乡村旅游就业人数近 100 万人，人均年收入达到 1.5 万元以上，人均年增收 1000 元以上。[3] 桂滇黔民族地区贫困面大、贫困程度深。云南、贵州、广西等地均把乡村旅游业视作产业扶贫的重要手段，一方面充分发挥乡村旅游业在解决劳动力就业、促进农民增收、改善农村环境、缩小城乡差距、实现农村经济多元化等方面的引擎带动功能；另一方面积极推行乡村旅游“藏富于民”的政策，对乡村旅游“多予少取”或“多予不取”，始终坚持乡村旅游富民的产业属性。

7.1.3　桂滇黔民族地区乡村旅游农民增收政策现状

1. 乡村旅游政策内容

桂滇黔民族地区各级政府积极制定并实施了多种多样的乡村旅游产业政策，内容涵盖乡村旅游规划编制、基础设施建设、旅游产品开发、市场宣传促销、旅游人才培养、行业规范管理、优惠政策（简化审批手续、降低收费标准、财政扶持、税收优惠、信贷服务、土地支持）、环境监管与整治等多个方面，涉及旅游扶贫、特色村镇体系、农业示范点、景观村落、特色村寨、文化遗产保护与管理、美丽乡村、星级农家乐等项目建设。

2. 乡村旅游政策与农民增收的关联性

桂滇黔民族地区乡村旅游政策内容繁多、涉及面广，均与农民增收有一定的关联性，其中部分政策直接有效地针对农民增收问题。桂滇黔民族地区以乡村旅游项目建设为契机，从规划编制、资金投入、基础设施建设、宣传营销、人员培训、组织协调等方面来保障乡村旅游的发展，以实现农民增收的最终目的；采用信贷优惠、降低收费、简化手续及奖励和补助（如对传统手工艺者的补助、对星

[1] 河池康，罗明义.云南旅游产业发展年度报告（2011—2012）[M].昆明：云南大学出版社，2012.

[2] 贵州省旅游局.《关于报送贵州省旅游业发展2003—2012年及2008—2012年和2012年工作总结、2013年和2013—2017年工作打算的报告》（〔2012〕104号）.

[3] 邝伟楠.春风化雨润八桂——广西深入贯彻国务院意见加快发展旅游业纪实[N].中国旅游报，2012-05-08(01).

级旅游区及农家乐的奖励、乡村旅游规划编制补助、旅游节庆活动及对外宣传补助）等来刺激乡村旅游开发与经营，降低乡村旅游经营者的经营成本，减少经营风险，增加旅游收益。

2011 年，贵州省为积极探索扶贫开发新途径、新方式，推动扶贫开发与乡村旅游有机融合，拓宽贫困农民增收渠道，实现持续稳定脱贫致富，出台了《关于大力实施乡村旅游扶贫倍增计划的意见》。广西、云南分别出台了《广西农民人均纯收入倍增计划》《云南旅游发展倍增计划（2004—2010）》，贵州、云南的乡村旅游扶贫倍增计划对于乡村旅游农民增收更有针对性、系统性、指向性。《关于大力实施乡村旅游扶贫倍增计划的意见》强调实施乡村旅游扶贫倍增计划的重要意义、指导思想、基本原则及目标任务，并明确乡村旅游扶贫的主要内容：编制乡村旅游扶贫发展规划，加大财政资金引导性投入，定义财政扶贫资金支持乡村旅游的范围、明确乡村旅游扶贫项目申报、检查、验收程序，提供乡村旅游扶贫开发融资渠道，加强乡村旅游扶贫资源保护和环境建设，开展乡村旅游扶贫从业人员培训，开拓乡村旅游扶贫市场，建立健全乡村旅游扶贫倍增计划保障措施。

3. 乡村旅游政策的作用与农民增收

乡村旅游政策具有生产性，是农民增收的内生变量和主要动力。合理及富有创新性的政策能够提高生产效率；政策影响乡村旅游资源的实际配置，是决定农民收入高低的外在推动力；制定乡村旅游政策的目标是为了使乡村旅游更好地发展，使农民收入持续增加；政策的导向性在于引导各利益主体、资源流向作用于这一目标；乡村旅游政策规范参与主体的行为，制约不合理因素，降低消极成本；充分利用乡村旅游政策的公正性，着重考虑或兼顾乡村旅游中弱势群体的利益；政策具有利益倾向性，要尊重农民的政策主体地位；充分发挥政策的调控功能，干预调节市场，从而更好地增加村民收入；[1] 政策是激发农民增收积极性的动力，激励作用有助于对农民增收产生长效机制。但是也应该看到，政策手段无法促进乡村旅游规模效益的实现，在现有的乡村旅游实践中相关景点小而分散，不成规模，缺乏资金支持，不能保证

[1]　匡远配，汪三贵.政府政策对农民收入的影响分析[J].新疆农垦经济，2006(3):1-6.

农村居民收益最大化的实现；[1] 现有政策不能有效规避现实中农民增收的制约因素。

4. 乡村旅游农民增收政策的特点

桂滇黔民族地区乡村旅游农民增收政策的特点可以归纳为以下五点：一是新农村建设、西部大开发、连片扶贫开发等政策发挥了较大作用，从一定程度上改善了农村地区贫穷落后的面貌，提升了村民的生活水平，改善了村民的居住环境，为开展乡村旅游及促进农民增收提供了前提条件；二是“农旅结合”的乡村旅游政策紧扣“三农”问题和社会主义新农村建设，牢牢把握“农民增收、农业增长、农村稳定”的总基调；三是支持并培育了一批富有特色、示范效应显著的乡村旅游民生项目，有效发挥乡村旅游富民惠民的功能；四是各项支农惠农政策综合运用、协同推进，无形中增加了乡村旅游促进农民增收的效应；五是农民增收已成为检验乡村旅游政策实施绩效情况的重要标准之一。

7.1.4 乡村旅游农民增收政策存在的主要问题

1. 乡村旅游政策不能规避现实中农民增收的制约因素

乡村旅游发展受市场规律的制约，通过市场来调节农民收入分配及促进农民收入增长，会产生“市场失灵”问题，导致“帮富不帮贫”“旅游飞地化”等制约增收的现象。

目前，乡村旅游政策尚不能有效规避现实中农民增收的制约因素，部分信贷政策、培训政策、奖励补助、财政扶持等优惠政策能够有效缓解村民内部利益分配矛盾，但是一旦涉及企业、政府、村民、外来经营者等多个利益主体或与政治权力、经济地位相挂钩，这些乡村旅游政策就都会变得毫无效用。此外，资金短缺一直是制约乡村旅游发展的关键性问题。各级政府政策历来鼓励多渠道的资金投入，坚持“谁投资、谁受益”的基本原则，希望引进社会资本开发乡村旅游；

[1] 黄飞，袁燕生.我国农业政策手段的运用与绩效分析——以乡村旅游政策为例[J].农业经济与科技，2008(6):35-37.

加之，政府与村民争利现象时有发生。因此，就目前而言现有政策无法有效解决“旅游飞地化”等问题。

2. 农民增收政策缺乏系统性、针对性

乡村旅游政策繁多，政策虽涉及多个方面，但缺乏专门针对农民增收的系统性、权威性政策。各级政府制定农民增收相关政策时缺乏系统性、针对性的思考，不能全面找出制约乡村旅游农民增收的根本性原因，没有了解村民旅游收入结构的变化趋势，没有尊重村民的政策主体地位，从而导致制定的政策往往盲目跟风、脱离实际。有些引导性政策操作性不强，仅仅设定了完成的目标，没有明确说明如何实施，落实主体缺位。

3. 政策在执行过程中的衰变

乡村旅游政策在执行过程中，由于受各种因素的干扰而呈现出衰减和变异状态，这些因素主要表现为两个方面：一是政策执行组织因素，二是政策执行主体因素。

（1）政策执行组织机制不健全

我国政府组织结构具有多层级性，政策执行组织的多层级性降低了政策执行的有效性，易引发政策传递中的干扰、失真和权威的流失；[1] 乡村旅游政策中包含了诸多不同性质的目标，导致执行无序性；各级政府政策执行者追求不同的目的和偏好，对政策进行截留或曲解；政策执行组织的权力高度集中导致政策执行的盲目性，也导致政策执行过程中的独断专行；为了享受优惠政策，不结合当地实际发展有比较优势的特色旅游项目，以至于盲目建设，造成财力浪费及资源闲置；政策执行组织多元化，难以形成政策合力。

（2）政策执行主体行为缺失

政策执行主体是受利益驱动的，具有“经济人”的特性。在政策执行的过程中就会追求自身利益的最大化。在政府主导的乡村旅游开发模式中，政府与农民抢占发展空间的现象比较普遍，政府为维护自身利益往往寻租，导致及扩大资源

[1] 唐任伍，佟健.公共政策意、传递“衰变”和监督体系催生[J].改革，2013(5):114-150.

分配的不平等。

政策执行主体对政策认知相对淡薄。政策认知是对政策价值、内容、界限及政策间相互关系的深刻领会，这是政策准确执行的基础。[1] 政策执行主体存在对政策的实质吃不透、故意曲解政策内容、扩大政策外延的现象。

农民积极配合是影响乡村旅游农民增收政策有效执行的重要因素。现实中，村民对有关优惠政策和规定知晓率不高，严重影响乡村旅游政策的有效落实。造成村民对政策的感知度较差的原因有：一是受农民自身素质及居住条件所限，对乡村旅游政策的接受和理解程度有限；二是各级政府政策宣传不到位，具体表现为宣传力度不强、覆盖面不广、方式方法陈旧、时效滞后；三是各级政府政策截留及误读，无法使政策全面、正确地传递给农民。农民与政府、村委的对抗抵触情绪一定程度上弱化了村民的能动性。

4. 政策缺乏监督反馈机制

由于乡村旅游政策缺乏监督反馈机制，无法有效解决政策实施过程中的问题、障碍，无法保障村民的利益诉求渠道。具体表现在：一是村民对乡村旅游政策的满意度未因经济条件的改善而提高；二是村民利益诉求和政策执行不一致的现象突出；三是政策在执行过程中不透明，村民缺乏知情权；四是政策执行前缺乏预见，执行中缺乏约束，执行后纠偏不力。[2]

7.1.5 乡村旅游农民增收的政策保障建议

1. 制定科学性、系统性的增收政策

有效地执行乡村旅游农民增收政策的前提是政策本身的科学性、可操作性，政策符合实际情况，并广泛适用于乡村旅游。政策制定应以农民增收为出发点和落脚点，根据当地乡村旅游发展的情况、农民收入结构的变化以及农民增收的限制因素综合考量。只有“村民首创”的政策才能对村民利益有所倾向。在制定过

[1] 刘静.西安市乡村旅游扶贫开发政策执行探析[D].西安：西北大学，2010.

[2] 王玉明.公共政策执行失控：探因与防治[J].岭南学刊，1999(4):34.

程中，应聆听农民代表的心声，听取他们的建议，力争使农民的意见和想法能反映到政策制定中，使政策制定与村民的现实需要保持一致。增强政策的可操作性，细化操作流程，明确落实部门及执行主体。

国家层面应加快出台《关于加快乡村旅游发展促进农民增收的若干意见》及《关于乡村旅游扶贫的指导性意见》等权威性、针对性的政策，各级地方政府结合本地实际进一步深化、落实，形成系统性的乡村旅游农民增收政策；农民增收还须有项目引领，应继续设计出台关于乡村旅游的富民、惠民工程；扶贫地域上要重点突破，深化建设乡村旅游扶贫试点。

2. 增收政策执行的有效性

（1）健全政策执行组织机制

健全政策执行组织机制，一是应简化组织层级，减少政策传递层级，建立政策直达渠道；[1] 二是执行组织广泛协商，明确农民增收的政策目标，从全局出发，克服狭隘的私利与偏好，保障政策执行有序；三是政策执行不能遵从长官意志，要转变官本位思想，旅游项目建设要结合当地实际，听取各方面的意见，科学论证，优化利用资金与资源；四是要强化各部门的协调与配合，整合各部门资源，提升效率，形成合力。

（2）建立政策执行主体责任追究制

建立乡村旅游政策执行主体责任追究制，严格惩处执行过程中的失误、走样、变形等问题，追究相关主体的责任，增强乡村旅游政策执行者重视程度，消除政策执行者唯利是图、消极怠慢、随意执行的现象，提高执行效率；各级政策执行主体应提升自身素质，提升对政策的认知程度，将政策全面、准确地传递给村民；应该对执行有力、富有创新精神的执行主体进行奖励，激发其工作积极性和创造性。

（3）激发村民的能动性

要激发村民的能动性，使其积极配合政策的贯彻与落实。切实加大对乡村旅游农民增收政策的宣传力度，注重宣传方式的多样化、新颖化，力求扩大宣传的覆盖面，及时、持续、有效、正确地传达政策信息；有必要对村民进行相

[1] 唐任伍，佟健.公共政策意、传递“衰变”和监督体系催生[J].改革，2013(5):114-150.

关政策的培训及教育，提升村民对政策的认知度；妥善处理村民与政府、村委的关系，营造和谐的工作氛围，以村民为建设主体，尊重村民意愿；利用政策已取得的成效以及激励措施强化村民的能动性[1]。例如，针对农业旅游示范点、星级农家乐的奖励就起到了很好的示范推广效应，但应注意自身特色性，避免千篇一律。

3. 增收政策执行的监督、反馈

建立村民与政策执行沟通渠道，有利于村民表达利益诉求，反馈相关信息，以便及时调整政策执行方向，使政策执行满足村民最迫切的需求；定期发布政策执行、项目建设、资金使用的相关信息，做到公开透明，接受村民动态监督；通过开通座谈、民意调查、举报、来信等渠道，使村民可以对政策的落实进行评估，作为考核依据。

7.2 农民增收的乡村旅游教育培训保障

7.2.1 教育培训与农民增收

西奥多•舒尔茨（1960）指出人力资本（Human Capital) 是相对物质资本或非人力资本而言，是指体现于人身体上的知识、能力和健康。区域内人力资本存量越大，人力资源质量越高，其区域内人均产出或劳动生产率就越高[2]。我国农民收入低甚至贫困的症结确实在于人力资本存量过低，要解决农民增收问题，首先在于提升农民的人力资本[3]。人力资本的形成是投资的结果，其投资涵盖正规教育、职业培训教育（包括外出考察）、健康、迁移四个方面，教育培训是投资人力资本、开发人力资源最重要的途径，因此教育培训是解决农民增收困境的本源，是促进农民增收的主要源泉。本书所探讨的乡村旅游教育

[1] 刘西涛，王炜.基于能动性视角的农民增收政策执行有效性分析[J].经济研究导刊，2008(12):50-51.

[2] 何昊.人力资本理论发展的简述与思考[J].科技管理研究，2000(1):21-24.

[3] 杨卫军.人力资本视角的农民增收[D].西安：西北大学，2006.

培训界定为职业培训教育投资，即针对参与旅游经营的劳动者进行成人教育，旨在提高其经营能力、服务技能、传授经验等，其内容包括乡土传统文化、文明礼仪素质、乡村旅游基本理论、文化与环境保护、经营知识、法律法规与政策、服务操作技能等方面。

7.2.2　桂滇黔民族地区乡村旅游教育培训现状

1. 桂滇黔民族地区乡村旅游人力资本现状

（1）人力资本存量低

从已调查的众多村寨来看，村民受教育水平与其经营管理能力呈正相关。以贵州西江苗寨为例，对该村旅游经营者的受教育程度进行抽样统计，初中及以下学历的受访者占据了 65%，高中或技校学历的受访者占 26%、大专及以上学历的学历的受访者占 9%，整体受教育程度比较低。旅游经营者总体素质不高，特别是具有专业技能及经营能力的存量水平偏低，经营理念、服务意识明显低于外来经营者；51% 的村民认为从事目前的旅游经营工作不需要特别培训；23% 的村民表示一天内就可掌握相关从业技能；53% 的村民认为一周以内可以掌握；认为需要三年以上时间掌握相关技能的村民占 11%，这部分村民多以从小研习的民族传统技能参与旅游业，如吹芦笙、民族歌舞等。在技能掌握渠道上，自己边干边学的占 81%；通过旅游企业以及政府组织培训的占 3%；自己花费学习的占 7%；在职业学校、技校、中专类学校学习的占 1%；在大学专科教育学习的占 1%；通过参与社会上的职业培训班学习的占 2%；23% 的村民希望政府能够提供教育或培训机会。从表 7-1 ～表 7-3 可以看出：①村民整体受教育程度较低，尚未真正认识到教育培训的重要作用；②村民从事旅游经营项目规模较小、技术含量低级，旅游技能易掌握；③村民掌握的多是传统技艺，依靠传统经验；④乡村旅游教育培训开展较少，供给不足，从业人员以边干边学为主，多向本村人学习。

表 7-1 被访村民受教育程度、培训认知及希望政府培训的愿望

		平安壮寨	黄洛瑶寨	程阳侗族	田头苗寨	历村	西江苗寨	郎德上寨	天龙屯堡	安中村	新华村
受教育程度	初中及以下	81.84%	79.31%	44.9%	85.72%	86.7%	65%	68.96%	70%	83.33%	86.07%
	高中或技校	11.11%	20.69%	55.1%	14.28%	10%	26%	31.03%	22.5%	16.67%	7.59%
	大专以上	7.41%	0	2%	0	3.3%	9%	0	7.5%	0	6.32%
培训认知	需要	31.6%	58.62%	59%	75%	30%	49%	65.51%	64.1%	56.67%	88.6%
	不需要	55.6%	41.38%	41%	25%	70%	51%	44.5%	35.9%	40%	11.39%
希望政府能提供教育或培训机会		35.18%	20.69%	8.2%	17.85%	10%	23%	20.68%	35%	33.33%	12.65%

表 7-2 村民旅游工作技能掌握的时间

		平安壮寨	黄洛瑶寨	程阳侗族	田头苗寨	历村	西江苗寨	郎德上寨	天龙屯堡	安中村	新华村
村民旅游工作技能掌握的时间	1天内	23.3%	13%	34.7%	26.9%	10.7%	23%	12.5%	25%	6.67%	7.59%
	1周内	50%	34.8%	20.41%	38.5%	50%	53%	58.3%	5%		16.45%
	1周～1月	3.3%	13%	6.12%	11.5%	25%	6%	8.3%	12.5%	6.67%	10.12%
	1～3月	3.3%	13%	8.16%	15.4%	7.1%	2%	8.3%	12.5%	3.33%	6.32%
	3月～1年	3.3%	4.3%	6.12%	3.8%	7.1%	1%	4.2%	10%	13.33%	3.79%
	一年以上	10%	13%	10.2%	3.8%	0	4%	4.2%	12.5%	20%	10.12%
	三年以上	6.7%	8.7%	12.2%	0	0	11%	4.2%	22.5%	50%	40.30%

表 7-3 村民获得旅游工作技能的渠道

案例点	边学边干	开发商或政府组织的培训	自己出去学	职业学校、技校、中专类学校	成教、大学专科及大学本科以上	社会上的培训班	其他
平安壮寨	75.9%	18.5%	11.1%	0	0	0	0
黄洛瑶寨	75.86%	24.14%	0	0	0	0	0
程阳侗寨	73.47%	10.2%	6.12%	2.04%	0	0	8.16%
田头苗寨	42.9%	53.6%	3.6%	0	0	0	0
历村	84.8%	12.1%	0	0	0	0	3%
西江苗寨	81%	3%	7%	1%	1%	2%	5%
郎德上寨	74.1%	3.7%	3.7%	0	0	0	18.5%
天龙屯堡	85.4%	4.9%	0	4.9%	2.4%	0	2.4%
安中村	96.67%	3.33%	0	0	0	3.33%	0
新华村	68.35%	10.12%	13.93%	0	0	0	10.12%

（2）人力资本投资现状

从人力资本投资的四个方面来看桂滇黔民族地区人力资本投资现状，存在教育资源匮乏、教育资金投入不足、留守儿童问题以至于基础教育质量落后，农民在子女基础教育方面相当消极，性别歧视、思想桎梏较为泛滥诸多现象。依靠传统经验及技能、“体力吃饭”的思维模式、自身及家庭因素导致村民在职业教育及培训方面积极性不高。[1]53.5%的西江苗寨村民家庭需要支付子女教育费用，从小学到高中为800元～5000元/（人·年）不等，高等教育支出则需5000元～15000元。此外，村民在健康医疗方面投入也不高，如西江苗寨，村民每户年医疗费用在300元以下的占35.1%，300元～500元的占24.7%，500元～1000元的占22.7%，1000元～3000元的占12.3%，花销在3000元以上的占5.2%，表明农民的医疗仍处于低水平。交通条件改善、网络通信发达提升了村民的迁徙能力，使村民能够快速掌握更多的旅游市场信息；由于村寨旅游业的快速发展，“熟人社会”中的就业、商业机会增加，劳动力回流、返乡就业已成趋势。63%的西江村民选择了不外出务工或经商，原因是“村寨内旅游形势良好，可以通过参与旅游增收”（表7-4～表7-5）。

表7-4 部分村寨村民外出务工情况统计

	平安壮寨	程阳侗寨	田头苗寨	西江苗寨	郎德上寨
外出务工人数	16人	200人	10人	500人	100人
占全体村民比例	1.92%	7.1%	1.75%	10%	17.85%

表7-5 村民未外出务工主要原因分析统计

	平安壮寨	黄洛瑶寨	程阳侗寨	田头苗寨	历村	西江苗寨	郎德上寨	天龙屯堡	新华村	安中村
需要照料家人	55.6%	34.48%	10.2%	25%	11.8%	23%	27.58%	17.1%	20.6%	43.33%
村寨旅游形势好	44.4%	20.69%	18.4%	32.14%	55.9%	63%	10.34%	0	41.2%	76.67%
年纪大了	2.03%	24.14%	26.5%	28.57%	23.5%	12%	31.03%	0	10.3%	6.67%

[1] 李存超.河北省农民教育培训问题研究[D].石家庄：河北农业大学，2009.

2. 乡村旅游教育培训供需现状

（1）乡村旅游教育培训供给分析

①乡村旅游教育培训供给主体

乡村旅游教育培训的供给主体主要涉及“由谁来开展教育培训”的问题，教育培训的实质是信息及技术由相对富集的一方向贫乏的一方扩散的过程。[1] 从桂滇黔民族地区乡村旅游发展的实际来看，其教育培训的主体为政府部门、专家学者、外来精英、旅游公司、乡村社区及村民自身。政府部门是乡村旅游教育培训的主要供给者，政府组织的教育培训具有规模较大、受众面较广、体系完善等优点。专家学者是乡村旅游信息及知识的收集者、传播者及创造者，可以为乡村旅游发展提供指导性意见，指出村民在经营中存在的问题及改善的方法，专家学者的信息准确可靠、富有建设性及针对性。外来精英一般是指参与乡村旅游的外来经营者，外来经营者一般具有专业的经营能力和丰富的管理经验，外来经营者雇佣村民并对员工进行培训，员工在劳动中能不断提升自身素质，此类培训最大的特点在于注重实效性、学用结合，并具有持续性。此外，村民也通过模仿外来精英的经营行为，不断改进自己的经营方式。相较于外来精英，旅游公司的培训更加正规、系统，也具有学用结合的特点，但是就职于公司的村民大都从事低端岗位，因此，公司对村民的培训内容比较简单、低级。乡村社区中的地方精英（民族艺人、宗教首领、寨老、村长）也是乡村旅游教育培训的实施主体，村民从这些地方精英那里可以学到民族工艺、民族文化、民族习俗、语言文字等知识及技艺，并加以创新，与乡村旅游相结合，从事或经营不同的旅游项目。地方精英的教育培训持续性强、内容丰富、形式多样、强调文化的传承与保护。

②有效供给不足

目前，乡村旅游教育培训有效供给不足，具体表现为：一是教育培训的宣传力度不够，导致村民不了解培训信息，不能认识到教育培训的重要性，影响培训效果；二是培训与需求脱节，培训内容针对性不强、培训时间安排不当、师资力量薄弱、教学方式单一；三是供给总量不足，培训资金投入少，培训时间短、频次少、缺乏连续性。从政府部门来看，乡村旅游教育培训存在的问题主要为培训

[1] 罗辉.乡村旅游人才培训体系构建[J].玉溪师范学院学报，2009，25(3):31-35.

总量不足、培训效率低下，导致村民对此类培训“不领情”；专家学者对村民的教育培训存在的问题为受众面窄、传播的频次少，易出现跟踪服务不到位的现象；外来精英对村民的教育培训存在的问题是培训内容不全面，有意截留，以实践经验为主，不成体系；从乡村社区来看，培训内容以传统经验为主，对服务意识、经营能力培训涉及较少。

（2）乡村旅游教育培训需求

①乡村旅游教育培训需求主体

“谁是教育培训对象”是乡村旅游教育培训需求所要考虑的关键性问题。确定乡村旅游教育培训对象应考虑乡村旅游参与主体，应涵盖村民、外来经营者、基层政府管理者等。按村民参与程度及方式可划分为直接参与者、间接参与者、非旅游参与者，直接参与和间接参与的村民是乡村旅游培训的主体。直接参与者是指直接向游客提供产品及服务而获得收益的村民，服务及经营范围包括住宿、餐饮、土特产及工艺品销售、服饰出租及照相、歌舞表演等；间接参与者是指向直接参与者提供产品及服务而获得收益的村民，如旅游劳务者、手工艺人、为旅游经营者提供蔬菜、粮食、肉类的村民等。外来经营者也是乡村旅游教育培训的重要对象，外来经营者大致可分为自主经营者、职业管理者及旅游劳务者。基层政府管理者包括县、乡、村级行政管理人员，这类群体既是教育培训的供给主体，又是需求主体，基层政府管理者的认识水平及管理方式与乡村旅游发展联系紧密。

②乡村旅游教育培训需求分析

目前，乡村旅游教育培训有效需求不足，村民没有认识到教育培训的重要性，实际参与率较低（表7-6），其原因在于：一是参与乡村旅游村民以中老年人为主，妇女居多，文化水平不高；二是“有效供给不足”引发“有效需求不足”，[1]“培训总量不足、培训效率低下、强制教育培训”降低了村民参与培训的积极性；三是村民多依靠传统技艺及传统经验从事旅游经营，项目规模较小、技术含量较低，没必要进行培训；四是村民身兼旅游业、农业等数业，参与培训丧失劳动所得，机会成本高。西江苗寨的外来经营者对基层政府而言比较“好管”，一方面，外

[1] 申建旗，陈定洋.有效供给与需求不足——农民教育培训问题分析[J].安庆师范学院学报（社会科学版），2013，32(4):56-60.

来经营者对政府组织的教育培训积极性、参与率都比较高；另一方面，培训内容对这些经验丰富、能力较强的外来经营者而言没有什么效用。在乡村旅游发展中，基层政府管理者对旅游发展整体认识不足、管理手段落后，村民对此颇有微词，10% 的西江苗寨村民认为发展旅游存在的突出问题是农民基层干部素质问题，表明了基层政府管理者接受乡村旅游方面的培训不足。

表 7-6　村民获得相关资格认证情况

案例点	获得过	没有获得过	不知道该工作是否有国家执业标准	不适用，目前的工作尚无国家执业标准或不适用
平安壮寨	7.41%	57.41%	7.41%	5.56%
黄洛瑶寨	13.79%	79.31%	3.45%	3.45%
程阳侗寨	4.2%	64.6%	10.4%	20.8%
田头苗寨	14%	86%	0	0
历村	6.7%	86.7%	0	6.7%
西江苗寨	9%	81%	4%	6%
郎德上寨	31.03%	27.58%	62.06%	10.36%
天龙屯堡	2.5%	87.5%	10%	0
安中村	10%	0	0	86.67%
新华村	12.65%	75.94%	10.12%	1.26%

7.2.3　乡村旅游农民增收的教育培训保障建议

1. 加大教育培训资金投入

农民教育是受益面广、公益性强的社会事业，政府、培训机构、企业、社团组织和农民都有对教育培训进行投入的责任。[1] 充裕的资金是推动乡村旅游教育培训“定期、保质”的关键，应建立“政府为主体，社会广泛参与”的教育培训资金投入机制。首先，政府应加大对乡村旅游教育培训的资金投入，设立乡村旅游教育培训基金，并设立相关机构负责资金的规范使用以及培训活动的策划与安排工作；对培训工作成绩突出的旅游经营户、旅游协会等进行奖励，激发其参与乡村旅游教育培训的积极性。其次，稳步推进各级政府、乡村旅游经营户、旅游

[1]　李功奎，何军.农村剩余劳动力转移培训的政府定位分析[J].农业经济，2006(4): 3-5.

协会、高等学校、扶贫机构等社会群体为乡村旅游教育培训提供资金和智力支持；拓宽教育培训的资金渠道，整合各部门资金、小额信贷、民间资金，力争使培训对象少交或不交费用即可参加培训。

2. 特色乡村旅游教育培训模式

提升村民参加教育培训的积极性是建立特色乡村旅游教育培训模式的前提，特色乡村旅游教育培训模式的根本目的是满足村民教育培训需求，提升村民参与的热情。

（1）提升村民参与教育培训的积极性

提升村民参加教育培训的积极性应从三个方面入手：一是加大宣传力度，将教育培训相关信息及时有效地传递给村民，注重宣传教育培训的重要性，积极转变村民“消极”的参加培训的思想；二是表彰或奖励因积极参加教育培训而受益的乡村旅游从业者，通过树立典型来形成示范带动效应及帮扶机制。

（2）构建特色乡村旅游教育培训方式

构建特色乡村旅游教育培训模式是涉及面广、持续时间长的系统工程。要形成多层次、有针对性的教学内容：一是根据村民实际所需的知识及技能，提供富有针对性的培训内容；针对直接参与者、间接参与者、外来经营者、基层管理者的不同需求，开设不同的培训课程。二是为乡村旅游从业人员提供旅游知识、旅游服务规范、旅游技能、旅游经营能力、政策法规等多模块的旅游培训内容；设置高级、中级、初级等不同层次的培训内容，满足不同文化程度人群的需求，不同级别培训合格后可颁发级别证书。三是培训内容既要注重旅游相关知识培训，又要注重传统文化技艺的传承和教育，创新培训教育的教学方式，开展景区与课堂相结合、远程视频教育培训、专家现场问诊指导、致富能人传经、外出学习考察等旅游培训新模式；克服“呆板、说教、填鸭式”的教学方式，讲课形式力求喜闻乐见，引导村民形成自主学习的习惯；加快教育培训的基础设施建设，选取旅游发展较好的村作为实训基地进行培育。组织优秀的乡村旅游培训讲师团队，形成包括专家学者、政府官员、职业经理人、致富能手等多梯次的讲师队伍；搭建讲师与村民信息沟通与交流的平台，保持长期的跟踪服务与指导，保证高效的教学质量。坚持“先经营管理者后基层人员，先重点支持的经营户后一般经营户”的原则，在保证教学质量的基础上稳步拓展教育培训的覆盖面，特别是对从业者的弱势群体及乡村旅游刚起步的地区进行重点培训。教学进度应考虑村民生产生活的实际状况，培训课程计划应以村民的实际需求而制定，利用农闲时间加大培训力度，注重课程内容衔接、连贯。

3. 乡村旅游教育培训反馈与考核体系

政府应制定相应的管理制度，加大对乡村旅游教育培训的指导、督促与检查，严格按照培训计划落实培训工作，建立培训项目责任制。教育培训管理部门应及时公布培训信息，接受广大村民监督。在培训过程中要搜集培训对象（村民、外来经营者、基层管理人员）对培训工作的意见和建议，及时调整培训计划及工作方式，不断丰富培训内容。对培训效果进行跟踪调查，用培训对象的满意度来检验和评估培训的效果，以游客对服务的反馈等作为评价实施效果的重要依据。

7.3 农民增收的乡村旅游产权制度保障

7.3.1 乡村旅游业中制约农民增收的资源产权因素

巴泽尔（1997）认为个人资产的产权由消费这些资产、从这些资产中取得收入和让渡这些资产的权利或权力构成。产权是一组权利，一般可分解为使用权、收益权、让渡权。由此可见，产权与收入密切相关，收入分配的依据是产权主体享有权利的大小和数量。[1] 孙立刚（2001）也指出资源和产权是收入产生的前提。合理的产权制度安排能够最高效率地配置和使用稀缺资源，同时，激励人们最佳地使用他们的财产，以获得最大的收益[2]，乡村旅游资源产权制度安排合理与否直接关系到农民增收的效果。

资金短缺、经营能力差、服务水平不高是乡村旅游农民增收难的表面原因，更实质的原因在于资源产权制度界定不清，特别是土地与旅游资源的产权未得到

[1] 张林，王超恩.基于产权理论的乡村旅游可持续发展研究[J].商业研究，2011(4):192-195.

[2] 范莉娜.对民族文化旅游资源产权制度中所有者缺位现象的探讨[J].旅游论坛，2009(2):205-208.

有效的尊重和保护，导致旅游资源的拥有者未获得合理的资源产权收益。因此，资源产权制度是制约农民增收的实质性、关键性因素。桂滇黔民族地区乡村旅游资源产权涵盖的内容体现如下两点。

1. 乡村旅游资源构成

乡村旅游资源能对旅游者产生强大的吸引力，是乡村旅游持续发展的基础，由自然生态要素、村落景观要素及民族文化要素组成；旅游资源是乡村旅游开发所依赖的关键要素，对促进农民增收有不可替代的作用。社区居民既是重要的旅游资源，又是乡村旅游资源最直接、最原始的产权主体和旅游开发及收益的主体之一。

2. 乡村旅游资源产权属性

我国的自然资源、人文资源均属国家所有，而依附在自然与人文资源上具有功能性指向的旅游资源也属国家所有。国有产权性质的旅游资源（土地、水体、动植物、空气、乡村景观风貌、乡村传统文化）在乡村旅游开发中具体表现为村民集体所有，由集体行使使用权、管理权和收益权等权利，一进入运营阶段弊端就暴露了。村民房屋、家庭生活及财产是私有产权，受法律保护，产权归属清楚，在旅游开发中村民私有产权收益能够有效保证。由于乡村旅游开发主体多为政府主导、公司主导、集体主导三种不同形式，因此不同主体投资建设的旅游资源及设施的产权性质也有所不同；并且随着旅游的发展会衍生出更多的资源和价值，如目的地品牌、形象、信誉等。因此，乡村旅游资源产权属性复杂，存在多重产权属性相叠加的问题，导致了产权主体的多元化。乡村旅游开发过程中因产权问题而导致的利益分配矛盾、“公地悲剧”“旅游漏损”等问题，严重影响及制约了乡村旅游发展及村民的可持续增收。

7.3.2 桂滇黔民族地区乡村旅游产权制度现状分析

1. 桂滇黔民族地区乡村旅游产权制度现状

产权制度对收入分配起着决定性作用，为收入分配提供了最基础的制度保障。[1] 西南民族地区乡村旅游点大都通过资源维护（使用）费、私有产权租赁费来确保村民的资源产权收益。

（1）资源维护（使用）费

资源维护（使用）费是旅游资源有偿使用制度的实践形式。西南民族地区乡村旅游资源维护费一般以门票收入分成来体现，这是由于村民认为股权分红的形式存在一定的风险，门票收入分成更加直接、可控。门票收入分成对于维护乡村旅游资源、完善利益分配、提高村民参与积极性等方面具有重要意义。村民门票收入分成比例呈现缓慢的阶梯式上升状，一般通过村民抗争、阻止景区经营的方式发展到采用合法手段与旅游公司签订合同提高分配比例。通过图 7-1 可以看出，在 2005 年、2007 年平安壮寨门票收入分成出现了大幅度的上涨，其原因都是因为村民的有力抗争。2011 年，龙脊梯田景区从门票收入中提取 7% 作为资源使用费，共计 115 万元。平安壮寨居民在旅游发展中也逐渐学会了用法律武器来维护自身权益，2012 年，在政府监督下，平安壮寨村民与公司签订了第三份合同，规定了双方的权利、义务和受益分配方案。

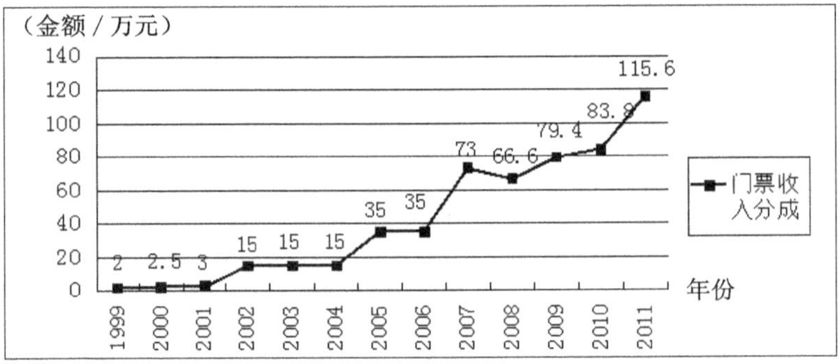

图 7-1　平安壮寨历年门票收入分成

文化保护评级奖励制度是西江苗寨将旅游文化保护和旅游收益分配相结合的创举。从 2009 年、2010 年每年固定的 150 万元到 2011 年的门票收入的 15%，2012 年的 18%，截至 2012 年上半年，累计兑现民族文化保护经费 1145 万元（表 7-7），1200 余户农民群众直接受益，户均获得民族文化保护奖励 9541 元。根据民族文化保护评级奖励暂行办法规定，西江苗寨从传统民居建筑

[1] 魏军.产权制度的行业收入分配效应[J].经济研究导刊，2009(16):4-5.

保护（评定标准包括建筑年代远近、建筑风貌及规格，分值占 60%）、村民行为规范（评定内容涉及车辆管理、市场管理费、社会治安、占用国有土地情况，分值占 35%）、环境保护（评定标准包括庭院环境、房屋风貌、公共场地及硬性加分项，分值占 5%）三个方面对村民进行考核评分，按分数高低来分配门票收入。

2011 年新华景区与新华村签订协议，每年支付新华村 35 万元资源使用费，同时向板桥村委定额支付清水河资源使用费 17 万元。2011 年，开发商与程阳侗寨村民协商达成利益分配方案，公司每年从营业收益的税前利润中提取 15 万元分配给程阳侗寨村民。

表 7-7　西江苗寨文化保护经费增长趋势

年份	2009年	2010年	2011年	2012年上半年
金额/万元	150	150	539	306

（2）私有产权租赁费

桂滇黔民族地区乡村旅游开发带动了土地、设施、房屋租赁价格的上涨。许多外来经营者及本地村民租借村民房屋及土地进行经营，以外来经营者为主。西江景区大约有 109 户村民将门面出租给外来经营者从事银饰销售（25 户）、工艺品销售（30 户）、特色餐饮店（24 户）、茶楼酒吧（15 家）、农家乐经营（45 家）等，依据门市地段不同，租金为 1000 ～ 2000 元 / 间。经抽样调查统计，西江景区门市年租金总收入约为 800 万元，其中，外来经营者租赁村民整栋房屋经营农家乐，平均每栋房屋租金为 11.46 万元 / 年。平安壮寨共有 11 家租给外来经营者从事餐饮（4 家）、住宿为主兼做餐饮（5 家）、咖啡馆（2 家），年租金总收入为 63 万元 / 年，此外，65 家工艺品店及农产品店月租金为 471 元～ 960 元 / 间，经抽样调查统计，此类店面年租金总收入为 47.67 万元；拉市镇安中马场将集体房屋及码头等设施租赁给外来经营者，年租金总额为 16.5 万元。随着旅游的发展，土地租金已达每年 600 ～ 700 元 / 亩，如果租赁土地修建房屋的话，租金就更贵了，不少外来经营者来安中村租赁村民土地建设农家宾馆，全村有 3 户居民已将土地租赁，每户租赁面积为 1 亩～ 1.2 亩不等，年租金为 3 万元～ 5 万元，农家乐经营 20 年后，房屋的所有权将转移为土地所有者所有。

2. 乡村旅游产权制度缺失的后果

（1）乡村旅游资源价值低估

由于社区及居民对乡村旅游资源价值认识不充分，资源产权估值不准，乡村旅游的绝大部分收益流向了少数人，居民受益有限，出现旅游“飞地化”现象。一是土地、山林等资源价值被低估。在调研中，90%的旅游村寨前期建设都涉及对当地村民的土地、山林的征用，在这些村寨中超过30%的村民的土地因旅游开发、基础设施修建、环境保护被征收，补偿标准比较低，而且没有制定任何成文的补偿规章和制度。二是山林、土地等资源收益都流向政府及外来经营者。如西江旅游属于政府主导型的乡村旅游开发模式，政府垄断了旅游资源经营权，在乡村旅游开发之初，政府就将西江苗寨最佳地段的土地资源底价征收（每亩2万元左右），斥巨资建了11栋、可容纳55个店面的木楼建筑，统一出租或高价销售给外来经营商，村民对此极为不满。从调研结果来看，村民对用于改善民生的土地征用表示支持，如修建基础设施及公共服务设施；仍有大多数村民表示不管给予多少补偿金都不愿意放弃土地（表7-8）。说明了几个方面的问题：①村民认为土地是农民生存的根本，在旅游不发达的地区（如郎德），土地仍是农民的重要生产资料，是农民经济收入的依靠对象；②村民对村寨旅游发展前景有所担忧，正如一位黄洛瑶寨村民所说：“我们这一代做旅游，下一代下下一代不一定还能搞旅游”；③土地征收补偿标准较低，没有关注村民利益。面对土地征与不征的矛盾，新华村村民也提出合理化的构想，即“在不出售土地的前提下愿意以土地入股的形式支持旅游业的发展”。三是无偿使用村寨的民族文化资源获取收益，政府及外来经营者攫取了大部分旅游收入，外来资金、人才的大量涌入，占据了当地村民的就业机会和发展空间，削弱了乡村文化和民族文化的传统性与本土性，收益流向外地，本地居民在参与旅游经营和收入分配方面面临被边缘化的境地。村民失去了旅游资源经营权、土地、房屋后，当地村民不能分享旅游发展带来的收益，只获得了微薄的分红、补偿及有限的就业和经营机会，还要共同承担旅游发展产生的环境污染、物价上涨、道德退化等负面影响。这种受规模化、产业化驱使的乡村旅游发展易导致“旅游飞地化”，其实质是因为低估了乡村旅游资源的价值，村民没有获得合理的资源产权回报（表7-8）。

表 7-8 调研村寨居民土地被征情况及意愿表

调研点	被征过地	征地意愿		
		愿意	不愿意	无所谓
平安壮寨	42.60%	38.89%	22.22%	14.81%
黄洛瑶寨	31.03%	55.17%	27.59%	17.24%
西江苗寨	53%	25%	57%	12%
郎德上寨	31.03%	27.58%	62.06%	10.36%
天龙屯堡	33.33%	63.80%	36.20%	0
安中村	55.33%	30%	63.33%	6.67%
新华村	44.30%	31.64%	56.96%	11.40%

（2）公地悲剧

乡村旅游资源产权边界模糊，产权属性十分复杂，是私有产权与公共产权的结合。[1] 虽然社区居民共同享有乡村旅游资源所有权，但是缺乏相应制度规定。拉市海是具有公共产权性质的旅游资源，是拉市乡各个马场开展乡村旅游的重要依托，在旅游经济利益的驱使下，环拉市海周边的马场呈逐年增长态势，年均增长 13%，截至 2012 年末，已有大小马场 27 个。随着马场数目的增多及旅游接待规模的扩大，旅游经营秩序混乱，各马场恶性竞争，严重损害了乡村旅游品牌；马场经营方式粗放，大量排放废物、废气及污水，环卫设施简陋，拉市海的生态环境面临着严峻的挑战。除了安中村之外，其他村寨环境卫生问题也不容乐观，这些村寨中超过 10% 的村民认为“环境卫生问题是发展旅游带来的突出问题”，其中，高达 64.81% 的平安村民认可这一点。村民主导的旅游村寨对环卫设施投入较少，安中马场用于垃圾处理的费用仅占全年旅游收益的 9‰；政府主导的旅游村寨对环卫设施投入较大，据报道，西江千户苗寨旅游有限公司投资 1671.43 万元建设污水处理设施，日处理污水 1500 吨。[2] 黄洛、平安、程阳、历村等村寨环境卫生也令人担忧，排污设施简陋或没有排污设施，污水直接排入河流，大量田地受到污染，历村甚至出现了田地因污染而无法耕种的现象。游客的增多造成了水资源紧缺，梯田内水量减少，威胁到梯田景观的生命力；西江部分村民用水受到影响，

[1] 池静.乡村旅游中的“公地悲剧”研究[D].杭州：浙江工商大学，2006.

[2] 吴耶你.西江千户苗寨：景区污水处理项目有序进行[EB/OL].2013-09-02.

西江村民坦言："西江现在水不够用了，而且出现了污染，饮水、房屋的防火都受到了严峻的挑战。"此外，对公共资源的疯狂攫取，严重损害了周边村民的日常生活，西江苗寨过度使用白水江的水，使下游村子出现了用水困难的问题，有的村子田都干了，村民耕种受到影响。

私有化产权能够有效利用资源，但也会导致乡村旅游社区生产协作程度低、资源重复配置及短视行为。[1] 在西江苗寨为了获取更多的旅游收益，当地村民千方百计地占用土地私建房屋从事旅游经营，自2008年贵州旅游发展大会以来，西江景区收到建房申请书409份，其中，2010年前已建成114户；2010年以后，实际建房92户（其中，未批先建的50户，占54.4%）；暂缓批建253户（其中通过落实各项综合性措施成功劝阻203户，未批先建的50户）。2010年后未批先建的50户中，在原址修建的20户，占用农田建房的9户，占用基本农田建房和搭建建筑物的5户，占用自留山荒坡、草地建房的16户。目前，砖墙体房屋未包装的有30户。极大地破坏了西江苗寨吊脚楼风貌核心的资源景观，不利于保护整体苗寨原始风貌。

7.3.3 产权保障是农民增收的制度基础

1. 合理的旅游资源产权安排

合理的旅游资源产权安排可以使资源所有者获得应有的权利，即维护村民乡村旅游资源最直接、最原始的产权主体地位，使村民享有使用、收益及让渡的权利，达到相应的产权权益。对于村民无力经营的旅游村寨，村民有权将原始旅游资源让渡给外来企业开发经营，并保障村民享有相应的权益，如知情权、参与权、决策权、收益权等。西南乡村旅游资源产权安排不合理，村民获得的信息较少、参与程度浅、没有决策权、收益较少，削弱村民开发及参与旅游的积极性，不利于旅游经济的发展。此外，乡村旅游利益相关者要明晰旅游资源产权，保证相关者的合理产权收益；景区开发带来居民原有生活方式的改变，

[1] 徐福英.产权理论视角下乡村旅游社区参与研究[J].内蒙古科技与经济，2010(5):25-26.

随之产生的实际损失及机会成本损失应该向村民支付补偿；[1] 因旅游开发而出现的环境问题，应建立环境补偿制度，加大对环境治理的资金投入，对于破坏旅游资源及生态环境的行为应承担相应的责任，责、权、利三者相融合避免公地悲剧的现象。

2. 乡村旅游资产资本化

乡村旅游农民收入的主要来源为劳动收入和资产性收入，增加资产性收入在农民收入总额中的比重，有利于拓展农民的增收渠道，资产资本化是促进农民增收的重要途径。乡村旅游资产涵盖乡村生态环境、传统文化、人力资源（村民为独特旅游吸引物）、货币等，这些资产均可通过资本化来增加收入。但是由于乡村旅游资产大部分属于无形资产，相关主体没有认识到其价值及稀缺性，使这些资产未能充分发挥效益，增收功能较弱。资产资本化的关键是准确评估乡村旅游资产的价值，价值评估是提高资产可交易的前提，是资本化运营的基础。[2] 然而，目前大部分乡村旅游点缺乏客观、准确、统一的价值衡量标准，只是采取门票分成的简单形式来体现资产的价值，这是对乡村旅游资产价值的严重低估。旅游资产价值评估的缺失是导致旅游“飞地化”、旅游漏损等问题的根本原因。因此，应尽可能完善现有的门票收入分成方式，扭转村民的思想观念，积极推动初级可见的门票收入分成形式向高级的资本入股形式转变，以乡村旅游资产集体入股的形式进行股份制经营，“赋予农民对集体资产股份占有、收益、有偿退出及抵押、担保、继承权”，[3] 不仅能够完善集体资产产权的分解、转让、保值、增值等环节，也有利于维护村民的知情权、参与权、决策权及收益权等。为实现乡村旅游资本化，建立乡村旅游资源产权流转交易机制，保证交易的规范、公开和透明，按照市场规律平等交易及使用乡村旅游各项资产；积极推动村民通过资产资源出租、转让、担保、抵押贷款、股份制经营等资产资本化方式增加财产性收入。

---

[1] 刘敏，刘春风，胡中州.旅游生态补偿:内涵探讨与科学问题[J].旅游学刊，2013(02):52-59.

[2] 唐晓云，赵黎明.社区旅游资源产权困境及其改善[J].旅游科学，2005(04):11-16.

[3] 十八届三中全会公报.

7.4 农民增收的乡村旅游信贷保障

7.4.1 信贷与农民增收

1. 贫困恶性循环理论

1953 年，美国经济学家纳克斯（Nurkse）在其著作《不发达国家资本的形成》中提出过著名的“贫困恶性循环理论”，认为贫困的原因是经济增长停滞和人均收入低下，而导致这种现象的原因又是资本的匮乏与投资不足。[1] 桂滇黔民族地区农村经济不发达，从供给方面来看，人均收入水平低导致了储蓄水平低、储蓄能力低；从需求来看，经济落后意味着较低的购买力和消费能力，低购买力导致投资引诱不足，低储蓄能力、投资引诱不足会造成资本形成不足，最终导致低产出，陷入“贫困的恶性循环”。政府资本投入、外来投资商及经营者资本投入、农村资本（资金、人力、资源、土地、房屋、工艺品、农产品）投入、外来游客的消费需求促进了乡村旅游的资本形成与积累，繁荣了农村经济，促进了村民收入增加，在一定程度上打破了贫困恶性循环。然而，在乡村旅游开发之初，村民经济实力较弱，资金投入较少，只能从事小规模的经营或获得有限的低端就业机会，难以获得较多收益；随着旅游业的蓬勃发展，旅游收益分配不均、物价上涨等问题日益突出，村民资产性收入无法得到保障，加之村民生活成本加大，相互冲抵导致村民实际增收效果不明显，村民资本形成率低，无法进行旅游投资扩大生产规模及转变经营方式，难以突破资金短缺的限制实现增收的持续性、高效性，出现“帮富不帮贫”的现象。

2. 信贷促进农民增收

乡村旅游业的发展与农民增收离不开信贷资金的有力支持，信贷能够有效解决村民资金匮乏，无力改善经营现状的窘境。根据实地调研，13% ～ 40% 的村民希望政府提供无息或是低息的旅游信用贷款支持，表明资金仍然是限制乡村旅游业发展的关键因素。旅游形势发展越好、市场竞争越激烈、产业化水平越高的

[1] 文乐，麻学峰.乡村旅游对农民的收入效应及其机制探究——以凤凰县为例[J].边疆经济与文化，2011(8):11-14.

村寨，村民对于信贷支持的需求越迫切，如平安、西江、新华村；郎德、黄洛等以歌舞表演为主的村寨，不需要过多的资金投入，居民对信贷支持的感知度较低。

7.4.2　乡村旅游信贷现状分析

1. 桂滇黔民族地区乡村旅游信贷现状

乡村旅游业的持续发展需要金融行业的资金支持。《关于金融支持旅游业加快发展的若干意见》(银发 [2012]32 号）指出各银行业金融机构要坚持区别对待、有扶有控的信贷原则，加大对小微旅游企业和乡村旅游信贷支持。[1] 桂滇黔民族地区各级政府都要求农行、农村信用联社等金融机构，加大对乡村旅游开发的信贷投入，尤其要加大面向农户的小额贷款和中小旅游企业贷款的信贷支持，如广西农村合作金融机构将旅游业作为重点支持的行业之一，而乡村旅游业又是其中的重中之重，三年累计发放乡村旅游业贷款 66.88 亿元，约占旅游业贷款总额的 83.33%。截至 2012 年 6 月，全区农合机构乡村旅游业贷款余额为 45.08 亿元，约占旅游业贷款余额的 86.7%。乡村旅游信贷支持景区景点、特色乡村旅游项目、“农家乐”和休闲山庄项目、乡村旅游业餐饮及住宿项目和个体工商户，其中乡村旅游业餐饮及住宿贷款余额最高为 19.63 亿元，突出反映了乡村旅游餐饮和住宿从业人员之多，资金缺口之大的问题。龙脊平安壮寨村民可申请 10 万～ 30 万元不等的贷款，以和平乡农村信用社的数据为例，平安壮寨 2010 年的贷款余额为 285 万元，2011 年的贷款余额为 490 万元，比上年增长 71.9%（表 7-9）。

表 7-9　截至 2012 年 6 月全区农合机构支持乡村旅游建设情况

项目	贷款户数或个数	贷款余额（亿元）
乡村旅游业景区景点建设	50	10.26
广西地方特色旅游项目	10	5.36
“农家乐”、休闲山庄	800	0.9
乡村旅游业餐饮及住宿	235	27.63
从事餐饮、住宿的个体工商户	—	0.3

注：数据根据网络材料整理而得[2]。

[1]　央行：加大对小微旅游企业和乡村旅游信贷支持[EB/OL].2012-02-16.

[2]　广西农村合作金融机构助力乡村旅游业发展[EB/OL].2012-11-01 .

除金融机构外，社会组织也积极帮助弱势群体发展乡村旅游，推进及协调小额信贷项目，如丽江妇联系统依托“小额信贷”“妇女循环金”“贷免扶补”等项目，培养、引导妇女能手参与乡村旅游发展；玉龙县拉市乡安中村的梁国良利用信贷资金自主创业，先后与同伴合伙成立了生态旅游合作社及农家乐。[1]

国际组织提供信贷项目支持乡村旅游发展。贵州发展乡村旅游及旅游扶贫工作引起世界旅游组织、世界银行、联合国开发计划署等国际性组织及国家旅游局的高度关注。其中，世界银行对贵州乡村旅游开发提供6000万美元贷款并作为全球性的示范项目，用于“文化与自然遗产保护与发展项目”以及乡村旅游接待设施建设；世界旅游组织提供50万美元的扶贫资金用于贵州少数民族的手工艺开发。[2]

2. 信贷扶持乡村旅游业发展的困境

24.62%的村民希望能够获得旅游贷款支持，然而付诸实践的较少，原因在于：村民对能否顺利还款的偿付能力没有信心，对是否能够充分利用贷款有所顾虑；利息高及可抵押资产少无形中提高了村民的贷款准入条件；“熟人社会”易激发民间信贷，自行筹措资金；村民对信贷政策了解不够，银行对农户贷款的宣传不够；部分村民缺乏负债经营的思维，不愿贷款。

银行等金融机构对村民信贷“冷供给”，原因在于村民自主经营规模较小、收入低导致信贷投资收益普遍偏低；村民抗风险能力不强，存在一定的信贷风险；村民财务管理意识低，没有完善的财务管理制度，银行机构难以对资金的使用情况、经营情况及效益进行评估，从而无法控制风险。

3. 乡村旅游村民信贷特征

乡村旅游村民信贷具有以下特征：一是从村民的经营阶段来看，村民对信贷的需求主要集中于创立之初的启动资金及扩大规模时的升级资金；二是信贷以户为单位，较为分散且数额较小；三是旅游信贷投资回收周期长。

[1] 丽江市妇女能手推动乡村旅游热[EB/OL].2012-01-27.

[2] 贵州：旅游扶贫使42万贫困人口受益[EB/OL].2011-07-03.

7.4.3　乡村旅游农民增收信贷保障建议

1. 打造乡村旅游品牌，改善地区信用环境

乡村旅游信贷困难在于产业发展不充分、抗风险能力弱，应做大、做强乡村旅游产业。促进乡村旅游经济蓬勃发展，提高投入产出比；培育乡村旅游龙头企业，形成产业集群“资金洼地”。扩大宣传力度，打造乡村旅游品牌，改善区域信用环境，使其成为旅游投资信贷的热土。

村民应不断提升自身的经营管理水平，建立健全财务管理制度，积极接受金融机构的信用评级及资金监控；此外，政府、社会组织对贷款户在经营上应给予指导与支持，充分发挥贷款资金效益。

构建政策性担保、互助性担保、商业性担保三者相结合的乡村旅游信用担保体系，乡村旅游的发展能够带动就业，促进地方经济发展，地方政府应对关系乡村旅游发展的重大项目提供担保和再担保；农户与旅游企业、行业协会、旅游大户成立不以盈利为目的的担保协会或合作社，会员缴纳一定数额的资金作为担保基金，会员通过“农户+担保协会（合作社）”的方式申请银行贷款，这种靠地缘、血缘关系组建的担保组织具有社区威慑力，是一种集体福利，担保组织能够确保申请者及时履行还款义务；旅游开发企业成立担保公司，属于商业性的担保组织，村民将拥有的旅游资源产权抵押给担保公司，由担保公司为其向银行担保。

2. 结合乡村旅游实际，创新农村信贷模式

2014年中央1号文件指出强化金融机构服务“三农”职责。金融机构应将支持乡村旅游经济作为信贷投入及业务发展的重中之重；对欠发达的民族乡村地区制定优惠政策，如调低银行准备金率、利率优惠、加大扶贫贷款支持力度等；《中共中央关于全面深化改革的若干重大问题的决定》中提到稳妥推进村民对承包地经营权、集体资产股份、住房财产权的抵押，完善可抵贷资产内容，探索村民权益抵押、动产抵押等担保形式。

为解决乡村旅游资金缺乏的难题，应结合乡村旅游实际，丰富信贷品种，设计面向开发商的乡村旅游基础设施建设信贷，支持乡村道路、停车场地、环卫设施、通信设施等建设；针对村民的生产经营贷款，根据村民的经营状况分为大额农户贷款及小额农户贷款，支持乡村旅馆、餐馆、特色农庄、观光农业、工艺品及土特产的生产加工；通过发放流动资金贷款来解决乡村旅游开发中短期的资金需求，如旅游宣传营销、旅游商品销售、旅游产品开发、旅游规划编制等。的资金需要创新信贷模式，形成联保贷款、小额贷款、扶贫贷款、林权抵押贷款、门市房抵押贷款、农户信用贷款、村民创业贷款、经营大户专项贷款等多种信贷模式。

银行等金融机构改进金融服务，应加大对信贷优惠政策的宣传力度，确立营销重点；及时开展对贷款对象的财产现状、还贷能力及信用状况的前期调查和评估工作，为农户建立科学合理的信用评价体系，培育优良的信贷客户；坚持为农户服务，简化贷款手续，提高贷款效率；利率应根据不同农户实际情况和经营现状予以小幅度调整；因地制宜地调节还款进度，合理确定贷款期限。

7.5 农民增收的乡村旅游投资保障

7.5.1 乡村旅游投资与农民增收

1. 旅游投资乘数

在卡恩（1931）乘数理论的基础上，凯恩斯（1936）发表的《就业、利息及货币通论》一书中提出了投资变化和收入变化的乘数论，即在形成一定消费倾向下，总投资的增加可以引起总收入若干倍数增加，表明投资对经济的影响会逐步放大。[1] 经济学家罗斯托（1960）也认为“增长必须以利润不断重新投资”（经济起飞理论必要条件）。旅游投资的乘数效应是以投资乘数为理论基础的。据统计，旅游业投资每增加 1 元，可带动其他行业投资 5 元；旅游业收入每增加 1 元，可带动相关行业增收 4.5 元。[2] 旅游投资带动了相关产业的发展，有效地提高了产出；

[1] 王仁曾，高志强.投资理论的历史演进[J].中国集体经济，2012(21):71-72.

[2] 陈敏尔省长在第八届贵州旅游产业发展大会上的讲话[EB/OL].2013-08-18.

加大对旅游项目的建设和提升，刺激旅游消费，满足人们物质文化需求。投资乘数与行业关联度及边际消费倾向有关，旅游业是综合性的经济服务型产业，对相关产业的带动性强，决定了旅游投资乘数效应很高；贫困地区的边际消费倾向大，因此，乡村旅游投资对桂滇黔民族地区的乘数效应更为显著。[1] 我国旅游投资方向已从东部转向西部地区，从发达地区转向落后地区。贫困地区已成为旅游投资的重要区域，乡村旅游投资对于调整农村经济结构、促进村民脱贫致富、打破恶性循环及促进旅游业的持续发展具有重要作用。

2. 乡村旅游投资

乡村旅游业的持续发展受制于资金限制，投资对乡村旅游经济具有关键性的拉动效用。乡村旅游的投资主体一般为政府、投资商、乡村居民。桂滇黔民族地区政府在乡村旅游投资中发挥着主导作用，其原因在于：一是乡村旅游的公共利益性特征，乡村旅游不仅能够满足旅游者的旅游需求、村民对经济的发展需求、投资商的收益需求，而且可以产生经济、社会、环境、文化等多重效益。桂滇黔民族地区受区位条件及基础设施限制，在乡村旅游发展初期，政府需要对旅游基础设施、人力资本、环境保护、发展规划等公共产品及服务进行投资建设，这些投资项目具有公益性质，且短期内难以取得收益，不易吸引外来投资商；二是旅游资源的国有属性决定了乡村旅游投资由政府负责，政府拥有对旅游资源的开发权与经营许可权，政府的规划、政策、决策对旅游投资也有巨大的引导作用；三是桂滇黔民族地区民间资本实力不强，缺乏充裕的资金对旅游资源进行开发。政府财政投资能够有效克服投资商及村民投资所产生的外在性问题，发挥示范效应，有效激发投资商的投资热情。

7.5.2　桂滇黔地区政府乡村旅游投资

随着桂滇黔地区乡村旅游的繁荣发展及国家战略的实施，乡村旅游投资总量逐年稳步增长，政府投资在规模上无疑占据主导地位。政府投资主要包括旅游发展专项基金、旅游扶贫基金、项目及部门资金的集中使用。

[1]　阳国亮.旅游投资的乘数效应与旅游扶贫[J].学术论坛，2000(6):83-85.

1. 桂滇黔民族地区乡村旅游政府投资

（1）旅游发展专项基金

旅游发展专项基金对于完善旅游基础设施建设、加强旅游宣传促销、改善旅游发展的基础条件意义重大。广西旅游发展专项基金已从2006年的3000万元增长至2013年的4.2亿元；云南旅游发展资金在现有每年2亿元的基础上，从2013年起每年递增1亿元，到2017年达到7亿元；2011年，贵州省拿出1.2亿元专项资金支持旅游业发展，比去年增加2000万元。旅游发展专项基金中乡村旅游的投入比例也在不断扩大，2013年，广西壮族自治区出台的《加快旅游业跨越发展的若干政策》中指出每年从自治区旅游发展专项资金中安排资金支持发展乡村旅游，加大旅游产业的扶贫力度，对星级乡村旅游区及农家乐给予奖励。

（2）旅游扶贫资金

旅游扶贫资金对于贫困地区和山区的旅游公共基础配套设施的建设具有重要作用，有利于区域内经济的协调发展。广东省已经率先设立了旅游扶贫基金，并取得了丰硕的成果和宝贵的经验，对于西南三省区有重要的借鉴意义。广西、云南、贵州未设立旅游扶贫专项资金，资金主要来源于扶贫资金及旅游发展专项资金。“十二五”期间，贵州将投入5亿元以上的资金，形成10个以上具有较大影响力的省级乡村旅游扶贫示范区、20个地级乡村旅游扶贫示范区和100个各具特色的县级乡村旅游扶贫示范点。截至“十一五”期末，广西壮族自治区共投入扶贫资金365.53亿元[1]，加强了农村基础设施建设，改善了村民人居环境，2011年，中央和自治区财政专项扶贫资金投入广西产业开发达1.7亿多元[2]，2012年，广西以“十百千”产业化扶贫示范工程为抓手，安排用于产业化扶贫的财政扶贫资金比2011年增长54%，广西旅游扶贫已列入产业扶贫规划，旅游扶贫是产业扶贫中最有效的方式之一。[3]

---

[1] 到“十一五”期末广西共投入扶贫资金365.53亿元[EB/OL].2012-10-10.

[2] 广西加大产业扶贫资金支持力度 更注重辐射带动[EB/OL].2012-10-16.

[3] 广西继续加大产业化扶贫资金投入力度[EB/OL].2013-10-07.

（3）项目及部门资金的集中使用

以特色项目为导向，整合旅游、农业、住建、民委、扶贫等部门资金形成合力，扩大投资效应。2012 年，广西壮族自治区旅游局安排了 600 万元专项资金用于规划建设、乡村旅游和旅游扶贫，并安排 200 万元资金将金秀瑶族自治县古占瑶寨作为乡村旅游的示范点进行着力打造；自治区旅游局还与住建厅合作，推动特色旅游名镇名村建设，2012 年就确定当年新增特色旅游名村 9 个，落实自治区财政扶持资金 2700 万元以及各部门和地方配套资金 1 亿多元；旅游局与区水库移民局落实了 4 个水库移民旅游新村项目及配套资金 200 多万元。与此同时，各地还积极争取中央旅游发展基金的支持（表 7-10）。

表 7-10　广西壮族自治区争取的国家层面的乡村旅游建设资金

年份	项目	数额（万元）
2006—2010年	国家旅游发展基金	5040
2008—2010年	中央红色旅游资金	1295
2011年	财政部、国家旅游局项目建设资金	2200
2011年	红色旅游国债和新增中央旅游项目资金	113000

注：以上数据根据网络资料整理而得[1] [2]。

2. 案例点乡村旅游投资现状

从宏观视角分析桂滇黔民族地区乡村旅游政府投资现状后，再从微观视角梳理案例点乡村旅游投资现状。乡村旅游业在蓬勃发展的同时也彰显了强大的“吸金”能力，投资来源也日益多元化，除社会闲散投资外，乡村旅游景区内的投资可分为政府投资及开发商投资。如表 7-11 所示，政府投资主要集中于交通、环卫、消防、饮水、文化等公共基础设施建设，旅游公司投资主要集中于旅游项目、旅游设施等的建设，各村寨乡村旅游投资过程依然以政府投资为主导，仅有新华村靠市场推动，企业投资额高达 17.6 亿元。此外，受地方财力所限，政府对安中村旅游发展扶持力度较小，投资来源于村民集资。

[1]　广西财政投4.3亿元打造“旅游强区”[EB/OL].2011-11-03.

[2]　广西壮族自治区旅游局2011年度绩效报告[EB/OL].2011-12-5.

表 7-11　案例点旅游投资明细

案例点	乡村旅游投资概况（不完全统计）	估算投资额
平安壮寨	1997年，政府拨款230万元修通前往平安的公路； 2007年，平安景区拨款40万元修建消防和饮用水工程； 从1998年开始，桂林龙脊旅游有限公司对平安寨各种设施投资843.8万元	1113.75万元
黄洛瑶寨	桂林龙脊温泉旅游有限责任公司从2001年至2006年对黄洛投资14万元，新建黄洛售货长廊、休闲长廊、公厕，重修黄洛至平安的石板路； 2008年，公司投资60万元新建大型歌舞表演场一座，投资12万元购买舞台的灯光音响设备，投资25万元用于铺设石板路； 2012年，由县政府出面向上级部门申请资金700万元，用于村寨基础设施建设	191万元
程阳侗寨	2007年，程阳景区分别投资165万元、261万元建设旅游步道、旅游接待中心，投资105万元用于景区接待中心至程阳桥头公路的绿化、亮化及人行道建设； 2010年，程阳桥景区投资4000万元建设南接待中心； 另外，从2006年开始政府投入新农村建设资金5000万元	5531万元
田头苗寨	2006年以来自治区投资100多万元建造消防示范村，改善田头寨基础环境； 区民委投资47万元援建风雨桥、铁索桥、石板巷道、民族风情楼、民族接待楼等； 广西科技大学扶助6万元建设表演场和文化活动中心； 柳州市妇幼保健院扶持2万元进行村寨巷道建设； 2011年田头苗寨申请成为AAA景区，柳州市政府奖励田头寨景区40万元	200余万元
历村	历村旅游投资主要是由政府对其基础设施建设改造投入的资金。2006年，高田镇政府投资上百万元对历村民居进行房屋立面改造； 2008年，高田镇投资2万余元协助市场管理所修建市场停车场，启动集镇和历村的停车场规划建设工作。同年，前期共投入资金20多万元对包括历村在内的阳荔公路沿线景区、村镇范围内的违章建筑进行了拆除； 2011年，高田镇政府投资200万元对历村基础设施进行改造和建设	320余万元
西江苗寨	2008年，政府有关部门投入2.7亿元，对西江26个项目进行建设和改造； 2010年，上级拨付900万元与县政府自筹经费600多万元，总投资1511.42万元在西江千户苗寨下游的岔河处开工建设乡村污水处理工程； 2009年以来西江景区基础设施建设投资达4900.146万元	3.3411亿元
郎德上寨	20世纪80年代贵州省文物局装修民俗博物馆投资2万元； 21世纪以来年雷山县政府投资自来水工程30万元； 2002年投资100多万元，完成了村两委、旅游接待中心、旅游餐厅综合服务楼、杨大六风雨桥、寨内步道扩建、主步道沿线厕改等项目建设，共100多万元； 2008年以北京奥运火炬传递为契机，郎德苗寨景区的乡村旅游基础设施得到了较大的改善，政府项目总投入394万元； 2012年装修民俗博物馆投资40万元	568万元
天龙屯堡	政府投入1270万元完成旅游交通、河道整治等公益基础设施建设； 公司投入1140万元建设文化旅游设施	2410万元
安中村	安中旅游合作社从2008年起累计投资了250余万元用于修建跑马场、养马场、骑马游道、旅游接待室、旅游食堂、卫生间、旅游工艺品店、游船码头等旅游基础设施	240万元
新华村	1997年，鹤庆县委、县政府投资1298万元完善新华村旅游步道、工艺品交易市场交通、设施等； 自2004年起，旅游公司投资1.05亿元建设占地面积60亩的石寨子旅游购物广场； 截至2009年，新华村AAAA景区建设工程共投入12亿元； 在2009年之后，公司投入190万元用于道路等基础设施建设，景观打造投入350万元，维景国际酒店建设投入4.5亿元	17.73亿元

3. 桂滇黔民族地区乡村旅游政府投资特点

（1）区域重点突破

桂滇黔民族地区各级政府资金有限，为了充分发挥旅游投资效益，形成高产出率的示范效应，政府会选取资源富集且区位条件优良、人力资本较好的地区优先投资旅游业。西江千户苗寨便是在政府投资推动下取得良好经济效益的旅游村寨。2008 年 9 月，贵州第三届旅游产业发展大会在黔东南州举办，当地政府借此机会，推动西江千户苗寨旅游业进一步发展，共投入 2.7 亿元，极大地改善了西江苗寨旅游发展的基础条件，旅游业实现了跨越式发展。西江苗寨的产业规模不断扩大，寨子里的苗家乐从 40 家增加到 143 家，银饰刺绣点从 28 家增加到 86 家，餐饮店从 8 家发展到 74 家，酒吧 KTV 从无发展到现在的 15 家；旅游接待各项指标逐年攀升，旅游接待人数由 2007 年的 11.5 万人增长到 2012 年的 240 万人，旅游接待收入由 2007 年的 575.73 万元增长到 2011 年的 95200 万元。农民人均收入不断提升，从 2007 年的 1660 元增加到 2011 年的 7100 元，增长了 3.4 倍，其中来自旅游方面的收入占人均收入的 70% 以上，旅游业已成为西江村民最主要的收入来源。西江苗寨成为黔东南州唯一的 AAAA 级旅游景区，在贵州省的旅游格局中的地位愈加凸显，西江苗寨所形成的乡村品牌效应促进了贵州乡村旅游业的发展。

（2）精品项目带动

关于乡村旅游的建设项目种类繁多，从新农村建设、休闲农业发展、产业扶贫、村寨文化保护等不同角度助推乡村旅游的发展，具体包括特色旅游名镇名村、美丽乡村、云南旅游小镇建设、农业旅游示范点、休闲农业与乡村旅游示范县及示范点、贵州旅游扶贫工程、中国景观村落、少数民族特色村寨建设、非物质文化遗产保护与管理，项目建设也形成了一系列的乡村旅游精品产品和拳头产品，丰富了乡村旅游的产品体系。如程阳景区旅游设施建设就是依靠新农村建设资金修建起来的。

4. 西南乡村旅游政府投资存在的问题

由政府主导乡村旅游投资也存在一定的弊端：一是桂滇黔民族地区政府财力有限，对乡村旅游持续发展的投资难以为继；二是旅游投资规模大、回收周期长且存在风险，易挤占其他公共事业支出；三是对经营性项目的投资追求较高的经济回报，“与民争利”“与商争利”，不仅导致了旅游经营的不平等，而且忽视公共基础设施的建设；四是乡村旅游开发建设存在重复投资现象，政府投资停留在表面开发，欠缺对旅游资源和旅游产品的深入挖掘和创新开发。

7.5.3 桂滇黔民族地区乡村旅游投资保障

1. 继续发挥政府对乡村旅游的投资主导作用

资金短缺是乡村旅游开发迫切需要解决的问题，应强化政府作为乡村旅游投资主体的地位，继续发挥政府对乡村旅游的投资主导作用。首先应加大财政资金的投资力度，不断完善乡村的各项公共服务事业，扩大政府财政对乡村的转移支付力度。其次要有效管理和使用资金，制定统一的投资规划，统筹使用各项资金，避免重复投资建设，使有限的资金充分发挥最大效用；合理分配资金，调整及优化投资结构，注重旅游资源的深层次开发及旅游产品的创新，既要突出乡村旅游重点建设项目，又要统筹兼顾区域乡村的配套设施建设。最后建立政府投资的绩效评估，全面检查、严格验收乡村旅游建设项目，保证建设质量，对存在问题的建设项目追究相关部门及责任人的法律责任；完善项目监督制度，接受社会舆论监督；正确识别和估量旅游投资风险。

2. 加大政府对旅游投资行为的引导与调控

“政府主导，社会参与”的多元化投资渠道可以有效缓解政府投资压力，解决政府投资难以为继的窘境，但是社会资本投资所产生的外部性现象需要加大政府对旅游投资行为的引导和调控。政府采取优惠政策、广泛宣传、品牌引导等方式刺激社会资本投资旅游业，针对不同地区、不同项目性质制定不同的优惠政策，实现旅游投资流向在地区间、项目间的平衡。政府也可通过经营许可、数量限制、税费调控、法制手段对旅游企业投资经营活动进行有效的监督与管理，坚决反对与禁止由于投资开发力度不够与方式不当而造成的乡村资源破坏行为。政府应定期而规范地发布旅游投资信息和旅游政策信息，使投资者能够及时全面地了解投资项目信息、资金需求和投资前景，提高投资的针对性和合理性。[1]

3. 克服政府旅游投资的逐利行为

基于“谁投资谁受益”的市场规律，政府对乡村旅游投资也存在逐利性，在政府主导型的旅游村寨，这种现象更加普遍。政府主导容易出现政企不分，运行成本高昂且难于摆脱条块分割、效率低下的弊病，导致旅游经营中的不平等。因此，应弱化兴办旅游企业等经营性项目投资，强化基础设施建设、招商引资、市场促销宣传、生态环境保护、文化传承等公共产品的基础性投资；在保证社区居民参与旅游权利的前提下，引进外来投资商，提高投入产出效益，为参与主体创造公平、稳定的竞争环境。

7.6　农民增收的乡村旅游就业保障

7.6.1　乡村旅游就业与农民增收

1. 乡村旅游有效解决农民就业

十八届三中全会提出“健全促进就业创业体制机制，促进农村转移劳动力”。乡村地区人地矛盾尖锐，农业生产力及生产规模低导致农村存在大量剩余劳动力。农村剩余劳动力向非农产业转移就业过程中出现了农民工问题及农村社会结构失衡问题；乡镇经济部门吸纳农村劳动力能力也在不断减弱；农村中许多弱势群体缺乏劳动技能，只能从事农业生产，就业渠道狭窄。因此，促进农村劳动力非农就业转移的任务艰巨。事实表明乡村旅游不仅能够扩展农村非农就业空间，而且能够促进农村劳动力转移。乡村旅游发生在农村且与农业生产及农业生活紧密相连，有利于实现村民在当地就业；乡村旅游是劳动密集型的服务性产业，能广泛吸纳农村剩余劳动力；从事乡村旅游业门槛低，能有效解决弱势群体就业问题；

---

[1] 冯铁藜，韩宁，王丽萍.对旅游业投资的思考与建议[J].经济论坛，2009(17):94-95.

乡村旅游业的高度关联性，能带动相关行业发展，从而间接带动就业岗位及人数的增加[1]，经验数据显示，每一个旅游就业岗位，将关联产生4～5个相关就业岗位，其强大的扩散效应为旅游带动社会就业提供了现实的可能性。[2]

2. 乡村旅游农民就业效用分析

就业是民生之本，我国农民增收难的症结主要在于有效就业不足。[3]《关于大力发展旅游业促进旅游就业的指导意见》（发改就业[2008]2215号）旨在建立和完善发展旅游业促进就业的政策体系，创造了旅游就业良好的环境，该文件提出要加大对欠发达地区和就业困难人员的扶持力度，对发展乡村旅游，促进农民就业具有重要意义。乡村旅游就业经济效应显著：旅游具有逆向流动（消费方流向供给方）特性，发展乡村旅游可以使农村富余劳动力实现就地转移，[4]减少了农民外出就业的成本及风险；使农民获得了新的收入渠道，改善了村民的生活水平；提升了妇女的经济地位，扩大了农村女性自我发展的空间。也有国内外学者指出乡村旅游企业的规模较小、就业层次低、收入水平差；大量的就业岗位被外来经营者占据，村民只能从事低端的就业岗位，获得收益较少。乡村旅游就业所带来的文化及社会效应明显：促进乡村社会的和谐与稳定，在一定程度上解决了女性歧视、留守儿童、农村凋敝等问题；更新了村民的思想意识，转变村民就业理念，通过培训与实践形成了与劳动者终身发展相结合的人力资本；同时保护乡村资源与景观，传承了传统文化与技艺。

7.6.2 乡村旅游就业现状分析

1. 桂滇黔民族地区乡村旅游就业类型分析

乡村旅游就业类型主要可以分为自主创业及受雇就业。自主创业者拥有一定

[1] 张建辉.欠发达地区旅游就业效应的时空差异分析[D].桂林：广西师范学院，2010.

[2] 蒋昕.大力发展乡村旅游业扩大农民就业与创业空间[N].中国旅游报，2010-05-05(11).

[3] 王龙，武邦涛.乡村旅游业对增加农民收入的效应分析[J].安徽农业科学，2006，34(19):506-510.

[4] 蒋昕.大力发展乡村旅游业扩大农民就业与创业空间[N].中国旅游报，2010-05-05(11).

的资金、技艺，从事乡村旅馆、餐饮、土特产品及农产品加工销售、照相、服装租赁等项目，或是从事背背篓、抬滑竿、歌舞表演等获取零星的报酬；受雇就业缺乏相应的资金或技能，只能给外来旅游企业或本地经营户提供劳务服务，多集中于吸纳劳动力数量较多的乡村旅馆与餐饮项目；也有部分村民受雇于景区管委会，一般从事迎宾、表演、环卫、票务、协管、讲解、保卫、司机等低端岗位。村民自主创业能够广泛吸纳农村剩余劳动力，经营规模越大，吸纳劳动力的能力越强。根据实地调研，西江苗寨村民经营项目雇佣从业人员 800 余人，实现工资年收入 1320 万元。

2. 桂滇黔民族地区乡村旅游对农民就业的促进作用

旅游业的开展使村民获得了更多的就业渠道，10 个村寨中村民参与旅游业的比例都高于 60%（程阳侗寨为 9.1%），黄洛瑶寨和安中村的参与率更是达到了 90% 以上；乡村旅游业实现了农旅兼顾，有效利用村寨剩余劳动力，大部分村民都表示农忙与旅游经营不冲突，村民就业比较灵活，可自由安排时间，很少人认为需要“完全按固定的或上级安排的上下班时间工作”；村民已经摸索出了明确的经营计划及经营任务，80% 左右的村民认为“我每天重复做同样的事情”，60% 以上的村民认为“ 我清楚地知道每一天工作中要做什么”，但是，低于 30% 的村民认为“我的工作必须正确地遵循标准程序做”，表明村民从事的工作缺乏标准的工作流程（表 7-12）。

表 7-12　村民工作模式统计

案例点	我每天重复做同样的事	我清楚地知道每天的工作要做什么	我的工作必须遵循一定的标准程序
平安壮寨	70.37%	59.25%	27.78%
黄洛瑶寨	79.31%	82.76%	24.14%
程阳侗寨	75.5%	55.1%	10.2%
田头苗寨	57.14%	64.28%	39.28%
历村	85.3%	88.2%	11.8%
西江苗寨	86%	67%	7%
郎德上寨	44.82%	33.48%	6.98%
天龙屯堡	78%	75.6%	65.9%
安中村	80%	80%	56.67%
新华村	31.64%	56.96%	11.40%

3. 桂滇黔民族地区影响乡村旅游就业因素分析

（1）村民自身素质及资本

人力资源水平决定村民的就业层次，村民的就业层次不高，就业获益少，岗位技能要求低。大部分村民认为从事的经营活动需要“长时间地工作”“快速而频繁地移动身体的位置”和“繁重的体力劳动”，这说明村民的工作时间长、劳动强度大。较少村民认为需要“快速反应的思考或脑力劳动”，说明了受教育层次限制村民所从事的经营性活动缺乏创新性思维（表 7-13）。受雇于旅游公司或景区管委会的村民大多从事低端的就业岗位，几乎没有在办公室工作的管理人员。就业层次的高低直观地体现在工资收入上，以西江苗寨为例，受雇村民最高月工资为 2500 元，最低为 750 元，相差近 2.3 倍。新华村是 10 个村寨中旅游业人均收入最高的村寨，人均年收入达 23.22 万元，究其原因在于新华村村民普遍掌握银饰及铜器生产、加工手艺，而且不断创新，技艺精湛、蜚声中外。

表 7-13　村民工作经历感受统计

案例点	长时间地工作	繁重的体力劳动	快速而频繁地移动身体位置	需要快速反应的思考和脑力劳动
平安壮寨	66.67%	51.85%	4.63%	14.81%
黄洛瑶寨	68.97%	34.48%	31.03%	6.90%
程阳侗寨	63.3%	10.2%	24.5%	12.2%
田头苗寨	28.57%	7.14%	32.14%	7.14%
历村	86.67%	30%	50%	23.3%
西江苗寨	77%	28%	10%	6%
郎德上寨	27.58%	3.44%	10.34%	3.44%
天龙屯堡	68.3%	9.8%	31.7%	48.8%
安中村	30%	50%	66.67%	3.33%
新华村	39.7%	19.1%	5.9%	20.6%

资金不足迫使具有创业意愿的村民放弃创业而为其他经营者打工，后续资金的缺失使村民面临经营转型升级的困境，一直处于经营档次低、规模难以提升的状况。经营规模及档次与吸纳劳动力的数量成正相关性，如表 7-14 所示。

表 7-14　西江乡村旅馆经营规模与雇佣员工数量关系

类别	平均投资额（万元）	年盈利额（万元）	旺季员工数量（人）	淡季员工数量（人）
经营很好	200	150	15	10
经营较好	70	32	11	7
经营中等	32	15	4	2
经营一般	17	≤10	2	0

（2）旅游产业链过窄

旅游产业链过窄过短导致村民就业渠道狭窄，从村民的工作场所现状可窥见一斑。村民工作场所和旅游产业发育程度关联密切，与村民从事的旅游经营活动相对应。在旅游产业发展较为齐全的村寨（如西江和平安），村民的就业类型更加多元化，村民的工作场所分布较为均衡。以西江苗寨为例，在室内营业场所、户外、家里工作的比例分别为39%，25%，27%。部分村寨旅游产业发展畸形，旅游产业链过短，村民多集中于某一场所内经营，如在以民族歌舞表演（天龙屯堡、郎德上寨）、户外服务（平安壮寨的背背篓与抬轿子、安中村的骑马、划船）为主导产业的村寨，户外从业人数占了较大比例（表7-15）；历村以旅游餐饮产业为主，60%的村民在室内经营场所工作；新华村以手工品加工为主，51.9%的村民工作场所主要在作坊或家中。

表7-15　案例点村民工作场所分布统计

案例点	室内营业场所	户外	家里	作坊	办公室	其他
平安壮寨	32.72%	36.36%	23.64%	3.64%	0	3.64%
黄洛瑶寨	44.17%	10.34%	27.59%	6.9%	0	0
程阳侗寨	36%	17%	15%	15%	2%	15%
田头苗寨	64%	16%	0	0	4%	16%
历村	60%	26.67%	3.33%	10%	0	0
西江苗寨	39%	25%	27%	5%	0	4%
郎德上寨	10.7%	39.3%	25%	10.7%	0	14.3%
天龙屯堡	31.71%	48.78%	17.07%	0	0	2.44%
安中村	0	96.7%	0	0	0	3.3%
新华村	27.85%	7.60%	12.66%	51.90%	0	0

（3）旅游业的特性

旅游业的季节性特点使村民工作时间波动较大，尤其是在旺季，村民的工作强度大，村寨的旅游旺季一般都集中于7月、8月以及五一和十一黄金周。以西江苗寨为例，村民旺季每周平均工作天数比淡季多1.18天，旺季每天平均工作时长比淡季多2.38小时，62.7%的村民在旺季每天工作超过10个小时。此外，村民工作稳定性较差，多为临时工、季节工。黄洛瑶寨2011年临时工达184人次，平均工资为70元/天；程阳侗寨的临时工为115人次，工资为70～90元/天。根据对吸纳劳动力较强的乡村旅馆进行调研分析可以看出，旺季雇佣员工数量约为淡季的2倍。80%以上的村民认为淡旺季收入差距大，波动较为明显，以西江苗寨为例，淡季打工平均工资月收入在1500元左右，旺季为1800元/月。

（4）福利保障缺失

经营者雇佣村民很少签订劳动合同，较少存在固定的雇佣关系，签订雇佣合同的期限大多少于一年，其原因在于：一是“熟人社会”，雇佣双方因彼此熟识而“帮忙”，较少拖欠工资；二是旅游业淡旺季特性导致员工流动性大。劳动合同缺失无法保障员工的合法权益，甚至有一半的村民表示加班不能获得工资补助，被雇佣者也没有“五险一金”、奖金、分红等任何工作福利，应享有的福利无法保障。

7.6.3 乡村旅游就业保障研究

1. 扩大村民自主经营

政府应创造良好的自主创业环境，在强化乡村旅游产业基础设施建设的基础上制定资金扶持、技术指导、产业引导、税费优惠等多种政策支持乡村旅游住宿业、餐饮业等吸纳劳动力较强的业态。同时，乡村旅游住宿业、餐饮业也是村民自主创业的主要行业，这类行业投资少、见效快，村民通过住房简易改造便能开展住宿业、餐饮业的经营。扩大村民自主经营，村民要充分利用各种政策，探索自主创业的路径，不断提升经营规模及档次，提高产业化水平，这有利于在实践中培养村民的经营管理能力，而且提供大量的就业岗位。村民在自主创业过程中要培养产品创新意识，不能盲目跟风、重复创业，要挖掘乡村旅游资源文化内涵，深入开发旅游产品，在旅游六要素产业链条的薄弱环节寻求突破，满足游客实际需求。

2. 优先扶持村民就业

村民作为乡村旅游就业的主体，旅游开发应优先扶持村民就业。从政府方面来看有以下几点：优先建设或引进就业容量大的乡村旅游项目；与旅游企业协作开展乡村旅游教育与培训，尤其是加大对贫困人员、弱势群体、灵活就业人员的旅游培训力度，提高乡村旅游从业人员素质，增强村民就业竞争能力及创业意识，提升人力资源转化为现实生产力的效率，积极培养乡村本土化的管理与经营人才，满足乡村旅游快速发展对人才的需求；搭建乡村旅游劳动力就业的信息网络平台；对有潜力的村寨开展“乡村旅游就业试点建设”，总结富有地域、行业特色的试点经验，加以推广。同时，旅游开发商应优先安排当地村民就业，虽然村民因文化水平有限很难胜任一些岗位，但是旅游开发商应基于长远考虑对村民进行经营岗位技能培训，为村民制定长远的职业规划，提供相应的升职通道；并结合农业生产实际情况合理调节与安排岗位，优化配置劳动力资源，做到不误农时。

3. 完善村民就业福利

完善乡村旅游村民就业福利，实现就业不失权，不断增强就业质量。政府应从政策和制度上保障农民就业享有应得的社保待遇和受教育权利，实现村民就业福利的全覆盖；对保障村民就业福利的旅游开发商及经营商提供税费优惠、资金奖励等支持政策；加强对乡村劳动保障法律法规的宣传，健全乡村旅游劳动执法监察制度，由劳动、人社、旅游等部门联合执法保障乡村旅游就业人员的合法权益，加大对违法企业及商户的惩处力度，将灵活就业纳入劳动监察的范围。旅游开发商要为员工创造良好的就业环境，提供合理的薪酬与“五险一金”等福利保障。旅游就业中的临时工、季节工、作坊工应与雇主协商签订个性化的就业合同，明确双方的权利和义务；限定加班最高工时，不能强迫村民加班，保障村民的加班合法收益；雇佣单位必须承担非全日制员工的部分社会保险责任，建立有弹性的“休假、就业保护、社会保险”等就业福利体系。

7.7　农民增收的乡村旅游规划保障

7.7.1　乡村旅游长远规划与农民增收

1. 旅游规划的经济效益

全国旅游大发展的形势及各地政府面临的“国民经济发展规划”任务使“旅游开发，规划先行”的“旅游规划热”应运而生。美国旅游规划学家冈恩（1979）

指出“规划是对未来的预测，处理可预见的事件，是唯一能使旅游业获得好处的办法”[1]。旅游规划是对未来旅游状况的构想与安排，是以追求最佳的经济效益、社会效益及环境效益为目的。[2] 旅游规划的本质是一种经济技术行为，即利用一定的资金、技术将旅游系统资源转化为旅游现实的经济优势的过程，所以经济效益是旅游规划的首要目标。[3] 旅游规划在保护旅游资源、生态环境的基础上能够产生经济效益，过分强调经济价值是不足取的，人本导向的旅游规划才能催生可持续的经济发展。

2. 人类学视角的乡村旅游规划

“以人为本”的时代背景以及随着人们对旅游社会功能的认识不断加深，关注目的地居民及从业人员获益，以及满足客源市场需求成为旅游规划的重要理念，“人文关怀”已成为旅游规划的重要价值取向。乡村旅游规划追求“旅游与社区相结合”，考虑旅游发展与社区居民生活及其各项利益的本质统一[4]，Murphy（1985) 指出社区居民理应“在旅游规划和管理过程中占有领导地位”，并于 20 世纪 80 年代中期提出了社区生态旅游规划方法。[5] 不仅国外社区旅游规划理念不断丰富和发展，如社区旅游合作规划理念、社区旅游一体化发展理念、社区旅游自我评价规划理念。国内学者已从理论和实践上研究社区居民参与旅游规划等问题（王春雷和周霄，2003）。“提高当地居民的生活质量”在“以人为本”的人类学思想中占有重要位置，从人类学角度制定乡村旅游规划，将社区居民的不同角色（旅游资源角色、旅游商品角色、人力资本角色、资源产权所有者角色）定位纳入规划制定之中，在源头上设计居民参与乡村旅游的路径与利益主体协调发展机制，实现社区村民获得收益及享有权利的最终目的。

---

[1] 陈梅.乡村旅游规划的核心内容[D].苏州：苏州科技大学，2008.

[2] 黄山羊.旅游规划原理[M].南京：东南大学出版社，2004.

[3] 马勇.旅游规划与开发[M].北京：科学出版社，2004.

[4] 李九全.国外社区旅游规划的研究进展及主要理念[J].经济地理，2008(1):147-151.

[5] REID D，HMAIR，J TAYLOR.Community participation in rural tourism development[J].World Leisure，2000，42(20):20-27.

7.7.2 乡村旅游规划现状分析

1. 桂滇黔民族地区乡村旅游规划现状

（1）区域总体规划的宏观指导

桂滇黔民族地区从省（区）到县级政府都“高起点、高标准、高要求”地制定了《旅游发展总体规划》或《乡村旅游发展总体规划》，从宏观层面对区域内乡村旅游产业定位、发展战略、空间布局、产品开发、发展保障等方面进行指导，并将乡村旅游纳入社会主义新农村建设的总体部署，为区域乡村旅游发展战略提供理论依据、建设指导和政策建议。如《贵州省旅游发展总体规划》（2002 年）将西江苗寨、郎德上寨认定为“凯里 - 镇远综合旅游区”独有的两个 A 级村寨；《贵州乡村旅游发展规划》（2006）把雷山 - 凯里巴拉河苗寨群、西江千户苗寨列为近期重点开发的旅游村寨，不得不承认西江旅游的蓬勃发展得益于区域总体规划的宏观指导。“社区参与发展，文化保护传承”的理念已经成为乡村旅游规划制定的“内核”，《贵州乡村旅游发展规划》（2006）在前言中指出“探索一条通过对村民自主发展能力的培养来实现人类公平发展，以‘活用’来实现民族民间文化遗产有效保护和传承的道路。”[1]

（2）村寨旅游规划发展不平衡

乡村旅游规划编制工作在桂滇黔民族地区旅游村寨中的发展不平衡，体现在规划编制的数量、质量等方面的差异。政府主导或旅游企业主导的村寨做了大量乡村旅游规划，如龙脊壮寨、西江苗寨、新华村。以西江苗寨为例，自 2008 年以来雷山县聘请国内甲级资质规划设计院编制完成了《雷山县西江千户苗寨综合性修建性详细规划》（2008 年）、《雷山县西江旅游发展策划》（2008 年）、《雷山县西江苗寨旅游综合服务区修建性详细规划》（2008 年）、《雷山县西江千户苗寨保护性控制性规划》（2010 年）、《西江风景名胜区总体规划》（2011 年）、《西江旅游产业园整体规划》（2011 年）。[2] 可以看出，西江苗寨旅游规划编制集中于 2008 年，目的是促进西江旅游的二次开发；后续规划具有一定的时序性，目

[1] 贵州旅游局编制.贵州乡村旅游规划[M].贵阳：贵州人民出版社，2007.

[2] 雷山县旅游事业局.2008-2011年工作总结.

的是解决由于西江旅游快速发展而逐渐表现出的“文化破坏、容量过小、产业受限”等问题。村民自主发展的村寨乡村旅游出现规划缺失的现状，如安中村、郎德上寨、历村，一是规划缺乏针对性，《丽江市拉市城镇总体规划》《拉市海高原湿地旅游区总体规划》的规划范围涵盖安中村；《阳朔县月亮山风景旅游区开发建设总体策划书》（2005 年）对包括历村在内的整个月亮山景区进行了旅游规划。二是规划数量少，2011 年雷山县委托规划单位编制了《郎德苗寨旅游综合开发修建性详细规划》，是目前为止针对郎德上寨旅游发展的唯一一个规划。

总体而言，西南民族乡村旅游规划任务艰巨，各地发展旅游的热情很高，但乡村旅游点规划设计工作滞后及实施乏力易导致旅游项目无序开发、争抢客源、恶性竞争及层次不高等问题，不利于乡村旅游协调、健康、可持续发展。以拉市海周边马场为例，截至 2012 年底，拉市海周边有 27 个农民旅游专业合作社，由于缺乏科学合理的旅游规划，各个合作社所提供的旅游产品同质化现象十分严重，合作社之间为争夺客源存在严重的互相压价、恶性竞争、斗殴对抗等不良现象，旅游接待底价一降再降，压缩了利润空间，旅游大部分收益让渡给了游客和旅行社，严重影响了拉市海村民的旅游收入。村寨旅游规划发展不平衡的原因可以归纳为三点：一是由于村民没有意识到乡村旅游规划的重要性；二是村民缺乏相应资金来编制高规格的规划；三是乡村旅游规划资金投入的地域不平衡。

2. 桂滇黔民族地区乡村旅游规划存在的问题

已编制的乡村旅游规划也存在许多问题，如村民参与程度不高、针对村民增收问题较少、落实情况不容乐观、同质化现象严重。

（1）村民参与程度不高

乡村旅游规划编制过程中，村民参与的被动化、表层化及程序化现象普遍存在。其原因有：一是村民参与意识弱，大部分村民没有意识到乡村旅游规划的重要性，只是想当然地认为旅游规划是专业性很强、涉及面广且比较保密的政府行为，村民没有渠道获得规划制定的相关信息，也欠缺介入规划工作的能力。二是政府、旅游规划单位缺乏引导，与村民缺乏交流，忽视村民的利益和建议，政府出于经济收益不愿社区介入，旅游规划单位象征性的社区走访及座谈会仅仅停留在走程序。[1]

（2）针对村民增收问题少

现有的乡村旅游规划较少针对解决农民增收的问题。乡村旅游规划大多追求“高大上”式旅游项目及配套设施，未能节约、集约利用资源，这种“形象工程”“样板工程”过于“城市化”，其对村民增收的影响体现在以下几个方面：一是现代化休闲项目（酒吧、KTV、酒店、度假别墅）所提供的就业岗位超出了村民的文化素质及能力，村民不能充分就业及有效参与；二是忽视村民作为重要旅游资源的价值，较少设计村民参与的、富有传统乡土文化气息的旅游项目；三是实施大拆大建的新村建设，破坏了乡村独特的聚落景观，也加重了农民负担。乡村旅游规划业内人士表示“对旅游示范户（乡村旅馆）的选择偏向于村落旅游精英，导致在日后的旅游经营中村民间的收入不平衡”。

（3）落实情况不容乐观

虽然如郎德上寨等村寨的乡村旅游规划已经编制完成，并通过评审，但是在实施过程中受县域经济基础薄弱所限，政府对基础设施、公共设施投入严重不足；规划没有纳入地方经济社会发展计划，实施的随意性强；政府招商引资乏力，难以吸引社会资本，旅游规划落地困难；部分村民有短视行为，对长远有利而短期无利的旅游规划的实施采取不配合的态度；地方政府编制旅游规划动机不纯，不切实际地用旅游规划来包装“涉农”项目，不考虑市场需求、不分析自身资源盲目开发乡村旅游来骗取上级财政拨款及社会投资，敷衍上级任务，胡编乱造居多[2]，这样的规划本来就如空中楼阁，难以产生经济效益。

7.7.3　农民增收的乡村旅游规划保障研究

1. 社区参与的乡村旅游规划

乡村旅游规划的编制应尊重相关利益主体的意愿和需求，吸纳社区居民参与到乡村旅游规划中来，保证居民拥有发言权与参与决策权，激发社区居民的主人

[1]　李盈.社区参与旅游规划的问题及对策研究[D].重庆：西南大学，2012.

[2]　唐建兵.乡村旅游规划中的误区及改进分析探讨[J].成都大学学报（自然科学版），2007(4):346-349.

翁意识。在制定旅游规划时，必须树立“居民第一，游客第二”的思想，充分考虑目的地居民的期望，让他们提供对未来社区风貌发表意见的机会。[1] 定期召开包括社区居民在内的相关利益主体参与的旅游规划联席会议（协调会议）商讨相关问题，方便各利益主体间的广泛协商与沟通。社区居民不但熟知社区文化、环境、经济、社会的实际情况，而且作为旅游一线人员长期与游客接触，了解游客需求，这都会为旅游规划人员提供有价值性、针对性的建议，设计出符合实际的乡村旅游形式及项目。

经济收益驱动着社区居民对旅游开发的态度。[2] 帕丁（Pagdin，1995) 在对尼泊尔波卡拉的研究中得出结论：旅游业的收益主要局限于那些直接参与旅游活动的人[3]，因此，乡村旅游规划应力求做到经济效益本体化，为村民提供就业机会和商业机会，让社区居民参与利益分配，有助于减少旅游规划实施阻力。紧紧围绕农民脱贫致富及可持续增收，各地应积极编制乡村旅游专项扶贫规划、乡村旅游富民规划；乡村旅游规划设计应集约利用农村现有房舍、建筑物、道路、交通、饮水、排水等设施，适当建设旅游配套设施，如住宿、环卫设施，保持村落原生态的景观风貌；乡村旅游规划应在挖掘乡村地域特色、文化内涵的基础上不断创新旅游项目，设计出经济效益好、富有特色的精品项目；旅游项目设计应顺应农村生产生活方式，尽量做到不干扰村民的正常生活，保护社区传统文化与生态环境，杜绝文化扭曲及环境污染现象，最大限度地减少旅游开发对村民生活质量的负面影响；鼓励当地居民从事工艺品及土特产品加工与销售、歌舞表演、住宿、餐饮、导游等乡村旅游经营活动，将村民原汁原味的日常生产生活场景作为独特的旅游资源展示给旅游者；并将一些设施交给村民自己经营、管理；制定保护及规范村民从事旅游经营活动的各项规章制度，避免出现经济秩序混乱乃至失控的恶性局面；教育培训村民成为乡村旅游经营与管理的专业性人才，方便村民更好地参与旅游活动。[4]

---

[1] 吴忠军.文化人类学方法在旅游规划中的应用[J].桂林旅游高等专科学报，2002(1):39-46.

[2] 陈梅.乡村旅游规划核心内容研究[D].苏州：苏州科技学院，2008.

[3] 宫晓玲.试论旅游规划的社区参与[J].北京第二外国语学院学报，2005(5):114-117.

[4] 方增福.乡村旅游规划的基本原则和方法[J].玉溪师范学院学报，2000(6):25-27.

2. 资金支持的乡村旅游规划

内生式发展的旅游村寨由于资金受限而导致旅游规划缺失的现象仍旧存在。各级政府应加大对乡村旅游规划的资金支持，特别是对内生式发展村寨（如郎德上寨、历村、安中村等）的旅游规划扶持力度；政府通过招商引资等优惠政策吸引社会资本投资乡村旅游，利用社会资金来编制乡村旅游规划。具有旅游规划资质的设计单位可以尝试编制公益性的乡村旅游规划，减轻旅游村寨的资金压力，评审合格后，政府可以给予这些规划单位奖励或减免税收等优惠政策，规划单位也能够通过公益性的乡村旅游规划达到宣传目的，实现“双赢”的局面。

3. 适度超前的乡村旅游规划

乡村旅游受地域限制，体量较小，承载力有限。面对部分景区“井喷式”的旅游发展态势，规划明显跟不上发展的脚步。2012 年，西江景区客流量上涨，景区排污、住宿、餐饮、交通、消防等基础设施面临着严峻挑战。因此，乡村旅游规划的制定应在量力而行的基础上适度超前，留有足够的发展空间。

7.8　农民增收的乡村旅游产业融合保障

7.8.1　乡村旅游产业融合与农民增收

20 世纪 70 年代以来，产业之间相互渗透及融合所形成的新的产业业态已成为拉动经济的新增长点。乡村旅游本质是旅游业与乡村资源相互延伸融合的一种新型旅游业态，以具有旅游价值的乡村资源为依托，创造出乡村资源原有价值基础上更高效益的服务成分，赋予乡村旅游资源新的附加功能及更强的竞争力。乡村旅游凭借其高度综合性、较强关联性的产业属性全方位、大范围地向乡村一、二产业延伸与渗透，不断创新乡村旅游产品与服务，实现乡村资源的优化配置与快速流通，推动乡村整体产业结构优化升级，激发乡村经济活力，乡村旅游产业体系已成为促进农民增收及改变乡村面貌的重要推手。

7.8.2 乡村旅游产业融合促进农民增收现状

1. 乡村旅游与民族文化创意产业

英国经济学家霍金斯（1998）在其著作《创意经济》一书中，将文化创意产业的内涵界定为："源于个人创意、技巧和才华，通过知识产权的开发和利用，具有创造财富和增加就业潜力的产业"。[1] 民族文化创意产业是以民族文化为基础与源泉，以主体创意及高新技术为凭借与依靠，通过知识产权的开发和利用，实现民族文化价值的经济溢出效应。桂滇黔民族地区乡村旅游业的持续发展需依靠民族文化的独特性和创新性，而且民族文化能够被加工、演绎为旅游产品提供给旅游者消费、参与，两者具有天然的耦合性，民族旅游文化创意产业在促进农民增收与增加就业方面发挥着越来越重要的作用。

（1）民族旅游工艺品开发

云南大理鹤庆县"银都水乡"新华村从事民族手工艺品制作的有 902 户，从业人员达 1332 人，分别占全村总户数的 79%，总劳力的 51%，手工业收入在经济总收入中占有比重（图 7-2）。新华村"家家有手艺，户户有作坊"，银器制作技艺世代相传并不断完善，已形成了"一村一业""一户一品"的家庭作坊式生产格局，所生产的工艺品包括生活、宗教、装饰、收藏等上千种产品，远销世界各地。20 世纪 90 年代末以来，随着新华村旅游业的兴起和现代工业化生产方式的影响，大规模机械化生产已代替传统手工制作；小作坊已逐渐转变为"前店后厂"经营模式；形成了完整的"供、产、销"产业链条，提高了工艺品的生产效率及流通速率，民族工艺的产业化、规模化水平不断提升。此外，新华村民族旅游工艺品开发形成了一批颇具影响力的工艺大师，如被联合国教科文组织命名为"民间工艺大师"的寸发标，被云南省文化厅，云南省民委命名为"云南省民族民间美术师"的母炳林，被云南省文化厅命名为"云南省民间高级美术师"的董中豪，被云南省文化厅命名为"云南省民间美术艺人"的洪钰昌等，这些工艺大师成就的取得在于不断创新传统文化，如寸发标在中华民族的图腾"龙"上找到了创作灵感，研制出了"九龙系列"产品，其产品形态各异、大小不同、精美

[1] 和曦.民族文化生态与民族文化创意产业的调适[D].昆明：云南大学，2012.

绝伦。然而，新华村高效的机械化生产阻碍了传统技艺的传承与创新，导致工艺品上原本附着的白族隐性文化面临严重淡化。

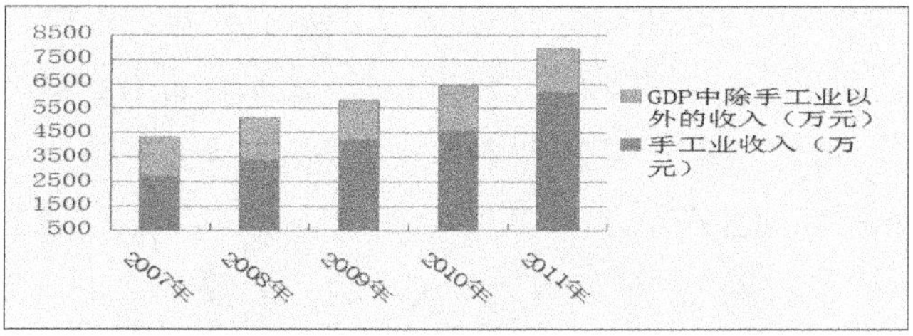

图 7-2　新华村近五年经济总收入和手工业收入统计

注：数据来源于草海镇2011年工作总结。

（2）民族旅游文化演艺开发

黄洛瑶寨、田头苗寨、郎德上寨、西江苗寨、天龙屯堡等地有民族歌舞表演活动，2011 年，以上各村村民歌舞表演总收入分别为 105 万元、17.28 万元、19 万元、144 万元、18 万元，占各村寨旅游总收入的比例分别为 22.15%，19.2%，10.86%，0.8%，6%。可见，民族歌舞表演在各村寨发展不平衡，对收入贡献甚微。歌舞表演是黄洛瑶寨的主要旅游特色，为村集体共同经营，节目内容丰富多样，包含了红瑶歌舞表演、山歌对唱、瑶嫂长发秀、品瑶家珍珠油茶等节目，又融入了游客参与的节目，如对山歌、喝交杯酒、互送定情信物、拜堂成亲等，集中展示了红瑶民俗文化。黄洛瑶寨民族歌舞每年演出可达 300 多场，2011 年歌舞表演接待游客 6.86 万人，歌舞表演直接经济收入 175 万元（表 7-16），同时也提高了景区内的住宿、餐饮、手工艺品、土特产品等的经营收益。但是，这种形式也存在很多问题：一是“商业化”现象严重，游客参与节目变成了变相收费；二是节目欠缺创新思维，所表演的节目内容常年没有更新；三是演艺技能有待提高，村民由于常年表演内容雷同节目而导致动作僵硬、热情度不高。

表 7-16　黄洛瑶寨 2001—2011 年歌舞表演接待情况

年份	2001	2002	2003	2004	2005	2006	2007	2008	2009	2010	2011
人数	0.50	0.73	0.65	1.25	2.17	2.95	5.36	5.67	6.94	5.66	6.86
表演收入（万元）	12.50	18.25	16.25	31.25	32.18	48.14	81.88	170.7	—	168.27	175

2. 乡村旅游与农业产业化

乡村旅游带动了农业产业化的快速发展，桂滇黔民族地区植被完好、无污染、绿化率高，农产品均系无公害天然绿色产品，且具有一定的品牌优势和市场认可度，为农产品加工业的发展提供了资源基础，乡村旅游则为农副产品提供了广阔的市场销售渠道。西江苗寨旅游业发展推动了西江镇主要经济作物——茶叶的规模种植，现有茶叶基地 8390.6 亩，茶叶种植户达 3210 户，仅 2012 年上半年共开辟茶园面积 4064.04 亩，茶青下树 26.9 万千克，总收入达 425 万元；在西江及周边的干荣、连城、营上及龙塘、猫鼻岭等村寨依托西江旅游市场发展蔬菜及养殖产业，养殖专业户数量迅速增加，现有蔬菜种植户 200 余户，规模养殖户 20 户。西江苗寨内养殖产业也发展得如火如荼，为西江农家乐提供了优质的特色农家菜源，2012 年西江村白水河养殖基地共有 8 户，年均收入达到 5 万元，养殖土鸡、山鸡、山羊、竹鼠等；养殖大户谢志义在营上村建立了雷山县规模最大的综合养猪场，投资 100 余万元，年出栏仔猪 1000 余头、肥猪 800 多头，年销售收入达 100 多万元，净收入超过 40 万元。仅 2011 年西江全镇农业生产总值就达到 1.38 亿元，与 2007 年相比增加了 2500 万元，年均增长 6.25%。[1] 结合调研实际情况可以发现以下问题：一是农业产业化水平较低，以规模种植及养殖为主，缺乏对农产品的深加工；二是部分村寨农业产业化发展缓慢，以村民零星生产的浅加工为主，在满足村民日常生活所需的基础上小规模地销售给游客，如龙脊辣椒等；三是农产品推广营销不足，未形成强有力的品牌。

3. 乡村旅游与新型农村社区建设

十八大报告指出"坚持走特色新型工业化、信息化、城镇化、农业现代化道路"，新型城镇化是"四化"建设的关键，产业支撑的新型农村社区已初具城镇化功能，是我国实现新型城镇化的重要组成部分。乡村旅游有效带动农村三产联动发展及农村社区建设要素集聚，可以成为旅游资源富集的偏远乡村实现新型农村社区建设的重要产业支撑和必然发展路径。

在乡村旅游的引领与带动下，10 个村寨基本具有新型农村社区的特点：一

[1] 西江镇政府. 西江镇发展情况简介，2012-9-4.

是开放程度较高，城市居民向乡村流动，城乡经济文化交流更加频繁，带动周边地区的发展，区域互动日益紧密；二是村民的生活水平提高，就业及增收渠道更加多元化，乡村面貌及居住条件得到了极大改善；三是交通、供水、供电、环卫、通信、消防等公共基础设施日益完善。但是也存在许多不足：一是多元利益主体共存，利益纠葛、分化、矛盾日益凸显，主要表现为利益分配不均（如西江、平安等村寨），影响新型社区和谐发展；二是部分社区主导的村寨公共服务设施不完善（如郎德上寨、历村、安中村等）；三是传统民居被现代化建筑所替代，丧失了地方特色；四是旅游开发所带来的生态环境问题亟待解决。

7.8.3　农民增收的乡村产业融合保障建议

1. 推动乡村旅游文化创意产业的发展

乡村旅游文化创意产业的发展要以“农业资源与民族文化为基础，科学技术及传统技艺为支撑，文化创意为灵魂”，实现乡村旅游产品的创新与升级。一是挖掘民族文化内涵，注重产品创新，打造特色鲜明、内容丰富的乡村旅游产品，民族文学、歌舞、传说、祭祀等民俗文化活动都是乡村旅游的重要吸引物，要将静态展示和动态展示相结合，做到全方位、立体化展示。民俗博物馆的建设应充分融合现有的声、光、电等科学技术，集研究、展示、培训、表演、销售、制作为一体，增加趣味性、参与性项目；在文化保护的基础上提升民族歌舞表演、民族游戏、民间节庆的特色及质量。二是结合旅游市场开发有潜力的产业，如针对现代社会对“养生、健康”的追求发展民族养生产业，应从以下两点入手：①民族医药材的种植与深加工，桂滇黔民族地区物种繁多、动植物资源丰富，历来就是我国药材的主要产地，部分稀有药材的经济价值极高；②民族医药疗法的推动与宣传，如瑶族的药浴、黄洛瑶寨的“护发秘笈”等。三是将文化创意融入乡村旅游产品营销，与网络、报纸、影视等传媒行业进行产业联合，将旅游产品营销植入到影视剧等相关媒体中。

2. 提升农业产业化水平

发展农业专业合作社，提高农产品生产经营的组织化程度，是现阶段推进农业产业化的必然选择。[1]依靠农业合作社将生产、销售、加工等环节紧密联系起来，完善相关产业链；农户相互合作将分散经营有机整合，扩大了经营规模，提升了抵御市场风险及谈价议价能力。乡村旅游村寨应成立农业专业合作社，采用村民集资的办法成立农产品深加工企业，如生产米酒、水酒、辣椒酱等产品，并与乡村旅馆、餐饮点、土特产店等个体经营户签订合同，根据市场需求指导农民种植及养殖，统一收购农产品，自主生产或出售给个体经营户。旅游村寨应大力发展具有区域特色的农产品产业化，如安中村血桃、龙脊辣椒、雷公茶等，还应根据村寨地域特点及产业特色合理布局，保护旅游资源，如牲畜、家禽等养殖业应远离核心旅游资源，可以布局在旅游村寨附近的深山及村落；旅游村寨内土地则以果树、农作物以及时令蔬菜的种植为主。在绿色清洁无污染的生产基础上开展有机产品认证、无公害认证及绿色产品认证；选取代表地方特色的农产品申报农产品地理标志标识；积极开展农产品营销与推广工作，设计农产品 logo 标志。

3. 建设和谐的新型旅游社区

新型旅游社区的建设要持续完善乡村基础设施，特别是环卫、排污等设施的建设，加大对图书馆、医疗室、文化中心、体育健身等公共服务设施投入力度。新型旅游社区建设不仅在于硬件设施的不断完善，更在于社区特色及和谐发展。一是新型旅游社区建设要做到“现代”与“传统”共存，在保护好传统民居的基础上进行现代化改造，如改厨、改卫、改圈等，改善村民的居住条件；新建设施应附带地方民族特色元素，达到乡村景观的整体和谐。二是新型旅游社区应妥善处理好经济发展与环境保护的关系，除了加大对环卫设施的投入力度及建立环境补偿制度外，还应该培养村民的环境保护意识，从“环境自醒”到“环境自觉”。三是协调社区利益矛盾，建设和谐旅游社区，成立包括各方代表的乡村旅游协会，协调处理因旅游开发而出现的矛盾问题，从调研的实际情况来看，社区利益矛盾主要集中在两点：一是村民参与旅游权利受损；二是旅游收益分配不均匀，因此，乡村旅游开发应维护村民政治权利和经济权利。

[1] 郑金英.农业专业合作社与农业产业化经营[J].福建农林大学学报（哲学社会科学版），2007，10(4):30-33.

第8章 研究结论

2011年，东部、中部、西部农民人均纯收入（不含东北地区）分别为9585元、6530元、5247元，分别比2010年增长17.7%，18.5%，18.8%[1]，收入比为1.82:1.24:1，虽然西部地区农民人均纯收入增幅略高于东中部地区，但仍存在较大差距。其原因在于：西部地区农民工资性收入比重较小，在本乡地域内得到的收入比重低，家庭经营收入内部结构上第一产业收入比重偏高，第二、三产业收入比重偏低，导致西部地区农民人均纯收入水平偏低。[2] 因此，提高西部地区农民收入、缩小区域间收入差距仍是我国面临的艰巨任务。

农民增收已不再是简单的农业问题，也是与经济、社会、政治紧密相连的重大民生问题。跳出农业看农民增收实质上是摆脱第一产业的增收瓶颈，考虑农民增收的多元化渠道，乡村旅游无疑是最有特色且最有成效的增收渠道之一。“乡村性”高度概括了乡村旅游吸引物的本质特征，也是开展乡村旅游的重要依托，当地农民是“乡村性”的重要体现，任何脱离农民参与而依靠外来力量独立运营的乡村旅游都无法体现“乡村性”这一特点，也就不应被冠以乡村旅游。因此，实现当地农民全面发展是开展乡村旅游的终极目标，农民增收成效如何理应作为衡量乡村旅游健康发展的重要指标。充分利用桂滇黔民族地区丰富的旅游资源发展乡村旅游，可以加快农村剩余劳动力转移，实现村民的本土化就业，提升家庭经营收入内部结构中的第三产业收入比重，有效刺激乡村经济发展，对于繁荣乡村社会具有重要意义。

---

[1] 中国社会科学院农村发展研究所，国家统计局农村社会经济调查司.中国农村经济形势分析与预测（2011—2012）[M].北京：社会科学文献出版社，2012.

[2] 王来栓，朱润喜.东、中、西部内部农民收入差距分析[J].经济论坛，2012(4):88-91.

8.1 研究的重点与创新点

8.1.1 研究的重点

采用实地调研、问卷调查和现场访谈等方法研究桂滇黔民族地区10个典型的乡村旅游点，梳理、分析了每个村寨所在省、县的旅游发展情况与村寨旅游发展背景、开发治理模式、村民就业情况及收入构成、利益相关者分析、影响村民收入的因素和可持续增收的途径、机制、保障，积累丰富的田野调查资料。

农民增收与乡村旅游发展之间存在因果关系，影响农民增收的因素很多，涉及的“社会网络”复杂，筛选提取农民增收的现实和潜在因子，合理确定量化标准的工作难度系数高。本书在总结相关研究成果、广泛咨询学科专家、深入案例点展开具体调研的基础上，构建了乡村旅游发展指标体系与农民增收指标体系。

乡村旅游发展中农民增收CGE模型是目前分析的最有效工具，是本书研究的重点与难点。首先要设定适合桂滇黔民族地区旅游发展影响农民收入的一般均衡理论模块，编制描述省域旅游细化SAM表，导入相应的数据并进行求解，能够较好地阐释农民在乡村旅游发展影响下的工资性收入、转移性收入、财产性收入、经营性收入数据的变化趋势。

本课题采用多学科交叉的综合研究方法，利用民族学、经济学、管理学、社会学、旅游学、统计学等学科的相关理论，如旅游影响理论、收入分配理论、相关利益者理论、一般均衡理论等，对收集的田野调查资料进行理论剖析，来阐释乡村旅游发展与农民增收中存在的困境，进行相应的对策研究。

桂滇黔民族地区乡村旅游发展中的农民增收渠道、机制和保障是本书研究的重点。乡村旅游发展中农民的增收研究涉及乡村旅游运行系统、农民自身因素、国家宏观政策环境、当地政府的政策，以及其他相关环节，不确定因素较多，系统复杂。因此，本书研究的重点和核心任务是科学探寻适应强、推广价值大的通过旅游实现农民增收的渠道、机制和保障。

8.1.2　研究的创新点

研究视角创新：以桂滇黔民族地区为例，采用中观的研究视角，弥补了研究案例的地域空白；从乡村旅游视角研究桂滇黔民族地区农民增收问题，不仅研究乡村旅游开发模式和经验，还从开发商、政府、当地居民、外来经营者等相关利益者的基础上分析阻碍农民增收的现实原因和深层次的制度原因，探索民族地区农民增收的渠道、机制、保障。

研究方法创新：运用可计算一般均衡模型（CGE）、相关分析、信度检验、聚类分析等先进的数量统计分析方法，结合定性研究，增加研究成果的可信度和科学性。

8.2　本书主要研究成果

8.2.1　界定农民增收的研究范畴

针对目前对于乡村旅游及其农民增收定义模糊限制，界定基础定义、明确乡村旅游发展中农民增收的研究范畴。农民旅游收入按照计算方法分为总收入和纯收入；按收入来源分为家庭旅游经营性收入、旅游工资收入、旅游转移性收入和旅游财产性收入，科学界定村民收入的来源有助于分析村民的收入结构及增收潜力。

8.2.2　桂滇黔民族地区乡村旅游发展的研究

桂滇黔民族地区的乡村旅游发展是在我国乡村旅游发展的大背景下展开的，其发展阶段与现状的普遍性和特殊性共存。本书采用宏观与微观相结合的方法描述和剖析西南三省区乡村旅游发展脉络，并得出以下结论：一是桂滇黔民族地区乡村旅游发展形势好、速度快、规模大，走在全国各地区乡村旅游发展的前列，贵州省是西南三省区乡村旅游发展中的佼佼者；二是各省区在乡村旅游的投资方面都不约而同地采取了引进来和走出去相结合的方式，尽可能多地吸引投资，加大宣传力度，逐步树立起“天下风景，美在广西”“走遍大地神州，醉美多彩贵州”等鲜明的旅游地形象；三是云南、贵州、广西乡村旅游发展成就的取得在于组织机构、乡村旅游政策与乡村旅游规划的有力支持。

8.2.3 桂滇黔民族地区乡村旅游村寨农民收入的田野调查

桂滇黔民族地区乡村旅游与农民增收的研究以民族学、经济学、管理学、旅游学等多学科交叉作为理论支撑，出于学科间的复杂性，笔者本次对田野调查的前期准备进行了详细的介绍。主要运用了文献研究法与德尔菲法相结合的方法，以及实证研究法与层次分析法相结合的方法对课题进行研究思路的阐述和研究方法的说明，构建了乡村旅游发展指标体系与农民增收指标体系。针对现有研究关注较少项目的实地调查，通过文献搜集和整理，将本次研究的实地调查进行了明确的结构剖析和层次划分，采用科学性、综合性的研究方法，并对田野调查的定性调查问卷、定量调查问卷、宏观和微观访谈提纲进行了思路描述，对问卷和提纲进行了详细解释，通过统计软件对调研数据进行检验并分析，以客观形式归纳乡村旅游发展对当地农民增收的作用。

从 2012 年 1 月在广西平安壮寨开始，本次田野调查共经历了 14 个月，横跨三个省区的 10 个典型的乡村旅游村寨。借助前期准备的居民调查问卷，政府相关机构的调研提纲、访谈提纲，开发商相关部门的调研提纲等调查工具，全面整理桂滇黔民族地区发展乡村旅游村寨农民收入的结构、数量及村寨的旅游发展情况，弥补现有研究焦点分散、不成体系、相互借鉴意义不强等缺陷。

借助统计软件的分析，整理出各个民族村寨乡村旅游业对农民增收的效果为：新华村以年人均旅游收入 51.19 万元成为旅游增收效应最强的民族村寨；其次为历村、平安壮寨和西江苗寨，人均旅游年收入分别是 7.28 万元、3.24 万元和 2.90 万元；再次是安中村和黄洛瑶寨，人均旅游年收入分别是 1.71 万元、1.25 万元；年人均旅游增收情况比较差的民族村寨是田头苗寨、程阳侗寨和郎德上寨，人均旅游年收入分别为 0.15 万元、0.23 万元和 0.27 万元。

通过以上研究结论，笔者进一步进行了乡村旅游与农民增收的聚类分析，推断其差异性源于各旅游村寨旅游发展的效果、旅游经营模式和组织形式、旅游经营中收入来源的侧重点、居民对旅游的主观看法及其他客观条件的不同。进而，笔者对各村寨旅游发展带来的增收情况做出进一步分析，分为旅游增收结构分析和旅游增收模式分析两个方面。

旅游增收结构上，旅游经营性收入已成为主导乡村旅游收入的重要产业，旅游经营是民族村寨中居民增收的最有效方式，旅游经营性收入普遍可达旅游总收入的 75%；餐饮业成为引导民族村寨乡村旅游业较普遍的优势产业，它占据了旅游经营的较大份额，其年收入普遍可以达到当地旅游业总收入的 40%。

在旅游增收模式上，10 个村寨涉及三种旅游发展模式：政府主导式发展模式、内生式发展模式和市场推动模式。政府主导旅游业发展是在以市场为主配置资源的基础上，在发展旅游业的某些关键领域、关键环节上充分发挥政府的主导作用。本次研究所涉及的政府主导式旅游开发村寨实现了规模性开发、政策支持强、开发利益共享、经济增收效果均较明显；但同时由于企业化的发展倾向及税收和投资等原因，在农民的话语权、生活环境和文化传承、利益协调机制上都产生了一些不协调因素，使得政府主导式旅游开发村寨的社会效益较低。内生式发展主张通过社会的普遍参与和认同，利用本地资源环境和文化，以自立、内在的成长达到社会的全面发展。本次调研所涉及的内生式发展的旅游村寨以合作入股、自治管理、自愿参与为特点，资源消耗低、文化保护与传承佳、农民参与热情和支持度高；但也出现了因旅游开发不充分和管理不力导致的旅游增收效果较差、旅游资源丰度低、旅游业发展缓慢等缺陷。总体来说，采用内生式发展的股份制经济合作组织模式，旅游发展社会效益好而经济增收效果较差。市场推动发展旅游模式以市场为导向，按照市场的信号引导当地旅游发展方向。本书调研所涉及的市场推动型旅游村寨在政府的支持和配合下，村民有效地从自身利益选择和调整旅游经营活动，促使整个村寨旅游在利益驱动力的约束下做出最恰当的选择。以市场需求开展相应旅游服务供给，旅游发展顺应民意、村民增收明显。但这种模式存在一定局限性，可发展的旅游项目狭窄，且易造成利益冲突和市场经营不规范。

旅游给民族村寨注入了新的活力，给农民经济生活带来新渠道，是收入高、惠及面广的优势性增收行业。旅游增收程度与民族村寨规模呈一定比例关系，旅游发展较好、规模较大的民族村寨年人均旅游收入同样较高。而增收效果较差的乡村旅游村寨以内生式旅游发展模式较多，其旅游收入在农民经济生活中都处于中等偏下位置。相应地，其外出务工收入和农业收入的比重都占较高比例。但无论如何，旅游为桂滇黔民族地区注入了经济发展的新活力，为当地农民增添了经济增收新动力，在其经济发展中占据重要地位。

8.2.4 桂滇黔民族地区乡村旅游发展与农民增收的关系

可计算一般均衡模型（CGE 模型）可以有效分析旅游对当地农民经济收入的冲击影响。根据 CGE 模型的基本原理，基于分省研究的视角构建描述性方程和最优化方程，包括供给方程、价格方程、收入与支出方程、储蓄与投资方程、需求方程、就业与工资方程、产品流出的需求方程、产品流入的需求方程。在此基础上编制 SAM 表来为 CGE 模型提供必要的数据，详细描述省（区）域旅游细化 SAM 表的账户结构，搜集相关资料分别填写三省区社会矩阵核算表的数据，并对三省区的 CGE 模型进行参数估计与模拟测算结果。得出两点结论：一是广西、贵州、云南三省区农村居民通过旅游发展带来的收入净增长分别为 8.8%，12.2132%，15.4147%；二是以 2010 年数据为基期，综合比较三省（区）农民在旅游发展过程中的旅游工资性收入、旅游转移性收入、旅游财产性收入、旅游经营性收入变动情况（2011 年、2015 年、2021 年、2025 年四个节点），可以看出桂滇黔民族地区乡村旅游工资性收入增长速度比较缓慢，乡村旅游转移性收入呈现先缓慢发展后快速发展的态势，乡村旅游经营性收入表现为起点高、增速较快的特点，乡村旅游财产性收入的增长趋势平滑，故而，优化各分项收入结构，最佳方向是稳定农民的旅游工资性收入、加强农民的旅游转移性收入、确保农民的旅游财产性收入并努力扩大农民的旅游经营性收入。

8.2.5 桂滇黔民族地区乡村旅游村寨农民的增收渠道研究

乡村旅游带动村民收入结构的不断演变，旅游经营性收入已经成为 10 个民族村寨农民旅游收入的最主要构成部分，农民收入增长的源泉发生了“质”的变化。结合 CGE 模型定量分析结果，乡村旅游对农民“促增收”有“四大渠道”：在乡村旅游发展过程中扩大农民的自主经营收入、稳定农民的工资收入、确保资源产权收入、加强旅游转移性收入。

总结案例点旅游自主性经营项目与收入所占比重，得出乡村旅游自主经营收入是农村经济增长与农民增收的主要渠道。就产业结构方面而言，“床板经济”

及“餐宿经济”、旅游购物份额较少、经营项目单一的问题不容忽视；住宿、餐饮也存在着基础设施不健全、环境卫生条件差、经营管理与服务能力不高、安全隐患等问题；作为旅游活动最重要的环节——旅游商品购物，相较其他业态发展极其缓慢，产品特色与品牌、产品包装与质量、市场秩序等方面存在较多问题；旅游“飞地化”所引发的“外地精英”占据了当地村民的自主经营空间同样不能小觑。在多方位分析问题的基础上，从住宿、餐饮、旅游商品销售等方面提出扩大农民自主性经营收入的措施与对策，并指出要优先发展与保护本土居民的自主经营权，设计案例点村寨未来的旅游发展项目。

工资性收入是农民收入中近年来增长最快的一部分。案例点村民工资性收入主要来源于两个方面：一是为个体经营户打工，二是在企事业单位的就业收入，比较不同村寨村民两种就业类型，村民多为低端就业岗位，收入不高且极不稳定。此外，针对内生式乡村旅游开发模式，如田头苗寨、郎德上寨、安中村分别采用的“股份制”“工分制”“马帮制”等模式，系统分析不同模式下村民的就业特点、效用及存在的问题。从扩大就业机会、深化就业层次两个方面来扩大乡村旅游工资性经营收入。

农民从旅游开发过程中获得的资源产权收入主要包括：①土地租赁金（资源使用费、补偿金）；②民居保护费或文化保护费；③旅游开发外部性收益乡村旅游资源收入过低、产权主体多元化、贫富差距拉大是乡村旅游农民资源产权收入存在的主要问题。确保乡村旅游资源产权收入应从以下方面入手：①采取资源入股，确保长久受益；②增加资源产权意识，提高话语权；③加快土地制度改革，盘活土地资源。

乡村旅游转移性收入来源于政府拨款及扶助和旅游开发公司投资，案例点乡村旅游转移性收入占农民旅游总收入的7%，影响十分有限，虽没有直接增加农民收入，却减轻了农民负担，是农民增收的新亮点之一。本书提出了确保乡村旅游转移性收入的建议：①提供资金扶持，鼓励自主创业；②加大财政投入，促进旅游发展；③提取旅游公益金，增强社会责任。

从农民增收的“整体观”来看，调动农民参与乡村旅游积极性、协调乡村旅游发展过程中相关利益者之间的博弈关系，明晰旅游资源产权，是保证农民增收的关键。旅游发展中农民的增收问题实质是利益相关者问题，关键在于如何在乡村旅游发展过程中扩大农民自主经营所得，稳定农民工资性收入，确保旅游资源产权收入，加强旅游转移性收入。“促增收”的“四大渠道”共同构成了农民旅游收入增长的源泉，拓宽了农民增收的空间。

8.2.6 桂滇黔民族地区乡村旅游村寨农民增收的机制研究

乡村旅游农民增收机制是指为了谋求农村地区自身发展，在乡村旅游背景下协调农村内部各要素的组织运作方式，即调动农民参与乡村旅游的积极性、协调乡村旅游发展过程中利益相关者之间的博弈关系，调整既有的体制、策略和措施，保证农民增收持续进行的功能关系。结合 CGE 模型定量研究结论和乡村旅游的发展情况，提出桂滇黔民族地区农民增收“六大机制”，分别为农民参与、利益协调、组织管理、市场运作、产品创新、调控管理六个方面。

依据社区参与旅游机制的定义，界定了乡村旅游农民参与机制概念与内涵。将案例点村寨分为政府主导型和社区主导型两种旅游发展模式，从乡村旅游开发、规划，农民参与景区管理及收益情况等方面论述乡村旅游农民参与现状。在此基础上指出桂滇黔民族地区农民参与乡村旅游存在农民参与地位低、组织性差、参与能力弱、缺乏沟通渠道等相关问题。为摆脱“就参与论参与”的狭窄的“参与观”，必须构建制度化的农民参与平台、提高农民组织化程度、建立完善的教育培训机制。

旅游经济收益是多元利益主体关注的核心问题，是农民参与旅游的核心利益诉求，也是矛盾纠纷产生之源。社区农民取得旅游经济收入的渠道主要有：①投入土地要素获取收入；②投入劳动力要素获取收入；③投入资本和劳动力要素获取收入。政府主导型模式下旅游资源产权收入分配失衡、低价值劳动难以获得高收入及村民内部利益分配出现差距是桂滇黔民族地区乡村旅游经济利益分配存在的问题。构建桂滇黔民族地区乡村旅游利益协调机制应从以下方面入手：①尊重社区权益，推行股份制的旅游产权收入分配机制；②完善农民旅游就业制度，鼓励村民规模化经营；③保护村寨弱势群体，建立公平化的旅游收益再分配机制。

从载体与内容上阐述了乡村旅游组织管理机制的范畴。从景区日常经营管理体制与相关制度和社区居民参与旅游管理情况来梳理西南民族地区乡村旅游组织管理现状，得出存在的问题有三：①缺乏相应的农民参与旅游决策机制；②村寨内部决策的民主化程度有待提高；③社区主导型的村民组织管理水平较低。构建桂滇黔民族地区乡村旅游组织管理机制的核心是建立能够代表农民申诉利益的强有力的社区自治组织，并针对目前农村主要的基层组织——村民委员会和农民专业合作社存在的缺陷，提出相应的完善建议。

旅游产品是农民收入的源泉，然而任何旅游产品都有一定的生命周期，推陈出新是提高旅游产品吸引力与竞争力的不二法门。结合调研点的实际情况，分析乡村旅游产品的内容与项目、旅游产品开发主体和模式，存在产品形式、结构较为单一、产品同质化现象严重、文化内涵挖掘不够、产品创新认识和创新能力不足等问题。提高旅游经营者的创新意识和创新能力、加大地方政府对旅游产品创新开发的引导作用、发挥社区居民旅游产品创新主动性应是桂滇黔民族地区乡村旅游产品创新机制的方向。

市场运作的核心是准确掌握和满足消费者的需求，对于维护乡村旅游经济健康运行意义重大。乡村旅游市场运作机制的主要内容在于建立整体市场营销体系。本书从总体形象定位和营销推广两个方面论述桂滇黔民族地区乡村旅游市场运作的现状，主要存在的问题有市场营销理念滞后、市场营销手段不到位及营销体系单一化。提出从提升市场营销观念、建立营销主体协作机制及拓展改善营销手段三方面来构建桂滇黔民族地区乡村旅游市场运作机制。

调控管理属于行政管理行为，乡村旅游调控管理机制是指政府行政管理机构通过发挥计划、组织、监督、协调等职能对涉及旅游业发展的诸要素实行的协调运行方式。桂滇黔民族地区乡村旅游政府调控管理现状体现在三个方面：一是出台相关产业促进政策和引导性发展规划；二是制定相关法律法规和行业标准；三是监管市场秩序和协调公共关系。存在管理体制缺乏灵活性、旅游行业调控管理不力、旅游行政管理缺乏监督机制等问题。构建桂滇黔民族地区乡村旅游利益协调机制应涵盖三个方面：①加强政府旅游行政管理职能建设；②培养旅游行业组织实行自我管理与调节；③引入公众监督评价机制。

通过六个紧密联系、相互交融的运作机制协调乡村地区旅游发展中的各要素关系，逐步缓解旅游发展中的“旅游精英”“旅游飞地”问题，使农民走出旅游发展被“隔离”区域，拥有参与“话语权”，恢复旅游参与热情，增加旅游收入，提高家庭生活水平，实现乡村地区经济社会的可持续发展。

8.2.7 桂滇黔民族地区乡村旅游村寨农民增收的保障研究

农民增收保障是使农民在乡村旅游中实现持续增收的外部支持。在 CGE 模型定量研究的基础上，结合桂滇黔民族地区乡村旅游发展情况，探索桂滇黔民族地区农民增收“八大保障”：乡村旅游政策保障、乡村旅游教育培训保障、乡村旅游产权制度保障、乡村旅游信贷保障、乡村旅游投资保障、乡村旅游就业保障、乡村旅游规划保障、乡村旅游产业融合保障等。

从宏观角度总结与把握了我国“富民优先、产业优先”的“三农”政策，具有持续性、连贯性的特点，出台的乡村旅游政策也体现了切入角度的多元性。乡村旅游是桂滇黔民族地区重要的富民产业，其乡村旅游政策内容繁多、涉及面广，与农民增收保持一定的关联性，对于促进农民增收具有重要意义，然而，现有政策不能有效规避现实中农民增收的制约因素。系统归纳西南乡村旅游农民增收政策的现状、特点，并指出政策存在的主要问题，从科学性、系统性、有效性及监督与反馈等方面提出乡村旅游农民增收的政策保障建议。

桂滇黔地区乡村旅游农民增收有限的症结在于人力资本存量低、人力资本投资不容乐观。教育培训是投资人力资本、开发人力资源最重要的方式，因此，教育培训是解决农民增收问题的本源，是促进农民增收的主要源泉。从供需两个方面分析乡村旅游教育培训存在的问题，界定了乡村旅游教育培训的供需主体。提出乡村旅游农民增收的教育培训保障建议：①加大教育培训资金投入；②构建特色乡村旅游教育培训模式；③建立乡村旅游教育培训反馈与考核体系。

资金短缺、经营能力差、服务水平不高是乡村旅游农民增收难的表面原因，其实质的原因在于资源产权制度界定不清。资源产权制度是制约农民增收的实质性、关键性因素。乡村旅游资源产权属性复杂，存在多重产权属性相叠加的情况，导致了产权主体的多元化。桂滇黔民族地区乡村旅游点大都通过资源维护（使用）费、私有产权租赁费的方式来确保村民的资源产权收益，产权制度缺失易导致旅游飞地化、公地悲剧等问题。旅游资源产权的合理安排、乡村旅游资产资本化是农民增收的产权保障制度基础。

村民难以突破资金短缺的限制以实现增收的持续性、高效性，出现“帮富不帮贫”的现象。信贷能够有效解决村民资金匮乏无力的窘境，改善经营现状。金融行业、社会组织、国际组织为村民提供信贷支持发展乡村旅游，然而，信贷扶持乡村旅游业发展也面临着“冷需求”“冷供给”的困境，乡村旅游村民信贷也存在资金需求阶段性、贷款分散且数额较小、投资回收周期长等特征。乡村旅游农民增收信贷保障应包含两个方面：①打造乡村旅游品牌，改善地区信用环境；②结合乡村旅游实际，创新农村信贷模式。

乡村旅游业的持续发展受制于资金限制，投资对乡村旅游经济具有关键性的拉动效用。乡村旅游投资对桂滇黔民族地区的乘数效应更为显著，桂滇黔民族地区政府在乡村旅游投资中发挥着主导作用，政府对乡村旅游投资主要包括旅游发展专项基金、旅游扶贫基金、项目与部门资金的集中使用及中央旅游发展基金，具有区域重点突破、精品项目带动的投资特点。然而，以政府为主导的乡村旅游投资也存在财力有限、规模大、回收周期长且存在风险、逐利性及重复投资等问题，应继续发挥政府对乡村旅游的投资主导作用，加大政府对旅游投资行为的引导与调控，克服政府旅游投资的逐利行为。

就业是民生之本，乡村旅游是扩展农村非农就业空间和促进农村劳动力转移的重要途径。桂滇黔民族地区乡村旅游就业类型可分为自主创业和受雇就业，村民自身素质及资本、旅游产业链、旅游业的特性、福利保障是影响乡村旅游村民就业的因素。应从扩大农民自主经营、优先扶持村民就业、完善村民就业福利三个方面建立乡村旅游农民就业保障体系。

人本导向的旅游规划才能催生可持续的经济发展，从源头上设计社区村民获得收益及享有权利的路径。缺乏区域总体规划的宏观指导、村寨旅游规划发展不平衡是桂滇黔民族地区乡村旅游规划现状，存在村民参与水平不高、针对村民增收问题较少、落实情况不容乐观、同质化等问题。农民增收的乡村旅游规划保障发展方向应该是：社区参与、资金支持、适度超前。

乡村旅游产业体系已成为促进农民增收及改变乡村面貌的重要推手。桂滇黔民族地区乡村旅游与文化创意产业融合主要体现在民族旅游工艺品开发及文化演艺开发，面临“商业化”现象严重、传统技艺创新受阻等问题；乡村旅游带动了农业产业化的快速发展，然而，存在农业产业化水平较低、发展缓慢、推广营销不足等问题；乡村旅游的发展使原有村寨具有新型农村社区的特点，但是也存在社会不和谐、公共服务设施不完善、丧失了地方特色、生态环境恶化等问题。针对以上问题，提出了相应的对策与建议。

政策保障理应统领全局，贯彻始终，八大保障之间是相互协调、相互制约的有机整体，力求与乡村旅游发展实践相结合，统筹推进，形成合力，克服乡村旅游农民持续增收外部障碍，使农民走出旅游发展中的“权利阴影”，摆脱“公共池塘资源”少的收入境地。

8.3 研究不足

在实地调查过程中，受地缘、经费、时间限制，未能得到更新、更准确、全面的数据资料，涉及乡村旅游经济发展和农民收入的数据依然不够完整、翔实，尤其是旅游企业的市场数据较难获得。农民旅游收入的数据来源于前期抽样调查数据的后期估算，抽样调查不完全具有代表性，估算也不够精确，因此，不能完全真实地反映西南乡村旅游地区农民增收情况。此外，本研究较多关注乡村旅游发展与农民增收的截面状态，受其限制，没有能对其进行动态跟踪研究，历史数据与资料不足。

调查中存在的信息偏差，将造成问卷调查结果的不确定性。原因在于：一是被调查者的主观认知不同；二是受调查者的话语引导；三是被调查者对问卷采取抵触情绪，采取不合作态度或不认真填写；四是被调查者可能隐瞒其真实意图。

在研究过程中，考虑到了政府部门、旅游企业、基层村委、旅游精英和外来经营者等利益相关者间的博弈对农民参与旅游增收的影响。此过程欠缺探讨旅游者的消费能力和消费行为对农民收入的影响。

8.4 研究展望

乡村旅游是解决“三农”问题的新路径，对社区经济、文化、社会产生广泛而深刻的影响，其中，乡村旅游对农民增收的效用尤其是值得国内外学者持续关注的重大问题。影响农民增收的因素多种多样，采用多学科、多视角解读将丰富乡村旅游农民增收的研究广度与深度。

乡村旅游的蓬勃发展促进农民收入保持较高的增长速度，过度强调速率而忽视质量是不足取的。农民增收的质量应从个体心理、素质提升、乡村和谐、环境协调、文化繁荣等多个方面考量，不断优化农民收入结构，释放农民增收的优质红利。

乡村旅游农民组织在表达农民利益诉求、维护农民应得利益方面发挥着重要作用。然而，现有的农民组织在制度建设、管理运营模式等方面存在较多问题。积极鼓励村民自发成立乡村旅游组织，提高农民组织化程度，改造现有的农民组织，并加强对乡村旅游农民组织的研究。

参考文献

Adrienne E Sweeney，1995. Rural Tourism and Sustainable Rural Development [J].Tourism Management，16(4):329.

Briedenhann J，Wickens E，2004. Tourism Routes As a Tool For The Economic Development of Rural Areas - Vibrant Hope or Impossible Dream [J]. Tourism Management，25(1):71-79.

Chien-Chiang LEE，Chun-Ping Chang，2008.Tourism Development And Economic Growth：A Closer Look At Panels [J].Tourism Management，29(1):180-192.

Deller，Steven，2010. Rural Poverty，Tourism and Spatial Heterogeneity[J]. Annals of Tourism Research，37(1):180-205.

Edward Inskeepv，1991. Tourism Planning：An Integrated and Sustainable Development Approach[J].Tourism Management，12(4):373.

Evan E Hjerpe，Yeon-Su Kim，2007.Regional Economic Impacts of Grand Canyon River Runners[J].Journal of Environmental Management，85(1):137-149 .

Fleischer A，Pizam A，1997.Rural Tourism in Israel[J].Tourism Management，18(6):367-372.

Freeman R E，1984. Strategic management:a stakeholder approach[M].Boston:Pitman.

Brougham J E ，Bulter R W，1981.A Segmentation Analysis of Resident Attitudes to Social Impact Tourism[J].Annals of Tourism Research，8(4):569-590.

JoAnn M.Farve，1984.Tourism and Employment in the Gambia[J].Annals of Tourism Research，11(2):249-265.

Lisa M.Campbell，1999.Ecotourism in Rural Developing Communities[J].Annals of Tourism Research，26(3):534-553.

Luloff A，Bridger J，Graefe A，et al，1994. Assessing Rural Tourism Efforts in the United States[J]. Annals of Tourism Research，21(1):46-64.

Maude A J，Rest D J，1985. The Social and Economic Effects of Farm Tourism in The United Kingdom[J]. Agricultural Administration，20: 85- 99.

Murphy P E，1985. Tourism: A Community Approach[J]. Annais of Tourism Research，(10):179-190.

NilssonP A，2002. Staying on Farms —An Ideological Background [J] .Annals of Tourism Research，29(1):7-24.

Oppermann M，1996.Rural Tourism in Southern Germany[J].Annals of Tourism Research，23(l):86-10.

Nilsson R A ，2002 . Staying On Farms-An Ideological Background[J] . Annals of Tourism Research，29(1):7-24.

Sharpley R，2002. Rural Tourism and the Challenge of Tourism Diversification:the Case of Cyprus[J].Tourism Management，23(3):233-244.
Xianghong Feng，2008.Who Benefits：Tourism Development In Fenghuang County，China，Human[J].Washington：Summer，67(2):207-220.
陈俊，2007. 平坝乡村旅游成为农民增收新支柱 [N]. 贵州日报，09-03 (005) .
陈维勇，2011. 乡村旅游与农民增收问题研究 [J]. 经济论坛，486 (1) :145-148.
陈延超，1999. 市场经济与少数民族女性角色转变——以三亚回族妇女为例 [J]. 广西民族学院学报 (哲学社会科学版)，(3):34-38.
陈颖，2008. 用现代农业观指导农家乐休闲旅游业的发展 [J]. 农村经济，(7) :104.
成淇平，2009. 发展乡村旅游促进农民增收 [N]. 云南日报，09-27（A01）.
戴九洲，刘畅，王梁，2011. 基于价值链的乡村旅游开发研究 [J]. 中国商贸，(20):148-149.
樊钢，1985. 瓦尔拉斯一般均衡理论研究 [J]. 中国社会科学院研究生院学报，(5):23-30.
范从来，张中锦，2011. 分项收入不平等效应与收入结构的优化 [J]. 金融研究，(1):40-51.
范从来，2011. 中国收入优先增长中的结构优化 [J]. 学术月刊，(10):67-73.
傅桦，安维亮，1998. 北京郊区村级旅游资源的开发——以怀柔县孙栅子村为例 [J]. 首都师范大学学报，(2):66.
高峰，1987. 可计算的一般均衡模型及其应用 [J]. 数量经济技术经济研究，(6):45.
胡锦涛，2007. 高举中国特色社会主义伟大旗帜，为夺取全面建设小康社会新胜利而奋斗 [M] 北京 : 人民出版社 .
高谋洲，2008. 乡村旅游促进农民增收机理探析 [J]. 商业研究，374(6):167-160.
郭焕成，刘军萍，王云才，2000. 观光农业发展研究 [J]. 经济地理，20(3): 121-123.
郭焕成，吕明伟，2008. 我国休闲农业发展现状与对策 [J]. 经济地理，28(4): 640-645.
郭焕成，韩非，2010. 中国乡村旅游发展综述 [J]. 地理科学进展，(12):1598-1599.
郝军，崔长平，赵兴河，1997. 乡村里的“护花使者”[J]. 乡镇论坛，(1):47.
何景明，2004. 国内乡村旅游研究：蓬勃发展而有待深入 [J]. 旅游学刊，(1):92.
何景明，李立华，2002. 关于“乡村旅游：概念的探讨”[J]. 西南师范大学学报，(5):127-128.
胡海胜，2002. 脱贫新亮点 [J]. 桂林旅游高等专科学校学报，(2):46-48.
黄进，2001. 乡村旅游研究与实践 [D]. 长沙：中南林学院，40-47.
黄燕玲，2008. 西南民族地区休闲农业可持续发展探析 [J]. 安徽农业科学，36(3):1172.
黄郁成，黄光文，2003. 论农村旅游开发的资源凭借 [J]. 旅游学刊，(2):73-74.
焦书乾，1996. 我国民族地区区域范围诌议 [J]. 中南民族学院学报，(2):57.
金学良，张桂林，1994. 重视发展我国乡村旅游业 [C]. 区域旅游开发的理论与实践，71-74.
邝伟楠，2009. 乡村旅游成为广西农民增收重要来源 [N]. 中国旅游报，11-11(013).
郎富平，唐黎卿，温燕，2009. 景区依托型乡村旅游社区旅游购物研究——以杭州市山沟沟村为例 [J]. 旅游论坛，2(2):248-253.
李嘉图，1976. 政治经济学赋税原理 [M]. 北京 : 商务印书馆 .
黎洁，韩飞，2009. 基于可计算一般均衡模型的江苏入境旅游需求变化对地区经济的影响分析 [J]. 旅游学刊，(12)：23-24.
李辉，杨朝继，2004. 论乡村旅游与西部城镇化 [J]. 西北民族大学学报，(4):32-35.

李慧欣，2003. 发展乡村旅游的经济学思考 [J]. 华中农业大学学报（社会科学版），(2):37-39.
李绍明，1995. 民族学近期在西南地区的应用和发展 [J]. 民族学研究，(00):20-31.
李绍明，2004. 西南民族研究的回顾与前瞻 [J]. 贵州民族研究，(3):50-51.
李忠斌，万享明，2013. 旅游业与民族地区农民增收研究 [J]. 旅游论坛，6(3):42-47.
林伯明，1999. 关于发展桂林乡村旅游的思考 [J]. 社会科学家，(4):76-77.
林红，2011. 浅析遵义市乡村旅游发展与促进农民增收 [J]. 商业文化，(6):421.
刘德谦，2006. 关于乡村旅游、农业旅游与民俗旅游的几点辨析 [J]. 旅游学刊，(3):14-15.
刘德谦，2006. 关于乡村旅游、农业旅游与民俗旅游的几点辨析 [J]. 旅游学刊，(3):12-19.
刘丽梅，吕君，2012. 基于社区参与的乡村旅游发展研究 [J]. 干旱区资源与环境，(3):183-187.
卢云亭，1995. 谈新型交叉产业——观光农业 [J]. 中国旅游，(3):26-27.
马波，1994. 开发关中地区乡村旅游业的构想 [C]. 区域旅游开发的理论与实践，174-179.
中共中央马克思恩格斯列宁斯大林著作编译局，1972. 马克思恩格斯选集：第 3 卷 [M]. 北京 : 人民出版社 .
马强，孙剑平，2011. 西方收入分配的主要思想理论述评 [J]. 现代管理科学，(1):24-26.
聂守全，2005. 发展农村旅游 实现农民增收 [J]. 辽宁行政学院学报，(1):61.
裴小革，2003. 论收入分配理论的历史演变和劳动价值论的实践价值 [J]. 当代经济科学，(1):23.
彭蜜，2009. 乡村旅游对农民增收的几点思考 [J]. 魅力中国，(9):34.
彭瑛，何志华，2007. 民族村寨旅游与新农村建设浅议 [J]. 技术与市场，(7):101-102.
蒲姝，韩雪，2010. 新农村建设视野下乡村旅游景区发展研究——以成都市三圣乡红砂村景区为例 [J]. 成都纺织高等专科学校学报，(4):17-22.
任美锷，1944．中国地理大纲 [M]．重庆：正中书局 .
世界旅游组织，1997. 旅游业可持续发展——地方旅游规划指南 [M] . 北京 : 旅游教育出版社 .
宋涛，牛亚菲，2008. 国外基于 CGE 模型的旅游经济影响评价研究 [J]. 旅游学刊，(10):23.
孙国茜，2006. 旅游业是西部贫困地区新农村建设的有效途径——以四川阿坝藏族羌族自治州为例 [J]. 华南农业大学学报，(S1):29-32.
孙浩进，2008. 西方收入分配理论的扬弃——兼论对中国收入分配改革的启示 [J]. 学术交流，(10):47-49.
孙九霞，2009. 旅游人类学的社区旅游与社区参与 [M]. 北京：商务印书馆 .
孙立刚，2001. 资源、产权与农民收入问题 [J]. 农业经济问题，(12):11-13.
谭兵，伍功勋，彭必武，2007. 农民致富的助推器——从恩施市芭蕉侗族乡枫香坡的“乡村休闲游”看民族地区如何推进新农村建设 [J]. 民族大家庭，(4):4-6.
唐代剑，黎彦，2009. 乡村旅游对农民增收、就业实证研究 [J]. 改革与战略，(12):122-125.
唐燚，杨扬，2010. 社区参与型生态旅游的增收效应 [J]. 中国发展观察，(2):49-51.
田敏，苗维亚，2005. 乡村旅游目的地发展研究 [J]. 西南民族大学学报 (人文社科版)，(7):272-274.
万幸，2010. 发展乡村生态旅游 促进农民持续增收 [J]. 咸宁学院学报，30(1)：26-28.
王春雷，周霄，2003. 从人类学视角探析区域旅游规划的社区参与 [J]. 规划师，(3):71-73.
王飞，2007. 西部乡村旅游与社会主义新农村建设 [J]. 贵州工业大学学报，(4):95-96.
王龙，武邦涛，2006. 乡村旅游业对增加农民收入的效应分析 [J]. 安徽农业科学，(19):5106-

5107.
王仁强，胡继连，1999. 旅游观光农业的发展理论与实践 [J]. 农村经济研究，(4):38-42.
王文光，朱映占，2009. 中国西南民族史研究的实践与理论运用评述 [J]. 思想战线，(2):31.
王咏，房国坤，吴悦，2007. 乡村旅游目的地管理体制初步研究——以黟县为例 [J]. 黄山学院学报，(2):24-27.
王子新 ，王玉成，邢慧斌，2005. 旅游研究影响进展 [J]. 旅游学刊，(2):91.
王宇新，王立平，姚梅，2013. 我国省域农民收入不平等变动的实证研究 [J]. 统计与决策，(21):86-89.
吴必虎，2001. 区域旅游规划原理 [M]. 北京 : 中国旅游出版社 .
吴孔凡，赵则永，2008. 努力增加农民收入 积极启动农村消费 [J]. 农村财政与财务，(10):33.
吴庭菊，2004. 民族风情旅游与侗族妇女增收 [J]. 民族论坛，(6):52-53.
吴晓萍，何彪，2001． 略论性别分析在民族旅游影响研究中的意义 [J]. 贵州民族学院学报 (哲学社会科学版)，(4):62-65.
吴妍，杨国良，吴晓文，2009. 成都市红砂村乡村旅游发展对农民增收的影响因素分析 [J]. 四川师范大学学报（自然科学版），32(3):401-405.
吴忠军，1996. 论旅游扶贫 [J]. 广西师范大学学报（哲学社会科学版），(4):18-21.
谢春江，阎友兵，2005. 发展农业旅游是农民增收的有效途径 [J]. 文史博览，(10):50-51.
谢红勇，2009. 西南民族地区旅游经济初探 [J]. 黑龙江民族丛刊，(5):67-68.
谢花林，刘黎明，李蕾，等，2002. 开发乡村生态旅游探析 [J]. 生态经济，(12): 69-71 .
谢彦君，2004. 基础旅游学 [M]. 北京：旅游教育出版社 .
熊凯，1999. 乡村意象与乡村旅游开发刍议 [J]. 地域研究与开发，(3):70-73 .
宣国富，陆林，章锦河，等，2002. 海滨旅游地居民对旅游影响的感知 [J]. 地理科学，22(6):741-746.
杨朝继，李辉，2005. 乡村旅游：缓解西部“三农刚”问题的一种尝试 [J]. 攀登，(2):51-52.
杨旭，1992. 开发“乡村旅游”势在必行 [J]. 旅游学刊，(2):38.
薛淑珍，2007. 发展旅游农业是农民增收的有效途径 [J]. 山西科技，(2):21-22.
杨华，2004. 加快乡村旅游景观建设 破解“三农”问题 [J]. 广东经济管理学院学报，(5):16-24.
杨启智，向银，2012. 乡村旅游对农民收入的贡献研究 [J]. 经济问题，(9):123-125.
杨顺礼，2001. 农家乐 万溪冲的启示 [J]. 创造 (10):25-26.
姚素英，1997. 浅谈乡村旅游 [J]. 北京第二外国语学院学报，(3):42-46
鱼建光，1988. 论瓦尔拉斯的“一般均衡”与当代“非均衡”理论 [J]. 经济纵横，(3):56-61.
约拉姆 • 巴泽尔，1997. 产权的经济分析 [M]. 上海：上海三联书店 .
邹再进，2006. 欠发达地区乡村旅游发展模式探讨 [J]. 调研世界，(12):17-20.
邹统钎，2007. 乡村旅游：理论 • 案例 [M]. 天津：南开大学出版社 .
张环宙，周永广，魏蕙雅，等，2008. 基于行动者网络理论的乡村旅游内生式发展的实证研究——以浙江浦江仙华山村为例 [J]. 旅游学刊，(2): 65-71.
张剑鸣，2006. 贵州发展乡村旅游促农民增收 [N]. 经济日报，01-15(15).
张轲风，2010. 历史时期“西南”区域观及其范围演变 [J]. 云南师范大学学报，(5):37.
张群，2003. 现代旅游对传统民族文化的影响分析及对策研究 [J]. 旅游研究与实践，(1):12-14.

张诗亚，贺能坤，周玉林，2009. 认识西南与西南民族地区发展 [J]. 社会科学家，(9):3-7.
张伟，2010. 旅游业二元结构对旅游扶贫效应的影响 [J]. 安徽农业大学学报（社会科学版），(1):44-49.
张伟，张建春，魏鸿雁，2005. 基于贫困人口发展的旅游扶贫效应评估 [J]. 旅游学刊，(5):43-49.
张嘤，王艳艳，2007. 社区生态旅游：民族地区构建新农村的有效途径——以云南省可邑文化生态旅游村为例 [J]. 湖南农机，(11):67-68.
张勇，2012.“西南”区域地理概念及范围的历史演变 [J]. 中国历史地理论丛，(4):98
张遵东，章立峰，2011. 贵州民族地区乡村旅游扶贫对农民收入的影响研究——以雷山县西江苗寨为例 [J]. 贵州民族研究，(6):66.
章锦河，2003. 古村落旅游地居民旅游感知分析 [J]. 地理与地理信息科学，19(2):105-109.
赵航，王庆，2007. 乡村旅游与农民增收 [J]. 乡镇经济，(12):38-40.
赵永，王劲峰，2008. 经济分析 CGE 模型分析与应用 [M]. 北京：中国经济出版社 .
朱春燕，2005. 西方主流收入分配理论与马克思收入分配理论比较 [J]. 山东社会科学，(2):120-121.
周彬，贺传阅，2007. 西部地区乡村旅游发展和新农村建设的互动关系探析 [J]. 乡镇经济，(11):30-33.
周俊，2007. 关于乡村旅游与社会主义新农村建设的思考 [J]. 中南民族大学学报，(2):25-26.
周梅，崔峰，江文娟，等，2011. 乡村旅游就业效应的社区居民感知研究 [J]. 旅游论坛，4(1):87-92.
周正明，2006. 乡村旅游：新农村建设的有效途径 [J]. 上海经济研究，(6):104-105.
左冰，保继刚，2008. 从“社区参与”走向“社区增权”——西方“旅游增权”理论研究述评 [J]. 旅游学刊，(4): 58-63.

参考研究报告

吴忠军，吴少峰，2013. 平安壮寨乡村旅游发展与农民增收研究报告 .
吴忠军，潘福之，2013. 黄洛瑶寨乡村旅游发展与农民增收研究报告 .
吴忠军，冯雅力，2013. 程阳侗寨乡村旅游发展与农民增收研究报告 .
吴忠军，李超，2013. 田头苗寨乡村旅游发展与农民增收研究报告 .
吴忠军，刘方珉，2013. 历村乡村旅游发展与农民增收研究报告 .
吴忠军，高冲，王一帆，2013. 西江苗寨乡村旅游发展与农民增收研究报告 .
吴忠军，李超，2013. 郎德上寨乡村旅游发展与农民增收研究报告 .
吴忠军，潘福之，2013. 天龙屯堡乡村旅游发展与农民增收研究报告 .
吴忠军，高冲，邓鸥，2013. 安中村乡村旅游发展与农民增收研究报告 .
吴忠军，潘福之，2013. 新华村乡村旅游发展与农民增收研究报告 .
吴忠军，吴少峰，2013. 龙胜各族自治县旅游研究报告 .
吴忠军，岳敏，2013. 融水苗族自治县旅游研究报告 .
吴忠军，冯雅力，2013. 三江侗族自治县旅游研究报告 .
吴忠军，刘方珉，2013. 阳朔县旅游研究报告 .
吴忠军，岳敏，2013. 雷山县旅游研究报告 .
吴忠军，潘福之，2013. 平坝县旅游研究报告 .
吴忠军，李超，2013. 玉龙纳西族自治县旅游研究报告 .
吴忠军，王一帆，2013. 鹤庆县旅游研究报告 .
吴忠军，高冲，2013. 广西壮族自治区乡村旅游发展研究报告 .
吴忠军，邓鸥，2013. 贵州省乡村旅游发展研究报告 .
吴忠军，岳敏，2013. 云南省乡村旅游发展研究报告 .

附录

附录1

乡村旅游与桂滇黔民族地区农民增收情况问卷

尊敬的居民： **编号：**

您好！为了深入了解桂滇黔民族地区乡村旅游和农民增收的情况，促进该地旅游业的发展，提高农民收入，我们需要您的支持与合作，希望您能在百忙之中抽出时间，配合我们做这份问卷。祝您生活愉快，工作顺利！

桂林理工大学

2012 年 8 月

第一部分：基本情况

1. 性别：○ 男　○女
2. 年龄：○ 18 岁以下　○ 19 ～ 34 岁　○ 35 ～ 50 岁　○ 51 岁以上
3. 教育程度：○初中及以下　○高中或中专技校　○大专及以上
4. 本地居住时间：○ 5 年以下　○ 5 ～ 10 年　○ 10 ～ 20 年　○ 20 ～ 30 年　○ 30 年以上
5. 家庭旅游经营情况及意愿：○已从事旅游经营活动
   ○现在未从事，但打算未来从事旅游经营
   ○未从事，且不打算在未来从事旅游经营
6. 家庭主要收入来源：○务农　○旅游（从事行业）　○外出务工　○其他
7. 家庭年总收入：○ 5000 元以下　○ 5001 ～ 10000 元　○ 10001 ～ 30000 元　○ 30001 元以上
8. 家庭成员数：________
9. 是否为党员：________；父亲是否为党员 ________；儿子是否为党员 ________

第二部分：乡村旅游与桂滇黔民族地区农民增收的影响因子

10. 一年用于农业劳动的时间有多少天？

11. 是否曾经从事过任何一种持续三个月以上的非农职业活动？

（1）导游　（2）歌舞表演　（3）餐馆　（4）住宿经营
（5）土特产品销售　（6）工艺品销售　（7）其他（可多选）

12. 您在旅游经营过程中的工作场所主要是在：

户外（导游、挑夫、抬滑竿）……1
作坊（民族工艺品、土特产品）……2
室内营业场所（独立于住房之外的餐厅、住宿、歌舞表演、购物店）……3
办公室……4
家里（在自家住房的餐厅、住宿、歌舞表演、购物店）……5
其他（注明）____________……6

13. 当您从事旅游的时间，淡季每周有_____天，每天用于工作的时间大约有_____个小时。
旺季每周有_____天，每天用于工作的时间大约有_____个小时。

14. 下列各种情形，哪一种更符合您目前参与旅游工作的状况？

受雇于他人（有固定雇主的受雇者）……1
零工、散工（无固定雇主的受雇者）……2
在自己家中工作/帮忙，不领工资……3
在自己家中工作/帮忙，领取工资……4
自己一个人工作，没有雇用其他人……5
为自己的经营、或为企业工作，没有雇佣其他人……6
自己是老板……7

15. 您是否自主经营？您参与旅游经营的主要经营项目？

16. 有无固定的旅游经营场所？

有……1
没有……2

17. 在旅游经营中有无工商营业执照？

有……1
没有……2

18. 如果您是自主经营旅游，那么您共有多少个雇员？

0 个……1

1 ～ 5 个……2

5 ～ 10 个……3

10 个以上……4

19.[询问有经营或企业者] 在您前面提到的那项经营活动中，2011 年您个人全年从中得到的全部纯收入是多少元？

20. 如果您是受雇于别人参与旅游经营，那么您与单位/雇主是否签订了劳动合同？如果签订过，劳动合同的年限是多长？

21. 如果加班工作的话，能否得到加班工资？

有……1

没有……2

[不清楚]……3

22.[询问非自主经营者] 您从事这份工作，上个月所得的工资收入是多少元呢？包括所有的工资、各种奖金、补贴在内。一年之中的收入变动有多大？

23. 你遇到过拖欠工资的情况吗？

没有遇到过……1

遇到过，共 [______] 次……2

24. 您参与旅游经营活动的时间安排是以下哪种情况呢？

没有固定的上下班时间，完全看工作需要由本人安排……1

有基本固定的上下班时间，但自己有一定的灵活空间可以自由安排……2

完全按固定的或上级安排的上下班时间工作……3

25. 下列三种工作模式，对于每种模式，符合目前工作（旅游活动）的实际情况

	工作模式	是的话打“√”
1	我每天重复做同样的事情	
2	我清楚地知道每一天工作中要做什么	
3	我的工作必须正确地遵循标准程序做	

26. 您在旅游开发所从事的工作过程中，是否经常遇到下列情形呢？

	是的话打“√”
1. 长时间地工作	
2. 繁重的体力劳动	
3. 快速而频繁地移动身体的位置	
4. 需要快速反应的思考或脑力劳动	

27. 在您看来，在旅游经营过程中要做好这个工作，是否需要接受专门的训练或培训？

需要……1

不需要……2

28. 为掌握目前你从事的旅游工作所需要的主要技能，您花了多少时间？

一天……1

一周以内……2

不到一个月……3

一个月到三个月……4

超过三个月，不到一年……5

一年以上……6

三年以上……7

29. 您掌握到的这些旅游工作技能主要是从哪里获得的？

自己边学边干……1

开发商以及政府组织的培训……2

自己出去学的……3

普通高中或以下学校教育……4

职业学校、技校、中专类学校……5

成人高等教育……6

大学专科教育……7

大学本科或以上正规高等教育……8

社会上的职业培训班……9

其他(请注明)________……10

30. 从事这份工作，您是否获得过与旅游相关的国家职业标准的资格认证呢？（单选）

获得过……1

没有……………………………………………………………………………………2

[不知道该工作是否有国家职业标准]……………………………………………3

[不适用，目前该工作尚无国家职业标准]…………………………………………4

31. 目前住房的面积大小？（建筑面积、占地面积）按当地的市场行情，您家现在的住房大约值多少元？

32. 有没有参与股票、基金、期货等金融产品投资？

33. 您现在没有外出务工、经商的主要原因是什么？(复选)

外出找不到活干……………………………………………………………………1

照料家人离不开……………………………………………………………………2

没有城市户口………………………………………………………………………3

结婚/生育/抚养小孩/子女教育……………………………………………………4

在外地受到歧视……………………………………………………………………5

自身教育、技术等方面的能力限制…………………………………………………6

家里的地没人种了…………………………………………………………………7

村寨内旅游形势良好，可以通过参与旅游增收……………………………………8

在外面有经验回来创业……………………………………………………………9

年纪大了……………………………………………………………………………10

34. 您家承包的土地在旅游开发过程中是否有被征用？

没有被征用…………………………………………………………………………1

有被征用……………………………………………………………………………2

征用的面积有________亩，征用的时间________年

35. 土地被征用后，您家是否领到过土地补偿金？共领到土地补偿金多少元？

领到了………………………………………………………………………………1

没有领到过…………………………………………………………………………2

36. 如果给予足够合理的补偿，你愿意放弃现在的土地吗？

愿意…………………………………………………………………………………1

不愿意………………………………………………………………………………2

无所谓………………………………………………………………………………3

家里已经没有土地了………………………………………………………………4

37. 去年您家是否有下列农业生产活动？请您大致说说每项生产活动的具体情况。

农业生产项目	为什么从事该项生产活动？ 1. 政府要求； 2. 市场行情； 3. 专家建议； 4. 自愿；	参与该项生产活动的家庭成员数（人）	去年从事该项生产的亩数和产量	在该项活动中主要起作用的是谁？	用于自身家庭消费的占多大比例？
粮食作物					
经济作物					
水产养殖					
禽畜养殖					
农产品加工					
其他					

38. 您家承包的地有没有耕种？如果有，跳至38题。如果没有，为什么不耕种了？（复选）

土地被国家征用了……1

缺少劳动力，耕种不了了……2

亏本，不愿意耕种了……3

种地太辛苦，不愿意耕种了……4

土地贫瘠，收成不好，不愿意耕种了……5

要搬迁到别处去，不再耕种了……6

旅游开发后，没有时间再耕种了……7

有亲戚或朋友家没地种，就转给他们去种了……8

水源资源缺乏……9

外出打工，无人耕种……10

其他（请注明：__________）……11

39. 您没有耕种的那部分承包地，现在有多少亩已经由别的农户在耕种？

	由别人家耕种的土地面积（亩）
1.旱地	
2.水田	
3.山林	
4.其他	
总共	

40. 您家是否有多种地的情况？如果有，原因是什么？

41. 请填写以下家庭生活花费详表。

项目	花费
每月基本生活费	
每月电费	
全年总的医疗费用	
全年总的教育支出	

42. 您家有电话吗？（单选）

有……………………………………………………………………………………………1

没有…………………………………………………………………………………………2

43. 您是否有手机呢？

有……………………………………………………………………………………………1

没有…………………………………………………………………………………………2

44. 您家里有电脑网络吗？

45. 您或您的家庭成员是否享受下列保险和补贴呢？

	享受	不享受	不清楚
政府或开发商提供的养老资金			
政府或开发商提供的寿星基金			
政府或开发商提供的小孩上大学资助			
贫困补助或救济			
其他福利			

46. 目前，为了发展旅游你们希望政府提供什么样的支持？

旅游资源维护费……………………………………………………………………………1

教育或培训机会（如城市就业培训、农业技术培训等）…………………………………2

建设旅游推广的营销平台…………………………………………………………………3

道路交通等基础设施建设…………………………………………………………………4

旅游贷款支持………………………………………………………………………………5

其他（请注明：________________________）…………………………………………………6

47. 在您看来，目前民族村寨发展旅游存在的突出问题都有哪些？

就业不足、收入来源少…………………………………………………………………….1

农产品销售困难……………………………………………………………………………2

旅游发展过程中导致农村贫富差距过大 …… 3

旅游教育培训问题 …… 4

旅游发展过程中物价上涨造成农民生活成本过大 …… 5

旅游开发带来的乡村旅游资源破坏的问题 …… 6

旅游开发带来的乡村环境卫生问题 …… 7

旅游利益分配问题 …… 8

旅游开发后社会治安问题 …… 9

农村基层干部素质问题 …… 10

与旅游开发商承包地纠纷频繁 …… 11

旅游开发过程中的不和谐因素 …… 12

农民富裕后农村赌博问题 …… 13

农村道路交通等基础设施方面的问题 …… 14

其他（请注明：__________） …… 15

附录 2

政府等各项机构调研提纲

文化和旅游局：

1. 县旅游规划文本
2. 县旅游工作总结
3. 旅游接待人数和收入统计
4. 县旅游景区数、全县特色旅游项目情况（接待人数、收入情况）
5. 县旅游基础设施情况
    a. 住宿设施构成（宾馆、招待所、农家旅馆）、全年总营业额、从业人员总数、是否受过培训
    b. 餐饮设施构成、全年总营业额、从业人员数
    c. 旅游商品收入
6. 县政府在该景区的收入，收入结构（税收、门票分成）
7. 县政府在该景区旅游宣传
    a. 宣传方式
    b. 每年参加推介会情况
    c. 每年举办节庆等活动情况
    d. 宣传经费投入情况

统计局：

1. 县经济年鉴资料（统计局历年公报）
2. 农民存款、贷款情况
3. 全县纳税额度
4. 县域各种农产品生产价格指数、零售价格指数、生产资料价格指数、消费价格指数
5. 县域基本工资标准（最低工资）
6. 县域各级公路里程数（硬化道路）
7. 县域农村人口迁入与迁出数量
8. 农民收入结构农业收入与非农业收入的数量及比重

农业局：

1. 县农业总体发展概况（农业种植面积、种植品种、历年产量、经济收益等）
2. 乡村特色农业发展情况（培育新品种、产量、经济创收等）

附录 3

乡村旅游与桂滇黔民族地区农民增收国家课题访谈提纲

1. 全村共有多少户，多少人，常住人口有多少人？大学生人数比例，外出打工人数，本地打工人数；自然村落是什么，行政怎样区划？村里领导有谁？有什么样的社会组织（如说寨老组织、经济组织、旅游合作组织等）？

2. 村寨的家族关系是怎样的？（有几大姓氏、从哪里迁来、主要民族比例、历史沿革、民族节日、民族信仰）

3. 旱地多少亩，水田多少亩？各种作物各有多少亩？主要经济作物有哪些？主要的经济来源是什么？有多少？

4. 主要的粮食作物有什么，经济作物有什么，家里主要有什么家畜？有什么水果？有什么土特产；本景区有什么特色旅游商品，销路如何，您有什么好的建议？

5. 村子里什么时候开始发展旅游的？发展历程是怎样的？由谁开发？现在由谁经营管理？管理水平如何？

6. 全村有多少人从事旅游工作？其中男性多少？女性多少？从事住宿、餐饮、歌舞表演、工艺品制作、工艺品销售、土特产品经营、酒吧或茶吧或咖啡吧、民族医药养生保健、旅游运输、导游或向导、旅游营销、旅游网站经营等情况。到政府设立的旅游管理机构工作的情况，到旅游企业工作的情况。

7. 村民或村干部参与旅游的情况，比如参与旅游规划、参与旅游开发、参与旅游经营、参与旅游服务、参与旅游收益等情况。

8. 政府对旅游开发有何扶持政策措施（如危房改造、污水改造和信贷等）？为村民做了什么实事（另：乡村旅游服务网络、家电下乡、汽车下乡、文化下乡、科技下乡）？ 各级政府对开发商有没有什么优惠措施，比如税费优惠等方面（支农资金、建新拆旧、土地复垦）。各级政府对参与旅游经营的农民有没有什么优惠政策，比如减免税费和低息贷款等方面各级政府对景区的发展有没有什么资金支持？

9. 景区有无长远规划，什么时候的，有谁做的？景区的投资开发历程是怎样的，由谁投资？分别在什么时候投资，投资多少？投资建设了哪一块，维护了哪一块？希望景区将来能做成什么样子？

10. 景区在管理结构上是怎样的安排？由谁管理？（开发商和政府是否分开管理？开发商管理哪部分？政府管理哪部分？开发商和政府对景区的管理结构分别是怎样的？）
11. 景区的资源、财产所有权是否明晰？若是界定清楚，各方是否对景区的产权分配满意？
12. 景区的经营收入如何分配？由谁来定？有无其他的福利赞助？是否合理？有无分红，怎样分红，居民对此态度和反映情况如何？
13. 有无针对村子的服务业从业人员的培训？什么部门提供？
14. 村委会和政府有没有制定相应的规则？主要有哪些？
15. 你所知道的对本景区的旅游宣传营销有哪些？是政府、企业、居民吗？景区里面的经营者和外面的旅行社合作的有多少？是如何合作，如何提成的呢？
16. 旅游开发后村子里有什么改变（生活水平、环境、习俗、景观、风气、治安）？带来哪些影响？这些影响哪些你们觉得是好的，哪些方面觉得是不好的？不好的需要从哪些方面进行改进？
17. 村民现在参与旅游的方式有哪些？您认为各方应该怎么做，才能使本地居民能更好地参与旅游？政府、开发商、居民怎么做，才能使当地旅游得到更好的发展？
18. 旅游开发中存在哪些问题？由谁来解决？该如何解决？
19. 您认为制约当地经济（旅游）发展的主要因素有哪些？
20. 您对本景区的发展有什么好的建议？
21. 旅游开发公司什么时候进入开发？开发合同、总体投资、企业职工人数、企业历年接待游客数、企业历年旅游收入、企业历年利润如何？
22. 政府管理机构和企业对乡村旅游景区的各种管理规定。
23. 乡村旅游点获得的称号，如农业旅游示范点、A 级景区、文物保护单位、特色民族村寨、文化村等。
24. 行业管理结构和经营管理体制变化情况等。

附录 4

对开发商相关部门的调研提纲

1. 开发商在景区开发投资情况。

2. 开发商公司概况和该景区公司发展历程。

3. 开发商在景区所获得的收入、收入结构（门票分成情况）。

4. 景区开发历程和现状。

5. 景区交通情况。

6. 景区获得荣誉及节庆活动。

7. 景区发展规划情况、景区旅游项目和旅游路线。

8. 景区接待人数和收入情况、旅游淡旺季情况与客源数量。

9. 景区部门结构情况和每个部门人数。

10. 景区员工情况：

  a. 有多少员工是本村村民；

  b. 员工待遇（工资、五险一金、福利）；

  c. 员工文化水平；

  d. 员工培训情况。

11. 开发商每年上交政府的费用（税收）。

12. 政府给开发商的优惠政策。

13. 开发商给予景区居民的福利政策。

14. 景区内每年运营所需成本（水、电等各项基本费用）。

15. 开发商对于村寨的公共服务设施投资额度（修路、学校、水电、污水处理、废弃物处理）。

后记

本书是基于国家社科基金项目“西南民族地区乡村旅游与农民增收问题研究”（11AMZ008）成果撰写的著作。课题组自2012年1月起，历时12个月通过对桂滇黔3省区8县10个民族旅游村寨进行实地考察、问卷调查、深入访谈，累计投放调研问卷545份，进行详细访谈75次，收集到桂滇黔民族地区乡村旅游发展相关图文、数据资料3000万字，形成了21个调查研究报告，共55万字。参加课题调研的老师有梁福兴教授、黄月玲副教授和杨艺博士，参与课题调研的研究生有吴少锋、冯雅力、刘芳珉、李超、潘福之、岳敏、邓鸥、高冲、王一帆、周密等同学。本书由吴忠军、周密撰写完成。

本书由桂林理工大学旅游管理一流学科建设专项经费及广西高校人文社科重点研究基地——广西旅游产业研究院项目经费资助出版，感谢长期以来支持笔者开展民族旅游研究的各位同事与朋友，感谢桂林理工大学旅游学院对专著出版的支持，感谢桂林理工大学旅游学院参与课题调研的老师与研究生。

吴忠军

2017年4月于桂林理工大学民族旅游研究中心